高麗大藏經 研究

崔 然 柱

景仁文化社

책머리에

江華京板『高麗大藏經』에 관심을 가지게 된 것은 지난 90년 초 刻成人 조사에 참여하면서부터이다. 그 때 동아대 소장『고려대장경』인경본의 界線 안팎에 새겨진 각성인 명단을 조사 정리하면서 앞으로 기회가 되면 심도있는 연구를 해야겠다고 생각했다. 그러나 3년간 조사 작업이 마무리된 이후에 여러 사정으로 그 때의 다짐은 진척되지 못하였다.

그러던 중 1998년에「高宗 24年『江華京板 高麗大藏經』의 刻成事業」이라는 논문을 작성하면서 刻成人에 대한 분석을 해 보았다. 이 논문은 강화경판이 조성된 첫 해에 彫成된『大般若波羅密多經』과『放光般若經』의 참여 각성인들의 규모와 판각 유형 등을 비교 분석하였으나, 각성사업의 실체를 파악하는데 한계가 있었다. 그래서 각성사업의 운영과 실체를 이해하기 위해서 각성인의 규모와 참여 유형을 다각도로 분석해 볼 필요성을 느끼게 되었다.

그 후 각성사업의 운영 형태를 이해하기 위해서는 12·13세기에 간행된 각종 서적의 종류와 그 간행 체계를 살펴보면 많은 도움이 되리라는 생각을 갖게 되었다. 이와 관련된 논문을 발표하기도 하였다. 곧 각성인의 참여 추이와 강화경판의 彫成 空間 등에 대해서 고민을 하게 되었다. 이에 각성인의 규모와 기간별 참여 추이 등을 통해 강화경판 조성과정을 다루어 보기로 하였다. 그리고 각성인의 활동 양상을 중심으로 대장도감과 분사대장도감으로 구분하여 각성사업의 전개와 운영에 검토하면서 조성공간을 논의해 보기로 하였다.

하지만 고려시대 연구의 기본 사료가 되는『高麗史』등에는 강화경판 각성인에 대한 언급이 전무한 실정이었고, 또한 여러 文集과 金石文에도 기대할 만한 자료가 절대적으로 부족하였다. 그래서 고종 24년에서 38년까지 각성사업에 참여한 각성인 개개인에 대한 年度別·都監別 분석에 상당한 시간을 보냈다. 이를 토대로 각성인의 도감별 활동 추이와 참여 형태 등을 세분화하여 計量的으로 분석하여『『高麗大藏經』의 彫成과 刻成人 研究』라는 박사학위 논문을 제출하였다.

이 책은 필자가 박사학위 논문으로 제출한 것을 수정 보완하여 펴낸 것이다. 각성사업에 참여하였던 각성인의 계량적 분석을 통해 전개시키다 보니 전체적인 논지 구성과 논리는 매우 엉성함을 인정하지 않을 수 없다. 그리고 일부 내용은 필자의 부족한 자질과 우둔함으로 각성사업의 실체를 파악하는데 미흡한 점도 적지 않다. 이 책의 출판을 계기로 더욱 심화된 연구가 진행될 수 있길 다짐해 본다.

이 책이 이루어지기까지는 많은 분의 도움과 은혜를 입었다. 학부시절부터 한결같은 애정과 격려를 해 주신 이남복 선생님은 필자에게 학문의 길을 열어 주시고 연구자로서 갖추어야 할 자세에 대해 많은 조언을 해 주셨다. 또 김윤곤 선생님은 논문 구성과 전체적인 틀을 잡아 주셨고, 필자의 부족한 학문에 대해 질책과 끊임없는 관심을 가져주신 學恩은 잊을 수 없다.

늘 용기를 북돋아 주시면서 많은 가르침과 성원을 베풀어주신 강창석총장님과 학위논문의 오류를 교정해 주시면서 난삽한 글을 다듬어 주신 황선영 선생님, 동아대 김광철 선생님께도 감사의 말

씀드린다. 그리고 학부시절부터 많은 가르침을 주신 정익성·이양
자·임효택 선생님의 격려도 잊을 수 없다.

또 강화경판『고려대장경』과 관련하여 함께 고민하고, 늘 열린
마음으로 후배에게 용기를 준 최영호 선배께 그리고 한국 중세사
학회 여러 선생님들과 대학 후배들에게 지면을 빌어 고마움을 전
하고 싶다.

항상 말없이 지켜 봐 주시고 보살펴 주신 부모님과 장인·장모
님, 그리고 가족들께 머리 숙여 감사드린다. 외환위기 이후 불안한
일상에서 지혜롭게 내조해 준 아내와 씩씩하게 자라준 승록·승해
와 함께 기쁨을 나누고 싶다.

끝으로 이 책의 출판을 흔쾌히 허락해 주신 경인문화사 한상하
회장님과 편집부 여러분들의 수고에 깊이 감사드린다.

2006년 8월
최연주

<목 차>

제4장 江華京板 刻成人의 활동 양상 / 217

結　論 / 303

<표목차>

<그림목차>

序論

　불교가 國敎였던 고려사회에서 대장경은 불교 전적의 총집결체로써 조성 당시의 文明觀과 민족적 현실, 그리고 사상적 경향까지 반영하고 있다. 특히 13세기 중엽에 조성된 江華京板『高麗大藏經』[1]에는 몽고군의 침입이라는 민족적 위기상황에 따른 현실 모순 극복과 전통문화에 대한 창조적 발전 방안까지 담고 있다.

　강화경판 각성사업은 국왕을 비롯한 권력층 및 儒佛學 지식인층, 그리고 불교계 등 전 계층의 적극적인 동참을 전제로 이루어졌다. 그 내용에 있어서도 당시 동아시아에 산재해 있던 宋本・丹本 등 각종 대장경을 철저하게 교열 및 수용하여 완성하였다. 이에 오늘날 표준대장경으로 자리매김하고 있다. 따라서 강화경판은 당시 고려의 수준 높은 불교문화와 당대의 모든 지식정보를 결집해 이룩한 것으로 불교문화국의 자긍심이라 할 수 있다. 특히 강화경판은 오늘날 세계문화유산으로 등재되어 인류의 보편적 문화유산으로써 그 가치를 인정받고 있다.

　그 동안 많은 연구자들은 강화경판에 대하여 다양한 방법론을 통해 상당한 성과를 축적하였다. 하지만 선행 연구에서는 불교학,

---

1) 江華京板『高麗大藏經』을 강화경판이라고 약칭한다.

또는 서지학 등 특정 분야에 치우쳐 각성사업에 담겨져 있는 역사적 현실과 문화적 창조성에 대해서는 면밀히 규명해 내지 못한 한계점도 가지고 있다.[2] 최근에는 이러한 연구경향을 반성하면서 새로 발견된 자료를 활용하여 기존 연구에 대해 재검토하고 있다. 즉 13세기 중엽에 조성된 經板의 誌·跋文, 그리고 강화경판의 界線 안팎에 새겨져 있는 刻成人 등에 대한 자료[3]를 적극 활용한 연구이다. 이와 관련된 연구 동향을 대략 정리해 보면 다음과 같다.

첫째, 강화경판의 編制와 관련하여 '大藏'과 '外藏'으로 분류하였다. 『大藏目錄』에 입장된 경판을 '大藏'으로, 『補遺板目錄』에 입장된 경판과 13세기 중엽 이후에 조성된 경판들을 묶어서 '外藏'으로 각각 구분하였다. 이는 符仁寺藏 大藏經과 소위 『續藏經』을 계승·발전시킨 것으로 이해하고 있다. 즉 고려 불교계의 축적된 내부 역량과 미래 지향적인 변화·정진을 유도하고, 나아가 그 산물을 늘 흡수할 수 있도록 편제된 것으로 보았다.[4]

이러한 구분은 그 동안 상대적으로 폄하되었던 소위 '補遺板' 및 '雜板'[5]을 강화경판과 동일선상에서 이해하고자 한 것이다. 이를

---

2) 1990년 초반까지 주요 시기별, 주제별, 그리고 연구자들의 연구동향 및 연구사 정리는 최영호, 1996, 『江華京板 『高麗大藏經』 刻成事業의 研究』, 영남대 박사학위논문이 참조된다.

3) 최근 동아대 소장 인경본인 고려대장경을 底本으로 하고 동국대본과 성균관대본 그리고 일본 증상사본의 내용을 대조한 자료집이 간행되었다. 이를 계기로 강화경판 각성사업에 대한 기초적 자료 구축과 함께 이 분야의 연구를 심화시킬 수 있는 토대가 마련되었다(김윤곤 편저, 2001, 『高麗大藏經 彫成名錄集』, 영남대출판부).

4) 김윤곤, 1993, 「강화경판 高麗大藏經의 체계에 대한 一考」『부산여대사학』 10·11 및 「江華京板 『高麗大藏經』 內·外藏의 특징」『민족문화논총』 18·19합집, 영남대(김윤곤, 2002, 『고려대장경의 새로운 이해』, 불교시대사 재수록).

5) 기존 연구에서는 『大藏目錄』에 入藏된 경판을 '正板(또는 正藏 등)'으로, 『補遺板目錄』에 入藏된 경판을 '補遺板(또는 補板 등)'으로, 그리

계기로 '외장'에 포함된 개별 경판에 대한 연구가 확대·심화되었
다. 그 동안 불교사 및 사상사적 입장에서 검토해 왔던『續高僧傳』
과『禪門拈頌』,『金剛三昧論經』, 그리고『大方廣佛華嚴經疏』,『法
界圖記叢髓錄』,『大藏一覽集』,『祖堂集』 등에 담겨 있는 문명
적·역사적 성격을 새롭게 해명하였고, 당시 불교계의 敎學的 수
준이 적극 반영되었음을 주지하게 되었다.6)

　둘째, 강화경판 각성사업의 주도층 및 불교계 그 외 참여 계층
등의 참여 인식에 대한 내용이다. 각 經板에 새겨진 각성인 및 특
정인의 發願文이나 發願者의 인명·관직·출신지 등 자료를 분석7)
하여 판각사업의 참여형태와 각성사업의 주도층, 승려층 성분 및

　　고 海印寺에 보관된 여타의 경판을 '雜板(또는 海印寺 私·寺刊板 등)'
　　으로 각각 구분하였다.

 6) 김윤곤, 1999,「'강화경판 고려대장경' 外藏에 入藏된『法界圖記叢髓
　　錄』과『宗鏡錄』의 분석」『민족문화논총』20, 영남대; 김호동, 1998,
　　「『禪門拈頌』과 眞覺國師 慧諶」『민족문화논총』18·19합집, 영남대 및
　　1999,「『續高僧傳』과『大唐西域求法高僧傳』에 入傳된 韓國 高僧의
　　행적」『민족문화논총』20, 영남대; 배상현, 1997,「『高麗國新雕大藏校
　　正別錄』과 守其」『민족문화논총』17, 영남대 및 1998,「高麗時代人의
　　元曉觀과『金剛三昧論經』의 入藏」『백양사학』15, 신라대; 최영호,
　　1995,「華嚴宗系列 僧侶의 '江華京板 高麗大藏經' 刻成事業 참여」
　　『부산사학』29 및 1997,「海印寺 所藏本『大方廣佛華嚴經疏』·『大方
　　廣佛華嚴經隨疏演義鈔』의 조성성격」『한국중세사연구』4 및 1999,
　　「海印寺 所藏本『大藏一覽集』刻成時期의 재검토와 조성의 현실관」
　　『한국중세사연구』6 및 2002,「13세기 江華京板『高麗大藏經』의 각성
　　사업과 해인사」『한국중세사연구』13; 한기문,「"江華京板 高麗大藏
　　經" 소재 均如의 著述과 思想」『한국중세사연구』4 및 1999,「『祖堂
　　集』과 新羅·高麗 高僧의 行蹟」『한국중세사연구』6.
 7) 이 같은 연구 방법론에 대하여 최근 여러 연구자들도 공감하고 있다.
　　김광철, 1999,「회고와 전망」『歷史學報』163; 채상식, 1998,「고려후기
　　불교사 연구현황과 과제」『인문과학』12, 경북대 및 1998,「고려·조
　　선시기 불교사 연구현황과 과제」『한국사론』28, 국사편찬위원회; 채
　　웅석, 2001,「회고와 전망」『歷史學報』175.

소속 종단, 그리고 각성인의 현실인식과 실천내용을 규명하였다.

이를 통해 국왕을 비롯한 모든 고려인들이 당대의 민족적 위기와 현실모순을 극복하고 전통문명을 계승·발전시키기 위해 각성사업에 적극적으로 동참하고 있었음을 알 수 있다. 더불어 몽고 침입의 격퇴와 왕정복고, 전통불교 문명의 재창조 및 佛法의 수호와 보급을 염원하고 실천하기 위해 광범위한 계층이 적극적으로 참여한 사실도 밝혀졌다.8)

셋째, 각성사업을 담당한 조성기구인 大藏都監 및 分司大藏都監에 대한 문제이다. 특히 도감의 소재지와 기능, 그리고 운영형태 등에 대한 논의가 활발하게 진행되었다. 그동안 대장도감을 최씨 무인정권의 원찰인 禪源社로 추정한 기존 연구9)에 대해 비판적으

---

8) 김윤곤, 1990, 「高麗大藏經의 彫成機構와 刻手의 性分」『民族史의 展開와 그 文化』(上), 창작과 비평사 및 1993, 「『고려대장경』의 刻成과 국자감시 출신」『국사관논총』46, 국사편찬위원회 및 1995, 「『大般若經』의 刻成과 反蒙抗戰」『한국중세사연구』2 및 1996, 「『江華京板 高麗大藏經』刻成活動과 參與階層」『한국중세사연구』3 및 1996, 「고려대장경의 東亞大本과 彫成主體에 대한 考察」『석당논총』24, 동아대; 정동락, 1996, 「『江華京板 高麗大藏經』造成의 參與階層과 對蒙抗爭」『교남사학』7, 영남대; 최연주, 2001, 「江華京板『高麗大藏經』의 刻成者 참여실태와 그 특성」『韓國中世社會의 諸問題』, 한국중세사학회; 최영호, 1993, 「武人政權期 崔氏家 家奴와『高麗大藏經』판각사업」『부산여대사학』10·11합집 및 1995, 「江華京板 高麗大藏經의 邊界線 所在 人名의 판각사업 형태」『한국중세사연구』2 및 1997, 「天台宗系列의『江華京板 高麗大藏經』각성사업 참여」『지역과 역사』3 및 1997, 「瑜伽宗의 江華京板『高麗大藏經』각성사업 참여」『부산사학』33 및 1997, 「南海地域의 江華京板『高麗大藏經』각성사업 참여」『석당논총』25, 동아대 및 2001, 「江華京板『高麗大藏經』각성사업의 주도층」『韓國中世社會의 諸問題』, 한국중세사학회.

9) 김갑주, 1990, 「高麗大藏都監 硏究」『不聞聞』창간호; 문경현, 1991, 「高麗大藏經 雕造의 史的 考察」『佛敎와 歷史』, 이기영박사고희기념논총간행위원회; 문명대, 1976, 「大藏都監 禪源寺址의 發見과 高麗大

로 재검토하여 선원사는 단지 강화경판의 일시적인 보관 장소였음이 밝혀졌다.[10] 그리고 분사대장도감의 소재지가 남해나 그 인근지역만 위치했다는 견해[11]에 대해 大邑과 주요 사원 등 전국의 주요 지역에 분산 설치·운영되었으며, 경판의 彫成 空間도 여러 지역에 설치되었음이 밝혀졌다.[12]

넷째, 刻成人의 규모와 연도별·도감별 참여 추이에 대한 문제이다. 일부 연구에서는 각성인 '義天'을 소위 『續藏經』을 간행한 大覺國師 義天과 동일인으로 보거나,[13] 소수의 각성인만 추출하여 검토하면서[14] 기존 연구를 무비판적으로 수용하고 있다. 또 참여

藏經板의 由來」『한국학보』3; 황수영·문명대, 1977, 『江華島學術調查報告書』1책, 동국대; 허흥식, 1990, 「高麗高宗板大藏經의 造成經緯와 思想性」『韓國中世佛教史研究』, 일조각.

10) 박상국, 1992, 「大藏都監의 板刻性格과 禪源社 問題」『韓國佛教文化思想史』(上), 가산이지관스님화갑논총간행위원회, 1005~1006쪽; 최영호, 1997, 앞의 논문(『석당논총』25), 251~253쪽; 동국대박물관·강화군, 2003, 『史蹟 259號 江華 禪源寺址 發掘調查報告書Ⅰ』, 동국대, 455~467쪽.

11) 김영수, 2002, 『朝鮮佛教史』, 민속원; 김갑주, 1990, 앞의 논문; 김상영, 1993, 「일연과 재조대장경 보판」『중앙승가대학 논문집』2; 민영규, 1984, 「一然重編 曹洞五位 重印序」『학림』6; 박상국, 1983, 「海印寺大藏經板에 대한 再考察」『한국학보』33 및 1992, 위의 논문.

12) 김윤곤, 1996, 「高麗國 分司大藏都監과 布施階層」『민족문화논총』16, 영남대 및 1998, 「『高麗大藏經』 조성의 참여계층과 雕成處」『인문과학』12, 경북대; 배상현, 2003, 「고려시기 晋州牧 지역의 寺院과 佛典의 조성」『대구사학』72; 최연주, 1998, 「高宗 24年 『江華京板 高麗大藏經』의 刻成事業」『한국중세사연구』5 및 2004, 「『高麗大藏經』 刻成人의 참여형태와 彫成空間」『한국중세사연구』16 및 2005, 「修禪社와 강화경판 ≪고려대장경≫ 彫成」『大丘史學』81 및 2005, 「江華京板 『高麗大藏經』 각성인과 도감의 운영형태」『역사와 경계』57; 최영호, 1997, 앞의 논문 및 2001, 앞의 논문 및 2002, 앞의 논문.

13) 常盤大定, 1913, 「大藏經彫印攷」『哲學雜誌』28-321, 1178~1180쪽.

14) 안계현, 1981, 「大藏經의 雕板」『한국사』9, 국사편찬위원회.

규모와 관련하여 400~500명, 1,700~1,800명, 3,600여 명 등으로 파악하여 특정시기 각성인의 수만 제시하는 등[15] 구분 기준과 연도별 참여에 대한 논증이 부족하였다.[16] 이에 최근에는 각성인에 대한 자료의 조사·정리 및 분석을 통해 각성사업의 역사적 사실과 사상적 성격까지도 새롭게 규명해 내고 있으나,[17] 해당 자료에 대해 체계적인 분석은 이루어지지 못하고 있다.

이상에서 알 수 있듯이 강화경판 각성사업에 대해 체계적이고 객관적인 인식 틀을 갖추기 위해서는 아직 해명되어야 할 부분이 많다.

먼저, 대장도감과 분사대장도감의 운영에 대한 내용이다. 이와 관련하여 대장도감과 분사대장도감 간의 업무체계와 각 개별 경판의 조성 공간에 대한 조직과 운영체계 등에 대한 선행적 검토가 이루어지지 않고 있다는 지적[18]에 주목할 필요가 있다. 그래서 대장도감과 분사대장도감 각각의 사업 운영 형태에 따라 각성인의 활동 추이가 어떻게 달라졌는지에 대한 구분 및 분석이 필요하다.

다음으로 16년간 조성된 강화경판은 사업의 규모에 따른 자원이나 조직적인 문제 등이 해명되어야 한다. 다시 말해, 사업의 규모에 비례한 방대한 人的·物的자원의 필요성과, 원활한 사업 진행을 위한 조직과 내부 체계에 대한 논의는 부족한 실정이다. 기존에

---

15) 박상국, 1992, 위의 논문; 최영호, 1995, 앞의 논문; 김윤곤, 1996, 앞의 논문; 김광식, 1995,『高麗 武人政權과 佛敎界』, 민족사.

16) 각성인에 대한 정확한 규모가 파악되지 못한 원인에 대하여 각판의 마멸·훼손과 印經할 때 글자 脫損 또 판독의 오류 및 조사의 잘못 등도 있을 수 있다. 하지만 각성인의 刻印 방식에서 그 원초적 因子가 있을 것으로 추정하고 있다(김윤곤 편저, 2001, 앞의 책, 32쪽).

17) 이와 관련된 연구 성과는 김윤곤 및 최영호의 일련의 논문이 포함될 수 있을 것이다. 다만 최근 강화경판 참여 각성인의 실태에 대한 분석은 최연주, 2001, 앞의 논문이 참조된다.

18) 김광철, 1999, 앞의 글, 69쪽.

는 일부 경전의 각성인을 대상으로 이를 분석하였으나, 대규모의 각성사업이라는 점을 고려해 본다면 보다 체계적인 분석이 필요하다. 특히 각성인에 대한 많은 異見에 대해서는 강화경판에 대한 체계적인 사료의 정리와 통계적 분석이 요구되는 부분이다.

마지막으로 강화경판에 대한 관심의 대상이 특정 불교와의 관련성, 최씨 무인정권의 주도 차원, 그리고 서지학적 접근에만 편중되어 연구되고 있다.[19) 또한『高麗史』등 각종 史書와 문헌 자료에 대해서도 비판적 분석이 다소 부족하였으며, 각성사업을 전후하여 출간된 불교 경전 및 기타 서적의 간행 장소 및 그 체계에 대한 논의도 미흡하였다.

이에 본 연구는 대장도감과 분사대장도감 간의 업무 체계와 각성 사업 운영형태에 대하여 접근하면서, 강화경판의 조성 형태와 업무의 분장에 따른 조성 공간에 대하여 살펴보고자 한다. 강화경판의 개별 경판 界線 안팎에 새겨져 있는 刻成人 약 27,000여 명을 주 분석대상으로 하여 각성인 참여 실태와 활동 추이, 그리고 각 도감별 특성을 분석해 볼 것이다. 이 같은 연구의 목적을 추구하기 위해 다음과 같은 방향으로 논지를 전개하고자 한다.

제1장에서는 각성사업의 성격 및 그 人的・物的 자원의 기반을 규명하기 위해 江華京板 彫成 전후 시기에 출간된 각종 서적의 유형과 그 성격을 검토해 보고자 한다.

대몽항쟁 과정에서 추진된 江華京板 각성사업의 성격을 도출하기 위해 12~13세기에 출간된 각종 서적을 불교 서적과 經史類 등으로 구분하여 각성사업과의 관련성을 밝혀 보고자 한다. 또 각종 서적 출간의 절차와 방식을 국가 주도 및 지방주도로 구분하고 그

---

19) 이와 관련하여 다음의 연구에서 검토된 바 있다(김윤곤, 2002, 앞의 책; 최영호, 1996, 앞의 논문).

차이점을 비교해 보고자 한다.

더불어 고려초기부터 강화경판 조성 이전까지의 중앙과 지방 간의 서적 출간 형태와 그 관련성, 그리고 정책적 지원과 업무의 분담에 대하여 검토해 보기로 한다. 또한 서적 출간의 장소 및 간행 실태를 분석하고, 불교서적의 출간의 내용과 그 규모에 대해 논의해 보고자 한다.

이를 토대로 각성사업에 활용된 인적·물적 기반을 밝히고, 아울러 강화경판이 고려가 보유하고 있던 인쇄술을 어떻게 계승 발전시켰는가를 살펴보겠다.

제2장에서는 각성사업의 효율적인 추진을 위해 설치한 대장도감 및 분사대장도감의 운영과 그 성격에 대하여 살펴볼 것이다. 이를 위해 조성기구의 職制 구성과 그 체계를 대장도감과 분사대장도감으로 구분하여 검토해 보고자 한다.

먼저 대장도감의 성격과 그 운영 형태를 규명하기 위해 각성사업의 참여 계층 및 추진 주체에 대해 검토한 후 이를 유형별로 구분하여 살펴본다. 특히 대장도감의 職務에 대해서는 고려 시기의 각 도감의 혁파 과정을 통한 운영 실태 및 그 의미를 검토해 보기로 한다.

다음은 분사대장도감의 체계와 기능을 살펴보기 위해 각성사업 전후시기에 조성된 각종 경전의 지·발문을 차례로 검토하여 유사점과 차이점을 구분해 보고자 한다. 또 두 도감이 국가 행정 조직체계 내에서 어떻게 활용되었으며, 그 구성과 역할 및 기능에 대해서도 파악해 보기로 한다.

대장도감과 분사대장도감이 수행한 직무의 구분과 職制上의 각 업무에 대한 내용을 검토하기 위해 참여했던 각 요원들의 임무와 역할을 구분해 보고자 한다.

마지막으로 대장도감과 분사대장도감의 운영 체계와 경판의 彫成을 위한 업무의 분장 및 그 산하의 조직에 대하여 살펴보기로 한다.

제3장에서는 각 도감의 각성사업 규모와 추이를 검토하면서 도감별 특성을 검토해 보고자 한다. 이를 위해 각성인의 활동을 유형별로 구분하여 대장도감과 분사대장도감의 각성사업 전개 방식과 그 특성을 분석해 보기로 한다.

각 도감 및 경전별로 각성인의 참여 유형 및 방식을 분류하여 그 내용에 대해 검토한다. 다음으로 대장도감과 분사대장도감의 독자적인 운영 방식과 두 도감에서 동시에 참여한 각성인의 각성활동에 대해서도 차이점을 논의해 본다. 각성사업의 추진 기구인 도감의 운영 및 전개 방식에 따라 각성인의 참여 추이도 변화되었으므로, 이러한 검토는 대장도감과 분사대장도감의 운용을 이해하는데 많은 도움을 줄 것이다.

또한 각 도감별 각성인의 인적 구성과 운용의 차이점을 규명하고, 각성인의 참여형태에 대해서도 구분하여 살펴보고자 한다.

제4장에서는 각성인을 계량화하여 그 규모와 활동 기간, 그리고 각성량과 참여 추이를 살펴보기로 한다. 각성인 27,000여 명을 인·법명 새김 방법에 따라 분류하고, 이를 토대로 刻成人의 기간별 참여 추이와 각성량을 분석해 보고자 한다.

기존 연구에서는 각성인의 개별 분석이나 경전별 참여에 대하여 각성인의 참여 형태와 그 특성을 고려하지 않고 단순히 참여 사실의 규명에만 비중을 두고 있다. 그러나 각성인들은 자신의 능력과 여건에 따라 다양한 참여를 하였을 것이며, 참여 기간별로 그 특성이 있을 것이다. 그래서 단기간과 장기간 참여 각성인, 도감별 각성인의 활동 추이를 각각 구분하여 논의해 보기로 한다.

또한 강화경판의 각성사업 전개에 따른 각성인의 참여 변화에 대해 접근하고자 한다. 이에 제1장에서 검토한 강화경판 彫成 전후 시기에 출간된 각종 불교 서적에서 조사된 인·법명과 각성인을 상호 비교·분석하여 이들의 참여 형태와 그 활동 樣相의 검토를 통해 각성사업과의 관련성을 살펴보기로 한다. 조사된 이들이 담당한 역할이 무엇이었는지, 어떤 현실 인식과 그 실천 의지를 가지고 있었는지에 대하여 검토해 볼 것이다.

다만 본 연구는 강화경판 각성사업의 운영과 관련하여 각성인을 대상으로 접근하여 많은 한계를 갖고 있다. 이러한 한계는 추후에 강화경판과 관련되는 각종 자료를 보완하여, 보다 진전된 연구를 계속해 나가고자 한다.

제1장

12·13세기 書籍 刊行과 江華京板

Ⅰ. 12·13세기 書籍 刊行의 樣相과 체계

1. 서적 간행의 類型과 그 性格

江華京板 刻成事業은 고려가 보유하고 있던 기왕의 각종 서적 출간 체계 및 시설, 그리고 人的 기반을 최대한 활용하였을 것이다. 따라서 강화경판 彫成을 전후한 시기에 출간된 서적을 살펴보면 각성사업의 기반과 그 체제를 일정하게 이해할 수 있다.

고려는 국가와 민생에 필요한 政敎書와 史書는 물론 다양한 官纂 서적을 출간하여 통치와 외교, 그리고 科擧와 교육 등 여러 분야에 활용하였다. 이에 국가적 차원에서 일정 수준을 유지하려는 일관성 있는 간행사업을 추진하였으며,1) 그 정점에는 국가가 직접 관여하였다.

대표적인 서적 출간관련 기구로 秘書省2)을 들 수 있다. 이 기구는 國初에 內書省이라 하였으나, 成宗代에 秘書省으로 개칭되면서 그 규모가 현저히 확장되었다.3) 비서성의 확대로 국가에서 필

---

1) 허흥식, 1997, 「고려시대의 서적간행」『국사관논총』71, 국사편찬위원회, 17~18쪽.
2) 비서성의 초기임무는 국가문서와 유학경서를 비롯한 각종 도서, 문서들을 보관 관리하여 일련의 국가문서를 편찬하는 부서였다. 그러나 실제 이상의 임무와 함께 전국적인 출판사업을 담당 조직하는 중앙지도기관으로 이해하고 있다(리철화, 1996, 『조선출판문화사』, 한국문화사, 89~91쪽).
3) 秘書省의 관직으로는 監·少監·丞·郞·校書郞·正字 등이 있고, 문종대에는 최고책임자로서는 判事(정3품), 監 1人(종3품), 少監 1人(종

14   高麗大藏經 研究

요한 정책 조율과 아울러 국가와 왕실에서 필요한 각종 서적을 適時에 간행할 수 있는 체계를 구축하게 되었다.

　　성종대 이후 文治主義를 표방하면서 유교정치를 확대시키기 위해 각종 서적의 출간을 더욱 확대시켰을 것이다.[4] 다음의 사료를 통해 파악해 볼 수 있다.

> 가-① 秘書省에서 새로 간행한『禮記正義』70질과『毛詩正義』40질을 바쳤다. 왕이 御書閣에 한 질씩만 보관하고 나머지는 문신들에게 나누어 주라고 명령하였다.[5]
>
> ② 왕이 다음과 같은 명령을 내렸다. "비서성에서 서적 판본을 되는대로 쌓아 두어 이를 훼손시켰으니 國子監에 서적포를 설치하여 이 서적들을 이관하는 동시에 널리 베껴 印刊하라".[6]
>
> ③ 한림원에서 아뢰기를 "비서성에 명령하여 御名과 音이 같은 글을 인쇄 배포함으로써 사람들로 하여금 어명에 저촉되는 글자를 알게 하기 바랍니다"하니 왕이 그렇게 하라고 했다.[7]
>
> ④ 왕이 儒臣과 太史官에게 명하여 會寧殿에 모여 陰陽地理에 관한 諸家의 서적을 刪定하게 하여, 1책으로 편찬하여 올리게 하였다. 국왕은 책 이름을『海東秘錄』이라 하였다. 正本은 御府에 소장하고, 副本은 中書省·司天臺·太史局에 하사하였다.[8]

4품), 丞 2人(정5품), 郎 1人(종6품), 校書郎 2人(종9품), 正字 2人(종9품), 校勘(종9품)을 두고 屬吏도 상당히 비대해졌다.『高麗史』권76, 지30, 백관1 참조.

4)『高麗史』에는 각종 서적의 간행과 관련된 기사가 문종대 이후에는 기록이 많지 않다. 이와 관련하여 그 무렵 刊板은 새로운 기술이었던 까닭에 지방에서까지 그 같은 대량의 刻板이 이루어진 것은 보기 드문 일이라고 인정되어 國史에 기록되었다. 하지만 1059년 이후는 흔한 일이었기 때문에 특별히 기록할 필요가 없어 기록하지 않은 것이라는 지적도 있다(前間恭作, 안춘근 편역, 1985,『韓國板本學』, 범우사, 46쪽).

5)『高麗史』권6, 세가6, 경종 11년 하4월 기유. "秘書省 進新刊禮記正義 七十本 毛詩正義四十本 命藏一本於御書閣 餘賜文臣".

6)『高麗史』권11, 세가11, 숙종 6년 3월 임신. "制 以秘書省文籍板本 委積損毀 命置書籍鋪于國子監 移藏之 以廣摹印".

7)『高麗史』권11, 세가11, 숙종 6년 하4월 갑진. "翰林院奏 御名同韻字 請令秘書省 彫板頒示 使人知所避諱 制可".

위의 가-①)과 ②)의 내용에서 비서성에서는 『禮記正義』와 『毛詩正義』 등을 국가적 차원에서 필요한 서적을 수시로 간행하면서 그 판본들을 보관 및 관리하고 있다.

또한 가-③)에서 나타난 바와 같이 비서성에서는 임금의 이름과 그 音이 같은 글자를 사용하지 못하도록 하는 것으로 보아 정책적 조율까지도 담당하고 있음을 알 수 있다. 가-④)에서 『海東秘錄』을 간행한 후 正本과 副本을 각기 따로 보관하는 것으로 보아9) 각종 서적의 출간에서부터 관리 등에 이르기까지 국가적 차원에서 그 업무를 주관하고 있다.

정부 차원의 서적 간행은 비서성뿐 아니라 왕명에 의해 출간되기도 하였다. 즉 국가의 통치이념과 밀접한 관련이 있는 각종 經書와 왕실과 관련되는 서적 등의 출간이다. 그 예로서 현종대 權臣인 황주량은 왕명에 의해 거란군의 침입으로 궁궐에서 보관하고 있던 각종 서적이 소실되자 各地에서 탐문하여 그 자료를 蒐集·編纂하여 태조부터 목종에 이르기까지 『七大實錄』을 수록한 36권을 왕에게 바쳤고,10) 명종대 최윤의가 왕명을 받들어 『古今詳定禮』 50권11)과 『太平御覽』12)을 출간하였다. 그리고 앞의 가-④)에서 예

---

8)『高麗史』권12, 세가12, 예종 원년 2월 정유. "命儒臣 與太史官 會長寧殿 刪定陰陽地理諸家書 編爲一册 以進 賜名海東秘錄 正本 藏於御府 副本 賜中書省司天臺太史局".

9) 당시 국가적 차원에서 간행된 각종 서적의 보관은 국가적 기구뿐 아니라 사원에도 보관하고 있었다. 그 예로서 고종 14년 9월에 평장사 최보순 등에 의해 편찬한 『明宗實錄』이 史館과 海印寺에 각각 보관된 것에서 알 수 있다(『高麗史』권22, 세가22, 고종 14년 9월 경진).

10)『高麗史』권95, 열전8, 황주량. "初契丹兵陷京城燒宮闕 書籍盡爲煨燼 周亮奉詔訪問採掇 撰集太祖至穆宗七代事跡 共三十六卷以進".

11)『高麗史』권95, 열전8, 최윤의. "嘗奉詔 撰古今詳定禮五十卷 行于世".

12)『高麗史』권20, 세가20, 명종 22년 하4월 임자. "壬子 命吏部尙書鄭國儉 判秘書省事 崔詵 集書筵諸儒於寶文閣 讎校增續資治通鑑 分送州縣 雕印以進 分賜侍從儒臣".

종이 儒臣들을 시켜 태사관과 장녕전에 모이게 하여 음양·지리 등에 관한 諸家의 서적을 刪定한『海東秘錄』을 편찬하여 바치도록 하고 있다. 이처럼 각종 유교 서적의 활발한 간행은 물론 당시 수준 높은 對民 醫療術을 반영한『新集御醫撮要方』[13) 등과 개인 문집인『李翰林集註』,『柳文事實』등 다양한 서적들이 왕명에 의해 출간되었다.[14)

이와 같이 국왕·비서성을 비롯한 중앙 차원에서의 다양한 서적 출간은 대개 公的인 출간으로 受命 즉, 왕명이나 상부기관으로부터 명령을 받은 것이다. 왕명의 절차를 밟는다는 것은 서적의 출간을 위한 가능한 편의를 제공받는다는 의미로써 이는 서적의 출간에 자료의 수집 및 출판 기술의 실무뿐 아니라 행정적 지원까지 포함될 수 있을 것이다.

御定御贊書이거나 법령집 등은 政敎上 국가에서 간행이 필요한 때 각 道에 分刊하는 방식이 채택되었을 것이다. 특히 經史類의 官板에 대해서는 중앙 관아가 주로 氏本의 본문을 校勘하거나 필요한 서적을 訪搜 또는 選定하여 開板 진상케 하였고 지방 관아에서 서적 판각을 진상하는 방법도 적극 장려하였다. 따라서 각종 經史類의 간행은 국정을 바로 세우고 對民 통치체제를 확립하고자 하는데 상당히 기여하였을 것이다.

이에 중앙뿐 아니라 지방에도 각종 서적의 출간 기구 및 정책이 확대되었다. 성종대 서경에 修書院이라는 별도의 기구를 설치한[15) 것이 대표적인 예이다. 수서원의 설치는 지방의 교육 장려 정책과 밀접하게 관련되었을 것이다. 유학이 興隆되고 과거를 위한 經史

---

13)『東國李相國集』권21,「新集御醫撮要方序」.
14) 崔惟清 사후에 왕이 열람하고서 木板에 새기게 하였다(『高麗史』권99, 열전12, 최유청).
15)『高麗史』권3, 세가3, 성종 9년 12월. "於西京 開置修書院".

와 詩文, 醫·律·算 등의 雜學이 성행하자 이 계통의 서적에 대한 판각이 활기를 띠게 되었다. 이에 지방의 學院에서까지 그 印本의 頒布 요구가 급증하였고, 각종 서적 출간과 보급에 국가적 차원에서 깊이 관여하였을 것이다. 다음의 사료가 참조된다.

> 서경 유수가 다음과 같이 보고하였다. "서경에서는 진사과, 명경과 등 과거 시험에 응시할 사람들이 배우고 있는 서적이 대부분 사본으로 된 것이기 때문에 글자의 오착이 많사옵니다. 秘書閣에 보관되어 있는 9경, 한서, 진서, 당서, 논어, 효경, 제자, 사기와 여러 학자들의 문집과 의서, 복서, 지리, 율력, 산수 등 서적들을 모든 학원에 비치하여 주시기 바랍니다". 이에 왕이 해당 관리에게 명령하여 이 서적들을 한 벌씩 인쇄하도록 하였다.16)

위에서 알 수 있듯이 지방의 학원들은 지역 내 과거를 준비하는 사람들을 위해서 서적을 보관하고 열람케 하고 있다.

위에서 열거된 서적들은 대부분 유교의 理想인 治國·修身에 필요한 것으로, 그 내용도 통치이념에 부합되는 것이다. 또한 지방에서 출간된 서적은 지방의 교육 기능을 활성화시키는데 크게 이바지하였을 것이다. 그래서 중앙과 지방 간의 서적 출간 체계에 대하여 좀 더 구체적으로 살펴보기로 하자.

당시 일부 군현에서는 『唐書』와 『後漢書』를 刻板할 정도로 상당한 기술력을 축적하고 있고, 출간된 서적 및 판본들은 대개 秘閣이나 秘書省으로 入庫되었다.17) 이와 관련하여 명종 22년에 출간된 『增續 自治通監』의 사례가 주목된다.

---

16) 『高麗史』 권7, 세가7, 문종 10년 8월. "西京留守報 京內進士明經等諸業學人 所業書籍 率皆傳寫 字多乖錯 請分賜秘閣所藏九經 漢晋唐書 論語孝經子史諸家 文集醫卜地理律算諸書 置于諸學院 命有司 各印一本 送之".

17) 『高麗史』 권6, 세가6, 경종 11년 하4월 기유; 『高麗史』 권8, 세가8, 문종 12년 9월 기사 및 문종 13년 2월 갑술.

    임자일에 吏部尙書 鄭國儉과 判秘書省使 崔先에게 명령하여 書筵
의 모든 선비들을 보문각에 모으고 『增續自治通監』을 교정하여 각
州縣들로 하여금 판각을 하여 바치도록 하게 한 다음 시중하는 유신
들에게 나누어 주었다.18)

    위에서 보는 바와 같이 改版코자 하는 『增續 自治通監』을 보문각
에서 교감한 다음 여러 州縣 官署에 나누어 새기게 한 후 다시 중앙
으로 이송시키고 있다. 『增續 自治通監』의 출간 절차를 정리해 보
면, 중앙은 교감을 담당하고 지방은 서적을 조판하여 완성된 板本
은 다시 중앙으로 가져와 인쇄 및 보급하는 방식을 취하고 있다.
    당시의 서적 출간은 국가기관인 秘閣 즉 秘書省, 또는 書籍鋪와
같은 중앙기구가 간행을 주도하면서19) 중앙과 지방의 유기적 협
조 아래서 이루어지고 있었다. 이 과정에서 왕명 또는 국가 주도
에 의해 지방의 人的·物的 기반이 동원되고 있음을 짐작할 수 있
다. 지방의 서적 출간 수준과 관련하여 다음의 자료를 주목해 보
기로 하자.

    … 國朝에 茶房에서 수집한 약방문 한 질이 있는데 수집한 지 오래
라, 탈루되어 거의 유실될 지경에 이르렀다. 지금 추밀상공 최종준이
이것을 보고 애석히 여긴 끝에 그것을 인쇄하여 널리 보급할 것을 생
각하고 이를 상께 아뢰니 상께서는 혼연히 허락하였다. 공은 이에 2권
으로 나누고 또 모든 方文 중에서 가장 긴요한 것만을 첨부하여 사람
을 시켜 繕寫하게 한 다음 이를 『御醫撮要』라고 하고, 御命으로 서경
유수관에게 보내어 인쇄하여 세상에 유포하게 하였으니 ….20)

---

18) 『高麗史』 권20, 세가20, 명종 22년 여름 4월. "壬子 命吏部尙書鄭國儉
　　 判秘書省事 崔詵 集書筵諸儒於寶文閣 讐校增續資治通鑑 分送州縣
　　 雕印以進 分賜侍從儒臣". 한편 최유청은 『增續自治通監』은 물론 『太
　　 平御覽』도 교정하여 간행하였다(『高麗史』 권99, 열전12, 최유청).
19) 이와 관련하여 천혜봉, 1980, 『羅麗印刷術의 發達』, 경인문화사, 137~
　　 155쪽이 참조된다.
20) 『東國李相國集』 권21, 「新集御醫撮要方序」. "… 國朝有茶房所集藥方

위에서 당시 국가 기관에서 펼친 醫術을 집대성한『新集御醫撮要方』의 출간은 국왕의 칙명을 받들어 간행되고 있음을 보여주고 있다.21)

최종준과 서경유수관이 고종의 命을 받아 간행하였다는 점에서 당시 서적의 출간에는 국가 및 국왕과 밀접한 관련을 맺고 있음을 이해할 수 있다. 즉『新集御醫撮要方』의 편찬과 관련된 업무는 추밀상공 최종준이 주관하고 그 판본을 西京留守官에게 보내어 그 인쇄 및 배부를 담당케 한 사실에서 중앙 차원에서 지방의 출판과 관련된 인적·물적 기반을 동원 및 활용하고 있음을 알 수 있다.

당시 界首官이 파견된 지역은 중앙과 긴밀한 협력 관계를 유지하면서 각종 서적의 출간에 주도적인 역할을 하였고, 지방의 서적 출간과 관련된 기술 및 시설 또한 상당한 수준에 이르고 있음을 짐작할 수 있다.

지방에서의 활발한 서적 출간은 일찍부터 爵位와 衣襨 등을 하사하는 論功行賞策을22) 썼기 때문에 지방의 판각술은 고려 초기부터 고루 발달될 수 있었다. 따라서 중앙은 물론 지방에서도 각종

　一部 文略效神 可濟萬命 以歲久脫漏 幾於廢失矣 今樞密相公崔諱宗峻 見而惜之 思欲摹印以廣其傳 以此聞于上 上遂欣然頷可 公於是分爲二卷 又添附諸方之最要者 使人繕寫 名之曰御醫撮要 承制勅送西京留守官彫印 使流播於人間 …".

21)『新集御醫撮要方』편찬 배경에 대해서는 이태진, 1988,「高麗後期의 인구증가 要因 生成과 鄕藥醫術」『한국사론』19, 서울대 참조.

22) 이와 같이 지방의 출판인쇄술의 발달배경에는 고려 초기부터 출판 기획 및 교감은 中央官署가 맡고, 판각은 지방관서가 맡는 官板 인쇄정책 방식을 취하고 있었다. 고려 초기 중앙정부는 현종 2년부터 착수되어 선종 4년에 마무리를 본 巨秩인 초조대장경의 조조를 관장하고 그것으로 총력을 기울어야 했기 때문에 대장경 이외의 官板本 판각은 거의 모두 地方官衙로 下命 또는 勸奬했던 것이 관례가 되어 麗末까지 계속되었던 듯 하다고 하였다(천혜봉, 1980, 앞의 책, 153~156쪽).

서적의 출간 정책이 광범위하게 시행되고 있으며[23] 정책의 뒷받침
과 기술 축적을 통한 서적의 출간 수준은 매우 높았다.[24]

　지방에서의 서적 출간은 출판 기술과 물자의 확보, 그리고 정책
적 지원이 있어야만 가능한데 당시 지방의 서적 출간 수준은 상당
히 높았을 것으로 짐작된다. 중앙과 지방의 협력 관계를 좀 더 살
펴보기로 하자.

　　　선생의 유고가 으뜸으로 찾아지게 되어 대개 古體와 律詩, 四六文
　과 雜文 등 도합 1백35권을 얻게 되었으니, 대개 평소의 手錄이었다.
　여러 고을에 나누어 보내어 工人을 구해서 판에 새기게 하였으니, 속
　히 완성하고자 함에서다. 어느 날 太常府錄 嚴叔卿이 내 집에 찾아와
　서 최정승의 뜻을 전하고, 곧 나에게 題辭를 부탁하였는데 ….[25]

　위 내용은 俞升旦이 撰한『金居士集』[26] 발문의 일부로서 김극기의
글을 수습하여 135권으로 편찬하는 과정에 대하여 적고 있다. 즉『金
居士集』을 빠른 시일 내에 완성하고자 하는 경위와 또 그 판본을 조

---

23) 김충렬, 1998,『韓國儒學史』1, 예문서원, 213쪽에서 고려시대 서적 간
　　행 체제에 대하여 불경의 간행은 중앙에서 거국적으로 진행된 데 반하
　　여 유교 서적의 간행은 대개 지방에서 간행된 것으로 보았다.
24) 당시 고려의 인쇄술 발달 수준을 단적으로 보여주는 것이 금속활자의
　　발명이다. 이에 대하여 인쇄기술 발전과정에서 1234년의『신서상정례
　　문』의 금속활자의 발명은 결코 우연한 일이 아니라 출판 인쇄기술의
　　정비·강화 및『팔만대장경』뿐만 아니라 문예서적·기술서적 등 다양
　　한 도서들을 대규모로 출판하였던 것이 그 기반이 되었다는 지적은 참
　　조된다(리철화, 앞의 책, 135～143쪽).
25)『東文選』권83,「金居士集序」. "而先生遺藁 首被搜訪 凡得古律詩四六
　　雜文 共一百三十五卷 盖其平昔手錄 分送數州 俾售工而鏤于板者 欲
　　其速成也 一日大常嚴府錄叔卿 見訪於弊廬 款諭相國公之旨 因以題辭
　　屬於子".
26)『金居士集』135권은 대단한 多作으로 평가되고 있으며 최근 복원 시도
　　된 바가 있다(김건곤 편, 1997,『金克己遺稿』, 한국정신문화연구원).

성하는 과정에 대한 것이다.

『金居士集』 출간을 위해 그 원고를 여러 郡縣에 分送한 점으로 미루어 보아 중앙과 지방 간의 협력 체계가 구축되고 있음을 알 수 있다. 다시 말하면 중앙에서 필요로 하는 서적을 빠른 시일 내 출간을 위해 지방의 축적된 刻板 기술을 활용하고 있다.

東京, 西京, 晋州, 福州 등과 같은 大邑을 중심으로 서적의 출간이 계속 확대되고 있다. 따라서 서적의 출간은 중앙과 지방의 군현이 연계되어 그 업무를 역할 분담하면서 긴밀한 협조 관계를 유지하고 있다고 할 수 있다.

이에 고려 시기 주요 군현의 서적 출간 실태에 대하여 살펴보기로 하자. 고려 초기부터 출간된 서적 중 그 장소가 명시된 것을 정리하면 다음의 <표 1-1>과 같다.

<표 1-1>에서 알 수 있듯이 각종 서적의 출간 지역은 특정 지역 내지 장소가 아니라 전국적으로 다양하게 분포되어 있다. 특히 界首官이 파견된 大邑을 중심으로27) 활발하게 출간되고 있음을 알 수 있다.

<표 1-1>에 제시된 大邑 중의 하나인 경주를 주목해 보기로 하자. 경주에서는 정종 8년 2월에 東京副留守 崔顥, 判官 羅旨說, 司祿 尹簾, 掌書記 鄭公幹 등이 왕명을 받들어 『兩漢書』·『唐書』 등을 새롭게 간행하여 국왕께 바쳤다.28) 그리고 『百家衣詩』 3권이 崔怡에 의해 간행되는29) 등 국가적 차원의 간행사업은 당시 왕이나 집권층의 命에 의해서 지속적으로 추진되었다.

---

27) 이와 관련하여 각 지방별 현황에 대해서는 김두종, 1980, 『韓國古印刷技術史』, 탐구당, 93~111쪽 참조.
28) 『高麗史』 권6, 세가6, 정종 8년 2월 기해. "東京副留守崔顥判官羅旨說司錄尹廉掌書記鄭公幹等奉制 新刊兩漢書與唐書 以進 竝賜爵".
29) 허흥식, 1993, 「林惟正의 『百家衣詩』」 『계간서지학보』 12.

〈표 1-1〉 주요 군현의 書籍 出刊 실태

	서 적 명	출간연도	비 고	출 전
경주	前漢書	정종 8	王命	『高麗史』
	後漢書	정종 8	王命	『高麗史』
	唐書	정종 8	王命	『高麗史』
	百家衣詩	고종조	-	『東文選』
	佛說阿彌陀經	고종 38	朴隨	-
	慈悲道場懺法	충렬왕 8	李德孫	-
	玉川先生詩集	충렬왕 27		『印刷史』
	白花道場發願文略解	충숙왕 복위 3	盧愼?	-
	達磨大師觀心論	충숙왕 복위 4	盧愼	-
	帝王韻紀	공민왕 9		『보고서』
	動安居士集	공민왕 9	安克仁	『叢書』
	孝行錄	14세기경	權準	『韓國醫學史』
진주	東國李相國集	고종 38	王命	-
	帝王韻紀	충렬왕 21〜22	勅令	-
	近思錄	공민왕 19	진주목사 李仁敏. 盧叔	『보고서』
	中庸朱子或問	공민왕 20	-	『印刷史』
	拙藁千百	공민왕 3	-	-
	東人之文四六	공민왕 3	-	만송문고본
안동	歐蘇手簡	우왕 7	兵馬使 鄭南晋	『印刷史』
	夾注名賢十鈔詩	충숙왕 복위6	-	『印刷史』
	東人之文四六	공민왕 4	-	『印刷史』
경산	隨書	문종 13	-	『高麗史』
상주	禮記集說	공양왕 3	李崇仁	『印刷史』
청도	春秋經左氏傳句解	우왕 2	경상도 관찰사 曺致	『印刷史』
전주	十二國史	신종 2	全州牧 郎將 盧公	『東國李相國集』
	東坡文集	고종 23	完山州 예부낭중 崔君址	『東國李相國集』
	東人之文	충정왕 1	鄭皆刻梓	『益齋亂藁』
	拙藁千百	충정왕 1	鄭皆刻梓	『益齋亂藁』
나주	龍龕手鏡	11세기경	羅州牧官彫刻 權得齡	『보고서』
남원	三禮圖 외 1종	문종 13		『高麗史』
서경	西河集	고종 9	崔瑀 命	-
	新集御醫撮要方	고종 13	王命	『東國李相國集』
안서	肘後方 외 2종	문종 13	-	『高麗史』
충주	黃帝81難經 외 8종	문종 5	-	『高麗史』

주) 출전의 '-'표시는 해당 서적의 영인본 誌·跋文 참조.
　　『印刷史』는 천혜봉, 1990, 『韓國典籍印刷史』, 범우사 ; 『보고서』는 문
　　화부, 1989〜2001, 『동산문화재지정보고서』 ; 『叢書』는 『朝鮮古文書
　　刊行會叢書』를 지칭함.

또한 고종 38년 4월에는 朴隨에 의해『佛說阿彌陀經』이 간행되었다.30) 충렬왕 8년 東京副留守 李德孫이 돌아가신 아버지의 極樂往生과 妻家쪽 친족이 번영하기를 기원하면서『慈悲道場懺法』을 간행하였고, 唐나라의 盧소 저술인『玉川先生詩集』이 간행되었다.31) 충목왕 2년에는 權溥와 그의 아들 權準, 사위 李齊賢에 의해 편찬32)된『孝行錄』이 간행되기도 하였다.33) 진주에서 이미 간행된 바 있는『動安居士集』이 공민왕 9년에 東京 안렴사 安克仁에 의해 재간행되기도 하였다.34)

여기서 신라의 고승 義湘이 撰하고, 體元이 註解한 소위 '海印寺寺藏本' 중 하나인『白花道場發願文略解』의 발문을 참조해 보기로 하자.

　　　元統二年甲戌七月 日 鷄林府開板
　　　同願刻手 僧 甫英

---

30)『佛說阿彌陀經』. "辛亥四月 日 刻 道人 木安 東京副留守管句學事試禮
　　賓少卿 朴隨"(藤田亮策, 1991,「海印寺雜板攷」『朝鮮學報』138, 59쪽).
31) 윤병태, 1972,『韓國書誌年表』, 한국도서관협회, 6쪽.
32)『高麗史』권107, 열전20, 권단 부 보. "又與子準 袞集歷代孝子六十四
　　人 使壻李齊賢著贊 名曰孝行錄 行于世".
33)『효행록』이 경주에서 간행된 시기를 정확히 알 수가 없다. 다만 초판본
　　은 조선 태종 5년(1405) 이전에 판각된 것으로 보여진다. 이후 陽村 權
　　近이 주석과 교정을 하여 간행한 바 있고, 조선 세종 10년에『增補孝行
　　錄』이 간행되었다. 또 세종 15년 慶州에서 간행된 판본이 있는데, 간행
　　은 慶州府判官 李好信과 慶州府尹 金乙辛, 교정은 幼學 崔汝恭, 刻手
　　로는 池永守·徐用臣과 승려 洪惠·義淡 및 學生 宋義·金自義·金
　　尙立 등이 각각 맡았다. 그리고 발문은 典農少尹 宋海가 썼다(김두종,
　　1966,『한국의학사』, 탐구당, 114〜115쪽; 남권희, 2000,「경주에서 간행
　　된 書籍研究」『新羅文化』19, 201쪽).
34)『帝王韻紀』권下. "先居士 臣 動安所製進歷代帝王韻紀元貞間勅令 鋟
　　梓于晉州牧官 年旣久而板朽字滅 … 按廉使 中散大夫 兵部侍郎 臣 安
　　克仁 題".

　　　　色記官 崔 汗
　　　　別色前副戶長 李奇
　　　　同願秀才 金神器書
　　　　同願東泉寺道人 善珣
　　鷄林府權知尹承奉郎都官佐郎知蔚州事兼勸農使 盧□.

　　『白花道場發願文略解』는 충숙왕 복위 3년 7월에 계림부에서 開板되었는데, 출간에 참여한 인물들은 지방관과 東泉寺[35]의 승려뿐 아니라 前副戶長 李奇를 비롯한 경주 지역의 향리들까지 포함되어 있다. 특히 위의 인명 중 刻手 僧 甫英과 色記官 崔汗, 勸農使 盧□ 등은 이듬해 계림부에서 출간된 『達磨大師觀心論』의 개판에도 刻手 및 崔下, 盧愼 등으로 참여하고[36] 있다. 그러므로 당시 경주 지역은 각종 서적의 출간에 필요한 인적·물적 요소가 상시 갖추어져 운영되고 있음을 파악할 수 있다.

　　이에 당시 군현의 출판과 관련된 전문가들에 대하여 살펴보자. 界首官이 파견된 大邑이나 사원에는 工人이 별도로 활동하고 있었던 것으로 보인다. 다음의 사료는 이규보가 지은 『十二國史』의 발문 중 일부이다. 按部 盧軾이 完山에 있을 때 『十二國史』 重彫와 관련하여 工人이 동원되고[37] 있음을 보여준다.

---

35) 江華京板의 '外藏'에 入藏된 『釋華嚴旨歸章圓通鈔』의 誌文에 "江華京 17년(고종 35)에 天其의 제자들이 東泉寺에서 安居하면서 『釋華嚴旨歸章圓通鈔』에 방언을 삭제하고 學人들에게 나누어 주었다"는 기록이 있다. 본문에 제시된 사료의 東泉寺와의 관련성에 대하여 확인되지 않으나 만약 같은 사원이라면 『白花道場發願文略解』가 간행된 東泉寺는 상당한 수준의 교학적 능력을 보유하고 있었을 것이다. 이를 통해 당시 경주 지역과 지역 내 사원의 불교 수준과 불교경전 간행체계를 일정하게 짐작할 수 있다.

36) 『達磨大師觀心論』 발문 참조(천혜봉, 1990, 『韓國典籍印刷史』, 범우사).

37) 工人의 활동은 당시 출간된 각종 불교 서적의 誌·跋文에서 '募工'이라 한데서 확인된다.

『12국사』는 여러 史册 중에 가장 요긴한 것이다. 박람하는데 많은 힘을 들이지 않고도 족히 여러 나라의 흥망·선악을 살필 수 있는 것이다. 그러므로 지금 按部 盧軾이 비록 무반에 있으나 평소 글을 좋아하였으며, 서책 중에서 특히 이 책을 즐겼다. 그가 완산에 벼슬하고 있을 때 공인을 모아 이를 인쇄하여 학자들에게 배포하니 이 또한 선을 좋아하는 군자가 사람을 이롭게 하는 일단인 것이다.[38]

즉 공인을 구하여 판을 새겼다는 점은 주요 군현에 이와 관련된 업무를 전담하는 자가 있었음을 반증한다. 이처럼 각 지방 官署에서 자체적으로 서적을 간행할 때 공인들을 적극 참여케 한 것은 중앙 官府이외에도 각 지방에 서적 출간과 관련된 전문가가 존재하고 있음을 알려준다.

개인적 차원에서 간행되는 서적은 공인을 모아 간행하면서 그 비용은 사업의 주체가 부담하고 있다. 공인의 범주는 분명히 알 수 없으나 업무 특성상 刻手와 筆寫者는 물론 校勘者까지 포함할 수 있다. 서적 출간과 관련된 업무를 專業으로 하는 공인들은 당시 지배세력들의 지원 속에서 활동한 것으로 볼 수 있다. 따라서 서적 출간과 관련된 여러 工匠이 각각 존재하면서 그 체계가 어느 정도 확립된 것으로 이해할 수 있을 것이다.

앞서 언급한 바 있듯이 당시 일부 서적들이 왕명에 의해 국가적 사업으로 서적 출간이 진행되었을 때는 지방과 유기적인 협력 체제가 구축·동원되었다. 즉 필사 및 교정을 거친 서적은 곧 刻手들에 의해 새겨졌을 것이고, 이 과정에서 중앙 관부는 물론 주요 군현 및 사원에서 활동하는 전문가들에 의해 彫板되었을 것이다. 또한 지방의 전문 공인들에 의해 판각된 판본이 다시 중앙으로 이송

---

38) 『東國李相國集』 권21, 「十二國史重彫後序」. "十二國史 諸史之樞要也 漁獵不煩 而足以鑑諸國之興亡善惡 故今按部盧公軾 雖居衛霍之班 雅好孔姬之術 於書傳中偏嗜是書 弭節完山 募工彫印 以施學者 是亦好善君子利人之一端也".

된 것에서 당시 지방에는 서적 출간과 관련된 전문가들이 폭넓게 존재하고 있었음을 짐작할 수 있다. 이러한 간행 체계는 경주·전주뿐 아니라 界首官이 파견된 大邑도 비슷한 형태였을 것이다.

그 예로 서경에서『西河集』39)을 출간할 당시 서경의 여러 學院에 그 本(필사본)을 보내어 판본을 새기도록 하였고, 판본이 완성되자 개경으로 옮겨와 書籍店에서 널리 배포토록 하였다.40) 특히 앞서 제시한 고종 13년『新集御醫撮要方』의 편찬에 있어 중앙의 관료인 최종준이 주관하였다. 판본은 西京留守官에게 보내어 판각케 하고 또 그 인쇄 및 배부를 담당케 한41) 점은 서경의 人的·物的 기반도 상당한 수준에 있었음을 반증해 주고 있다.

또한 서적의 출간에는 국가 조직은 물론 민간의 유능한 전문가들이 일정한 조직과 체계를 갖추어 참여하였으며, 더 나아가 사원의 조직도 활용하였다.

이러한 예는 인종이 法泉寺의 圓證僧統 德兼에게『金光明經疏』를 찬술하도록 명하자, 그 樞要만을 撮要하여 3권으로 만들어 왕에게 헌납하니 왕이 더욱 존경하였다는 기록42)에서 일정하게 이해할 수 있다.

이처럼 官주도의 서적 출간에 승려가 참여하고 있는 점을 통해

---

39)『西河集』跋文은『高麗名賢集』에는 수록되어 있지 않으나『韓國文集叢刊』에는 수록되어 있다. 두 본에 대한 비교·검토는 박종기, 1992, 「『韓國文集叢刊』高麗時代 文集에 대하여」『한국학논총』15, 국민대 참조.

40)『西河集』권6. "仍取其本 隨牒責送 西京諸學院 使之勒板 成移上都 附書籍店 廣布而流於世 爲後生規榘云 貞祐十年任午仲冬樞密院使吏兵部尚書上將軍崔瑀跋"(『韓國文集總刊』제1책).

이 발문에 대해서는 이우성, 1981, 「고려 무신정권하의 문인지식층의 동향」『韓國의 歷史像』, 창작과 비평사, 190쪽 참조.

41)『東國李相國集』권21, 「新集御醫撮要方序」.

42) 「圓證僧統 德兼 墓誌銘」. "上又命撰金光明經疏 盖撮要也 書成三卷以獻 上 益加敬焉"(이지관, 2000,『校勘譯註 歷代高僧碑文』고려편 3, 가산불교문화연구원).

당시 官과 寺院의 협력관계가 유지되고 있음을 알 수 있다. 특히 충숙왕 2년에 祈福都監에서『天台四敎儀』를 출간한 바 있는데 여기에 山人 水如가 필사에 참여[43]하고 있는 사실에서 국가의 공적 기구가 각종 서적의 출간을 위해 다양하게 활용되고 있음을 짐작할 수 있다.[44] 이것은 앞서 검토한 바 있는『白花道場發願文略解』간행 체계에서 이러한 점은 보완된다.[45]

더욱이 경주는 옛 신라의 수도로서 그 동안 축적되어 있던 풍부한 人的·物的 자원과 그리고 기술적 축적이 있었기 때문에 각종 서적을 적시에 간행할 수 있었다.[46] 지역적으로 경상도 지역이 불교와 출판 활동의 중심무대였기 때문에 경주 권역 내에 위치하고 있던 각종 사원에서는 상당한 수준의 출판 능력을 보유하고 있었

---

43)『天台四敎儀』. "延祐七年 甲寅孟秋初吉 牧庵老人 題 山人水如書 二年乙卯五月 日 祈福都監 開板".

44) 황수영, 1990,「新羅·高麗寫經의 일고찰」『한국불교미술사론』, 민족사, 20~23쪽에서 신라 경덕왕 13~14년에 걸쳐 간행된『華嚴經』의 寫成은 중앙과 지방인의 합작으로 이루어졌다고 하였다. 이는 紙作이나 筆寫는 지방인의 손으로 그리고 裝幀이나 卷頭의 裝飾畵나 총지휘 같은 보다 높은 기술과 숙련을 요하는 種別에 있어서 중앙의 인원이 참여하였다는 사실이 밝혀졌다. 비록 신라의 기록이지만 고려에서도 불교 서적의 간행에 있어서 세속과 불교계의 유기적인 협조는 물론 중앙과 지방과의 협조도 매우 긴밀하게 유지하고 있었을 것으로 판단된다.

45)『百家衣詩』성암본의 誌·跋文을 근거로 경주에서 초간본으로 간행된『百家衣詩』는 조선 세종 21년에 李宣에 의해 안동에서 중간되었다. 중간본 간행에 있어서 간행의 주관자는 경상도와 안동부에 재직한 지방관과 이를 보좌하는 외관이 모두 참가하고 있으며, 또 새기거나 목판본에 쓰일 목재를 다듬은 실질적인 기술자로 승려가 큰 힘이 되었고, 이런 형태는 조선전기의 刊記에서 자주 볼 수 있다. 이는 앞선 시기에 출판 사업이 사원에서 주도되었고, 그 전통을 계승하고 있었다는 중요한 근거로 보고 있다(허흥식, 1993, 앞의 논문, 11~12쪽).

46) 경주 지역의 서적 출간 유형과 그 형태에 대하여 남권희, 2000, 앞의 논문 참조.

을 것이다. 따라서 경주뿐 아니라 당시 주요 군현에서는 언제든지 서적을 출간할 수 있음을 파악할 수 있다.

이처럼 경주·서경 등과 같은 大邑에서 각종 서적의 출간이 원활하게 이루어질 수 있던 배경은 중앙에 뒤지지 않을 정도의 출판기술이 축적되어 있었기 때문이다. 또한 각종 물자나 인적 활용에 있어서도 敎俗 간에 상호 긴밀한 협력체계가 구축되어 있었기 때문에 가능하였을 것이다. 이와 같이 경주를 비롯한 여러 大邑에서는 각종 서적을 수시로 출간할 수 있는 체계를 갖추고 있고, 또 각 지역내의 사원과 관청 등에서 활용되던 인적·물적 자원을 효율적으로 관리하고 있었다.

일부 서적의 경우 중앙 관서인 秘書省 등을 통해『禮記正義』·『毛詩正義』,47)『海東秘錄』48) 등이 출간되기도 하였지만,49) 대부분의 서적들은 특정 군현이 아니라 서경, 전주, 경주를 비롯한 大邑 및 각 州縣 등 다양한 지역의 인적·물적 기반을 활용하여 출간되고 있음을 알 수 있다.

당시 3京·4都護府 등지를 비롯한 계수관이 파견된 지역에서는 독자적으로 서적을 출간하였고, 유능한 刻手들을 일정하게 확보하고 있었다. 아울러 각종 서적을 출간할 수 있는 기반과 역할 분담체계가 구축되어 중앙과 연계되어 추진되고 있었다. 따라서 大邑과 사원, 혹은 그 업무 수행이 편리한 지역 역시 서적의 출간과 관련된 각종 사업을 추진할 수 있는 기반이 갖추어져 있었을 것이다.

---

47)『高麗史』권6, 세가6, 경종 11년 하4월 기유. "秘書省 進新刊禮記正義 七十本 毛詩正義四十本 命藏一本於御書閣 餘賜文臣".
48)『高麗史』권12, 세가12, 예종 원년 2월 정유. "命儒臣 與太史官 會長寧殿 删定陰陽地理諸家書 編爲一册 以進 賜名海東秘錄 正本 藏於御府 副本 賜中書省司天臺 太史局".
49)『高麗史』권11, 세가11, 숙종 6년 3월 임신. "制 以秘書省文籍板本 委積損毀 命置書籍鋪于國子監 移藏之 以廣摹印".

 이상에서 고려시대 중앙과 지방의 서적 출간 체계 및 시설, 그리고 기술이 크게 차이가 없음을 알 수 있다. 계수관이 파견된 지역은 중앙의 요청에 의해 적시에 서적을 출간할 수 있을 정도의 조직이 갖추어진 것으로 파악된다.

2. 주요 寺院의 불교 서적 간행 체계

 사원은 승려들의 수행공간이자, 각종 의식의 시행장소였다. 그리고 講論과 討論의 場이며 教學을 전파하는 기능도 가지고 있다. 고려시대 주요 사원들은 그들이 표방하는 佛法의 연구와 보급을 위해 각종 불교 경전은 물론 다양한 문헌들을 적시에 간행해 낼 수 있는 각자공이나 또는 제본 및 제지기술에 능숙한 승려 및 공인들을 확보하고[50] 있었다.

 이렇게 확보된 인적 자원들은 일정한 체계 속에서[51] 사원에서 필요로 하는 불교 서적을 독자적으로 출간하거나 또는 募緣을 통해 출간하였을 것이다. 특히 불교 경전을 출간할 목적으로 寶도 설치 운영하였다.[52] 이에 13세기를 전후하여 전국의 주요 사원에서 출간된 각종 불교 서적을 정리해 보면 <표 1-2>와 같다.

---

50) 김두종, 1980, 앞의 책, 100쪽.

51) 고려시대 승려 내에는 學僧 또는 修道僧, 使役僧의 구분이 있었던 것으로 파악되기도 한다. 여기에 刻字, 筆寫 등의 역할을 수행한 승려도 포함되어 있을 것이다. 이에 대해서는 임영정, 1992, 「고려시대의 使僧·工匠僧에 대하여」 『韓國佛教文化思想史』(上), 가산이지관스님화갑논총간행위원회 참조.

52) 대표적 예로 현종대 玄化寺에 설치되었던 般若經寶를 들 수 있다. 이와 관련하여 한기문, 1998, 『高麗寺院의 構造와 機能』, 민족사, 409쪽 참조.

<표 1-2> 佛敎 書籍 出刊 실태

	서 적 명	시기	출간 장소	비　　　고
1	一切如來心秘密全身舍利寶篋陀羅尼	1152	해진사	梵學大師道輝書
2	妙法蓮華經心幷三十七品讚頌	1192	-	侍郞 金元瑜
3	勸修定慧結社文	1200	수선사	知訥
4	華嚴論節要	1207	수선사	知訥
5	六祖大師法寶壇經	1207	수선사	知訥
6	宗鏡撮要	1213	수선사	慧諶拔
7	正法眼藏	1213	수선사	道人正宣 重板
8	金剛般若波羅蜜多經	1214	부인사	符仁寺大師 淸守 孝如刻
9	看話決疑論	1215	수선사	洪州居士李克材施財 慧諶拔
10	佛說熾盛光大威德金輪王消災吉祥陀羅尼經	1216	-	尙晉安東道按察使----金叔龍
11	梵書摠持集	1218	금산사	惠謹大師誌 刻手 開泰寺仁赫大師
12	册曆	1219	부석사	-
13	宗門圓相集	1219	묘봉암	夢如刊
14	小字 金剛般若波羅密經	1228	조월암	無衣子拔 釋光彫刻
15	小字 梵摠持集一部	1228	-	-
16	大般若經科	1230	-	惠園開板
17	大佛頂如來蜜因修證了義諸菩薩萬行首愣嚴經	1235	-	鹿鳴鄕前長 李勝光
18	佛說梵釋四天王陀羅尼經	1236	해인사	刻手 大升
19	妙法蓮華經	1236	-	鄭晏
20	三大部節要	1237	백련사	開板(圓妙國師碑銘)
21	法華經	1237	백련사	李世材
22	金剛般若波羅密經	1237	-	崔瑀發願開板
23	南明泉和尙頌證道歌	1239	-	晋陽公崔瑀命重雕鑄字本
24	永嘉眞覺大師證道歌	1239?	-	李時茂重雕
25	妙法蓮華經	1240	성불사	崔怡命比丘四一彫板
26	戒環解 妙法蓮華經	1240	백련사	崔怡
27	妙法蓮華經(6-7)	1240	-	崔怡
28	大方廣佛華嚴經疏	1241	하거사	伽耶山下鋸寺 雕造
29	佛說長壽滅罪護諸童子陀羅尼經	1241	-	東北面兵馬副使---李謀發願
30	妙法蓮華經	1241	-	全州牧判官安時峻開板
31	禪門拈頌集	1243	분사도감	一庵居士 鄭晏
32	大方廣佛華嚴經普賢行願品	1245	-	優婆塞鄭晏發願
33	金剛般若波羅密經	1245	-	優婆塞鄭晏發願

	서 적 명	시 기	출간 장소	비 고
34	禪門三家拈頌集	1246	-	晋陽公板壽傳焉
35	佛說頂修十往生七經	1246	-	優婆塞鄭晏發願
36	佛說阿彌陀經	1250	부석사	僧統覺鷹
37	佛說阿彌陀經	1251	-	朴隨開板
38	宗門撫英集	1254	분사도감	-
39	重添足本 禪苑淸規	1254	분사도감	-
40	注心賦	1254	분사도감	-
41	大方廣佛華嚴經普賢行願品別行疏	1256	-	無用 雕板
42	佛頂心觀世音菩薩大陀羅尼經(小字本)	고종조	-	崔氏一家
43	大方廣佛華嚴經世主妙嚴品	고종조	-	順安山城防護別監李榮
44	大方廣佛華嚴經	12세기	-	海東沙文守其藏本
45	大方廣佛華嚴經	12-13세기	-	浮石寺 번각
46	大方廣佛華嚴經	12-13세기	-	祇林寺 복장유물
47	弘贊法華傳	12-13세기	-	祇林寺 복장유물
48	法華文句并記節要	12-13세기	-	祇林寺 복장유물
49	合部金光明經	13세기	-	-

주) 위의 佛敎 書籍 出刊의 내용은 다음의 논고를 참조하여 필자가 재구성하였음.
　　남권희, 1997, 「13세기 천태종 관련 고려불경 3종의 서지적 고찰」 『계간서지학보』 19 및 1997, 「고려 구결본 『(合部)金光明經』 권3에 관한 서지적 고찰」 『서지학연구』 15; 문화부, 1989~2001, 『동산문화재지정보고서』 연차보고서; 채상식, 1991, 『高麗後期佛敎史硏究』, 일조각; 천혜봉, 1990, 『韓國典籍印刷史』, 범우사; 藤田亮策, 1991, 「海印寺雜板攷」 『朝鮮學報』 138·139.

<표 1-2>에 제시된 불교 서적 중 일부 내용을 중심으로 살펴보기로 하자. 우선 (3)~(7)·(9)의 『勸修定慧結社文』, 『華嚴論節要』, 『六祖大師法寶壇經』, 『宗鏡撮要』, 『正法眼藏』, 『看話決疑論』 등 12~13세기에 가장 많은 불교 서적을 간행한 수선사의 불교 서적 출간53)에 대하여 검토해 보자.

---

53) 수선사에서 출간된 서적에 대해서는 다음의 논문이 참조된다.
　　조명제, 2000, 『高麗後期 看話禪의 受用과 展開』, 부산대 박사학위논문; 宗眞, 1994, 「보조지눌의 저술과 사상적 경향」 『한국불교사의 재조명』, 불교시대사.

이와 관련하여 수선사의 제1주법이었던 지눌의 저술이 주목된
다. 지눌의 저술은『誡初心學人文』,『上堂錄』,『法語歌頌』,『修心
訣』,『眞心直說』,『牧牛子法語頌』등이 있다.54) <표 1-2>에 제시
된『勸修定慧結社文』은 지눌이 33세 때인 명종 20년 늦봄에 公山
居祖寺에서 저술 반포한 定慧結社의 취지문으로55) 신종 3년(1200)
이후 수선사에서 처음 간행되었다.56)

희종 3년에 지눌의 저서인『華嚴論節要』를 비롯하여, 같은 해 12
월에 道人 湛默이『六祖大師法寶壇經』을 구해 重刊하여 널리 보급
시키려 하자 지눌이 직접 발문을 작성하기도 하였다.57)『正法眼藏』
은 고종 즉위년 9월에 수선사의 道人 正宣에 의해 출간되었고,58)
『宗鏡撮要』는 같은 해 天眞上人에게서 이 책을 얻어 道의 부촉을
받은 正宣이 공인을 모아 다시 출간하였다.59)

앞서 언급한『華嚴論節要』는 지눌이『華嚴經』40권 중에서 요
강만 뽑아 3권으로 엮고 門人 冲湛 禪者에게 부탁하여 새기고 慧
湛의 주도에 의해 출간되었다. 아울러 湛靈과 羅州戶長 陳直升 妻
珍衣金 등 당시 지방인들의 시주에 의해 이루어졌고,60)『勸修定慧

---

54) 金君綏,「曹溪山修禪社佛日普照國師碑銘」.
55)『勸修定慧結社文』. "明昌 元年 庚戌 季春隱居牧牛子 知訥謹誌. 至承
   安五年 庚申 自公山社於江南曹溪山 以隣有定慧寺 名稱混同故 受朝
   旨 改定慧社爲修禪社 然勸修文旣流布故 仍其舊名 彫板印施耳"(『韓國
   佛敎全書』 제4책, 동국대, 678~708쪽).
56) 이와 관련하여 최병헌, 1992,「정혜결사의 취지와 창립과정」『보조사
   상』 5·6이 참조된다.
57)『法寶記壇經 重刊跋』. "泰和 七年十二月 日 社內道人 湛默持一卷 文
   到室中日近得法寶記壇經將重刻之以廣其傳師其跋之予欣然 …"(『韓國
   佛敎全書』 제4책, 동국대, 739쪽).
58)『正法眼藏』. "崇慶二年癸酉九月日 修禪社道人正宣重板印施".
59)『宗鏡撮要』重刊跋. "得此本於天眞上人 囑道者正宣 募工重雕印施 崇
   慶癸酉 仲春 修禪社 無衣子慧諶誌".
60)『華嚴論節要』 권3;『韓國佛敎全書』 제4책, 동국대, 767~869쪽.

結社文』은 '南京留守判官兼勸農使保勝郎將李光甫'[61]에 의해 출간되었다. 그리고 지눌이 입적한 후에는 혜심이 國師의 篋箱 중에서 발견한 『看話決疑論』 및 『圓頓成佛論』[62]을 '洪州居士 李克材'가 시주하여 고종 2년에 출간되었다.[63] 여기서 수선사의 독자적인 서적출간 체계[64]뿐 아니라, 지역민들과 상호 유기적인 협조 속에 서적출간이 이뤄지고 있음을 알 수 있다.

이와 관련하여 수선사의 각종 불교 서적 간행과 관련한 조직체계에 대하여 살펴보기로 하자. 다음의 사료를 참조해 보면,

> 泰和 7年 12월 어느 날 內社의 道人 湛默이 책 한 권을 들고 방에 들어와 내게 말하기를 '이것은 요즈음 얻은 『法寶記壇經』이온데, 重刊하여 세상에 널리 펴려 합니다. 스님은 그 발문을 써 주십시오'하였다. … 해동 조계산 수선사 사문 지눌은 발문을 쓰다.[65]

라고 하여 道人 湛默이 『法寶記壇經』을 구해 중간하여 널리 보급시키려 하자 지눌이 그 발문을 써 주었다. 수선사에서는 『法寶記壇經』이 보조국사가 이 책을 읽고 크게 깨달았기 때문에[66] 수행의

---

61) 채상식, 1991, 『高麗後期佛敎史硏究』, 일조각, 30쪽.
62) 지눌이 입적한 후 혜심이 국사의 篋箱 중에서 발견한 『看話決疑論』, 『圓頓成佛論』이다(『韓國佛敎全書』 제4책, 동국대, 724~737쪽).
63) 『看話決疑論』. "希蘊 聞之大悅 力請流通 仍勸洪州居士李克材施財刊板 印施無窮 … 時貞祐三年乙亥 五月 日 無衣子慧諶跋"(『韓國佛敎全書』 제4책, 동국대, 732~737쪽).
64) 수선사에서 출간된 각종 서적들은 1210년대와 1240~50년대에 집중적으로 출간되고 있는데, 후자의 경우 대부분 수선사가 주축이 되어 출간되었지만 전자에 비해 수선사의 독자적인 기반에 의한 것보다는 최씨 무인정권의 경제적 지원과 대장도감에 의해 출간된 것이 상대적으로 많다고 한다(채상식, 1991, 위의 책, 62~63쪽).
65) 『法寶記壇經』 重刊跋. "泰和 七年十二月 日 社內道人 湛默持一卷 文 到室中曰近得法寶記壇經將重刻之以廣其傳師其跋之予欣然…"(『韓國佛敎全書』 제4책, 동국대, 739쪽).

34　高麗大藏經 研究

지침서로 확대 보급시키고자 하는 의도에서 간행하였을 것이다.

『法寶記壇經』은 수선사의 제5주법인 晦堂安其, 즉 慈眞圓悟國師에 의해 고종 44년에 다시 간행되었다.[67] 수선사에는 서적 간행체계가 조직적으로 운영되고 있음은 다음의 跋文을 통해 일정하게 파악할 수 있다.

> 나-①)　…集目別行 以貽後學 其弟子慧諶正宣等 募工彫板 自是以來
> 歲久字刓 … 成化22年 丙午 孟夏 月 日 大傑謹誌.[68]
>
> ②)　崇慶二年癸酉九月日 修禪社道人正宣重板印施.[69]
>
> ③)　得此本於天眞上人 囑道者正宣 募工重雕印施 崇慶癸酉 仲春
> 修禪社 無衣子慧諶誌.[70]

나-①)은 조선 성종 17년에 大傑에 의해 간행된『法集別行錄節要幷入私記』의 발문 내용 중 일부이다. 大傑이 작성한 지문에 의하면 지눌이 희종 5년에 저술[71]하였는데 제자인 慧諶과 正宣에 의해 처음 간행되었으나, 세월이 오래되고 글자가 많이 훼손되어 다시 간행한 것이라고 한다. 따라서『法集別行錄節要幷入私記』는 그 간행년도가 명확하지 않으나, 지눌의 제자에 의해 수선사에서 初刊되었음을 알 수 있다.

나-②)에서『正法眼藏』은 고종 즉위년 9월에 수선사의 道人 正宣에 의해 간행된 것임을 알 수 있고, 나-③)에서『宗鏡撮要』는 같

---

66) 金君綏,「曺溪山修禪社佛日普照國師碑銘」.
67)『法寶記壇經』의 유통에 대해서는 이종익, 1988,「法寶壇經과 普照」
　　『보조사상』 2 참조.
68)『法集別行錄節要幷入私記』跋文.
69)『正法眼藏』.
70)『宗鏡撮要』重刊跋.
71)『法集別行錄節要幷入私記』. "大安元年 乙巳夏月 海東曹溪山 牧牛子
　　知訥 私記".

은 해 天眞上人[72)]에게서 이 책을 얻어 道의 부촉을 받은 正宣이 공인을 모아 다시 출판하고 있다. 이 때 수선사가 보유하고 있던 인적·물적 자원을 적시에 투입하였을 것이다.

여기서 주목되는 것은 나)에 제시된 3종의 불교서적 간행에 지눌의 제자인 慧諶과 正宣이 깊이 간여하고 있다는 점이다. 3종의 불교 문헌 모두 정선이 工人을 모집하는데 크게 기여하고 있고,『宗鏡撮要』의 간행 때는 실무를 위임받아 출간을 주도한 승려로 파악된다. 당시 正宣은 수선사에서 각종 불교경전 및 문헌의 간행과 관련하여 일정한 역할을 담당하였을 것이다. 수선사의 각종 문헌 간행 체계와 역할이 일정하게 분담되고 있음을 파악할 수 있다.

특히 수선사가 표방하는 불교사상이나 社主였던 지눌의 禪思想을 널리 보급하고, 더욱 확대시키기 위해서는 보다 조직적인 체제를 구축해야 한다. 이에 간행 체제의 조직화가 필요했으며, 이 과정에서 正宣과 같은 실무에 밝은 승려를 적극 활용하였을 것이다.

또한 수선사의 결사운동을 널리 알리고, 또 확산시키기 위해서는 각종 서적의 간행과 보급이 절실히 요구되었을 것이다. 수선사는 앞서 언급한 바와 같이 나주호장 陳直升 및 그의 처 珍衣金과 남경유수 李光甫, 홍주거사 李克材 등과 같은 후원세력들의 도움을 받으면서 각종 서적의 출간 제경비를 확보하게 되었을 것이다. 또 수선사가 불교계에 일정한 영향력을 갖게 되면서 불교서적의 간행체제는 조직화 및 확대되었을 것이다. 따라서 수선사를 중심

---

72) 당시 수선사의 중창에 핵심적인 역할을 한 인물은 守愚 및 廓照와 天眞 등이다. 이때의 天眞과 天眞上人은 동일인인지는 불분명하다. 만약 동일인이라면 수선사의 중창과정에서부터 사세의 확장에 깊이 관여한 승려로서 혜심과 함께 초창기 수선사에서 핵심적인 역할을 한 인물로 볼 수 있다. 참고로 혜심은 고종 10년 10월 1일 迦智大禪師 天眞의 죽은 모친을 위해 說法하기도 하였으나, 동일인 여부에 대해서는 다각도로 분석되어야 한다(『眞覺國師語錄』 上堂 爲天眞禪師上堂云).

으로 형성된 僧俗 협력체계를 최대한 활용하면서 필요로 하는 각종 불교 서적을 적시에 간행할 수 있는 기반이 확보되어 있었다고 할 수 있다.

<표 1-2>에서 수선사의 중창공사가 마무리되고 본격적인 결사가 시작된 1205년을 전후하여 불교경전은 물론 각종 저술 서적 등이 본격적으로 간행되었으며 이와 관련된 인적·물적 자원이 활발하게 운용되고 있음을 알 수 있다. 그것은 진각국사 慧諶과 관련된 각종 불교 문헌의 출간을 통해서 보완된다. 이에 대하여 잠시 언급해 보기로 하자.

慧諶의 저술은『禪門拈頌集』,『心要』1편,『狗子無佛性話揀病論』1편,『無衣子詩集』2권,『金剛經贊』1권,『禪門綱要』1권, 그밖에 입적 이후 그의 제자들이 편찬한『眞覺國師語錄』등이 있는데,73) 수선사에서 직접 간행되었는지는 확인되지 않고 있다. 그리고 고종 15년에 혜심이 祖月庵에 있을 때 발문을 짓고 출간한『小字 金剛般若波羅密經』등이 있다.74)

위에 제시된 불교서적 중『禪門拈頌集』은 고종 30년에 단속사 주지였던 萬宗에 의해『禪門拈頌集』30권이 출간되었다. 이 책의 鄭晏 발문에 의하면 고종 13년 겨울에 혜심이 조계산 수선사에서 문인 眞訓과 더불어 선종 古話 1125則과 이에 대한 선종의 諸師語話, 즉 徵·拈·化·別·訟·歌 등의 要語들을 채집하여 30권으로 錄成하여 편집하고 목판에 새겨 세상에 流行토록 하였다. 그러나 몽고군의 침입으로 江華京으로 천도할 때 그 저본을 잃어버렸고, 그 후 수선사의 3세 주법 夢如가 재출간하려 했으나 뜻을 이루지 못했던 것을 이 때 간행하였다.75)

---

73) 진성규, 1988,「진각국사 혜심의 생애와 사상」『고려사의 제문제』, 삼영사.

74) 문화부, 1992,『동산문화재지정보고서－91 지정편』, 174쪽.

萬宗에 의해 출간된 『禪門拈頌集』은 '海藏分司'의 工人에 의해 만들어진 것으로 수선사와는 직접적인 관련성을 찾기 어렵다. 하지만 발문의 내용에서 혜심이 그의 문인과 더불어 30권으로 祿成한 것을 목판에 새겨 유통시켰다고 한 것으로 보아 적어도 초간본은 수선사의 서적 출간 체계를 적극 활용했음을 추측할 수 있다.

당시 혜심과 관련된 서적이 자주 출간된 배경에는 혜심과 최씨 무인정권과의 관련성 때문으로 보여진다. 혜심은 왕실과 최씨가의 장수를 기원하는 聖祝의식을 자주 행하였으며, 선법의 선양으로 전쟁 종식을 기원하는 鎭兵의식도 자주 행하였다. 이는 몽고침입이라는 전쟁 상황 아래 수선사가 정신적 구심체가 되어 국가 체제 유지에 일정한 역할을 하고 있기 때문이다.[76] 또한 『禪門拈頌集』은 불력의 힘을 빌어 외적을 물리쳐야 되겠다는 염원을 담고 있는 字文의 내용이 수록되어 있었기 때문에 재출간될 수 있었던 것이다.[77]

한편 12세기 말에서 13세기 초 불교혁신운동인 修禪結社의 중심 사원이었던 수선사는 백련결사와 함께 기존의 개경 중심의 불교계의 타락상과 모순에 대해 비판운동이며, 지방불교적인 경향을 가진 불교개혁운동이다.[78] 특히 지눌과 혜심은 12세기 이래 고려 사상계에 유행하던 禪思想을 단순히 답습하고 계승한 것이 아니라 더욱 종합적으로 발전시켰다. 이는 당시 불교계뿐만 아니라 사회변동기

---

75) 『禪門拈頌說話』 권30, 「增補拈頌跋」; 『韓國佛敎全書』 제4책, 동국대, 923쪽. 한편 『禪門拈頌集』의 출간은 鄭晏과 慧諶사이의 밀접한 교류를 통해 이루어진 것으로 보고 있다(최영호, 1997, 「南海地域의 江華京板 ≪高麗大藏經≫ 각성사업 참여」 『석당논총』 25, 동아대).

76) 박영제, 1996, 「수선사의 성립과 전개」 『한국사』 21, 국사편찬위원회, 56쪽.

77) 김호동, 1999, 「『禪門拈頌』과 眞覺國師 慧諶」 『민족문화논총』 18·19 합집, 영남대, 170쪽.

78) 채상식, 1991, 앞의 책, 33~34쪽.

에 처한 독서층에게 참신한 사상 체계로 영향을 주었던 것이다. 대다수 民들의 신앙이 정토신상임을 인식하고서 이를 수용하는 불교관을 표방했기 때문에[79] 참담한 현실 속에서 피폐되어 있던 지방사회의 民들의 광범위한 지지를 얻게 되었던 것이다.

따라서 수선사에서 독자적으로 서적을 간행할 수 있었던 배경은 독서층과 향리층은 물론 일반 民들에게 지지를 받고 있었기 때문이다. 그래서 수선사가 표방하는 이념의 보급 또는 禪과 관련되는 서적의 유통이 지속적으로 이루어 질 수 있었다. 이 과정에서 지역민들의 협조와 후원을 통해 중창이 이루어지면서 그 社勢가 현저히 확장되었고 사원의 규모도 확대되면서 광범위한 지지기반 속에 각종 불교 서적의 출간이 가능하였던 것이다.[80]

이상에서 수선사에서는 독자적인 인적·물적 자원과 당시 여러 세력들의 지원 속에 꾸준하게 서적출간이 이루어지고 있음을 알 수 있다. 守其를 대표로 하는 均如 계통의 직계손들과 선원사를 중심으로 한 수선사 계통이 주도 세력이었던 점[81]을 고려해 보면, 수선사가 보유하고 있던 인적·물적 자원은 각성사업에 적극 활용되었을 개연성이 매우 높다.

다음은 고종 5년에 출간된 <표 1-2>의 (10)『梵書摠持集』과 관련하여 금산사의 서적 출간체계와 그 내용에 대해 검토해 보기로 하자. 금산사에서는 고종 이전부터 각종 서적이 광범위하게 출간되고 있다. 대표적인 예를 제시해 보면 다음과 같다.

---

79) 채상식, 1994, 「고려시대 결사운동의 시대적 인식」『한국불교사의 재조명』, 불교시대사, 234~236쪽.

80) 주요 지방에서 각종 서적의 출간은 당시 향촌사회의 吏屬層과 독서층의 성장과 밀접한 관련을 맺고 있다. 이와 관련하여 구산우, 1995,『高麗前期 鄕村支配體制 研究』, 부산대 박사학위논문, 259~260쪽; 조명제, 2000, 앞의 논문, 57쪽 참조.

81) 채상식, 1991, 앞의 책, 18쪽.

慈恩이 撰한『法華玄贊』,『惟識述記』등 章疏 32부 353권을 교정하여 공인을 모아 개판하였다.82)

위 내용은 순종 1년부터 숙종 1년 사이에 韶顯大師의 주도아래 刻工을 모집하여 慈恩이 撰한『法華玄贊』,『惟識述記』등 章疏 32부 353권을 교정하여 출간한 사실을 말해 준다. 아울러 선종 5년에 慈恩이 撰한『阿彌陀經通贊疏』83)를 출간하기도 하였다.

금산사의 불교 서적 출간은 소현대사의 행적과 밀접하게 연결되어 있으므로 이에 대하여 검토해 보기로 하자. 특히 금산사 주지였던 소현대사84)가 설치한 廣敎院85)은 금산사의 불교서적 출간과 매우 밀접한 관련을 맺고 있다. 그의 비문에 따르면 소현대사는 개인적으로 紙墨을 갖추어 印經하고 法布施를 통해 유통시키는 등 광범위하게 서적을 출간하고 있다.

그 기반은 광교원을 지칭하는 것으로 광교원이 寫經·印經 등 불교 서적의 판각과 유포를 위한 刊經場, 그리고 경전의 강독 등 法會場으로86) 사용되고 있는 것에서 추론된다.

---

82)「金溝 金山寺 慧德大師 眞應塔碑文」. "搜訪慈恩所撰 法華玄贊 唯識述記等章疏 三十二部共計三百五十三卷 考正其本 募工開版"(이지관, 2000,『校勘譯註 歷代高僧碑文』고려편 3, 가산불교문화연구원).

83)『阿彌陀經通贊疏』권下. "金山寺 廣敎院 開版"(천혜봉, 1990,『韓國典籍印刷史』, 범우사, 43쪽).

84) 혜덕왕사 韶顯은 이자연의 다섯째 아들로 11세 때 海麟의 문하에 출가하였으며 문종 3년에 홍복사에서 구족계를 받았다. 문종 15년에는 왕륜사에서 승과에 급제하여 大德이 된 후 현화사를 거쳐 문종 33년에 왕명으로 금산사의 주지가 되었다. 소속 종파는 瑜伽宗(또는 慈恩宗)이며, 그의 門人으로는 窺, 同壽, 冠僧·釋稱 등이 있다.「金溝 金山寺 慧德大師 眞應塔碑文」및 허흥식, 1996,「유가종의 계승과 소속사원」『高麗佛敎史硏究』, 일조각 참조.

85)「金溝 金山寺 慧德大師 眞應塔碑文」. "六十許步地 創成一院 額号廣敎 仍筆□雕經板 置于院 院之中"(이지관, 2000, 위의 책).

86) 廣敎院의 설치목적 중 하나로 法布施를 목적으로 하는 일종의 불교 문

　더욱이 韶顯大師가 현화사에 있을 때[87] 符仁寺藏 大藏經에 참여한 경험이 있는 것으로 보아 각종 불교서적의 간행 절차 및 제반 사항과 사업 체계 등과 같은 실무를 인지하고 있었던 것 같다. 광교원은 고려 전기의 불교 서적 출간 전담기구라는 측면에서 현화사를 계승하여 설치된 것으로 이해된다. 그리고 의천국사가 흥왕사에 敎藏都監을 公的으로 설치하기 전에 광교원에서 각종 章疏를 改版한 점,[88] 또 各處에서 개판사업이 시행되면서 금산사도 이를 분담 수행하고 있었던 점으로[89] 미루어 보아 광교원은 흥왕사의 敎藏司로 이어지는 서적출간 장소의 흐름을 연결시켜 주는 기구로 파악된다.[90] 이를 통해 금산사의 광교원은 소현대사가 부인 사장 대장경 조성 사업에 참여한 경험을 바탕으로 유가종의 所衣 經典을 광범위하게 유통시키기 위해 각종 서적 출간할 목적으로 설치한 것으로 보인다.

　한편 소현대사에 의해 주도된 각종 불교 서적의 출간은 비록 개인적 차원에서 이루어졌지만, 그 이면에는 당시 문벌귀족세력과 밀접한 관련이 있다.[91] 敎學은 불교 서적의 출간이 절대적 조건이기 때문

화 육성 단체로 보기도 한다(한국불교연구원, 1997,『金山寺』, 일지사, 51쪽).

87)「金溝 金山寺 慧德大師 眞應塔碑文」. "于時麟公 移住玄化寺 師嘗高栖降帳 親受金言則"(이지관, 2000, 위의 책).

88) 사문경, 1999,「11세기 후반 慧德王師 韶顯의 金山寺 光教院 설치와 法相宗」『충남사학』10, 39~40쪽.

89) 조명기, 1982,『高麗大覺國師와 天台思想』, 경서원, 89~90쪽.

90) 사문경, 1999, 위의 논문, 38~39쪽.

91) 韶顯大師의 불교 서적 간행이 義天에 의해 주도된 소위『續藏經』간행과 비교될 만한 것은 아니지만, 그 규모에 있어서는 왕실의 후원을 받은『續藏經』간행에는 따르지 못하나 이 정도의 雕造事業도 仁州李氏라고 하는 문벌귀족세력의 배경이 있어서 가능하였던 것으로 보고 있다(최병헌, 1992,「高麗中期 玄化寺의 創建과 法相宗의 隆盛」『高麗中後期 佛敎史論』, 민족사, 122~124쪽).

에 왕실의 적극적인 지원이 꼭 필요하다는 점에서[92] 금산사는 왕실
은 물론 문벌귀족세력의 후원과 지원에 힘입어 당시 다른 사원보다
그 체계가 잘 구축되어 광범위하고 활발한 출간사업을 펼칠 수 있었
을 것이다. 그리고 법보시를 통한 금산사의 寺勢 확장을 위해 운영
되었을 것이다. 즉 12세기를 전후하여 금산사에서는 瑜伽宗 및 法
相宗과 관련된 각종 불교 서적의 출간은 매우 활발하게 전개되고
있었던 것으로 파악된다.

　금산사는 이 같은 불교 서적의 출간 체계를 바탕으로 (10)의『梵書
摠持集』등을 지속적으로 출간할 수 있었던 것이다.『범서총지집』
의 출간에 있어서 惠謹大師가 誌文을 작성하고, 刻手는 開泰寺 仁
赫大師가 담당한 점은 주목된다. 개태사는 충남 연산군에 위치한
태조의 원찰[93]로서 강화경판 각성사업의 총책임자였던 守其가 주
지로 있던 곳이다. 살펴본 바와 같이 금산사는 이미 오래 전부터
각종 불교 서적을 출간한 경험과 조직체계를 갖춘 사원이다. 그런
데『범서총지집』을 출간하면서 금산사 소속의 승려를 참여시키지
않고 왜 개태사 소속의 승려인 인혁대사를 참여시켰을까하는 의문
이 생긴다. 인혁대사가 참여한 배경에는 두 사원이 敎宗 계열의 사
원이라는 점도 고려할 수 있지만, 인혁대사가『梵書摠持集』의 내용
에 매우 밝은 전문 刻字僧이었기 때문일 수도 있다.

　불교 서적의 출간은 소수의 승려들에 의해 간행될 수는 없는 것
이다. 각 단계마다 각 분야의 전문가 집단들이 참여하여 내용상의
불완전한 부분을 비교 점검하는 고도로 조직화된 체계를 갖추어야
한다. 이 과정에서 경전의 교감, 편집, 필사자, 刻手 등의 분야별 전

---

92) 윤이흠, 2002,「고려 종교사상의 특성과 흐름」『고려시대의 종교문화』,
　　서울대출판부, 21쪽.
93)『高麗史』권2, 세가2, 태조 19년 12월. "是歲 創廣興現聖彌勒內天王等
　　寺 又創開泰寺於連山".

문가들이 참여해야 된다. 다소 후대의 기록이지만 공민왕 21년『傳燈錄』의 출간에 있어서 판본이 兵火로 소실되자 判曹溪宗事臣 覺雲의 요청으로 왕명에 의해 廣明寺, 開天寺, 堀山寺, 伏巖寺에서 分刻되어 출간된 점94)을 고려해 보면, 고려시기의 불교 서적의 출간은 여러 사원의 유기적인 협조체계 아래 이뤄지고 있음을 추론할 수 있다. 따라서 당시 불교계 내에서 각종 佛事 및 불교 서적의 간행에 있어서 전문가들을 서로 공유하고 있음을 알 수 있다.

지금까지 검토한 바에 의하면 각성사업의 교감 책임자 중 한 사람인 守其가 개태사 주지였다는 점, 금산사의 출간사업에 開泰寺의 仁赫大師가 刻手로 참여한 점, 그리고 금산사의 廣敎院에서 각종 불교 서적을 출간한 경험이 있는 점, 고종 5년에 금산사와 개태사가 보유하고 있는 인적기반을 공유하고 있는 점 등을 고려해 본다면 각성사업의 추진과정에서 있어서 금산사·개태사 등과 같은 사원이 일정하게 연관되어 있었을 것으로 추정할 수 있다.

한편 해인사는 <표 1-2>의 (17)『佛說梵釋四天王陀羅尼經』을 고종 23년에 출간하였다. 하지만 해인사는 오래 전부터 다양한 불교서적을 지속적으로 출간하였다. 즉 선종 6년에 諦觀의『天台四敎儀』95)를 重刊하였고,96) 의천국사가 해인사에 머물면서『敎藏總錄』을 출간하기 전에 이미 改版한 적이 있다.97) 숙종 3년에는 周·晉·貞元本『華嚴經』등이 施主로 開板되었으며98) 고종 20

---

94) 천혜봉, 1990, 앞의 책.
95)『天台四敎儀』의 내용에 대해서는 허영호역, 1938, 「『天台四敎儀』」『불교—신판』 14, 불교사 참조.
96)『天台四敎儀』. "大安五年歲次乙巳二月海印寺重刻"(남권희, 1997, 「차자 표기 자료의 서지」『새국어생활』 7-4, 국립국어연구원, 180쪽).
97) 조명기, 1982, 앞의 책, 91~94쪽.
98)『華嚴經』등의 출간시기는 義天이 홍왕사에서 소위『續藏經』을 雕造하던 종말기로 추정되고 있다(김두종, 1980, 앞의 책, 104쪽).

년에 수선사의 제1주법인 知訥이 48세 때 저술한 『誡初心學人文』 1권[99]이 간행되는 등 이미 다양한 불교서적을 출간하였다.

해인사는 각종 서적의 출간은 물론 보관기능도 갖추고 있다. 아래의 사료에서 확인된다.

> 監修國史 平章事 崔甫淳, 修撰官 金良鏡·任景肅·兪升旦 등이 『명종실록』을 편찬하여 史館에 보관하고, 또 한 本을 海印寺에 보관하였다.[100]

고종 14년 9월에 崔甫淳·兪升旦 등에 의해 분담 편찬된 『明宗實錄』이 史館과 해인사에 각 1部를 보관하고 있는 점을 볼 때 해인사는 각종 서적의 출간은 물론 그 보관기능을 담당할 정도로 중요한 역할을 수행하였다.

고려 말기 이숭인이 撰한 「驪興郡神勒寺大藏閣記」에 의하면 나옹의 제자들이 신륵사 대장각에 대장경을 봉안하기 위해 전국적인 募緣을 하면서[101] 이색을 찾아가자 그들에게 '送懶翁弟子印大藏海印寺'라는 시 한 수를 적어 주었는데,[102] 해인사의 대장경을 지칭하는 내용이 있다. 이 시기는 대장경이 移運되기 이전이므로[103]

---

99) 임영숙, 1987, 「高麗時代 禪의 撰述書와 그 所依典籍에 대하여」 『서지학연구』 2, 186쪽.

100) 『高麗史』 권22, 세가22, 고종 14년 9월 경진. "監修國史平章事崔甫淳 修撰官金良鏡任景肅兪升旦等撰 明宗實錄於史館 又以一本藏於海印寺".

101) 『東文選』 권76, 「驪興郡神勒寺大藏閣記」.

102) 『牧隱詩藁』 권28. "舍利光芒照刹塵 門生幹事有精神 加耶海印於全藏…"(『高麗名賢集』 3권, 성균관대 대동문화연구원, 684쪽).

103) 이와 관련하여 리철화는 여기에 문제되는 13세기의 팔만대장경판은 그것이 처음에는 강화도와 남해도 등지에서 판각되었고 뒤에 이 경판이 해인사로 이관되었는데, 그것은 1398년경인 만큼 바로 이조초기의 일이다. 이렇게 놓고 볼 때 13세기의 대장경판이 이관되기 이전에 이 절에는 이미 오래 전부터 내려오던 일부 대장경판이 보관되고 있었다

이색이 지칭한 대장경은 정확히 알 수 없으나, 해인사에도 대장경이 봉안되고 있었음을 암시한다.[104]

특히 『佛說梵釋四天王陀羅尼經』을 조성한 刻手 '大升'[105]이 강화경판 각성사업에 참여하고 있는 점, 또 각성사업이 한창 진행될 고종 31년과 32년에 강화경판에 입장되어 있는 K-1272 『大勝瑜伽金剛性海曼殊室利千臂千鉢大敎王經』[106]이 해인사에서 조성된 점으로 미루어 보아 해인사는 각성사업 이전부터 상당한 수준의 판각 기술을 보유하고 있었을 것이다.

여기서 K-1272에 대하여 잠시 언급해 보기로 하자. 이 경전은 2종이 강화경판에 입장되어 있다. 동아대 소장 인경본에는 고종 31부터 32년까지 분사대장도감에서 조성된 경전이, 동국대 영인본에는 고종 32년부터 34년까지 대장도감에서 조성된 경전이 각각 수록되어 있다. 즉 시기를 달리하여 K-1272가 대장도감과 분사대장도감에서 각각 조성된 것이다. 경전의 일부 내용에 있어서도 다소 차이는 있으나 크게 다르지 않고, 또 판본의 형식이나 서체도 동일한 경전이다. 그런데 동국대 영인본에서는 각성인이 조사되지 않았으나, 동아대 소장본에는 '克夫', '呂溫', '惠己', '光進' 등 수십 명의 각성인이 조사되었다. 이와 관련하여 2종의 경전 중 어느 것

는 것도 의심할 바 없다. 따라서 해인사에 그 이전부터 보관되어 오던 대장경판목은 8~9세기경에 새긴 대장경판과 관련시켜 생각할 수 있는 근거로 된다고 하였다(리철화, 1996, 앞의 책, 56~57쪽).

104) 이러한 예는 斷俗寺에도 이 지역에서 조성된 경판이 보관된 藏經板閣이 조선조 성종대까지 있었던 것에서 그 유추가 가능하다(「續頭流錄」 『濯纓全集』 권5).

105) 『佛說梵釋四天王陀羅尼經』誌文. "伏爲 聖壽墨疆隣兵永息時和 歲稔 念國泰民安之願 丙甲六月 日 誌 刻手 大升 海印寺 彫造".

106) K-1272 『大勝瑜伽金剛性海曼殊室利千臂千鉢大敎王經』은 K-1272로 약칭한다.

이 잘못된 것이 아니라 판하본에 의거해 조성되었기 때문에 해인사에서 조조된 것[107]으로 보고 있다.

이 같은 사실로 미루어 볼 때 해인사는 고려시대에 독자적인 판각시설과 인적 자원을 보유하고 있으면서, 이 지역의 불교 서적의 간행을 주도하고 있었음을 짐작할 수 있다.

다음은 부석사의 불교 서적 간행 실태를 살펴보기로 하자. 부석사에서 출간된 <표 1-2>의 (35)『佛說阿彌陀經』은 고종 37년에 희종의 다섯째 왕자인 각응(冲明國師)[108]이 주지를 맡고 있을 때 阿彌陀佛을 頂戴奉安하고 있는 本寺의 가호를 비는 징표로서 판각하여 版殿에 안장하였다[109]고 한다. 고종 6년에 曆書인『册曆』을 출간한 바 있는 점[110]으로 미루어 보아 부석사도 불교 서적의 출간에 상당한 기술력을 축적하고 있었을 것이다.

특히 <표 1-2> (43)의『大方廣佛華嚴經世主妙嚴品』[111] 출간장소는 정확히 알 수 없지만, 출간 주체인 李榮이 당시 順安山城防護別監이란 직책을 맡고 있는 것으로 보아 출간장소는 영주 근방

---

107) 이에 대한 구체적인 검토는 김윤곤, 1996,「高麗大藏經의 東亞大本과 彫成主體에 대한 考察」『석당논총』24, 동아대 참조.

108)『高麗史』권91, 종실4, 희종.

109)『佛說阿彌陀經』. "伏爲聖德遐昌 隣兵不祚 朝野咸安 法輪普轉 兼及 含生 共登樂岸 募工雕板 印施無窮者 庚戌 七月 浮石寺僧統 覺膺" (천혜봉, 1990, 앞의 책).

110) 천혜봉은 고종 6년 6월에 새긴 판목 2판이 소장되어 있다고 하였는데, 이 판본이 어떤 내용인지 정확한 소개가 없고 부석사에 소장되어 있다고만 하였다(천혜봉, 1990, 위의 책).

111)『大方廣佛華嚴經世主妙嚴品』. "募工雕板者 十二月日 誌 順安山城防護別監同縣令興衛攝散員李榮"(藤田亮策, 1991, 앞의 논문, 61쪽).
한편 위의 지문에 干支가 생략되어 있어 출간 시기는 추정키 어려우나 順安은『高麗史』에 의하면 '榮川으로 고종 46년 김인준의 生鄕이란 이유로 知榮州史로 승격되었다'라는 기록이 있다. 따라서 그 이전에 출간된 것으로 추정된다(『高麗史』권57, 지리2, 안동도호부).

으로 추정할 수 있다. 당시 영주 지방에서 서적을 출간할 수 있었던 판각 장소는 해당지역의 官署工房 내지는 인근 사원일 것이므로, 順安山城防護別監인 李榮에 의해 募工 彫板한『大方廣佛華嚴經世主妙嚴品』도 부석사와의 연계성을 배제할 수 없을 것이다. 만약 부석사에서 출간되지 않았다 하더라도 부석사의 인적·물적 자원이『大方廣佛華嚴經世主妙嚴品』의 출간에 동참하였을 가능성은 매우 높다.

한편 강화경판 각성사업과 비슷한 시기에 많은 불교 서적을 출간한 백련사의 경우 <표 1-2>의 (19)『三大部節要』, (20)『法華經』, (25) 戒環解『妙法蓮華經』 등이 출간되었다. 고종 24년『三大部節要』의 출간은 물론, 崔怡의 측근인 李世材[112]가 백련사의 檀越에 入社하면서『法華經』천 여부를 조판하여 施納한 바[113] 있으며, 고종 27년 崔怡가 직접 발문을 지은 戒環解『妙法蓮華經』도 조판되었다. 또한 13세기 중엽에 출간된 천태종 계열의『圓覺類解』,『弘贊法華傳』,『法華文句幷記節要』및『合部金光明經』도 그 출간 장소는 밝혀지지 않았지만, 백련사와의 관련성[114]이 제기되고 있다.

백련결사가 최씨 무인정권과 밀착되어 있는 점으로 보아 위의 불교 서적을 비롯한 각종 서적의 출간 또한 최씨 무인정권과 무관하지 않을 것이다. 더욱이 고종 23년 了世가 天頙으로 하여금 저작·반포하게 하였던「백련결사문」의 내용은 몽고의 침입에 대한 백련사의 강력한 항전의지를 표방한 것으로, 이규보의「大藏刻板君臣祈告文」과 일치된 성격을 띠고 있다.[115] 즉「백련결사문」의 내용은 각성사

---

112) 유영숙, 1986,「崔氏政權과 曹溪宗」『백산학보』33, 164쪽.
113) 고종 27년에 개판된『法華經戒環解』는 백련사와 최씨 무인정권과 밀접한 관련성을 맺고 있다. 이에 대하여 고익진, 1987,「法華經戒環解의 盛行來歷考」『韓國撰述佛書의 硏究』, 민족사 참조.
114) 남권희, 1993, 앞의 논문 및 1998, 앞의 논문.

업의 성격 중 하나인 대몽항전 의식의 확산과 동일선상에서 이해할 수 있다.

13세기에 접어들면서 백련사는 판목과 刻手 등을 구비하여 단독으로 불교 서적을 출간할 수 있을 정도의 경제력이 확보되어 있으며, 당시 상당한 수준의 판각 기술을 보유한 사원 중의 하나였을 것이다. 따라서 천태종 계열의 백련사 승려들은 각성사업을 외면하지 않고 적극 참여하였던 것이다.116)

이상에서 당시 여러 사원의 독자적 서적 출간 체계의 확보는 전문가 집단이 존재117)하였기 때문에 가능한 것이었다. 또 각 사원 간에는 긴밀한 협력체계가 구축되어 보다 다양한 불교 서적이 원활하게 출간되고 있었음을 잘 알 수 있다.

한편 각 사원의 대규모 출간사업에는 이를 수행할 수 있는 각종 인적 기반과 판각에 필요한 각종 시설들이 갖추어져야 한다. 이는 출판 관련 기술과 수공업의 발전을 전제로 하지 않으면 이루어질 수 없는 것이며, 종이·먹을 비롯한 문방구 등의 대량 생산 없이는 사업의 원활한 진행이 불가능하다.

각종 불교 서적의 출간에 따른 막대한 경비와 기술적 어려움에도 불구하고 지속적으로 서적이 출간된 배경에는 이를 지원할 수 있는 檀越이 존재했기 때문이다. 즉 사원의 서적 간행은 敎·俗과의 긴밀한 관계 속에서 진행되었을 것이다. 다음 誌·跋文이 주목된다.

---

115) 채상식, 1991, 앞의 책, 81~82쪽.
116) 天台宗系列의 각성사업 참여에 대해서는 최영호, 1997,「天台宗系列의『江華京板 高麗大藏經』각성사업 참여」『지역과 역사』3 참조.
117) 江華京板 彫成 前後에 출간된 각종 서적 중 刻手내지 참여자 사례가 약 50여 건이 조사되었다. 이에 대해서는 제4장 3절에서 江華京板 각성인과 비교 검토해 보고자 한다.

다-①) 海東曹溪山修禪社道人 冲湛
　　　募工彫板印施無窮者同社道人 慧湛書
　　　施主社內道人 湛靈 施主羅州戶長直升妻珍衣金[118]

　②) 奉爲
　　　聖壽天長 隣兵永息
　　　晋陽候厄會消除 福壽增延 文虎叶和 穀登
　　　民樂 法界生亡 同証円通之願 盡捨家儲 彫
　　　板楞嚴經戒環疎 印施無窮者
　　　　　　　時乙未七月　日 謹誌
　　　　　　　　財主鹿鳴鄕前長 李 勝光
　　　　　　　　同願道人等 克圓　了非[119]

　다)의 내용을 통해『華嚴論節要』와『楞嚴經』출간에는 敎俗의
후원자들이 참여하고 있음을 알 수 있다. 먼저 다-①)의『華嚴論節
要』출간을 위해서 冲湛, 慧湛, 湛靈, 羅州戶長 直升과 그의 妻 珍衣
金이 각각의 역할을 구분하여 담당하고 있다. 간사와 필사, 보시자
로 구분되어 일정한 조직체계를 갖추었다. 특히 나주호장 直升과
그의 처 珍衣金은 수선사 중창에도 경제적 후원을 하고 있었던 점
으로 미루어 보아[120] 수선사의 중요한 檀越임을 짐작할 수 있다.
　다-②)에서 鹿鳴鄕은 진주목 관내의 州縣인 고성현 소속으로 이
승광은 이 鄕의 우두머리를 지낸 인물로 파악되고 있다.[121] 鹿鳴鄕

---

118)『華嚴論節要』권3;『韓國佛敎全書』제4책, 동국대출판부, 869쪽.

119) 戒環解『楞嚴經』跋文(藤田亮策, 1991, 앞의 논문, 54쪽).

120) 「修禪社 重創記」에 의하면 錦城安逸戶長 陳直升과 그의 妻와 함께
　　禁酒, 斷葷의 계율을 지키고 般若心經을 守持하면서 白金 10斤을 造
　　營의 비용으로 시주하기도 하였다(허흥식, 1994, 「修禪社重創記의 史
　　料價値」『韓國中世佛敎史 硏究』, 일조각, 299쪽).

121) 고종 22년에 戒環解『楞嚴經』을 鹿鳴鄕 前長 李勝光의 施主로 출간할
　　때 참여한 克圓과 了非를 당시 수선사의 승려로 추정하고 있다(채상
　　식, 1991, 앞의 책, 40쪽, 각주 97).

鄕長의 참여는 다-①)의『華嚴論節要』의 간행에서 보는 바와 같이 지역 내의 여론 주도층이 적극 참여하고 있는 것과 동일한 것이다. 이는 지역 내의 각종 불교 서적의 출간이 당시 경쟁적인 지배세력들의 佛事를 통하여 지역민들을 포섭·유대를 강화하고 세력을 과시했던 것122)으로 볼 수 있다.

당시 호장은 해당지역의 우두머리 향리로서 토호였고, 가장 영향력이 있는 在地支配者였다. 邑司의 首班인 戶長層은 사원건축, 석탑·불상의 조성, 幢竿·寺鐘·飯子의 鑄成 등 佛事를 주관하며 棟梁 또는 施主로서 불교행사 및 公佛 사업 등에 鄕邑社會의 俗權을 대표하는 위치에 있다.123) 또 安逸戶長은 그 지방의 원로로서 지역의 여론 형성에 미치는 영향이 매우 컸을 것이다. 이들이『華嚴論節要』출간을 위해 시주하였다는 점은 곧 그 지역의 여론 향배에 결정적 역할을 하였음을 의미한다.124) 따라서 각종 서적 출간은 그 지역 사원들의 독자적인 체계뿐 아니라 지역민들과의 상호 유기적인 관계를 통해 이루어지고 있음을 알 수 있다.

고려의 사원은 세속에 대한 정치·사회적 지배이념을 제공하는 등 지방사회의 정치·경제·문화 등 전 분야에서 중심적 역할을 수행하고 있다. 지방 사원들은 해당 지역의 邑司와 긴밀한 유대 협조 및 상호 의존하면서 그 지역민에 대한 교화-윤리도덕과 國泰民安 등을 설법하여 해당 지역의 邑司와 공동으로 통치체제를 유지하고 있다.125)

---

122) 채웅석, 1989,「고려시대 香徒의 사회적 성격과 변화」『國史館論叢』 2, 국사편찬위원회, 99쪽.

123) 이수건, 1989,「고려시대「邑司」연구」『國史館論叢』3, 국사편찬위원회, 99쪽.

124) 허흥식, 1994, 앞의 책, 299쪽.

125) 김윤곤, 2001,「고려시대 영남지역의 불교문화」『한국 중세 영남불교의 이해』, 영남대출판부, 75～97쪽.

그리고 사원은 佛法 연구, 신앙 보급의 핵심적 기능을 하는 것은 물론 군사·교통의 근거지로서도 그 역할을 했다. 또 敎俗을 막론하고 사원이 유일한 講學·修道의 장소로 이용되었고 儒佛관계도 상호 보완적으로 이루어지고 있다.126) 이 과정에서 지방의 지배층과 사원은 긴밀한 협력관계가 구축되었으며, 불교 서적의 출간에도 이러한 기반이 갖추어졌음을 전제로 하고 있다.

사원의 입장에서 서적출간은 佛法의 연구 및 그들이 표방하는 불교사상의 보급 차원에서 시도하였으며, 지방 지배층에게는 향촌 지배 질서의 재구축 및 여론 형성에 유리하게 이끌기 위함이었을 것이다. 즉 상호 이익 추구에 대한 형태는 다양하지만 불교 서적의 출간은 중요한 매개고리로서 그 역할을 하였고, 사원은 물론 왕실 및 권세가 그리고 지방의 토착세력 등 다양한 계층에서의 적극적인 참여를 이끌어 낼 수 있다.

특정인의 시주와 발원에 의해 출간된 경우도 있지만, 서적의 출간을 위해 승려들이 佛事에 필요한 재원을 직접 나서서 시주를 거두는 緣化라는 방법을 통해 그 비용을 충당하기도 했다.127) 연화에는 다양하고 폭넓은 계층이 참여하고 있다. 불교에 대한 신앙을 모두 공유하고 있었기에 佛事에의 시주는 가능하기만 하다면 참여하고자 하였다. 연화는 신도를 대상으로 하지 않고, 불특정인을 대상

---

126) 이수건, 2000, 「高麗·朝鮮時代 支配勢力 변천의 諸時期」『韓國史 時代區分論』, 소화, 212쪽.

127) 이는 下鉅寺에서 출간한 『大方廣佛華嚴經疏』에서도 확인된다. 誌文에 의하면 출간을 총괄한 主張은 龍壽寺의 社堂 소속인 比丘 玄揆이며, 布施를 권하는 勸緣은 伽耶山 下鉅寺 출신의 天章·戒湛이 교감은 聞契가 각각 분담을 하였다. 天章, 戒湛의 勸緣은 곧 출간에 소요되는 경비를 충당키 위함이었다. 구체적인 내용에 대해서는 최영호, 1997, 「『海印寺 所藏本『大方廣佛華嚴經疏』·『大方廣佛華嚴經隨疏演義金少』의 판각 성격」『한국중세사연구』4 참조.

으로 하는 것이 일반적이었기 때문에[128] 서적의 출간에 당시 民들은 적극 참여할 수 있었다.

각 사원의 불교 서적 출간의 재원은 연화와 시주의 형태로 충당되었지만, 사원의 경제력 확보에도 일정하게 기여하였을 것이다. 달리 말하면 각종 불교 서적의 출간 배경에는 佛法의 보급과 향촌 지배질서의 확립 그리고 사원의 경제적 이익의 추구가 일정하게 내포되어 있었기 때문에 敎俗의 협조체제 속에 상호간의 이해관계를 추구할 수 있었던 것이다.

특히 대몽항쟁기에 출간된 불교서적에는 비록 표면적으로는 자신들의 개인적 영달을 내세울 수는 없지만 왕실을 비롯하여 여러 지배층은 우선 國泰民安을 빌고, 또 현실의 행복을 기원하는 의지를 표명하였을 것이다. 여기에 개인의 행복이나 또는 죽은 자의 명복을 빈다는 기원도 내세웠을 것이다. 결국 사원에서의 불교 서적 출간은 사원의 독자적인 경제력과 기반만으로는 추진될 수 없었으며, 세속의 인적·물적 자원이 동참될 수 있는 체제를 형성할 수밖에 없었을 것이다.

앞서 사원과 주요 군현의 행정조직과 민간에서도 출판과 관련된 刻手 및 刻字僧이나 필사 등의 각 분야 전문인들이 활동하고 있음을 살펴보았다. 이를 통해서 행정 조직과 민간, 그리고 사원내의 조직은 필요시에 상호 협력체계를 구축하였을 것으로 추론된다.

이상에서 검토한 바와 같이 고려시대에는 界首官이 파견된 大邑은 물론 기타 지역에서도 독자적 혹은 중앙과 연계되어 여러 經史類 등이 적극 출간 및 보급되고 있다. 또 해인사를 비롯하여 부인사·하거사와 단속사[129] 등은 물론 수선사·백련사·해진사·

---

128) 이병희, 2000,「高麗時期 僧侶의 緣化活動」『韓國中世史論叢』, 이수건교수정년기념논총간행위원회, 18쪽.

129) 고종 30년에 출간된『禪門拈頌說話』가 斷俗寺에서 출간된 점에 주목

성불사130) 등과 같은 사원에서도 각성사업 전후시기에 각종 불교 서적이 계속 출간되었는데, 이 역시 각각의 독자적인 기반의 활용과 상호 긴밀한 협력 체제를 통해 이루어지고 있다. 국가적, 범종파적 차원에서 진행된 강화경판 각성사업의 조성은 기존의 판각시설과 목재 등을 다양한 방식으로 적극 활용하고자 하였을 것이다.

Ⅱ. 대몽항쟁기 書籍 刊行과 現實 認識

1. 對蒙抗爭과 서적 간행

강화경판 조성을 전후하여 출간된 각종 불교 서적은 왕정복고 및 불교계의 재편과 밀접한 관련을 가지고 있지만, 대몽항쟁 차원에서도 출간되고 있다. 다음의 誌·跋文을 주목해 보기로 하자.

라-①) 請山人志閑 敬寫華嚴神衆 募工雕板者 十二月日 誌 順安山城
　　　防護別監同縣令興衛攝散員李榮.131)

　　하여 江華京板의 彫成 空間 중 한 사례로 보았다(김윤곤, 1998, 「『고려대장경』 조성의 참여계층과 雕成處」 『인문과학』 12, 경북대).
130) 성불사에서 『妙法蓮華經』이 출간되었는데, "崔怡命比丘四一彫板"이란 발문이 있다. 成佛寺는 신라 道詵이 창건한 충청남도 천안군 태조산과 황해도 황주군 정방산 등에 있다. 『妙法蓮華經』은 후자의 절에서 개간한 것으로 추정된다. 이는 소장자인 조명기 박사가 성불사 불상의 腹에서 판본 2첩이 나온 것을 입수하였다고 한다(한국불교종단협의회, 1993, 『북한사찰연구』, 사찰문화연구원, 211쪽).
131) 『大方廣佛華嚴經世主妙嚴品』(천혜봉, 2000, 「高麗 典籍의 集散에 관한 研究」 『고려시대연구』 Ⅱ, 한국정신문화연구원).

②) 奉佛弟子高麗國尙晋安東道按察副使龍虎軍攝中郎將典理判官
   金叔龍 … 國泰民安茲發弘願 募工刻成 此經印施無窮者 時貞
   祐四年丙子 八月日.[132]

③) 剪出中字 插科其上 募工雕板 以廣布 … 全州牧 判官 郎將 安
   時俊 誌 [筆寫] 勤發洪願印成 蓮經一百部 廣施者 壬戌六月日
   万德寺內 道人 心秀.[133]

④) 奉爲 聖壽天長 隣兵永息 晋陽候厄會消除 福壽增延 文虎叶和
   穀登 民樂 法界生亡 同証円通之願 盡捨家儲 彫板楞嚴經戒環
   疎 印施無窮者 時乙未七月日 謹誌 財主鹿鳴鄕前長 李勝光
   同願道人等 克圓 了非.[134]

위에 제시한 誌·跋文의 라-①)은 順安山城防護別監 李榮에 의
해 간행된 『大方廣佛華嚴經世主妙嚴品』이며, 라-②)는 尙晋安東
道按察副使龍虎軍攝中郎將典理判官 金叔龍에 의해 간행된 『佛說
熾盛光大威德金輪王消災吉祥陀羅尼經』이다. 그리고 라-③)은 全
州牧 判官 安時俊이 간행한 고려 折帖本 『妙法蓮華經』이며, 라-
④)는 鹿鳴鄕前長 李勝光이 간행한 戒環解 『楞嚴經』이다.

위에 제시한 라)에서 공통적으로 "隣兵이 일어나지 않고 朝野가
태평하고 佛法을 넓게 펼치기"를 기원하는 발원문을 싣고 있으며,
몽고침략에 대한 현실인식을 바탕으로 '聖壽天長 隣兵永息 國泰
民安'을 염원하고 있다. 즉 대몽항쟁 과정에서 흩어진 민심을 추스
르고 언제 닥쳐올지 모르는 몽고군과 결사항전을 할 수 있는 분위
기를 조성하였던 것이다. 당시 불교 서적의 간행은 불교 신앙을 바

---

132) 『佛說熾盛光大威德金輪王消災吉祥陀羅尼經』. 藤田亮策, 1991, 앞의
    논문.
133) 고려 折帖本 『妙法蓮華經』(남권희, 1997, 「13세기 천태종 관련 고려
    불경 3종의 서지적 고찰―『圓覺類解』, 『弘贊法華傳』, 『法華文句幷
    記節要』」 『계간서지학보』 19).
134) 戒環解 『楞嚴經』(藤田亮策, 1991, 위의 논문).

탕으로 한 경건한 사업인 동시에 계층 사이의 경계를 가로 질러 분열된 사회를 단결시키고자 하였던 것이다.

비록 몽고군의 야만적인 살육으로 전 국토는 초토화되었지만, 고려민들은 전쟁의 조기 종식과 몽고군의 격퇴를 위해서 적극적으로 전선에 참가하였다.

여기서 살육을 행하지 않고도 새로운 차원의 抗蒙戰線을 구축하고자 꾀한 방안이 바로 佛力에 의해 몽고군의 격퇴를 기원하는 것이다. 이는 眞靜國師 天頙이 단속사에서 화엄경과 법화경을 金字로 쓰고, 慶贊會를 알리는 글에서 "임금님의 향년이 영원하여 三皇과 견줄 수 있고, 자손에게 덕을 베풀기를 끝없이 하고, 또한 모든 오랑캐를 채찍질하여 복종하게 해 달라"[135]고 기원한 것과 그 맥을 같이 한다. 대몽항쟁기 불교계는 佛法을 지키기 위한 살생의 불가피성을 고무시키면서 극히 호전적이었다.[136] 이는 군사적 호국활동으로 이어져 매우 적극적인 항몽전선을 구축하였다.[137] 이 같은 불교계의 인식은 승려층이 각성사업에 적극적으로 참여하는 동기 중 하나가 되었다.

또한 몽고군 침입으로 인해 가족의 목숨과 삶의 터전이 와해될 위기에 처한 당시 고려민들은 消災의 염원을 불교에서 찾고자 하였고, 전쟁 종식과 평화를 바라는 염원을 불교적인 종교 행위의 형태로 이어가고자 하였다.[138] 아울러 불교 국가로서 새롭게 그 위상을 정립하여 동아시아의 불교 전통을 지키고,[139] 종교적 실천과 현

---

135) 허흥식, 1995, 『眞靜國師와 湖山錄』, 민족사, 241~242쪽.
136) 허흥식, 1995, 위의 책, 99~100쪽.
137) 당시 승려들의 군사적 호국활동은 『高麗史』에 다수의 사례가 있는데, 처인성 전투에 참여했던 승려 金允侯, 상주산성 전투에 참여한 승려 洪之 등이 대표적인 경우이다. 이와 관련하여 이재창, 1993, 「고려시대 僧侶들의 護國活動」 『韓國佛敎史의 諸問題』, 우리출판사 참조.
138) 윤용혁, 1993, 『高麗對蒙抗爭史研究』, 일지사, 41쪽.

실 직시를 통해 國權을 수호하기 위해 적극적으로 종교적 행위에 참여하였던 것이다.

승려와 고려민들은 佛法의 廣布를 위해 諸 供養 중에서 法供養을 제일로 보고[140] 불교 서적 출간에 매우 적극적이었으며, 이를 통하여 無上의 공덕을 쌓고 기원을 성취하려는 종교적 동기로 삼고자 하였다. 몽고와의 전쟁 중에 출간된 각종 불교 서적은 장기간 전쟁으로 인해 흩어진 민심의 독려 및 對民 통치 차원에서 적극 추진되었으며, 항몽의식 차원에서 민족적 자주정신을 고취시키는[141] 밑바탕이 되었다. 이는 고종 35년 경상도 안찰부사 겸 대장도감의 분사도감직을 맡았던 全光宰가 『南明泉和尙頌證道歌事實』을 간행하면서 적은 발문의 내용을 통해서도 알 수 있다.

> … 정미세(고종 34년)를 지나 金城에 출진하였으며, 禪侶들을 모아 瑞龍禪老 連公을 청하여 主法默示케 하여 그로써 蒙寇를 물러가게 하였다. … 9월 상순 慶尙 晉安東道 按察副使 都官郎中 全光宰 誌.[142]

---

139) 이러한 의식은 당시 수준 높은 불교의 敎學的 발전이 바탕이 되었을 것이다. 특히 강화경판이 漢譯佛經 전체를 총망라한 총체적인 불전대장경으로 인식되고 있다는 점, 또 동아시아 문화의 계승과 창조적인 사업으로서 당시 동아시아에 산재해 있던 각종 대장경을 철저하게 교열 및 수용하여 완성된 것에서 짐작할 수 있다. 이와 관련하여 다음의 논문이 참조된다. 정필모, 1994, 「高麗初雕大藏經 및 八萬大藏經의 성립과 의의」『한국불교사의 재조명』, 불교시대사; 조동일, 2000, 「大藏經 往來의 文化史的 意義」『동아시아 比較文化』 창간호.

140) 『大方廣佛華嚴經』 권40, 「入不思議解脫境界普賢行願品」. "善男子 諸 供養中 法供養最".

141) 고종 27년에 진양공 崔怡가 『法華經』 7권을 간행하는 발원문에 '蓮經大義會三歸一 合於東土統三之應'이라 하였는데, 이는 민족사상에 기반을 둔 내용으로 파악하고 있다(조명기, 1989, 『한국불교사학논집』, 민족사, 17쪽).

142) 『南明泉和尙頌證道歌事實』 권3. "… 丁未歲 出鎭金城 俘集禪侶 請 瑞龍禪老連公 主法默示 以禳 蒙寇 … 九月上旬 慶尙晉安東道按察

위의 사료를 통하여 전광재는 金城에 출진하여 몽고군과 싸우면서 瑞龍禪老 連公을 청하여 主法默示케 하여 몽고군을 물리쳤다고 한다.

이 같은 법회는 긴박하게 전개되는 戰時에 法會를 통해 몽고군이 물러가기를 기원만 했다거나 적과 맞붙은 상황에서 단지 신앙적 의식을 봉행한 것은 아닐 것이다. 그렇다면 대몽항쟁 중 군사들의 土氣 진작을 위함이나 또는 어떤 군사적 역할을 하였을 것으로 파악된다.[143] 따라서 전쟁에 참여한 병사들에게 정신력 강화 내지 항몽의식을 고취시키는 법회로 볼 수 있다.

강화경판의 조성 전후에 출간된 불교 서적은 佛力으로 몽고군을 물리치고자 하는 종교적 기원이기도 했지만, 왕권 회복을 염원하고 실천하고자 하는 현실인식의 반영이다. 이런 점에서 각성사업 전개는 대몽항쟁에서 어떤 종교적 행위보다도 상위의 실천 방안이 되었을 것이다.

다음은 고종 23년에 전주에서 간행된 『東坡文集』을 통해 대몽항쟁기의 서적 출간 의미를 검토해 보기로 하자. 이규보가 찬한 발문이 참조된다.

> 마) 대저 문집이 세상에 퍼지는 것은 한때 그럴만한 일이라. 그러나 옛날부터 오늘에 이르기까지 이 동파문집 같이 널리 퍼지고 사람마다 애독한 책이 없다. 그것은 어휘가 풍부하고 옛날 사실을 인용한 것이 넓어서 독자에게 주는 감동이 크고 다함이 없기 때문이다. 사대부로부터 신진후학에 이르기까지 손에서 놓는 때가 없는 것이 이 책이다. 그 판본이 이전에는 우리나라 상주에 있었더니 불행히 虜兵에 의하여 소각되어 한 조각도 남지 않았다. 완산주 전 예부랑중 최군지는 학문을 좋아하고 선한 일을 즐기는 군자로써 이 소식을 듣고 분개하여 당장 판을 다시 새길 결심을 가

副使都官郎中全　光宰誌".
143) 서윤길, 1997, 「고려의 護國法會와 道場」 『불교학보』 14 참조.

졌었으나 胡騎가 쉴새 없이 몰려오고, 가고 해서 지방이 뒤숭숭
하여 조금도 편안한 날이 없었으므로 이 같은 문화 사업을 할 겨
를이 없었다. 그러나 태수 목사는 '옛사람은 전쟁에 임하여서도
시를 노래하였으므로 무기를 놓고 글공부를 하였다 하니 공부를
폐하는 것은 옳지 않음이 이와 같다. 이 고을만큼 큰 고을로써 이
만한 일쯤은 순식간에 함 직한데 만일 저 하찮은 외국 군대 때문
에 그것을 이루지 못하고 평화시기를 기다린다면 후에 오는 사람
역시 그럴 것이다. 그렇게 되고 보면 내 뜻이 영영 이루어지지 못
할는지 어찌 알랴' 이렇게 생각하고 이에 결단하였고, 임금께서도
학문을 좋아하시므로 반가이 허락하시었다. 이에 원나라 병사(虜)
가 일시 물러간 때와 농사일이 끝나서 쉬는 틈을 이용하여 판을
새기기 시작한지 얼마 안되어 끝마치니 비용이 크게 안 들고 오
히려 남은 힘이 있었다. 일을 주관하는데 있어서 마음이 곧고 굳
은 대장부가 아니고서야 놀라거나 당황하지 않고 침착하게 이런
난리에 이와 같은 큰 사업을 그렇게 민첩하게 할 수 있으랴. 그의
행정도 대체로 이 같음을 알 수 있다.144)

　마)의 내용을 요약해 보면, 『東坡文集』은 본래 판본이 尙州에
있었으나 虜兵에게 소실되어145) 하나도 남은 것이 없게 되었다. 그

---

144) 『東國李相國集』 권21, 「全州牧新雕東坡文集」 跋尾. "夫文集之行乎
　　　世 亦各一時所尙而已 然今古已來 未若東坡之盛行 尤爲人所嗜者也
　　　豈以屬辭富贍 用事恢博 滋液之及人也 周而不匱故歟 自士大夫至于
　　　新進後學 未嘗斯須離其手 咀嚼餘芳者皆是 其摹本舊在尙州 不幸爲
　　　虜兵所焚滅 了無孑遺矣 完山守禮部郎中崔君址 好學樂善君子人也
　　　聞之慨然 方有重刻之志 時胡騎倏來忽往 間不容毫 州郡騷然 略無寧
　　　歲 則似若未遑於文事 而太守以爲古之人 尙有臨戎雅歌 投戈講藝者
　　　文之不可廢如此 以是邑之大也 此一段么麽事 咄嗟可辦 而若以彼區
　　　區戎醜之故 將姑息以俟太平 庸詎知後之來者又因循姑息 便不成吾
　　　志耶 遂直斷聞于上 上亦好文 欣然允可 於是當虜之未來 間農之未作
　　　使之雕鏤 不日迺畢 費不煩而力有餘矣 非夫幹事貞固 綽有餘裕者 孰
　　　於此時成大事如此其敏耶 其爲政之大體 亦可知已 君於予爲門人 故
　　　託以標識 予亦嘉君之以他邑之亡書 以爲私憂 移之其邑 汲汲於補益
　　　學子 是以粗書本末 以跋其尾云 時龍集柔兆涒灘辜月日".
145) 몽고병이 尙州에 침입한 시기는 고종 19년과 22년으로 이 시기를 전

래서 완산태수 최군지가 출간을 결심하였으나 몽고군의 침입으로 사태가 위급하여 출간치 못하고 있다가 고종의 允許를 받아 몽고군이 잠시 물러간 때를 이용하여 『東坡文集』을 출간하였다고 한다.

최군지에 의해 출간된 『東坡文集』은 당시의 학문적 차원[146]에서도 이해할 수 있으나 다음과 같은 점이 주목된다. 첫째, 對蒙抗爭 차원에서 출간되고 있으며, 둘째, 출간에 앞서 고종에게 먼저 보고하는 절차를 밟고 있다는 것에 유의해 볼 필요가 있다.

먼저 대몽항쟁 차원에서 검토해 보기로 하자. 마)에 의하면 『東坡文集』은 "원나라 병사(虜)가 일시 물러간 때와 농사일이 끝나서 쉬는 틈을 이용하여 판을 새기기 시작"했다는 것에서 몽고군의 침입이 다소 소강상태인 상황에서 출간했음을 알 수 있다. 즉 『東坡文集』의 출간이 대몽항쟁과 밀접한 관련이 있음을 짐작할 수 있다.

『東坡文集』은 고종 23년에 출간되었는데 이 때는 몽고의 3차 침입이 있었던 시기다. 몽고의 3차 침입 양상을 정리해 보면, 고종 22년 윤 7월에 몽고는 南宋의 침공과 동시에 고려에도 거센 공격을 해 왔다. 당시 고려와 몽고의 전쟁은 새로운 국면으로 전개되었는데, 1·2차 침입은 서북방면을 主攻方向으로 삼았지만, 3차 침입은 동북면까지도 전선을 확대하여 서북면과 동북면 양방면에서 동시에 침공해 오는 등 기존의 전술과는 차원이 달랐다. 고려로서는 北·東界 등 양쪽으로 전선이 확대되어 이를 방어해야 하는 부담

후하여 『東坡文集』이 소실된 것으로 추정된다. 당시 몽고군의 침입 경로에 대해서는 윤용혁, 1993, 앞의 책, 53~70쪽 참조.

146) 김호동은 무신정권 성립 이후 지방으로 낙향한 문인들이 후진교육 등을 통해 지방의 학문발흥의 계기를 마련하였고, 이는 서적 수호층의 증대를 가져와 인쇄술 발달에 따른 서적보급확대를 불러왔을 것이라 하였다(김호동, 2003, 『고려 무신정권시대 문인지식층의 현실대응』, 경인문화사, 336~339).

스러운 입장이다. 또한 장기전 양상을 띈 3차 침입은 대체로 매년 7~8월에 침입하여, 이듬해 1월경에 철수하는 방식으로 5년 동안 세 차례에 걸쳐 전쟁이 지속되었다. 3차 침입이 개시된 지 불과 3개월 후인 고종 22년 10월에는 전주와 고부까지[147) 몽고군이 침입하였다. 이 때 처음으로 전라도 북부지역에 진출했던 몽고군은 동년 말부터 이듬해 초가 되어서야 철수한 것으로 파악된다.[148)

이런 상황에서 전주 지역민들은 몽고군의 1·2차 침입 때는 직접적인 피해를 입지 않았으나 무차별적으로 공세가 진행된 3차 침입에서는 전주 및 인근 지역의 전쟁 피해가 상당하였을 것이다. 다음의 사료를 통해 그 실상을 짐작할 수 있을 것이다.

> 바-①) 밤 未明에 (몽고병이) 城中에 들어와서 그 고을의 관인을 죽이고 성을 도륙하여 가옥에 모조리 불을 질러 닭과 개까지 죽였다.[149)
>
> ②) 몽고군이 平州로부터 宣義門 밖에까지 와서 주둔하고, 蒲桃元帥는 金郊에 주둔하였으며, 迪巨元帥는 吾山에 주둔하고, 唐古元帥는 蒲里에 주둔했다. 선봉대가 예성강에 도달하여 가옥을 불지르고 백성을 죽이고 약탈함이 이루 헤아릴 수가 없었으므로 개경에서는 놀라 소요가 일어나고 민심이 흉흉해졌다.[150)
>
> ③) 최린이 홀로 왕에게 나아가 "자식 사랑하는 마음은 귀천이 없이 모두 다 같습니다. 그러나 불행하게도 자식과 死別한 사람도 있는데 전하께서는 어찌 아들 하나를 아끼십니까? 지금 백성들 가운데 남아 있는 자는 열에 겨우 두셋입니다. 만약 몽고가 물러가지 않으면 백성들은 三農의 때를 잃게 되어 모두 적

---

147)『高麗史』권23, 세가23, 고종 23년 동10월 갑오. "全羅道指揮使上將軍 田甫龜報 蒙兵 至全州古阜之境".

148) 윤용혁, 1993, 앞의 책, 74쪽.

149)『高麗史』권23, 세가23, 고종 18년 11월 경술. "夜未明 突入城中殺州官屠 其城盡燒人戶鷄犬一空".

150)『高麗史』권23, 세가23, 고종 18년 11월 신해. "蒙兵自平州來屯宣義門外 蒲桃元帥屯金郊 迪巨元帥屯吾山 唐古元帥屯蒲里 前鋒到禮成江 焚燒廬舍殺掠人民不可勝計京城驚擾洶洶".

에게 투항하게 될 것이니 비록 江華 하나를 지킨다 한들 어떻
게 나라라 할 수 있겠습니까?"라고 논박하니 왕이 마지못해 허
락하였다.151)

④) 여러 山川에 숨어 있는 백성들이 모두 납치와 약탈을 당하였
고 화를 면한 자가 별로 없었다.152)

⑤) 이 해에 몽고병의 포로가 된 남녀가 무려 206,800인이었고, 살
육된 자는 셀 수 없으며, 지나가는 주군들은 다 잿더미로 되었
다. 몽고병란이 있은 뒤로 이보다 심한 때가 없었다.153)

위의 바-①·②)에서 몽고군은 닥치는 대로 살육과 방화를 일삼
고 있다. 그리고 바-③)에서 최린이 말한 바와 같이 살아남은 자가
열 명 중 두 세 명에 불과할 정도이며, 농사를 지을 수 없을 정도로
전 국토는 초토화되었다. 비록 살아남더라도 바-④·⑤)에서 알 수
있듯이 몽고군의 포로가 되거나 투항하는 사례가 많았다.

몽고는 때때로 강화도의 고려 정부와 교섭을 하기도 하였으나,
인명의 살상과 방화 등 무차별적인 공격을 일삼아 전 국토는 황폐
화되었고 피해 규모는 막대하였다.

당시 정부 차원에서의 對蒙 전략 및 전술도 없었던 것은 아니지
만 대개 山城·海島 入保策을 제시하는데 그치고 있다. 산성·해
도 입보책은 청야전술의 일환으로서 몽고군에게 전술적으로 상당
한 피해를 주었지만, 고려민들에게도 적잖은 고통을 안겨 주었을
것이다. 하지만 당시 위정자들은 이 전략을 통해 고려민들이 몽고

---

151) 『高麗史』 권99, 열전12, 최유청 부 린. "璘獨前奏曰 愛子之情 無貴賤
　　 一也 然不幸有死別者 殿下何惜一子 今民之存者十二三 蒙古不還 則
　　 民失三農 皆投於彼 雖守一江華 何以爲國".
152) 『高麗史』 권23, 세가23, 고종 34년 8월. "至是 百姓避匿者 並被驅掠
　　 鮮有脫者".
153) 『高麗史』 권24, 세가24, 고종 41년 12월. "是歲 蒙兵所虜男女 無慮二
　　 十萬六千八百餘人 殺戮者 不可勝計 所經州郡 皆爲煨燼 自有蒙兵之
　　 亂 未有甚於此時也".

에 투항하는 것을 방지하고자 하였던 것이다.[154] 아무튼 몽고와의 전쟁은 인명의 살상과 포로화, 인구의 이동을 야기했으며, 토지 황폐화와 재산을 파괴시켰다. 몽고군의 침입과 함께 국토는 전쟁터가 되었고, 그들이 철군하고 난 이후에도 상당한 고통을 감수하게 되었다.

이 같은 전쟁의 참상은 전주 및 인근 지역도 유사하였을 것으로 짐작되며, 이 지역의 民들은 급작스런 몽고군의 침입으로 적잖게 당황하였을 것이다. 비록 朴犀의 鐵州城 전투,[155] 金允侯가 이끈 處仁城 전투[156] 등과 같은 고려인들의 뚜렷한 항전 자료는 찾을 수 없지만, 몽고군이 침입을 개시한지 3개월 만에 전주와 고부까지 진출하고 있다. 특히 고종 22년 10월에 전라도 북부지역에 진격한 후 이듬해 초에 철수한 것으로 보아 이 일대의 전투가 치열하게 전개되었을 것으로 짐작된다.

시기적으로나 현실적으로 어려움에 처해 있었을 전주 및 인근 지역민들의 결사항전 의식은 여러 형태로 전개되었을 것이다. 이 때 대몽항쟁 과정에서 흩어진 민심을 추스르고 언제 닥쳐올지 모르는 몽고군과의 결사항전 분위기를 조성하고자『東坡文集』의 출간을 계획하고 실천하였을 것이다.

대몽항쟁 과정에서 중요한 勝戰의 이면에는 중앙으로부터 파견된 지휘관이나 수령의 적절한 지휘력, 그리고 여기에 지방민들의 호응이 있었다.[157] 여기서『東坡文集』의 출간이 전라 북부지역에 끼친 영향은 상당하였을 것으로 짐작된다. 즉 이 책의 출간 배경 중 하나는 앞서 언급한『南明泉和尙頌證道歌事實』의 간행 발문에

---

154) 김광철, 1987,「麗蒙戰爭과 在地吏族」『부산사학』12, 37~39쪽.
155)『高麗史』권103, 열전16, 박서 참조.
156)『高麗史』권103, 열전16, 김윤후 참조.
157) 윤용혁, 1993, 앞의 책, 303쪽.

서 검토한 바와 같이 전쟁에 참가하는 군사들에게 정신력 강화 내지 항몽의식을 고취시키기 위해 법회를 개최한 것과 그 맥을 같이 한다고 할 수 있다.

다음은 『東坡文集』 출간에 있어 왕의 允許를 받아 서적을 간행했다는 점에 주목할 필요가 있다. 왕의 윤허로 간행한다는 것은 서적 출간의 정당성 확보로 이해할 수 있다. 출간 주도세력들은 현실 모순을 극복하고 여기에 국왕 정점의 통치체제를 복원하겠다는 차원에서 이 같은 절차를 밟았을 것이다.

최씨 무인정권이 모든 실권을 장악하고 있는 상황에서 국왕이 서적 출간에 깊숙이 관여하고, 국가적 차원에서 진행되고 있다는 점은 최씨 무인들의 집권에 대한 불만 세력과 일부 문신 및 왕정복고 세력이[158] 국왕을 중심으로 다시 결집될 수 있는 계기가 될 수도 있었을 것이다.

그 파급효과는 개인적 차원에서 출간된 서적과 달리 지대하였을 것이다. 국왕을 정점으로 고려민들이 결집되어 반외세력인 몽고군을 격퇴시키고, 더 나아가 왕정복고를 이루고자 하는 시대적 분위기를 적극 반영한 것이다. 이러한 의식은 이규보의 「大藏刻板君臣 祈告文」에서 宰執과 문무백관 등이 함께 큰 誓願을 발하여 각성사업을 착수하였다는 것[159]과 그 의미가 통한다. 즉 君·臣·民이 혼연일치 되어 발원한다는 것은 국권을 수호하고 왕권을 회복하자는 의미인 것이다. 『東坡文集』의 출간에 왕의 允許를 통해 출간된 것을 강조한 것도 이러한 의식에 바탕을 둔 것으로 이해된다.

대몽항쟁기에 국왕을 황제로 칭하여 고려 국왕의 권위를 내세우

---

158) 당시 무신정권과 국왕 그리고 문신들의 관계에 대하여 나만수, 1993,
　　「무신정권기의 국왕과 문신」『한국사』 18, 국사편찬위원회 참조.
159) 『東國李相國集』 권25, 「大藏刻板君臣祈告文」.

는 시대적 분위기는[160] 강화경판의 刊記에 '高麗國○○都監奉勅彫造', 즉 고려국 황제의 勅命을 받들어 경판을 새긴다는 것에서 확인된다. 몽고군의 침입에 대하여 당시 고려민들은 자신들의 권익과 사회경제적 처지의 개선을 위해 투쟁하기보다는 국가적 민족적 위기를 극복하여 강토를 지키고자 하였던 것이다.[161]

더욱이 무인정권이 수립된 이후에 끊임없이 전개되었던 民亂에 있어서도 그 봉기 목적이 정권 쟁취와 신분해방이었지 王權을 타도 대상으로 삼았던 것은 아니었다.[162] 특히 최씨 무인정권기에 일어났던 民亂은 국가적 차원에서 王政을 복구하려는 勤王的 성격을 갖고 있다.[163] 이는 당시 대다수의 고려민들이 봉기를 통해 王權의 실질적인 회복을 바라는 것과 깊은 연관이 있다. 그 동안 상대적으로 위축된 왕권을 회복시키고자 하는 의도에서 고종의 允許를 받아 『東坡文集』을 출간하였던 것이다. 이에 전주 인근 지역민들의 적극

---

160) 이러한 인식은 삼별초 항쟁과정에서 삼별초의 진도정부가 溫王을 帝라 칭하면서 당시 진도 정부가 개경 정부의 우위에 있다는 것, 몽고와의 대등성을 강조한 이면에는 '奉勅雕造'를 통해 그 의식이 깔려 있음을 엿볼 수 있을 것이다. 이와 관련하여 다음의 논고가 참조된다.
   김윤곤, 1981, 「삼별초의 대몽항전과 지방군현민」『동양문화』 20·21 합집(김윤곤, 2001, 『한국 중세의 역사상』, 영남대출판부 재수록); 윤용혁, 2000, 「삼별초 진도정부의 수립과 전개」『高麗 三別抄의 對蒙抗爭』, 일지사.

161) 당시 지역민들의 강화경판 각성사업 참여 사례는 각성인 중 '忠州 永壽刻' 및 '忠州 天均'의 사례로 보아 忠州지역 민들의 항몽 의식을 짐작할 수 있다. 이들이 자신의 출신지를 밝힌 점은 충주라는 무한한 자부심을 갖고 있는 것으로 忠州城 전투의 승전과 밀접한 관련이 있는 것으로 보여진다. '영수' 및 '천균'의 각성사업 참여에 대해서는 김윤곤, 1995, 「『大般若經』의 刻成과 反蒙抗戰」『한국중세사연구』 2 참조.

162) 나만수, 1993, 앞의 논문, 215쪽.

163) 민병하, 1990, 「무신정권시대의 민란」『高麗武人政權 硏究』, 성균관대출판부, 215쪽.

적인 동참을 유도할 수 있을 것이다. 이러한 측면에서 본다면『東坡文集』의 출간 배경에는 당시 시대적 요구가 내면에 깔려 있음을 알 수 있다. 또한 몽고군의 침입에 따른 현실적 위기 극복의지와 왕정복고의 염원도 포함되었기 때문에 각종 서적의 출간이 가능하였으며 강화경판 각성사업의 전개에도 영향을 미쳤다.

이상에서 대몽항쟁기 동안의 각종 서적 출간 성격과 각성사업의 추진 배경에는 비슷한 현실 인식이 담겨져 있음을 알 수 있다. 비록 각성사업이 최씨 무인정권에 의해 계획되고 진행되었다고 할지라도 高麗國 皇帝의 위상을 높임으로써 당시 광범위하게 퍼져있던 왕정복고 세력을 경판 조성 사업에 협조케 하려는 여건을 조성했던 것[164]은 대동소이한 것으로 이해할 수 있다.

2. 江華京板 彫成과 現實 認識

고려시대에는 대장경을 비롯한 각종 불교 서적 출간에 국가적 · 개인적 차원에서 많은 관심을 보였다. 단순한 학문적 차원에서뿐만 아니라 호국적 차원에서 진행되었는데, 顯宗代에 거란군이 침입하자 符仁寺藏 大藏經 조성을 통하여 이민족의 불법적인 침입을 물리치고자 한 것이 대표적인 경우이다. 물론 대장경의 조성이 거란군의 격퇴에 직접적인 영향을 끼치지는 않았지만, 佛力에 의해 고려 疆土가 보호되었고 국가의 정통성이 계승되었다는 점을 당시 고려민들은 깊이 인식하고 있었던 것이다. 이러한 호국 의식은 13세기 몽고군의 침입 때 강화경판의 조성을 통해 다시 한번 실

---

164) 김윤곤, 1993, 「『高麗大藏經』의 刻板과 국자감시 출신」『國史館論叢』46, 국사편찬위원회, 75쪽.

천하고자 하였다. 이에 강화경판의 '大藏'에 入藏된 『金光明經』과 『仁王經』을 중심으로 살펴보기로 하자.

불교가 공인된 이래로 護國三部經인 『妙法蓮華經』, 『金光明經』, 『仁王經』은 佛法의 信解와 奉持로써 나라를 보호한다는 의미를 담고 있어 우리나라에서 대량 유통되었다.

한편 對蒙抗爭期에 인왕도량과 공덕천도량이 빈번하게 개최되었다. 이는 대외적 위기상황을 극복하기 휘한 호국적 성격의 법회로, 그 敎理的 근거는 護國經으로 꼽히는 『金光明經』·『仁王經』에 두고 있다.165) 『金光明經』은 『仁王經』처럼 구체적이고 적극적인 護國의 法用을 교설하지 못하고 있다. 그러나 두 경전의 사상과 호국적인 면은 대동소이한 것으로 보아166) 두 경전은 근본적으로 호국적 성격이 강한 것임을 알 수 있다. 그래서 『金光明經』과 『仁王經』의 사상은167) 왕권 안정을 위해서 적극 수용되었다.

먼저 『金光明經』에 대하여 살펴보기로 하자. 이 경전은 호국 삼부경 중의 하나로 중국에서 傳譯된 『金光明經』은 5종이 있다.168)

---

165) 윤용혁, 2000, 앞의 책, 60~71쪽. 최근 인왕(백고좌)회에 대해 인왕회의 개최 목적은 나라를 보호하기 위한 것이 아니며, 그 근거인 인왕회의 글쓴이들의 기록을 믿을 수 없다고 하며 부정적 견해를 제시하였다. 이 논고는 기왕의 학설에 대한 논의가 부족하고 史料 검토에 일정한 한계를 가지고 있지만, 고려시대 불교의례에 대한 시각과 접근에 대하여 새로운 연구 방법론을 시사해 주고 있어 참조된다(김종명, 2001, 『한국 중세의 불교의례』, 문학과 지성사, 96~114쪽).
166) 서윤길, 1994, 『고려밀교사상사 연구』, 불광출판사, 180쪽.
167) 『金光明經』·『仁王般若經』 사상과 왕권강화와 관련하여 김삼룡은 王의 입장에서는 왕권 안정을 위해 백성과 직접적 연결을 통해 그들을 지배하고자 적극 수용하였다. 즉 王의 입장에서 왕권을 강화하고자 했을 경우 王과 民이 직접 연결되는 상황에서 그의 입장이 강화되는 것이지, 그 중간에 하나의 매개체(귀족 등)가 개입되었을 경우 王의 힘은 자연 약화될 수밖에 없다고 했다(김삼룡, 1987, 『高麗彌勒信仰의 展開』, 동화출판공사, 149쪽).

그 중 義淨의『金光明最勝王經』(食함) 10권, 寶貴 편집의『合部金光明經』(場함) 8권, 그리고 曇無讖의『金光明經』(精함) 4권 등 3종이 江華京板의 '大藏'에 入藏되어 있다.『合部金光明經』[169]은 曇無讖의『金光明經』과 眞諦의『金光明經』7권 및 耶舍崛多의『金光明更廣大辯才陀羅尼經』5권을 묶은 것이기 때문에 '大藏'에는 중국에서 번역된 5종이 모두 포함되어 있다고 할 수 있다.

앞서 언급한 3종의『금광명경』중 당나라의 義淨이 번역한『金光明最勝王經』을 新譯이라 부르며, 曇無讖이 번역한『金光明經』을 舊譯이라 부르고 있다.[170]『合部金光明經』은 義淨이 번역한 經보다 그 분량이 약간 적고, 曇無讖이 번역한 經의 반 정도 되는 분량이다.[171] 曇無讖本은 신라 이래로 유통되었으나 符仁寺藏 大藏經에는 入藏되지 않고 강화경판에 추가·편입되었다.[172] 이처럼『금광명경』이 '大藏'에 編入된 배경에는 경전이 가지고 있는 사상의 내용과도 밀접한 관련성이 있다.

『金光明經』은 불교 경전 가운데 최초로 호국사상을 설법한 경전으로 4세기에 성립되었다. 이 경전의 왕법정론품에는 政法治國이라는 불교 본래의 정치이념과 더불어 바라문법전을 모방한 왕권신수설이 幷論되어 있다. 즉『金光明經』의「사천왕관찰인품」,「사천왕호국품」,「사천왕품」, 그리고「왕법정론품」,「정론품」등에는 왕이 불교를 진심으로 믿고 比丘를 잘 받들면 그 보답으로 四天王이나 여러 善神들의 보호를 받을 수 있다는 내용이 담겨져 있다. 더욱이 이 경전은 金鼓에서 울려 나오는 법문을 믿고 자기 죄를 참

---

168) 정승석 편, 1989,『佛典解說事典』, 민족사, 52쪽.
169)『合部金光明經』(場함) 권1~8 참조.
170) 정승석 편, 1998,『고려대장경』해제 1권, 고려대장경연구소, 122쪽.
171) 정승석 편, 1998, 위의 책 3권, 1803쪽.
172) 정필모, 1989,「高麗再雕大藏目錄考」『圖書館學』17, 41쪽.

회하면 자기 자신은 물론 국가와 국왕 모두 護國神으로부터 호위
되며, 이 경의 도량을 열면 기우와 내우외환이 소멸될 수 있다고
주장하고 있다. 즉 四天王에 의한 국가의 보호나 현세이익적인 신
앙으로 이해된다.[173]

  『金光明經』은 신라 및 고려 때 빈번히 열렸던 金光明道場·金
剛經道場의 근거가 되는 매우 중요한 경전으로[174] 왕권 보호와 밀
접한 관련성을 맺고 있다. 이러한 사실은 이미 고려 전기부터 지식
인층에서 인식하고 있었던 내용이다. 顯宗때 蔡忠順이 撰한 내용
에 따르면『金光明經』에는 국왕 탄생이 諸佛多天의 보호 속에서
이루어진다는 불교의 인연설을 강조하는 내용이 담겨져 있다. 국
왕은 탄생에서부터 하늘의 보호를 받고 있으며 그 위상이나 지위
역시 신성하다는 사실을 강조하고 있다.

> 또한『金光明經』에 이르기를 '업을 모았기 때문에 사람 속에서 왕
> 으로 태어났고 나라를 영도하였기 때문에 인왕이라 한다. 태속에 있
> 을 때도 모든 하늘이 수호하며 혹은 먼저 수호를 받은 연후에 태 안에
> 들기도 한다. 비록 인간 속에 있어도 사람의 왕으로 태어난다'라고 하
> 였으니, 이는 지금 성상께서도 모든 하늘이 수호하여 왕으로 태어나
> 서 동방을 다스리어 이어 깊은 덕을 순박하게 하십니다. 높이 만승의
> 자리에 있고 성품은 두루 총명하심을 받으셨습니다.[175]

  특히 위 내용을 穆宗代부터 顯宗代까지 관인지식인인 蔡忠順이
撰書한 점이 주목된다. 그는 목종이 大良院君(현종)에게 왕위를 禪

---

173) 정승석 편, 1989, 앞의 책, 53쪽.
174) 이재창, 1982,『불교경전개설』, 동국대출판부, 222쪽.
175) 「玄化寺碑陰記」. "又金光明經云 因集業故生於人中 王領國土故稱人
    王處在胎中 諸天守護或先守護然後入胎雖在人中 生爲人 王是知 我
    當今 聖上諸天守護生爲人 王出統靑方 乃懷玄德尊居萬乘 性稟四聽
    三敎室宗"(허흥식, 1984,『韓國金石全文』中世 上, 아세아문화사).

位하는 불안한 정국 상황에서 親顯宗派로 왕위 계승에 기여한 친 왕세력이며, 거란의 침략으로 현종이 南行하였을 때도 끝까지 侍從한 인물이다.176) 채충순이『金光明經』의 가르침을 통하여 왕권의 신성함을 강조한 것은 불안한 왕권의 수호와 왕권의 신성함을 정당화하기 위해서였다.177)

　이 같은 인식은 인종때 金富軾이 撰한「金光明經道場疏」에서도 확인된다. 다음의 사료를 주목해 보기로 하자.

> 　엎드려 생각하옵건대, 부처님의 三身은 본래 權化가 있어 몸이 靈鷲山에 나타나시고, 萬德이 원만하게 광명을 이루어 恒河의 모래에 두루 하였습니다. … 秘殿을 청소하고 공손히 法筵을 열어서 옥같이 순수하고 맑은 부처님의 像에 예배하며, 황금 같은 부처님 말씀의 오묘한 이치를 강연합니다. 宰・樞 兩府와 문무 백관을 거느리고 온 몸을 다하여 예를 올리며, 여러 사람이 근심하고 탄식하는 기도를 표하오니, 지혜로우신 밝음으로 정성스러운 衷心을 굽어 살피실 줄 압니다. 엎드려 원하옵건대 자비하신 마음으로 불쌍히 여기소서. 신의 조화를 빌어서 가뭄이 사라져 메마른 붉은 땅이 되는 재난이 없게 하시고, 雨師를 고무시켜 하늘로부터 비 내림이 고루 흡족하게 하소서. 모든 재앙은 소멸되고 유리한 것은 모두 발흥하여 백성들은 富하고 壽하는 길로 돌아가고, 나라에는 풍부한 수확물의 축적이 있게 하소서.178)

---

176)『高麗史』권93, 열전6, 채충순. "王避契丹南行 忠順扈駕 王次廣州 從行諸臣聞河拱辰等被執 皆驚懼散走 唯忠順與侍郎忠肅張延祐周佇柳宗金應仁不去".

177) 최영호, 1997,「瑜伽宗의 江華京板『高麗大藏經』각성사업 참여」『부산사학』33, 48〜49쪽.

178)『東文選』권110,「金光明經道場疏」. "右伏以三身本有權化 顯于靈山 萬德圓成光明 周于沙界 … 淸秘殿 祗展法筵 禮玉相之粹淸 演金言之微妙 率宰樞兩府曁文虎百寮 四體盡禮邦之勤 衆誠表吁嗟之禱 仰惟慧鑒 俯諒梱衷伏願憫以慈心 借以神化 鎖除旱魃 無爲赤地之災 鼓舞兩師 周洽自天之渥 無災不滅 有利皆興 民歸富壽之塗 國有京抵之積".

위에서 김부식은 금광명경도량을 개최할 때, 宰·樞 兩府와 문무 백관 등은 자신의 죄를 참회하면서 부처의 조화를 빌어서 가뭄과 재난이 없어지기를 바라고 있다. 또 祈雨를 빌며 모든 재앙이 소멸되고 백성들은 富하고 壽하며 나라에는 풍부한 수확물이 축적될 수 있도록 기원하고 있다. 또한 김부식은 "기강은 서지 않고 풍속은 날로 퇴폐합니다. 벼슬하는 사람은 직분을 잘 지킴이 없이 타성에 젖어 탐욕·부정하기까지 하며, 백성들은 생업에 편안하지 못하므로 곤궁 유리하여서 모두들 원망하고 한탄하는 소리만 들립니다"라고 하였다.

이를 미루어 보아 李資謙의 난과 妙淸의 난으로 고려의 존립기반이 위협받던 직후에 왕권의 안정을 도모하고자 이 도량을 개설한 것으로 이해된다. 따라서 『金光明經』은 고려전기부터 나라의 內憂外患을 소멸시키고 국왕 중심의 국가 안정을 기원하는 매개체였던 것이다.

『금광명경』을 외우면서 행하던 불교의례였던 金光明經道場 및 金剛明經道場은 국력의 약화나 외적의 침입 및 전쟁으로 희생된 자들의 명복을 빌기 위하여 빈번히 개최[179]되고 있었다. 비록 적극적으로 대몽항쟁 전선에 참여하지 못하였지만 국왕을 비롯한 집권층들은 전쟁의 종식을 하루 빨리 기원하기 위해 功德天道場을 개설하여 몽고병이 물러가기를 기원하였다. 그 예로써,

---

179) 이 뿐 아니라 金光明經道場 및 金剛明經道場은 기근·질병 등이 있을 때 이를 물리치기 위함도 있었고, 가뭄이 들었을 때도 기우의 목적으로 열기도 하였다. 이 도량의 개최에 대해서 다음의 논문이 참조된다. 김상현, 1976, 「고려시대의 호국불교연구—금광명경신앙을 중심으로—」『학술논총』1, 단국대; 김형우, 1992, 『고려시대 국가적 불교행사에 대한 연구』, 동국대 박사학위논문; 홍윤식, 1994, 「불교행사의 성행」『한국사』16, 국사편찬위원회, 176~177쪽.

사-①) 왕이 功德天道場을 內殿에서 친히 열었다.[180]

②) 왕이 내전에서 功德天道場을 열었다.[181]

③) 왕이 친히 功德天道場과 藥師道場을 열었다.[182]

위 내용은 고종 년간에 개최된 공덕천도량 중에서 일부를 제시[183] 한 것이다. 『금광명경』은 『仁王經』처럼 구체적이고 적극적인 護國의 法用을 교설하지 못하고 있지만, 그 표현의 차이는 서로 있더라도 두 경전의 사상과 호국적인 면은 대동소이한 것이다.[184] 따라서 공덕천도량은 몽고군의 침입이후부터 개최된 것으로 대외관계상의 위기상황을 배경으로 한 호국적 성격의 법회임을 잘 알 수 있다. 이것은 李奎報가 北 弘景院에서 전쟁을 진정하려고 금광명경의 藥師道場을 행하는 「금광명경도량문」에서도 확인된다.

金鼓를 쳐서 선양함은 信相을 친히 듣고서 부르짖은 말이요, 비단 주머니에 몰래 싸 둔 것은 약사 부처님의 本願인 큰 경이니, 이 경을 높이 모시기를 정심껏 하면, 보전해 가짐이 장애가 없으리다. … 국가의 일은 마치 섶나무를 안아다 불 위에 두는 듯해서 거의 위태하게 되었습니다. 하물며 불귀신[回祿]이 재앙을 일으켜서 창고가 불타버리고, 겨울귀신[玄冥]이 절후를 경계하여 우뢰와 번개가 진동하니, 이 같은 변괴는 마침내 어떠한 재앙들이 될지 알 수 없으므로, 마땅히 신묘한 불문에 의지하여 부처님의 음덕을 힘입어야 하겠기에 이에 누더기옷의 진실한 스님들을 모으고 貝葉의 미묘한 말씀을 풀어냅니다. 자비하신 부처님께 우러러 바라오니, 곡진히 보호하여 주셔서 병장기를 감추어 쓰지 아니하며, 도둑들의 가만히 엿봄이 아주 없어지고, 집

---

180)『高麗史』권23, 세가23, 고종 22년 3월 갑진. "親設功德天道場于內殿".
181)『高麗史』권23, 세가23, 고종 23년 8월 갑오. "設功德天道場于內殿".
182)『高麗史』권24, 세가24, 고종 41년 6월 무오. "親設功德天藥師二道場".
183)『高麗史』에는 이외에도 고종 29년 가을 7월, 37년 5월, 38년 5월, 40년 2월, 40년 4월, 42년 8월 등을 비롯하여 원종대에도 수시로 왕이 친히 功德天道場을 열기도 하였다.
184) 서윤길, 1994, 앞의 책, 180쪽.

집마다 공작을 발을 만하여서 生靈들로 하여금 묵은 옛 풍속을 버리
게 하여 주시기 바라나이다.185)

여기서 이규보는 『金光明經』은 약사 부처님의 本願인 큰 경으
로, 모시기를 정심껏 하면 장애가 없다고 하면서 전쟁이 하루 빨리
종식되어 외적이 물러가기를 바라고 있다.

더욱이 이규보는 대몽항쟁과정에서 죽은 고려민들의 극락왕생
을 기원하면서 개최한 금광명경도량에서도 "신령스러운 경전을 강
하게 하고, 팔십 가지의 자비한 불상을 우러러서 삼가 공양을 올립
니다. 엎드려 원합니다. 여러 혼령들이여, 모든 집착을 길이 없애
고, 참되고 영원한 곳에 높이 오르소서. 이 번열과 괴로움 많은 세
계를 헌신 벗듯 속히 벗어나고, 집에 돌아가듯이 저 처량한 나라로
곧 가소서"186)라고 하면서 消災의 염원을 기원하고 있다.

앞서 언급한 바와 같이 몽고군의 무차별적인 살육과 방화로 말
미암아 자신들의 삶의 터전이 와해된 고려민들로서는 무력항쟁과
함께 부처의 힘을 빌어 외적이 물러가기를 기원했을 것이다. 이를
통해 『金光明經』이 국가의 위기를 극복해 줄 수 있는 것이라 믿고
있었던 것이다. 이상에서 『금광명경』은 호국 경전의 위상을 보여
주며, 왕권의 신성함과 안정을 정당화하는 이론서인 동시에 외적

---

185) 『東國李相國全集』 권39, 「北弘景院行鎭兵金經藥師道場文」. "金鼓所
揚 是信相親聞之極唱 綵囊斯祕 惟藥師本願之雄詮 尊閣苟勤 保持無
礙 念眇然之質 臨蠢爾之民 政如膠柱以調琴 罔知其變 國若抱薪而置
火 幾至于危 況今回祿興祅而倉庾斯焚 玄冥戒候而電雷猶震 未識若
玆之變 終爲何等之災 宜託妙門 弟資梵蔭 斯集毳衣之眞侶 俾繙貝葉
之微言 仰冀慈悲曲垂 保護韜兵不用 永無奸究之竊窺 比屋可封 寢致
生靈之丕變".
186) 『東國李相國集』 권39, 「興國寺諸魂利往說金經文」. "…講破靈編 仰
八十種之慈客 虔陳妙供 伏願諸魂等永除封執 高蹈眞常 速拋熱惱之
區 有如脫屣 徑躡淸涼之境 其若還家".

으로부터 국가를 보호하기 위한 염원을 기원하는 불교 경전으로 이해된다. 그것은 『金光明經』을 강화경판의 '大藏'에 새로 編入하였다는 사실에서 잘 알 수 있다.

한편 『仁王經』역시 왕권의 보호와 밀접한 관련성이 있다. 이 경전은 가장 적극적으로 나라를 보호하는 방법을 설법한 것으로 호국에 대한 佛說로는 가장 중심에 놓여 있다.187)

이 경전에 대한 역본은 鳩摩羅什의 『仁王般若波羅蜜經』 2권(羽함), 不空의 『仁王護國般若波羅蜜多經』 2권(阜함)이 있으며,188) 줄여서 『仁王般若經』 또는 『仁王經』이라고 한다. 이 경전의 주문이나 도를 닦는 절차를 해석한 것으로 不空 譯의 『仁王般若念誦法』 1권(奄함), 『仁王護國般若波羅蜜多經陀羅尼念誦儀軌』 1권(阜함), 『仁王般若陀羅尼釋』 1권(營함)이 있다.189) 이들 5종의 경전은 모두 '大藏'에 입장되어 있다.

이 경전은 불교수호신인 仁王들이 나라를 보호하도록 하기 위해 불도를 성취하는 般若(지혜)를 설교한 것이다. 즉 鎭護國家의 내용과 이를 실행하는 절차와 주문을 담고 있다. 이의 실행을 위해서는 白高座會의 개설을 강조하고 있는데, 그 결과 이 경전은 鎭護國家와 護福을 기원하는 仁王百高座會의 기본서가 되었다.

인왕백고좌회는 『仁王般若經』을 읽으면서 국가의 평안과 태평을 기원하는 법회로서 국왕이 반드시 시주가 되었다. 이 도량은 고려초기부터 국가적 차원에서 가장 성하게 열리면서 사회적으로 큰 영향력을 끼친 호국적 불교의례였다.190)

---

187) 김태영, 1967, 「신라 진흥왕대의 信佛과 그 사상 연구」 『불교학보』 5, 동국대, 64쪽.

188) 정승석 편, 1998, 앞의 책 3권, 1611~1613쪽.

189) 고려 중기 仁王經신앙과 관련하여 박용진, 2003, 「高麗中期 仁王經信仰과 그 意義」 『한국중세사연구』 14 참조.

『仁王經』은 護國과 護福 이외에 국왕과 왕권의 보호와도 밀접한 관련성을 가지고 있다. 이는 『仁王護國般若波羅蜜多經』 卷下의 「봉지품」에 '나라에 여러 가지 재난이 일어났을 때 국왕은 자신과 나라를 보호하기 위하여 이 경전을 받들어야 한다'는 설교 내용에서 잘 드러난다.

그래서 이 경전의 호국사상은 佛法과 王法과의 관계에서 오는 심각한 마찰과 이것을 해결하려는 노력 속에서 가장 체계적인 이론으로 평가되기도 한다.[191] 신라와 고려에서 『仁王經』을 호국사상과 관련시켜 유달리 중시하게 된 배경에는 당시 사람들의 巫俗的 神秘觀과 빈번한 外侵에서 자라난 민족주의적 의식이 강하게 작용했기 때문이기도[192] 하다.

특히 이 경전을 기본으로 거란과 몽고 침략기에 인왕도량을 많이 개설하고 있다는 점,[193] 그리고 法會疏의 실행[194]에서 『仁王經』에 대한 국가나 권신의 관심이 지대하였음은 다음의 자료를 통해 잘 알 수 있다.

> 왕이 宣旨를 내렸다. 우리 조상 태조 때부터 불교를 신봉하여 부처의 은밀한 보호를 받아 왕실의 운명을 연장하여 왔다. 仁王般若는 나라를 수호하고 백성을 안녕케 하는, 가장 뛰어난 法文이며 경전에 밝혀져 있는 바와 같이 百師子 등의 法寶와 威儀는 곧 도량을 차리는 데 긴요한 도구이다. 지난 번 수도를 옮길 적(강화천도)에 師子座를 운반하지 못하였으므로 불교 경전의 講釋 法筵을 할 때 법식대로 갖추지 못하였다. 그런데 金俊은 이번에 내가 친히 몽고에 入朝하는 것

---

190) 인왕도량은 고려 전시기에 걸쳐 총 107회가 개설되었는데, 그 중에서 고종 연간에 19회로 가장 빈번하게 열렸다(홍윤식, 1988, 「『고려사』 세가편 불교기사의 역사적 의미」 『한국사연구』 60, 10쪽).
191) 황태섭, 1972, 「仁王護國般若經의 研究」, 동국대 석사학위논문, 99쪽.
192) 이기영, 1975, 「인왕반야경과 호국불교」 『동양학』 5, 단국대.
193) 윤용혁, 2000, 앞의 책, 65쪽.
194) 『東國李相國集』 권41, 「釋道疏」. "仁王及金經法席疏".

74   高麗大藏經 研究

을 돕기 위하여 仁王 法會를 열고자 하여 이 경전을 인쇄하여 新·舊
두 가지의 번역문으로 각각 102부를 만들었다. 또 獅子座 100개를 만
들고 채색 그림으로 장식하였으며 불공할 때 쓰는 기구, 의복, 물품
등에 이르기까지 모두 정밀하게 갖추었으니 그 충성이 아주 대단하
다. 이에 김준의 丘史 10명에게 初入仕를 허락하고 10명에게는 眞拜
把領을 주고 親侍 20명은 임시로 僕頭를 씌우고 이번 役事를 맡은 사
람들에게 모두 벼슬을 주며 여러 기관의 잡역들에게까지도 물품을 차
등 있게 주라.195)

위의 내용은 김준이 왕을 위해 大觀殿에서196) 백고좌회를 개설
한 내용을 소개한 것이다. 이에 따르면 백고좌회 즉 仁王道場의 개
설은 몽고의 親行에 대한 국왕의 보호는 물론 충성의 개념이 담겨
져 있다. 이는 앞서 설명한『仁王經』에 담겨져 있는 뜻과 동일한
것으로 원종이 김준의 충성심을 높이 평가하고 있는 것도 이런 맥
락에서 이해할 수 있다. 뿐만 아니라 각성사업 과정과 그 이후에
王政復古의 분위기가 더욱 성숙되었고, 더 나아가 왕정복고의 세
력화가 이루어졌다는 점에서 각성사업은 최씨 무인정권과 김준 등
의 무인정권을 무너뜨리는 토대로도 작용하였을 것이다.

각성사업이 추진되었던 당시 왕권의 보호와 회복을 위한 이론적
토대를 마련하기 위해 '大藏'에는 국왕의 신변과 왕권을 보장하는
내용을 담고자 하였을 것이다. 이러한 점은 일부 불교 경전이 江華

195)『高麗史』권26, 세가26, 원종 5년 가을 7월 기해. "宣旨曰 自祖聖以來
　　全仗佛敎 密護延基, 夫仁王般若 偏爲護國安民 最勝法文 如經所說百
　　師子等 法寶威儀 乃道場之急具也 往者 移都時 師子座 不能輸入 及
　　乎法筵 儀不如法 金俊 爲寡人親朝 欲設仁王法會 印成是經新舊譯各
　　一百二部 造師子座一百 彩畵粧飾 至於供具衣物 無不精備 忠誠深重
　　以金俊丘史十人 許初入仕 十人 眞拜把領 親侍二十人 假著幞頭 造成
　　監役人 皆賜爵 諸色匠人 亦賜物有差".
196)『高麗史』권130, 열전43, 김준. "蒙古徵王入朝 俊爲王 設百高座於大
　　觀殿 講仁王經".

京板의 '大藏'에 編入되어 있는 사실에서 확인된다. 따라서 각성사업에 참여한 실무책임자들은 왕권의 안정과 왕정복고를 위해 어떠한 형태의 결집을 이루고자 하였을 것이다. 그 방안으로 앞서 언급한 『金光明經』과 『仁王經』 같은 불교 경전을 간행하는 등 각종 서적 출간에 능동적으로 참여하면서 그 세력을 규합하고자 하였을 것이다. 다음의 내용은 이를 이해하는데 도움을 준다.

> 정월 신해일에 寫經院이 불에 탔다. 이에 앞서 왕이 銀字로 대장경을 필사하게 했는데, 公私 간에 앞을 다투어 많은 돈과 재물을 희사하여 이 사업에 협조하였다. 무뢰배들이 그것을 훔쳐내기 위하여 불을 질렀던 것이다.[197]

위에서 명종 11년에 왕이 銀字大藏經을 필사하는 사업을 추진하자[198] 公私에서 돈과 재물을 다투어 희사하여 협조하고 있다.[199] 물론 이 같은 재물의 희사가 곧 왕권 복고를 위한 것은 아니었지만 적어도 국왕 내지 국가 주도로 진행되는 銀字大藏經 조성 사업에 권신들의 자발적이고 적극적인 참여를 통해 국왕을 정점으로 권신들의 결집이 이루어졌던 것이다.

특히 대몽항쟁기에 정치적 실권은 최씨 무인정권에 있었고 왕권은 미약한 정국으로 당시의 儒佛學 지식인들은 왕권 회복을 강하게 희구하고 있다.

---

197) 『高麗史』 권20, 세가20, 명종 11년. "寫經院火 先是 命寫成銀字藏經 公私競納錢財 而助之 無賴輩 欲盜其物 因火之".

198) 寫經의 성행 또는 대장경 사업의 바탕은 바로 고려의 대장경 조성 사업을 완수할 수 있는 원동력이 되었고, 동시에 국왕 및 귀족들의 金·銀字 대장경으로까지 발전하였다고 한다(황수영, 1990, 앞의 논문, 15쪽).

199) 이와 관련하여 이 같은 경비 부담에 대하여 왕실이 경비 담당의 주체가 되고, 왕실의 요청에 따라 관리나 백성들도 일부 부담하였을 것으로 보기도 한다(김종명, 2001, 앞의 책, 293~294쪽).

　　당시 관료층들의 시대적 인식은 金坵의 「宣正殿行大藏經道場 音讚詩」에서 나타난다. "한 法藏이 백만 군사보다 나으니, 魔軍·外道가 제 감히 엿볼 수 없네"라고 하면서 "龍天도 우리 임금 정성에 감동하여 시원한 비를 내려 온 나라를 씻어주네"라고 하였다.200) 김구는 국왕은 물론 귀족·관료 및 일반 民들에게까지 대장경 조성을 독려하고 있다. 따라서 이러한 의식은 江華京 遷都 이후 고종 38, 39년경에201) 崔滋가 지은 「三都賦」에도 잘 드러난다. 강화경의 禪房과 敎刹, 公寺와 私堂 등이 아침에는 聖壽를 비는 香火를 저녁에는 재앙을 소멸하는 심지에 불을 붙인다202)는 것은 당시 諸佛敎界가 국왕의 안녕과 권위 회복을 바라는 시대적 분위기를 담고 있다고 할 수 있다. 김구가 국왕 중심의 대장경을 조성하자는 의도를 표명한 것은 최자를 비롯한 당시 관료층의 공감대를 형성하고 있었기 때문에 가능하였던 것이다.

　　고려가 위기 상황일수록 불교적 奉事는 더욱 성행하였고, 또 왕실과 귀족 중심의 佛事 경영이 추진되고 있는 바탕에는 왕권회복과 밀접한 관련성을 띠고 있었던 것이다. 이는 강화경판 각성사업이 추진될 때에도 역시 마찬가지였을 것이다. 그 예로 최이가 대장도감에 私財를 喜捨하여 재정의 일부를 분담한203) 사실과 정안이 사재를 희사하여 대장경을 中分한204) 사실을 통하여 권신들의

---

200) 「止浦集」 권1, 詩, 『高麗名賢集』 2, 성균관대 대동문화연구원, 154쪽.
201) 윤용혁, 1993, 앞의 책, 49～50쪽.
202) 『東文選』 권2, 三都賦 및 『新增東國輿地勝覽』 권12, 江華都護府 形勝. "禪藍敎刹 公寺私堂 或社或庵 曰齋曰房 矗不知乎幾千萬坊 香火之氣連熏於萬里 鍾磬之聲相聞於四方 於是乎厖眉棋袍 碧眼菊裳南蔟北林 竹葦成行 龍象爭蹴 金毛竟吼 千燈續焰於心心 衆海飜瀾於口口 朝焚祝聖之香 夕點鎭災之炷".
203) 『高麗史』 권129, 열전42, 최충헌 부 항. "別立都監 傾納私財 彫板幾牛".
204) 『高麗史』 권100, 열전13, 정세유 부 안. "捨私貲 與國家 約中分藏經刊之".

참여를 이해할 수 있다.

중앙정계의 政爭에 따른 끊임없는 집권층의 변화와 지방사회에서의 농민반란을 거쳐 몽고 침입까지 이른 상황에서 사회적 안정을 지향하기 위해서는 불교를 통한 전체 계층의 통합과 사회 안정 방안이 적극 모색[205]되었을 것이다. 위로는 국왕과 아래로는 民들이 국가 공동체 의식을 통하여 전통적인 신분질서의 재구축 및 왕권의 專制化를 이루어 왕실의 권위를 높이기 위한 의도를 가지고 있었던 것이다.

대몽항쟁 과정에서 조성이 추진된 강화경판은 고려의 문화적 진보 및 경판까지 표준을 정립할 수 있는 왕실의 힘을 보여준다는 점에서 이들의 참여를 이해할 수 있다. 그래서 국가 주도의 사업에 경비 지출을 하였던 것이고, 그 이면에는 왕과 국가를 위해 선업을 쌓는데 동참한다는 의식도 내포되어 있었던 것이다.[206] 이같은 지배 계층의 분위기는 왕정복고를 희구하는 세력에게 자극이 되어 각종 불교 서적의 출간에 적극 협조할 수 있는 계기를 마련하였을 것이다.

한편, 불교 서적의 출간이 왕정복고나 왕실의 권위만을 위한 것은 아니었다. 불교계의 재편과도 맞물려 출간되었는데, 고종 2년에 覺訓이 왕명을 받들어『海東高僧傳』[207]을 편찬한 것이 대표적인 예이다.

『海東高僧傳』에는 우리나라에 불교를 유통시킨 高僧들의 전기를 모은 내용이 주를 이루고 있으며, 인도·서역·중국에서 도래

---

205) 김인호, 2000,「이규보와 최해의 불교인식과 비판론」『한국사의 구조와 전개』, 혜안, 224~226쪽.

206) Lewis Lancaster, 1979, The Buddhist canon in the Koryo Period, The Korea Buddhist Conon; A Descriptive Catalogue(USA : Berkely, university of California Press).

207)『海東高僧傳』卷首題. "京五冠山靈通寺住持教學賜紫沙門臣覺訓奉宣撰".

한 외국 승려의 전기가 수록되어 있는 僧史이다.208) 이 책은 신라 김대문의『高僧傳』편찬 이후 약 500여 년 동안의 역사적 공백을 메웠을 뿐 아니라, 불교계의 입장과 국가적 차원에서도 새로운 시각의 체계적인 서술이 요구되었기 때문에 서적의 출간이 가능하였다. 따라서『海東高僧傳』은 우리나라의 불교사를 중국과 대등한 입장에서 인식하고, 그 인식의 바탕에는 고려 불교의 발전을 토대로 한 민족문화에 대한 자긍심이 반영되어 있다.209) 즉 당시 불교의 수준을 짐작할 수 있는 중요한 문헌 자료라고 할 수 있다.

각훈이210) 이 책을 찬술한 동기는 傳法과 敎化가 그 목적이다. 아울러 인멸된 승려들의 자취를 안타깝게 여기고 기록을 남겨 후세에 전하고자 하는 역사적 사명감을 가지고 있었다. 그러나 그 이면에는 무인 집권 하에서 탄압의 대상이었던 문벌귀족과 교종세력의 결속을 정당화하고, 새로운 불교세력으로 등장한 禪宗과 天台宗에 대해 敎宗, 특히 華嚴宗의 우월함을 보여주기 위한 의도가 깔려 있다.211) 따라서『海東高僧傳』이 왕명에 의해 간행되었다는 것은 교종 세력과 반무인정권 세력이 공통적인 의식을 공유하고 있음을 보여준다. 파행적으로 운영되었던 최씨 무인정권에 대한 불만세력들이 무인의 강압정치에 대하여 그들의 적극적인 의지를 표

---

208) 현존하는『海東高僧傳』은 이때 편찬된 완질이 아니라 후에 간행된 「流通 一·二」이다. 이에 대한 내용은 이병훈 역, 1987,『海東高僧傳』, 을유문화사, 3~7쪽; 정승석 편, 1989, 앞의 책, 349쪽 참조.

209) 이우성, 1983,「高麗中期의 民族敍事詩」『韓國의 歷史認識』(上), 창작과 비평사 참조.

210)『海東高僧傳』편찬을 주도적으로 담당하였던 覺訓의 행적에 대하여 잘 알 수 없다. 다만『補閑集』에 의하면 고종대 화엄종의 師로서 법문의 동량적 지위에 있었고, 이규보·이인로 등 문인들과 교유가 두터웠으며 영통사의 주지로서 詩集이 士林에 전할만큼 文名이 높았다고 한다(崔滋,『補閑集』권下).

211) 장휘옥, 1991,『海東高僧傳』, 민족사, 34~44쪽.

현하고자 하였던 것이다. 당시 무인정권으로부터 소외되고 탄압을
받았던 교종계열로서는 그들의 의지를 표명할 필요성이 있었던 것
이다.

당시 출간된 불교서적은 고려가 보유하고 있던 불교의 수준 높은
학술적 내용을 계승하면서, 그 이면에는 범종파적 차원에서 몽고군
을 물리치고자 하는 호국의식과 왕권의 회복이라는 현실 인식을 담
고 있다. 그것은 무엇보다도 민족의식이 바탕에 깔려 있었기 때문에
가능한 것으로, 그 의식은 형식 의례적인 차원에서 이해할 것이 아
니라 바로 현실에 대한 직시인 것이다. 곧 모순 극복을 위한 염원과
실천이며 종교적 실천과 현실 직시를 통해 國權을 지키고자 함이다.

지금까지 검토한 내용을 종합해 보면, 당시 지방 및 주요 사원에
서는 각종 서적을 출간할 수 있는 인적·물적 체계가 상당한 수준
까지 확보되어 있다. 또 각 敎俗간의 긴밀한 협조 및 지원 체계도
구축되었다. 이는 왕정복고 기운과 제반 모순의 해소, 그리고 외세
세력의 격퇴라는 민족적 염원을 실천하기 위한 강화경판 각성사업
의 기반이 되었다.

고려의 전 계층은 몽고와의 전쟁 이전에 국가적·사회적 모순을
근본적으로 시정하고자 하였으나, 몽고가 침략해 오자 모순의 시정
보다는 몽고군에 대한 적개심이 더욱 팽배해졌다. 몽고 침입으로
민족적 위기에 직면하자 강인한 민족의식이 대두되었고, 대내적으
로는 지배층과 피지배층의 갈등과 반목도 초월할 수 있게 한 단초
가 되었던 것이다.212) 몽고군이 경상도 내륙 깊숙이 진격하여 符仁
寺藏 大藏經을 불태웠고,213) 황룡사 및 황룡사 9층탑이 불타는 등

---

212) 민병하, 1990, 앞의 책, 192쪽.
213)『高麗史』권24, 세가24, 고종 38년 9월 갑자. "壬午 幸城西門外大藏經
　　板堂 率百官行香 顯宗時板本 燬於壬辰蒙兵 王與群臣 更願 立都監
　　十六年而功畢".

그 피해는 막대하였다. 호국의 상징으로 인식되었던 문화유산의 방화는 불력에 의해서라도 전쟁의 종식을 희구하고자 하였던 고려민들에게는 큰 충격이었다.214) 이러한 상황에서 고려민들의 결사항전 의식은 더욱 고양되었으며, 각성사업 대열에 동참케 하는 원동력이 되었다.

또한 당시 중앙과 지방, 그리고 사원에서 활동하고 있던 刻手·校勘者 및 교감을 위한 學僧, 儒彿學 지식인 등 각 분야의 전문가들의 적극적인 참여가 이루어졌다. 그들이 갖고 있던 현실 인식을 바탕으로 한 강렬한 민족의식과 기술적 축적은 방대한 규모의 각성사업의 토대가 되었다.

---

214) 『高麗史』 권23, 세가23, 고종 25년 윤4월. "蒙兵 至東京 燒黃龍寺塔". 한편 『三國遺事』에는 황룡사가 소실된 시점을 '겨울(冬月)'이라 하였다. 당시 몽고군의 침략은 3차로서 이들은 8월 초에 재침을 시작하여 경상도에 이른 것이 11월경이다. 이에 윤용혁은 『高麗史』와 『三國遺事』 권3의 기록을 비교·검토하여 황룡사 9층탑이 소실된 시점을 고종 25년 겨울이 합당한 것으로 추정하고 있다(윤용혁, 1993, 앞의 책, 76~78쪽).

제2장

大藏都監과 分司大藏都監의 운영 체계

Ⅰ. 大藏都監의 性格과 運營

1. 大藏都監의 性格

강화경판 각성사업은 조성된 경판이 8만여 매에 이르렀고, 16년간의 조성기간[1]을 거쳐 이루어진 거국적인 사업이다.[2] 이러한 방대한 규모의 사업이 원만하게 이루어질 수 있었던 배경은 무엇일까.

각성사업은 당시 고려민들의 오롯한 佛心과 抗蒙 의식만으로는 진행될 수 없었다. 여기에는 사업의 규모에 비례한 인적·물적 자원의 뒷받침이 있어야만 가능하다. 특히 각성사업에 있어서 핵심적인 역할을 담당한 각성인은 최저 1년에서 최장 12년까지[3] 대장도감과 분사대장도감을 통하여 사업에 참여하였다. 경판이 조성된 16년 동안 각성인은 새로 충원되었으며, 개인적 사정 및 여러 요인에 의해 사업에 참여하지 못한 경우도 있었을 것이다. 즉 당시 여러 변화 속에서 그 참여형태는 다양하게 전개되었다.

강화경판의 조성을 위해서는 入藏되어야 할 경전의 선별 및 교감 등이 우선되어야 한다. 각성사업의 경전 底本 校勘과 관련해서는 당시 五敎都僧統이었던 개태사 승려 守其에 의해 편찬된『高

---

1)『高麗史』권24, 세가24, 고종 38년 9월 갑자. "壬午 幸城西門外大藏經 板堂 率百官行香 顯宗時板本 燼於壬辰蒙兵 王與群臣 更願 立都監 十 六年而功畢".
2)『東國李相國集』권25,「大藏板刻君臣祈告文」의 내용을 통해 각성사 업이 당시 '鉅事'로 인식되고 있음을 알 수 있다.
3) 경판 彫成 期間 14년을 기준으로 각성인 활동기간을 산출한 것이다.

麗國新雕大藏校正別錄』30권에 그 내용이 수록되어 있어 교감 과정과 그 내용에 대해 일정하게 이해할 수 있다.[4] 특히 경전의 교감과 저본의 확정은 일종의 협동 연구 사업형태를 띠며 매우 조직적으로 수행되었을 것이다. 그래서 단계마다 또는 각 분야별로 전문가 집단이 작업을 분담하여 불교 교리를 토론하고, 불완전한 내용을 비교 검토하는 과정을 철저히 거쳐야 한다. 이때 각 경전의 교감과정을 기록하거나 기록인과 확정된 내용을 필사하는 필사자 등도 같이 참여하면서 그 업무를 추진하였을 것이다.

이렇게 해서 확정된 경전 내용은 목판본인 강화경판에 새겨 완성하기 위해서 일반적으로 목판인쇄본의 출간과정과 비슷한 절차를 밟았을 것이다.[5] 예를 들면 경판 하나를 판각하기 위해서는 刻手들의 업무 분담[6]과 板下本 작성자 및 전문 목수, 경판을 마무리하는 漆工 등과 같은 전문 기술 인력이 있어야 한다. 또 판각의 板下本을 작성하기 위한 필사자 및 교열 담당자 그리고 보시자의 기

---

4) 『高麗國新雕大藏校正別錄』의 목록 체계에 대해서 다음의 논고에서 다루어진 바 있다(정필모, 1990, 『高麗佛典目錄硏究』, 아세아문화사).

5) 이와 관련하여 다음의 내용이 참조된다. 목판출간은 필수적으로 ① 책판 재목 구하기, ② 책판 가다듬기, ③ 판 새기기, ④ 교정보기 등이 네 과정을 거쳐야 한 권의 책이 만들어진다. ①의 경우 판재는 산중에 자생하는 것이어서 많은 사람이 동원되어야 하고, ②의 경우 판재는 그 판재를 다듬고 일정한 가공을 하여야 하기 때문에 목수 같은 전문 인력이 있어야 되고, ③의 경우 판을 새길 수 있는 전문 刻手가 확보되어야만 가능한 일이며, ④의 경우 교정을 볼 수 있는 지식인이 참여해야 되는 것이다(유탁일, 2001, 『嶺南地方出版文化論考』, 세종출판사, 268쪽).

6) 당시 단계별 분업 체계에 대해서는 구체적으로 알 수 없지만 대체로 다음과 같이 구분하고 있다. 刻手의 능력에 따라 초벌새김하는 刻手와 재벌새김하는 刻手와 마무리 작업을 하는 刻手로 나누고, 판각량을 배정받아 판각하는 과정에서 刻手의 능력이나 기타 사정에 의해서 달라졌을 것으로 보고 있다. 그 과정에 대해서는 박상국, 1983, 「해인사 대장경판에 대한 재고찰」『한국학보』 33, 186쪽; 박상진, 1999, 『다시 보는 팔만대장경판이야기』, 주)운송신문사, 186~187쪽 참조.

원문 및 刻手의 관련 사실 등을 첨가·기록하여 판각하기 위한 識者層도 필요했을 것이다.[7] 그리고 경판 조성에 필요한 조각도 등의 각종 비품을 만드는 수공업자, 목재 채취자와 운송 담당자 등과 같은 인력들도 필요하다. 각종 업무의 보조 참여자 및 의식주를 책임질 사람들까지 상주해 있어야 하기 때문에 단계별 분업을 통한 각성사업이 전제되어야 한다.

각성사업이 순조롭게 진행되기 위해서는 정책적·실무적 직무로 업무가 나누어져야 한다. 정책적 직무로는 각성사업의 발의와 기획, 사업의 당위성에 따른 이론적 토대 구축 및 홍보, 조성 기구의 설치와 운영, 필요 경비의 지원, 판각 재료의 조사와 확보 그리고 노동력의 지원과 督役 등이 포함될 수 있다. 실무적 직무는 경판 판각을 위한 세부적 계획의 수립이나 단계별 적용과 같은 사전 작업, 판각용 用材의 벌목 및 운반, 鍊板[8]과 경전 底本의 수집 및 교감 그리고 판각 정서본의 작성과 필사 등이 있을 수 있다. 판각에 필요한 刻刀 등의 도구 제조, 경판 각판과 같은 판각업무, 그리고 완성된 경판의 오·탈자나 누락 여부의 확인 및 보완 등이 해당된다. 특히 종이류를 비롯한 먹 등의 문방구류가 기본적으로 갖추어져야 하고, 특정 장소로의 운반과 보관 및 인경 등과 같은 마무리 작업도 포함될 수 있다. 이처럼 각성사업은 여러 단계를 거쳐서 진행된 국가적 사업이다.

---

7) 김윤곤, 1993, 「『高麗大藏經』의 刻板과 국자감시 출신」『國史館論叢』 46, 국사편찬위원회, 78~79쪽.

8) 공민왕 22년에 간행된『金剛般若經疏論纂要助顯錄』의 발문을 통해 잘 알 수 있다. "洪武六年五月日 功德主 裵吉萬 幹事比丘 覺圭 同願比丘 定西 鍊板比丘淳覺 刊手 心正 圓暹 神默"에서 鍊板은 比丘 淳覺이 刻手는 心正, 圓暹, 神默 등이 각각 맡고 있다. 이와 관련하여 남권희, 1997, 「차자 표기 자료의 서지」『새국어생활』 7-4, 국립국어연구원, 183~184쪽 참조.

방대한 규모의 경판을 조성하기 위해서는 江華京에서만 조달할 수 없는 대량의 인적·물적 기반을 확보하기 위한 조직 체계와 효율적으로 운영할 수 있는 公的인 기구의 설치도 필요하였다. 사업을 담당한 기구에는 이를 원활하게 확보 및 관리할 수 있는 조직과 내부 체계도 갖추어야 했을 것이다. 이와 관련된 핵심적인 기능을 '高麗國大藏都監'과 그 산하 기관인 '高麗國分司大藏都監'이 담당하였다. 하지만 강화경판 조성기구인 대장도감에 대한 職制를 알려 줄만한 사료가 없어 그 실체를 규명하는데 어려움이 많다.

우선 대장도감에 대하여 다음의 사료를 주목해 보자.

> 가) 壬午에 성의 서문 밖에 大藏經板堂에 행차하여 백관을 거느리고 분향하였다. 현종 때 판본이 임진년(고종 19년, 1232) 몽고 병사에 의해 불타 버렸다. 왕이 여러 신하와 함께 다시 발원하여 都監을 설치하고 16년 만에 공역을 마쳤다.[9]

여기서 대장도감은[10] 분명 당시 임시수도였던 江華京內에 위치

---

9) 『高麗史』 권24, 세가24, 고종 38년 9월 갑자. "壬午 幸城西門外大藏經板堂 率百官行香 顯宗時板本 燬於壬辰蒙兵 王與群臣 更願 立都監 十六年而功畢".

10) 대장도감과 분사대장도감의 설치시기를 대부분의 연구자들은 위에서 인용한 가)를 근거로 그 설치시기를 고종 23년(1236)임을 분명히 하고 있으나, 고종 20년(1233)으로 파악하고 있기도 하다. 고종 20년을 도감의 설치시기로 설정한 연구자들은 경판의 판본을 3년 이상 바닷물에 담가두어야 하기 때문이라고 하였다. 이에 대해 최근 박상진은 통나무를 바닷물에 담가 두었다는 구전은 경판 제작과정의 필수요건은 아니고 운반과 보관과정에 자연스럽게 있는 일상의 과정이었을 따름이고 기간이 3년이라는 것도 별 의미가 없다. 그러나 경판을 만들 판재는 경판재가 휘거나 갈라지지 않고 충해를 방지하기 위하여 반드시 소금물에 삶아서 사용하였을 것이다라고 주장하였다. 따라서 3년간 바닷물에 담가 둔 것을 전제 고종 20년에 도감이 설치되었다는 논거는 설득력이 없으므로 각성사업은 고종 23년에 착수된 것으로 보는 것이 타당하다. 이와 관련된 내용은 김갑주, 1990, 「高麗大藏都監 研究」 『不聞聞』 창

하고 있음을 알 수 있다. 대장도감이 경판 조성의 시작부터 그 작업이 완료되는 시기까지 각성사업을 주관한 기구임은 주지 사실이지만, 그 운영에 대해서는 구체적인 예가 없어 단정하기 어려운 실정이다. 그래서『高麗史』에 산견된 고려시대 각종 도감의 설치 및 운영을 검토해 보면서 대장도감의 성격을 유추해 보기로 하자.

고려시대 都監은 상시적으로 존속한 기구가 아니라 한시적으로 존재한 기구였다. 모든 도감은 일이 있으면 설치하고 일이 없으면 혁파하는 것이 상례[11]라는 내용을 통하여 임시적인 기구[12]였음을 알 수 있다.[13] 그러나 도감이 어느 시기에 설치·운영되었던 간에 宰樞會議를 통해 설치 및 혁파되었던 기구였던 것 같다. 즉,

> 나-①) 別例祈恩都監은 명종 8년에 術僧 致純이 말하기를, 국가가 경인년으로부터 계묘년에 이른 뒤라야 患難이 조금 멈출 것이니 마땅히 兩班으로 하여금 녹봉 20석 이상의 자는 10석에 1두 比例로 내어서 齋祭의 비용에 충당하여 祈禳을 일삼으면 재난을 가히 멈추게 될 것입니다 하니 宰相들이 모두 가하다 하여 드디어 도감을 두었다. 고종 4년에 거란병이 와서 침범하니 省樞와 兩府가 의논하여 祈恩都監을 세워 祿科米를 추렴하여 齋醮를 설치하고 이를 물러가게 하였다.[14]

간호, 133~135쪽; 박상국, 1983,「海印寺 大藏經板에 대한 再考察」『한국학보』33, 192~193쪽 및 1992,「大藏都監의 板刻性格과 禪源寺 問題」『韓國佛敎文化思想史』(上), 가산이지관스님화갑기념논총간행위원회, 1001~1002쪽; 박상진, 1999, 앞의 책, 177~180쪽 참조.

11)『高麗史』권118, 열전31, 조준. "凡都監 有事則置 無事則罷倒也".

12)『高麗史』권76, 지30, 백관1, 제사도감각색. "且都監各色 因事而置 事己則罷 或遂置而不能".

13) 都監과 관련하여 문형만은 임시적인 관청이 아니며, 무인들이 마음대로 설치한 것이 아니라고 한 반면 변태섭은 도감은 무인집권기 이후 집중적으로 설치된 것으로 보고 있다(문형만, 1986,『高麗諸司都監各色研究』, 제일문화사; 변태섭, 1993,「중앙의 정치조직」『한국사』13, 국사편찬위원회).

②) 山川裨補都監을 설치하였다. 宰樞·重房과 최충헌 등이 術士
와 회의를 하여 國內의 山川을 裨補하여 延基하고자 하여 드디
어 설치하였다.15)

③) 宰樞가 회의하여 田土를 분급하여 녹봉을 대신하도록 하고 드
디어 給田都監을 설치하였다.16)

④) 都評議使司가 아뢰어 弘福都監을 罷하고 資瞻楮貨庫로 삼을
것을 ….17)

에서 보는 바와 같이 명종 8년의 祈恩都監은 術僧 치순의 말을 믿고
재추들의 동의를 얻어 설치되었다. 또 신종 원년에 최충헌은 재추·
중방·술사 등과 회의를 거쳐 山川裨補都監을 설치하였다. 고종 44
년에는 관료에게 祿을 주자는 회의를 한 직후 給田都監이 그리고 弘
福都監은 재추회의인 도평의사사의 결정에 의해 혁파되었다.

　나-①～④)를 종합해 볼 때 여러 도감은 재추회의의 결정에 따
라 설치 및 혁파되고 있다. 즉 정규 관부의 업무가 分掌되지 않은
현실을 보완해 주기 위해 그때그때 설치되고 있었던 것이다.18) 또
한 희종 2년 왕이 최충헌의 공적을 치하하여 興寧府를 세울 때도
禮司 및 樞密院에 명령을 내려 都監을 둔 것에서 당시의 사안에
따라 세운19) 기구임을 알 수 있다. 따라서 제사도감각색의 官府는

---

14)『高麗史』권77, 지31, 백관2, 제사도감각색. "明宗八年 術僧致純言 國
　　家 自庚寅 至癸卯 然後患難稍弭 宜令兩班 祿俸二十石以上 十石 例出
　　一斗 用充齋祭之費 以事祈禳 則灾亂可弭 宰相 皆曰可 遂置都監 高宗
　　四年 丹兵來侵 省樞兩府 議立祈恩都監 抽斂祿科米 設齋醮 以禳之".
15)『高麗史節要』권14, 신종 원년 정월. "置山川裨補都監 崔忠獻 會宰樞
　　重房及術士 議國內山川裨補延基事 遂置之".
16)『高麗史』권78, 식화1, 전제 녹과전, 고종 44년 6월. "宰樞會議 分田代
　　祿 遂置給田都監".
17)『高麗史』권79, 식화2, 화폐, 공양왕 3년 7월. "都評議使司奏 罷弘福都
　　監 爲資瞻楮貨庫".
18) 문형만, 1986, 앞의 책, 160～161쪽.

거의 재상들이 합좌하는 형식으로 구성되어 현안의 문제들을 해결하기 위해 설치된 경우가 많음을 알 수 있다.

특히 재추들에 의해 도감의 설치 등이 논의된다는 점은 재추가 국정 전반에 걸쳐 우선적으로 심의권을 가졌음을 의미한다. 그리고 다른 행정부처에서 요직을 맡고 있는 핵심적인 관료들을 영입함으로써 재추는 국정전반에 걸쳐 신속한 업무처리를 할 수 있다.[20] 더욱이 몽고의 침입과 최씨 무인정권에 대한 내적 저항 등의 국내・외적 문제가 현안으로 대두하자 최씨 무인정권으로서는 조정의 정치세력을 결속시키기 위해 재추회의를 자주 소집하였다. 그 결과 재추가 정국 운영의 중심으로 부상하게 되었다.[21] 재추회의를 거쳐 설치된 도감은 그 기능과 위상이 높았을 것이며, 그 운영 역시 회의를 통해서 이루어지고 있다.

> 다-① 式目都監에서 의논하여 詹事府에 公廨田 15結과 供紙 1戶를 주도록 의논하여 정하였다.[22]
>
> ② 給田都監에서 의논하여 청하기를 文武兩班이 전에 받은 田土는 그 肥沃度가 고르지 못하오니 그 職에 따라 고쳐 지급하소서라고 하였으나, 權勢家들이 모두 良田을 점유하였으므로 자기들이 불편한 것을 싫어하여 그 의논을 막아버렸다.[23]

---

19) 『高麗史』 권129, 열전42, 최충헌. "詔曰 門下侍中 晉康侯忠獻 當先君 卽政之時 及寡人繼統之初 以至于今 竭誠夾輔 有大功業 可立府以崇 賞典 命禮司及樞密院 立都監 遣使 册忠獻爲晉康侯 立府曰興寧".

20) Edward J, Shults, 1999, 「고려중기의 王權과 統治」『東洋 三國의 王權과 官僚制』, 국학자료원, 45쪽. 한편 재추들의 활동에 대하여 남인국은 무신집권기의 재추들은 권력자의 정국운영을 추인하거나 묵시적으로 지지하는 입장을 나타낼 뿐이므로 재추는 집단으로서보다는 개인적으로 또는 정치적 이해관계를 같이 하던 인물들로 보고 있다(남인국, 1999, 「武臣政權期 宰樞의 性分과 活動」『高麗中期 政治勢力研究』, 신서원).

21) 김광철, 1998, 「高麗後期 都評議使司研究」『한국중세사연구』 5, 158쪽.

22) 『高麗史』 권78, 식화1, 전제 공해전시, 현종 14년 6월. "式目都監 議定 詹事府公田 給十五結 供紙一戶".

　다-①)에서 현종 14년 詹事府의 公廨田 지급에 있어서 式目都監에서 그 양을 결정하였고, 다-②)에서는 고종 44년에는 給田都監 설치 이후 관직에 따라 토지를 주는데 있어서 급전도감의 회의 결정에 따라 지급하였다. 즉 도감의 운영형태가 합좌 형식을 띠고 있음을 알 수 있다.

　특히 숙종대 南京開創都監을 설치하여 문하시랑과 어사대부, 퇴직한 관리들에게 그 기지를 둘러보게 하는24) 등 그 운영과정에 있어서 현직관리는 물론 퇴직자까지도 참여케 하는 탄력적인 면모를 보이고 있다. 결국 도감은 관부의 성격보다는 협의체 내지는 위원회 같은 성격을 띠고 있었던 것이다.

　도감이 실질적으로 운영되기 위해서는 재정적으로 어느 정도 국가의 지원이 있어야만 유지될 수 있다. 국가적 차원에서 도감의 재정 운용은 충렬왕 4년에 안동 경산부 관내의 貢賦 중 일부가 迎送都監에 납부된 사실25)과 공민왕때 국용이 고갈되어 永福都監의 포 2,600필을 빌렸다.26) 또 도감에서 보유한 쌀 50석을 노국공주의 원찰인 雲菴寺 승려에게 주었다27)는 것에서 국가적 차원의 재정적

---

23) 『高麗史』 권78, 식화1, 전제 경리, 원종 원년 1월. "給田都監 議請文武兩班 前受之田 肥嶢不均 隨職改給 權勢之家 皆占良田 惡其不便於己 沮其議".
24) 『高麗史』 권12, 세가11, 숙종 6년 9월. "是月 置南京開創都監 命門下侍郎平章事崔思諏 御史大夫任懿 知奏事尹瓘 少府監致仕文象 春官正陰德全 秋官正崔資顥 相之".
25) 『高麗史』 권78, 식화2, 공부, 충렬왕 4년 2월. "下旨 以安東京山府管內 郡縣貢賦 除大府 迎送 少府等庫所納外 皆輸元成殿".
26) 『高麗史』 권38, 세가38, 공민왕 2년 8월 을사. "設兒宴于延慶宮 王及公主 與焉 是宴 用布爲花 凡五千一百四十餘匹 他物稱是 窮極奢侈 由是 物價騰湧 禁公私用油蜜果 時 國用罄竭 貸永福都監布二千六百匹 又 貸於富民".
27) 『高麗史』 권114, 열전27, 이성서. "王起正陵 以雲菴寺爲願刹 給寺僧米月三十石 凡所供給 無不至 寺僧又詣都堂 請給餉客之需 宰樞重違其

지원을 하고 있음을 살펴볼 수 있다.

그렇다면 대장도감의 경우는 어떠하였을까. 다음의 내용을 검토해 보기로 하자.

> 傳旨하여 말하기를 典農司가 거둔 여러 寺社 및 有券功臣의 田租는 모두 되돌려 주고, 그 나머지 田租는 龍門倉에 옮길 것이며 米 300石씩 大藏都監과 禪源社에 나누어 지급하라 하였다.[28]

위의 사료에서 고종 23년에 설치된 대장도감은 彫成事業이 일단 완수된 고종 38년 이후 최소한 충선왕대까지 하나의 독립된 국가 기구로 존속하고 있으며,[29] 충선왕 후원년에 이르기까지 국가로부터 경제적 지원을 받고 있다. 특히 충선왕이 龍門倉으로 들어오는 田租 중 일부인 쌀 300석을 각각 大藏都監과 禪源社로 나누어 지급한 것으로 보아 도감이 일시적으로 설치된 기구라 하더라도 정상적인 다른 관청에 예속되지 않고 재정적으로 독립성을 유지하면서 운용되었음[30]을 알 수 있다.

이러한 관부는 왕권을 뒷받침하기 위하여 설치한 것은 아니지만 위로는 국왕과 연결되고 있다. 그리고 이를 통제하는 상급 관부가 없다는 점에서 그 업무의 처리가 독자성을 유지하고 있음을 의미한다.[31] 재정의 독립은 그 업무처리에 있어서도 독자성을 확보하

    請 議給轉輸都監米五十石".

28) 『高麗史』 권78, 식화1, 조세, 충선왕 후원년 3월. "傳旨曰 典農司所收 諸寺社及有券功臣田租 皆還給其餘田租 移入龍門倉 以米三百石 分賜 大藏都監 禪源社".

29) 김윤곤, 1990, 「高麗大藏經의 彫成機構와 刻手의 性分」『民族史의 展 開와 그 文化』(上), 창작과 비평사, 219쪽.

30) 이정훈, 2001, 「고려시대 都監의 構造와 機能」『韓國史의 構造와 展 開』, 혜안, 249쪽.

31) 문형만, 1986, 앞의 책, 160~161쪽.

는 밑받침이 되었을 것이다. 각종 도감은 비록 임시 기구이기는 하
지만 행정의 실무를 담당하였다. 상설 관부에서의 겸직자는 상징적
인 장으로서의 역할만 담당하고 실제 관부의 운영은 전임관원의 장
이 주도해[32] 나갔을 것이다. 도감의 관원은 使·副使·判官·錄事
또는 判事·使·副使·判官·錄事로 구성되어 있다.[33] 이들 상층
부는 이곳의 전임관원이 아니라 타 상설 관부의 소속원이 겸임하고
있는데서,[34] 도감의 운영은 국가적 차원에서 이루어지고 있음을 파
악할 수 있다.

　따라서 諸司都監各色의 관부는 그 업무의 내용이 六部의 屬司
가 처리할 수 있는 것이면서도, 육부의 통제 하에서 일을 처리하는
것이 아니라 국왕과 연결되어 있음을 알 수 있다.

2. 大藏都監의 運營

　기존 연구는 최씨 무인정권이 江華遷都 이후 강화경판의 각성
을 위해 대장도감을 설치한 것으로 이해하고, 대장도감이 최씨 무
인정권에 의해 설치 및 운영되었을 것으로 추정한 논고가 주류를
이루었다.[35] 그러나 앞서 검토한 바와 같이 대장도감은 특정인에

---

32) 문형만, 1986, 위의 책, 159쪽.
33) 이러한 職制 구성은 분사대장도감에서 간행된『東國李相國集』跋尾의
　　내용을 통해서도 확인되며 더 자세한 부분은 후술하기로 한다.
34)『高麗史』권68, 예10, 가례 제도감각색관상회의, 인종 19년 4월. "判 諸
　　都監使入 則副使隱身 判官錄事祗迎 副使入 則判官隱身 錄事祗迎於
　　使 副使 一行拜 判官錄事 折席拜 於副使 判官 一行拜 錄事 折席拜 判
　　官錄事 則一行拜 使坐東 副使坐西 判官錄事 北行坐 各色 則勿論職次
　　雖外員 一行拜 一行坐".
35) 이에 대한 비판적 검토는 다음 논문에서 상론되고 있어 참조된다.

의해 설치 및 주도되지 않고, 국가의 공적 기구로 운영되고 있음을 알았다. 이에 이규보의 「大藏刻板君臣祈告文」의 내용을 재검토해 보기로 하자.

國王 諱는 太子·公·侯·伯·宰樞, 문무 백관 등과 함께 목욕 재계하고 끝없는 虛空界, 시방의 한량없는 諸佛菩薩과 天帝釋을 수반으로 하는 33天의 일체 護法靈官에게 祈告합니다. 심하도다, 달단이 환란을 일으킴이여! 그 잔인하고 흉포한 성품은 이미 말로 다할 수 없고, 심지어 어리석고 혼암함도 또한 禽獸보다 심하니, 어찌 천하에서 공경하는 바를 알겠으며, 이른바 佛法이란 것이 있겠습니까? 이런 때문에 그들이 경유하는 곳에는 佛像과 梵書를 마구 불태워버렸습니다. 이에 符仁寺에 소장된 大藏經 판본도 또한 남김없이 태워버렸습니다. 아, 여러 해를 걸려서 이룬 공적이 하루아침에 재가 되어버렸으니, 나라의 큰 보배가 상실되었습니다. 諸佛多天의 大慈心에 대해서도 이런 짓을 하는데 무슨 짓을 못하겠습니까? 생각하건대, 제자 등이 지혜가 어둡고 식견이 얕아서 일찍이 오랑캐를 방어할 계책을 못하고 힘이 능히 佛乘을 보호하지 못했기 때문에 이런 큰 보배가 상실되는 재화를 보게 되었으니, 실은 제자 등이 무상한 소치입니다. 후회한들 소용이 있겠습니까? 그러나 金口玉說은 본래 이루게 되거나 헐게 되는 것이 아니요, 그 붙여 있는 바가 그릇이라 그릇의 이루어지고 헐어지는 것은 자연의 운수입니다. 헐어지면 고쳐 만드는 일은 또한 꼭 해야 할 것입니다. 하물며 국가가 불법을 존중해 받드는 처지이므로 진실로 우물우물 넘길 수는 없는 일이며, 이런 큰 보배가 없어졌으면 어찌 감히 역사가 거대한 것을 염려하여 그 고쳐 만드는 일을 꺼려하겠습니까? 이제 宰執과 문무 백관 등과 함께 큰 誓願을 發하여 이미 <u>담당 官司를 두어 그 일을 경영하게 하였고</u>, 따라서 맨 처음 草創한 동기를 고찰하였더니, 옛적 현종 2년에 契丹主가 크게 군사를 일으켜 와서 정벌하자, 현종은 남쪽으로 피난하였는데, 거란 군사는 오히려 松岳城에 주둔하고 물러가지 않았습니다. 그러나 현종은 이에 여러 신하들과 함께 더할 수 없는 큰 서원을 발하여 대장경 판본을 판각해 이룬 뒤에 거란 군사가 스스로 물러갔습니다. 그렇다면 대장경도 한가지고, 전후 판각한 것도 한가지고, 군신이 함께 서원한 것도 또한 한가지인데, 어찌 그때에만 거란 군

김윤곤, 1990, 위의 논문; 최영호, 1996, 『江華京板『高麗大藏經』刻成事業의 硏究』, 영남대 박사학위논문.

사가 스스로 물러가고 지금의 달단은 그렇지 않겠습니까? 다만 諸佛多
天이 어느 정도를 보살펴 주시느냐에 달려 있을 뿐입니다. 진실로 지
성으로 하는 바가 前朝에 부끄러워할 것이 없으니, 원하옵건대 諸佛聖
賢 33天은 간곡하게 비는 것을 양찰하셔서 신통한 힘을 빌려 주어 완
악한 오랑캐로 하여금 멀리 도망하여 다시는 우리 국토를 밟는 일이
없게 하여, 전쟁이 그치고 중외가 편안하며, 母后와 儲君이 무강한 수
를 누리고 나라의 國運이 만세토록 유지되게 해주신다면, 제자 등은
마땅히 노력하여 더욱 法門을 보호하고 부처의 은혜를 만분의 일이라
도 갚으려고 합니다. 제자 등은 간절히 비는 마음 지극합니다. 밝게 살
펴 주시기를 삼가 바랍니다.36)

위에 제시된 담당 官司는 분명 대장도감을 의미한다. 宰執과 문
무백관 등이 큰 서원을 발하여 담당 관사를 두었다는 것은 대장도
감의 설치와 운영에 대하여 어느 정도 협의가 있었음을 보여준다.
즉 대장도감은 재추들의 결정에 따라 설치되었고, 운영도 이들이

---

36)『東國李相國集』권25,「大藏刻板君臣祈告文」.“國王諱 謹與太子公侯
　　伯宰樞文虎百寮等 熏沐齋戒 祈告于盡虛空界十方無量諸佛菩薩及天
　　帝釋爲首三十三天一切護法靈官 甚矣達旦之爲患也 其殘忍凶暴之性
　　已不可勝言矣 至於癡暗昏昧也 又甚於禽獸 則夫豈知天下之所敬有所
　　謂佛法者哉 由是凡所經由 無佛像梵書 悉焚滅之 於是符仁寺之所藏大
　　藏經板本 亦掃之無遺矣 嗚呼 積年之功 一旦成灰 國之大寶喪矣 雖在
　　諸佛多天大慈之心 是可忍而孰不可忍耶 因竊自念 弟子等智昏識淺 不
　　早自爲防戎之計 力不能完護佛乘 故致此大寶喪失之災 實弟子等無狀
　　所然 悔可追哉 然金口玉說 本無成毀 其所寓者 器耳 器之成毀 自然之
　　數也 毀則改作 亦其所也 況有國有家 崇奉佛法 固不可因循姑息 無此
　　大寶 則豈敢以役鉅事殷爲慮 而憚其改作耶 今與宰執文虎百僚等 同發
　　洪願 已署置句當官司 俾之經始 因考厥初草創之端 則昔顯宗二年 契
　　丹主大擧兵來征 顯祖南行避難 丹兵猶屯松岳城不退 於是乃與群臣 發
　　無上大願 誓刻成大藏經板本 然後丹兵自退 然則大藏 一也 先後雕鏤
　　一也 君臣同願 亦一也 何獨於彼時丹兵自退 而今達旦不爾耶 但在諸
　　佛多天鑑之之何如耳 苟至誠所發 無愧前朝 則伏願諸佛聖賢三十三天
　　諒懇迫之祈 借神通之力 使頑戎醜俗 斂蹤遠遁 無復蹈我封疆 干戈載
　　戢 中外晏如 母后儲君 享壽無疆 三韓國祚 永永萬世 則弟子等當更努
　　力 益護法門 粗報佛恩之萬一耳 弟子等無任懇禱之至 伏惟炤鑑云云”.

중심이 되었을 것이다.

　특히 최씨 무인집권 당시 재추회의에는 중방과는 달리 다수의 문신들이 참여하였으므로 무인들이 중방에서처럼 그들만의 이익을 고집하기는 쉽지 않았을 것이다.[37] 그렇기 때문에 재추들에 의한 결정된 사안, 다시 말하면 대장도감의 운영과 각성사업의 전개에 대한 각종 정책적 결정은 설득력을 가질 수 있었다. 결국 대장도감은 국가적 차원에서 운영되었고, 최씨 무인정권은 그 일을 적극 주관한 것으로 보인다.[38]

　이와 관련하여 대장도감의 위상과 관련하여 강화천도 이후 국왕이 의례적으로 행하는 寺社親行 횟수와 관련하여 검토해 볼 필요가 있다. 12～13세기의 빈번한 국왕의 사사친행은 고려불교의 儀禮化 현상, 국왕권의 불안정성, 그리고 대외관계의 불안 등의 복합된 요인과 고려 불교의 현세 이익적·호국적 성격을 반영한 것이다. 고종년간의 사사친행의 횟수를 정리해 보면, 강화천도 이전인 고종 19년까지 총 138회로서 연평균 7.3회였으나, 고종 20년 이후 급격히 감소하다가 고종 36년 이후에는 총 96회로서 연평균 11.4회였다. 그런데 고종 21년에서 23년까지는 2～4회 친행하였으나, 각성사업이 본격적으로 추진되는 고종 24년부터 28년까지는 친행이 단 한 차례도 없었으며 29년부터 35년까지는 1～5회에 불과하다. 이 점에 대해서는 史書 기록이 소루한데서 그 원인을 찾고 있기도 하다.[39]

　하지만 국왕의 친행과 강화경판 각성사업은 상호 밀접하게 연관되어 있기 때문에 그 횟수가 제한적일 수도 있다. 그것은 고종 24

---

37) 김당택, 1990, 『高麗의 武人政權』, 국학자료원, 190～191쪽.
38) 김윤곤, 2002, 『고려대장경의 새로운 이해』, 불교시대사, 141～142쪽.
39) 이상의 내용은 윤용혁, 2000, 「대몽항쟁기의 불교의례」 『高麗 三別抄
　　의 對蒙抗爭』, 일지사, 52～57쪽 참조.

년부터 35년까지의 친행이 전무하거나 다른 시기에 비해 매우 적다는 사실이다. 주지하다시피 고종 24년은 대장도감에서 각성사업이 전개되던 연도이고, 35년은 각성사업이 거의 마무리된 연도이다.[40]

이 기간 동안 친행이 거의 시행되지 않은 것은 어떤 의미를 지니고 있을까. 사사친행이 국왕의 信佛의 실천이라는 차원에서 실시되었지만, 전란기에는 護國을 발원하는 성격도 내포하고 있었던 점을 감안한다면 각성사업의 추진과 무관하지 않을 것이다.

앞의 사료에서 나타난 바와 같이「大藏刻板君臣祈告文」에는 최씨 무인정권을 내세우지 않으면서, 국왕·宰執과 문무백관 등과 함께 강화경판의 원만한 조성을 기원하고 있다. 각성사업은 信佛의 실천 및 호국적 의미를 포함하고 있다. 사업이 국가적 차원에서 추진되면서 그 실질적인 판각 기능은 工房, 또는 여러 寺院에서 동시에 이루어졌을 것이다. 이러한 점에서 본다면 굳이 국왕이 별도의 사원에 친행을 할 필요성이 없었을 가능성이 높다.

최씨 무인정권에게 實權을 박탈당한 상황에서 제한적인 성격을 가질 수밖에 없지만 각성사업은 몽고군의 침입에 따른 호국적 차원에서 진행되었다. 각성사업은 국가적·범종파적으로 진행되고 있었고, 이를 위해 국가 조직이 재편되고 있었기 때문에 자연스럽게 국왕 중심으로 이루어질 수 있었다. 그래서 고종 24년부터 35년까지 국왕의 사사친행의 빈도가 다른 시기보다 적게 나타난 것이 아닌가 한다. 따라서 각성사업이 국왕을 정점으로 그 상징성을 부여하고 있

---

40) 강화경판의 산출기준으로 보았을 때 고종 24년에 시작되어 고종 35년에 거의 마무리되었다. 고종 36년에는 경판이 조성되지 않았으며, 고종 37년에는 K-1507(『十句章圓通記』) 下권 30장이 조성되었으나, 彫造處는 알 수 없고 刊記에 '江華京十九年庚戌'라고 되어 있다. 그리고 고종 38년에는 K-1510(『釋華嚴敎分記圓通』) 6권 22장이 조성되었으나, 彫造處는 알 수 없고 刊記에 '江華京辛亥十一月'라고 되어 있다.

는 상황에서 별도로 친행이 이루어지지 않았을 수도 있다.

한편 각성사업의 추진을 위해 대장도감이 설치되면서 국가의 편제가 이를 중심으로 재편되었을 것이다. 대장도감의 위상을 고려한 강화경판의 조성을 위해서 설립한 '高麗國大藏都監'은 江華京에, 그리고 앞서 제시한 가)에서 알 수 있듯이 대장경의 보관을 위한 板堂은 궁성 서문 밖에 위치하고 있었다. 기타 다른 도감처럼 새로운 조직을 구성하였던 것이 아니라, 당시 정부 통치조직 전체를 경판 조성기구로 전환하였기 때문에 특별히 그 기구의 조직체계를 별도로 기록해 놓지 않았던 것으로 보여진다.41) 그래서 각성사업은 고종이 적극적인 참여의지를 표명하고 일정한 역할을 하면서 대장도감을 중심으로 사업체계는 재편된 것이다. 즉 각성사업 전개과정에서 국왕을 정점으로 그 상징성을 부여하고, 실무는 최씨 무인정권이나 재추회의를 통해 역할이 분담 추진되었던 것이다.

또한 각성사업의 실무적 기능을 담당한 대장도감에는 별도의 요원을 두고 있었지만, 타 상설 관부에 소속원이 겸임하였으므로 그 운영과정에서 정책적 혼선이나 업무의 중복도 있을 수 있다. 이 때 국가 각종 부서에 효과적 지원 및 업무를 관장하기 위해 이를 총괄하는 업무처리는 대장도감의 전임 관원들이 맡아보았다. 대장도감은 각성사업이 시작된 이래로 사업의 실무를 집행해 온 官司의 기능을 담당했던42) 것이다.

당시 전 계층의 참여를 전제로 시행된 각성사업은 국가적 사업으로서 그 추진에 대한 각종 제 경비는 여러 경로를 통해 충당되었을 것이다. 대장도감의 설치가 公的인 협의체 형식으로 운영되면

---

41) 김윤곤, 1990, 앞의 논문 참조.
42) 대장도감을 대장경 판각을 기획하고 총괄하는 관청으로 파악하기도 한다(박상국, 1989, 「해인사 대장경판에 대한 재고찰」『高麗大藏經 연구 자료집』 II, 해인사).

서 그에 따르는 재정적 확보는 국가의 비용으로 일부 충당되었지
만, 당시 제반 여건으로 보아 강화정부에서 막대한 경비를 부담한
다는 것은 다소 무리가 있다. 그래서 집권층을 중심으로 개인적 차
원의 희사 내지는 분담을 통하여 경비의 일부를 마련하고자 하였
을 것이다. 다음의 사료를 주목해 보기로 하자.

> 라-①) 또 역대로 전한 바 鎭兵하는 대장경판이 모두 추병(몽고병)의
> 　　　 불사른 바 되었으나 국가에 변고가 많아 다시 새로 만들 여가
> 　　　 가 없었는데 都監을 따로 세워 사재를 기울여 새긴 판이 거의
> 　　　 반이나 되어 邦家를 福利케 하였으니 공업을 잊기 어렵다. 嗣
> 　　　 子인 시중 沆은 가업을 계승하여 임금을 바르게 하고 난을 제
> 　　　 압하였으며 대장경을 판각하는데 施財督役하여 告成의 慶讚
> 　　　 會를 갖게 되니 중외가 복을 받게 되었다.[43]
>
> 　　　②) 晏의 초명은 奮이니 성품이 총혜하고 어려서 등재하여 음양 산
> 　　　 술 의약 음율에 정통치 아니한 것이 없었다. 나가 진양을 守(卒)
> 　　　 하다가 母가 늙음으로 사직하고 하동에 돌아와 母를 봉양하였
> 　　　 다. 怡가 그 재능을 사랑하여 주청하여 國子祭酒를 제수하였다.
> 　　　 晏이 怡의 전권함을 보고 기하여 욕망을 참고 해를 멀리하고자
> 　　　 남해에 물러가 살면서 好佛하며 명산승찰을 편력하고 사재를
> 　　　 희사하여 국가와 약속하고 藏經을 중분하여 새기는 등 佛을 섬
> 　　　 김이 太煩하여 한편에서는 싫어하고 괴롭게 여겼다.[44]

　　라-①)에서 崔怡의 私財 희사는 대장도감 설치 초부터 이루어졌
음을 알 수 있다. 사재의 반을 내어 도감을 설치하였다는 기록은

---

43) 『高麗史』 권129, 열전42, 최충헌 부 항. "且歷代所傳 鎭兵大藏經板 盡
　　 爲狄兵所焚 國家多故 未暇重新 別立都監 傾納私財 彫板幾牛 福利邦
　　 家 功業難忘 嗣子侍中沆 遹追家業 匡君制難 大藏經板 施財督役 告成
　　 慶讚 中外受福".
44) 『高麗史』 권100, 열전13, 정세유 부 안. "晏初名奮 性聰慧 少登第 陰陽
　　 算術醫藥音律 無不精曉 出倅晋陽 以母老 辭歸養河東 怡愛其才 奏授
　　 國子祭酒 晏見怡專權忌克 欲遠害 退居南海 好佛 遊遍名山勝刹 捨私
　　 貲 與國家 約中分藏經刊之 事佛太煩 一方厭苦".

대장도감의 재정적 지원 중 일부를 최씨 무인정권이 부담한 것으로 이해된다. 권력의 정점에 있었던 崔怡·沆 부자가 사재를 시납하여 조판을 독려하면서 그 분위기를 주도해 나갔던 것이다. 그리고 라-②)에서 鄭晏도 사재를 희사하여 대장경의 일부를 간행하여 국가 주도의 각성사업에 적극 가담하였다. 하지만 정안은 대장도감이 설치된 수년 후인 즉 國子祭酒를 그만 둔 고종 28년 이후에 私財의 희사가 이루어졌다.

　위 라-①·②)의 내용을 통해 마치 최이와 정안의 전적인 경제적 부담에 의해 강화경판이 완성된 것으로 보는 경우45)도 있으나, 각성사업이 이미 국가적·민족적 사업으로 추진되는 마당에 특정인의 사재 희사에 의해서만 진행되었다는 점은 이해하기 어렵다. 다만 대장도감의 운영과 각성사업을 위해 당시 실질적인 최고 권력자인 최이와 정안의 사재 희사가 대장도감의 재정에 상당 부분 기여하였을 것이다.46) 더욱이 거액의 사재를 시납하여 대장경판을 조성하게 하였음에도 불구하고 경판의 刊記에 '奉勅彫造'를 표명하지 않은 것은 당시의 이러한 정치·사회적 분위기를 반영47)한 것으로 이해된다.

　경비의 분담은 각 계층에 따라 차이를 보이고 또 추구하는 바도 각각 달랐을 것으로 보여진다. 최씨 무인정권을 비롯한 지배 계층들은 대몽항쟁 과정에서 자신들의 일신의 안전만을 도모했지만 대

---

45) 이러한 인식은 1990년대 이전의 연구성과물에서 두드러지게 나타나고 있다. 이와 관련된 연구 성과물은 일일이 열거하기 어려우나 김갑주, 김영수, 민현구, 안계현 등이 그 예가 될 것이다.

46) 김광식은 각성사업의 재정적 지원은 광범위한 布施와 개인 재산의 기증 유도 등을 통하여 충당되었을 것으로 보았다(김광식, 1995, 『高麗武人政權과 佛敎界』, 민족사, 225쪽).

47) 崔怡와 鄭晏의 사재 희사와 각성사업간의 관련성에 대해서는 김윤곤, 1996, 「高麗國 分司大藏都監과 布施階層」 『민족문화논총』 16, 영남대 참조.

몽항쟁의 최전선에서 결사항전을 한 것은 당시의 고려민들이다. 따라서 최씨 무인정권과 지배 계층에게는 집권 안정이라는 현실적 목적이 내포되어 있다. 각성사업에 최씨 무인들이 사재를 희사하여 불교 신앙의 돈독함과 대장경 제작에 모범을 보임으로써 여타 정치 세력·사원 세력·고려민들에게 대의명분상 압도해 나갈 수 있었던[48] 것이다.

그러나 崔氏 父子와 鄭晏이 각성사업에서 사재의 시납이나 도감의 설치 등에 중요한 역할을 하였으나, 이들이 사업의 추진 주체는 아니었다.[49] 대장도감의 성격은 국가적 공적 기구라는 전제 하에서 이해되어야 하며, 각성사업의 중추적 역할을 맡은 계층들은 당시 대다수의 고려민들과 이해관계를 함께[50] 하였을 것으로 생각된다. 이들은 각성사업 참여를 통해 抗蒙意識의 고취뿐 만 아니라 외세를 물리치고자 하였다. 사업 참여자 중 일부는 적극적으로 대몽항쟁 전선에 참여하였을 것이며, 항쟁에 참여치 못한 고려민들에게 대몽항쟁 의식을 상당히 고양시켰을 것이다.

대몽항쟁 중 대규모의 각성사업이 원만하게 이루어질 수 있었던 것은 당시 몽고군을 격퇴시키기 위한 염원과 적극적인 현실 참여가 가장 큰 요인이었다. 최씨 무인정권은 왕실과 귀족으로부터 고려민에 이르기까지 정신적 지주로서 군림하고 있었던 불교의 힘을 빌려 결사항전의 의지를 이끌어 내고자 하였고, 그 수단으로서 大藏經 板刻을 계획하였다. 그러나 각성사업에 고려민들의 적극적 참여를 유도하기 위해 외부적 수단이 개입되면 소기의 성과를 거

---

48) 김광식, 1995, 앞의 책, 225쪽.
49) 최영호, 1997, 「瑜伽宗의 江華京板 『高麗大藏經』 각성사업 참여」 『부산사학』 33, 37쪽.
50) 채상식, 1998, 「고려후기 불교사 연구현황과 과제」 『인문과학』 12, 경북대, 176쪽.

둘 수 없다.[51] 최씨 무인정권은 대몽항쟁의 전략적 차원에서 그들과 대립적인 사회계층을 각성사업에 적극 참여를 유도할 필요가 있었을 것이다. 다시 말해 체제 내에서 대립하기보다는 대몽항전으로 방향을 전환케 함으로써[52] 자신들의 한계를 극복하려는 의도를 갖고 있다. 즉 최씨 무인정권은 국가적 불교사업인 각성사업을 통해 당대 사회나 불교계 내부에서 신망과 영향력을 가질 수 있다. 또한 현실적 모순을 양심적으로 직시하고 있던 승려 지식인들을 제도권이나 체제내부로 흡수하고자 하였다. 이는 각성사업에 승려 지식인들이 대거 참여하고 있는 것을 통하여 알 수 있다.[53] 결국 최씨 무인정권은 각성사업에 적극 참여하면서 불교세력을 통합·통제하기 위한 의도가 내재되어 있었으며 정권의 안정화에도 어느 정도 기여를 하였을 것이다.

그러나 각성사업이 본격적으로 진행될 때 지배층과 피지배층인 民들의 布施[54]와 참여욕구는 적극 수용되었다. 당시 정치 권력층은 물론 國子監試 출신자를 비롯한 文人知識人層, 戶長層 및 하급 관료, 서민대중 등의 적극적인 동참이 이루어졌으며,[55] 敎禪의 구분을 떠난 불교계의 협조와 지원,[56] 그리고 군소정파의 협력[57]도

---

51) 김윤곤, 1998, 「『고려대장경』 조성의 참여계층과 雕成處」『인문과학』 12, 경북대, 91~93쪽.
52) 채상식, 1991, 『高麗後期佛敎史硏究』, 일조각, 21쪽.
53) 최영호, 1995, 「고려 무인집권기 승려지식인 山人의『江華京板 高麗大藏經』 각성사업 참여」『석당논총』 21, 동아대, 154쪽.
54) 당시 金坵는 국왕 및 귀족·관료층·서민 대중들에게 서슴없이 대장경의 각성사업에 보시하라고 독려하는 내용의 시를 짓기도 하였다(이남복, 2005, 「金坵의 反蒙活動과 仕宦生活」『대구사학』 78, 20쪽).
55) 김윤곤, 1998, 위의 논문, 94~97쪽.
56) 민현구, 1979, 「高麗의 對蒙抗爭과 大藏經」『한국학논총』 1, 국민대.
57) 배상현, 1997, 「『高麗國新雕大藏校正別錄』과 守其─『高麗大藏經』의 校勘과 彫成에 반영된 13세기 佛敎界의 現實認識─」『민족문화논총』

긴밀하게 이루어졌을 것이다.

강화경판의 刊記에 '高麗國'이라고 刻하여 국가 위상을 높이고자 한 점에서 각성사업은 국왕에 의해 추진된 국가적 사업으로 인식되고 있다. 이규보는 「大藏刻板君臣祈告文」에서 최씨 무인정권을 전혀 내세우지 않고 君臣의 誓願에 의해 각성사업이 이루어졌음을 분명히 밝히고 있다. 각성사업이 고려국 皇帝의 위상을 높임으로써 왕정복고를 기원하는 세력들이 동참할 수 있는 여건을 조성하는 계기가 되었음을 보여준다.58) 이는 파행적으로 운영되고 있던 무인정권의 종식을 앞당기고자 하는 의도가 적극 개입되어 있다. 결국 당대 지식인들과 승려·고려민 등은 최씨 무인정권의 안녕을 기원하기 위해서 각성사업에 참여한 것이 아니라, 고려사회가 직면하고 있던 민족 및 불교계의 위기를 극복하고자 참여하였다. 따라서 여러 세력들은 각성사업 전개 과정에서 그 추진주체로서 각각의 상징적 의미를 갖는다.

이상에서 본 바와 같이 대장도감은 江華京內에 위치하고 있으면서 재추회의의 결정에 따라 설치되었다. 그 운영 역시 협의에 의해서 이루어졌기 때문에 다른 관청에 예속되지 않았고, 재정 및 업무처리에 독립성을 유지하였을 것이다. 업무의 처리는 국왕과 연결되어 왕정복고를 의도한 각성사업의 전개와도 밀접한 관련을 맺고 있다. 이는 각성사업에 국가의 행정 조직이 동원될 수 있는 바탕이 되었고, 당시 최씨 무인정권과의 갈등과 반목을 가졌던 제 세력들이 적극 동참하는 계기가 되었을 것이다.

17, 영남대, 63쪽.
58) 김윤곤, 1993, 「『高麗大藏經』의 刻板과 국자감시 출신」 『國史館論叢』 46, 국사편찬위원회, 75쪽.

Ⅱ. 分司大藏都監의 體制와 運營

1. 分司大藏都監의 體制

분사대장도감은 국가 행정 체계 내에서 대장도감보다 하부 단위의 기구로서 경판을 彫成하기 시작한 해는 고종 30년이다. 이 시기는 몽고와의 전쟁 양상에 큰 변화는 물론 대규모 침입도 없으며, 분사대장도감에서 경판을 조성한 이후 경판의 수량이 급증하고 있다는 점에서 각성사업이 확대 및 활성화되고 있던 것으로 이해된다.

분사대장도감은 대장도감보다 7년 뒤인 고종 30년부터 경판을 조성하였고, 조성된 경판의 수량이 대장도감판의 약 1/3이라는 것을 보면 단순히 경판 조성에 필요한 물자와 노동력의 조달 기능뿐 아니라 조판의 기능까지 겸하고 있음을 시사해 주고 있다. 즉 인적·물적 자원의 조달을 위해 운영된 분사대장도감에 판각을 위한 체제의 변경 및 기능이 추가되었던 것이다.

분사대장도감에서는 자원의 조달 업무도 수행하였지만 경전의 각판 업무 수행이 핵심적인 역할이다. 그 위상에 있어서도 대장도감과 동일한 비중을 두고 있었을 것으로 보인다. 그러나 분사대장도감은 독자적인 운영 체계를 구축하기보다는 대장도감과 행정 업무의 유기적인 협력 체계로 편성 운영되었을 것이다. 대장도감에서 활용하지 못한 人的 자원은 물론 각종 물자를 적극적으로 수용 및 활용하였을 것이다.

먼저 분사대장도감의 職制 구성과 그 체제에 대하여 살펴보기로 하자. 고종 38년 진주목 분사대장도감에서 출간된『東國李相國集』
간행 체계의 職制 내용[59]을 제시하면 다음과 같다.

<pre>
辛亥歲高麗國分司大藏都監奉勅雕造
校勘 河東郡監務管句學事將士郎 良醞令   李   益培
錄事 將士軍器注簿同正   張   世侯
錄事 將士軍器注簿同正   井   洪湜
副使 晉州牧副使兵馬鈐轄試尙書工部侍郎   全   光宰
使[60]
</pre>

위의 내용에서 분사대장도감의 최고 책임자인 使는 경상도의 안
찰사가 겸직하고 있다. 이는『東國李相國集』이 간행된 3년 전인
고종 35년에 경상도 안찰사를 역임한[61] 都官郎中 全光宰가 분사
도감직을 겸임한 사실로 볼 때,[62] 분사도감의 최고 관리자는 진주
목 부사가 겸직하고[63] 있음을 알 수 있다.[64]

---

59)『東國李相國集』후집 권12, 拔尾.

60) '使'자만 판각되어 있었으나,『慶尙道先生案』의 당해년을 조사해 보면
    '按察使(春夏) 孫蕭' 및 '按察使(秋冬) 田　某'가 안찰사였다(허흥식,
    1995,『韓國中世社會史資料集』, 아세아문화사, 329쪽).

61)『慶尙道先生案』戊申 참조.

62)『南明泉和尙頌證道歌事實』권3, 제38장, 慶尙晉安東道按察副使 都官
    郎中 全光宰誌 참조.

63) 김영수는 대장도감 本司는 江華에, 그리고 대장경은 江華西門外에 설
    치된 板堂에 봉안되었고, 分司는 진주에 置하고 분사대장도감은 晉州
    牧使가 겸임하고 있는 것으로 보았다. 한편 김갑주는 使의 직위를 晉
    州牧使가 겸직한 것으로 이해하기도 한다(김영수, 2002,『朝鮮佛敎史』,
    민속원, 96쪽; 김갑주, 1990, 앞의 논문, 142쪽).

64) 이러한 職制 구성은 고려시대 지방 행정조직의 체계이며, 그 상하관계
    의 위계질서이다. 그런데 使인 안찰사의 官秩이 진주목사인 副使보다
    낮다. 이러한 현상은 고려시대 지방 통치조직의 한 특색으로 그들 사이
    의 수평적 야합을 예방하고 서로의 대립·감시를 통하여 소기의 목적
    을 달성하고자 함에 있었다(김윤곤, 1988,「羅麗郡縣民 收取體系와 結
    負制度」『민족문화논총』9, 영남대 및 2001,「고려 안찰사제도의 성립

『東國李相國集』의 교감은 하동군의 감무인 李益培가 담당하였는데, 그는 강화경판의 교감자가 아닌[65] 『東國李相國集』의 교감자로 참여한 인물이다. 그는 안찰사가 판각사업의 필요에 의해 동원되어 그 소임을 분담한 관내의 지방관이다.

실무를 담당한 녹사는 초임의 蔭仕者인 同正職의 井洪湜[66]과 張世侯가 담당하고 있다. 동정직은 정원 밖에 添設된 인원들로서[67] 위 사료에서 使와 副使가 기존 행정조직을 겸임하였는데 비해, 이들 錄事는 기존의 행정관원이 아니라 대장경 조성에 따른 직무만을 수행하기 위해 특채된 요원들이다.[68] 따라서 분사대장도감은 기존의 행정 조직체계 속에서 특채된 요원들과 함께 출간하게 될 서적의 내용을 잘 이해하는 교감자로 구성되어 있었던 것으로 파악된다.

이상에서 辛亥年 분사대장도감의 인적 구성체계는 使－副使－錄事－校勘의 순으로 되어 있으며, 이 같은 체계를 통하여 분사대장도감에서 대장경 판각을 마친 후 勅命을 받들어 『東國李相國集』을 판각하였던 것이다.

이와 관련하여 고려시대 지방행정조직체계를 활용한 서적간행 절차를 살펴보면 분사대장도감의 職制구성에 대하여 구체적으로 파악할 수 있을 것이다. 당시 界首官이 파견된 大邑과 같은 지역에서 각종 서적을 출간할 경우 해당 군현의 조직을 적극 활용하고 있다. 『十二國史』의 간행 체계를 통해 살펴보기로 하자.

과 그 발전」 『한국 중세의 역사상』, 영남대출판부, 151～152쪽).
65) 정필모, 1989, 「高麗再雕大藏目錄」 『圖書館學』 17, 20～21쪽.
66) 김갑주, 앞의 논문, 140쪽에서 井洪湜을 片洪湜으로 보았으나, '井'이 분명하다.
67) 이우성, 1991, 「高麗時代의 吏에 대하여」 『韓國中世社會研究』, 일조각, 92～94쪽 참조.
68) 김윤곤, 2002, 『고려대장경의 새로운 이해』, 불교시대사, 148쪽.

> 마-①)『12국사』는 여러 史册 중에 가장 요긴한 것이다. 박람하는
> 데 많은 힘을 들이지 않고도 족히 여러 나라의 흥망·선악
> 을 살필 수 있는 것이다. 그러므로 지금 按部 盧軾이 비록
> 무반에 있으나 평소 글을 좋아하였으며 서책 중에서 특히
> 이 책을 즐겼다. 그가 완산에 벼슬하고 있을 때 공인을 모
> 아 이를 인쇄하여 학자들에게 배포하니 이 또한 선을 좋아
> 하는 군자가 사람을 이롭게 하는 一端인 것이다.69)
>
> ②) … 내가 일찍이 完山의 掌書記로 있을 때 일이다. 평소에
> 나는 城隍堂에 가는 일이 전혀 없었다. 하루는 꿈에 그 성
> 황당에 가서 堂下에서 절하기를, 마치 法曹와 더불어 함께
> 절하는 것처럼 하였다. … 꿈을 깨니 온 몸에서 땀이 흘렀
> 다. 이때 안렴사인 郞將 盧公이 牧官을 시켜서『十二國
> 史』를 새로 간행하였던 것이다.70)

　마)는 이규보가 全州牧 관내에 부임하였을 시기에 적은 내용이
다.71) 마-①)에서 按部 盧軾이 완산에 있을 때『十二國史』의 重彫를
위해 工人을 동원하여 서적을 출간했다고 하였으나, 마-②)에서는
按部 盧軾은 당시 전주의 안렴사로서 이 서적의 판각을 위해 牧官을
시켜 새로이 출간하여 그 지방의 학자들에게 배포했다고 하였다.

　마)의 내용을 통해『十二國史』의 간행 체계를 정리해 보면 안렴
사－목관－공인의 순이다. 이는 충렬왕 21년에서 22년 사이에 간
행된 것으로 추정되는『帝王韻紀』의 鄭瑑의 발문의 내용에서도
찾아진다. 즉 尹珤가 충렬왕의 왕명을 받들어『歷代韻紀』를 개판

---

69)『東國李相國集』권21,「十二國史重彫後序」. "十二國史 諸史之樞要也
　　漁獵不煩 而足以鑑諸國之興亡善惡 故今按部盧公軾 雖居衛霍之班 雅
　　好孔姬之術 於書傳中偏嗜是書 弬節完山 募工彫印 以施學者 是亦好
　　善君子利人之一端也".

70)『東國李相國集』권25,「夢驗記」. "予昔嘗掌記完山也 平時略不詣城隍
　　祠宇 一日 夢至其祠拜堂下 似若與法曹同拜者 … 及覺 遍體流汗 時按
　　廉使郞將盧公 使牧官新印十二國史".

71) 이규보의 全州牧 掌書記 활동에 대해서는 김호동, 1987,「高麗 武臣政
　　權時代 地方統治의 일단면」『교남사학』3, 영남대 참조.

할 것을 전하자 晉州牧의 書記職으로 있는 정소가 이 지역의 공인을 모집하여 판을 새겼다.[72] 이때 활용된 체계 역시『十二國史』와 유사하다.『東國李相國集』간행체계인 使－副使－錄事－校勘와도 크게 다르지 않음을 보여준다.

이는 공민왕 3년에 晉州에서 간행된『拙稿千百』간행 조직체계에서 구체적으로 파악된다.

> 바) 色 戶長正朝 鄭吉
> 　　刻手 正連 行明 思遠 高淸烈
> 　　司錄 參軍事 兼 掌書記 通仕郎 典校寺 校勘 金乙珍
> 　　判官 通直郎 版圖正郎 兼 勸農使 李臣傑
> 　　牧使 中正大夫 典校令 兼 管內勸農使 崔龍生
> 　　按廉使 奉善大夫 內書舍人 禮文應敎 知製敎 兼 春秋館編修官 郭忠守[73]

바)에서 보듯이 직무와 직책은 앞의『東國李相國集』체계와 거의 대동소이하다. 다시 말하면 按廉使－牧使－判官－司祿－刻手의 체계를 통하여『拙稿千百』이 간행되고 있다. 당시 각 지방에서의 서적간행 체계가 안렴사－부사나 목사의 계통을 통해 이루어지고 있음을 알 수 있다.

앞서 제시한 마)와 바)를 종합해 보면 고려시기 지방에서의 서적 간행 총책임자는 안찰사이고, 실무 책임자는 해당 지방의 부사이거나 목사이다. 또 실무진은 녹사, 그리고 간행될 예정인 서적의 교감과 필사 및 刻手로 구성되어 있다. 따라서 앞서 제시된 신해년 분사대장도감의 조직체계는 진주목의 행정조직 체계인 것으로 볼 수 있다.

---

72)『帝王韻紀』권하 발문. "臣珝初受書記 將赴此州 右司議大夫寶文署直學士知制誥 尹公珤 承勅 以居士臣李承休製進歷代韻紀 開板事傳囑 是以 募工彫板以壽其傳 司祿參軍事兼掌書記卽良醞令鄭珝跋".
73)『拙稿千百』발문.

이처럼 강화경판 각성사업 추진에 있어서 지방조직체계의 활용은 고려 전기부터 적극 시행되고 있던 것으로 파악된다. 아래의 사료를 참조해 보기로 하자.

> 기해에 東京副留守 崔顥, 判官 羅旨說, 司錄 尹廉, 掌書記 鄭公幹 등이 왕명을 받들어 『前漢書』, 『後漢書』 및 『唐書』를 새로 간행하여 바치니, 모두에게 爵을 하사하였다.[74]

위 사료에서 정종 8년 동경 부유수 최호가 왕명을 받들어 경주에서 『前漢書』, 『後漢書』 및 『唐書』를 출간하였다. 앞서 제시한 『동국이상국집』과 『졸고천백』의 간행 조직 체계인 按廉使－牧使－判官－司祿과 유사하다. 『前漢書』 등을 간행할 때 활용된 조직체계는 곧 경주지방의 행정조직임을 알 수 있다.

즉 고려전기부터 주요 군현에서 王命에 위해 서적을 간행할 때는 해당 지방의 행정 조직체계가 활용되고 있다. 따라서 고려전기부터 각 지방에서 각종 서적을 간행할 때 지방의 행정 조직체계가 서적의 출간 체계로 전환되고 있음을 의미한다. 각성사업 당시에 운용되었던 분사대장도감의 직제는 강화경판을 조성하기 위해 새롭게 재편한 것이 아니라, 고려 전기부터 운영된 직제 개편을 적극 활용하고 있던 것으로 볼 수 있을 것이다.

그리고 강화경판 刊記에 '○○歲 分司大藏都監奉勅彫造'는 고종의 命을 받들어 해당 지역의 안찰사들이 행정 조직을 적극 참여시켜 강화경판을 조성한 것으로 이해된다. 다음의 내용은 이 같은 성격을 확인시켜 주고 있다.

---

74) 『高麗史』 권6, 세가 6, 정종 8년 2월. "己亥 東京副留守崔顥判官羅旨說 司錄尹廉掌書記鄭公幹等奉制 新刊兩漢書與唐書 以進 並賜爵".

　　나는 평소에 內典(佛典)을 믿어, 특히『南明泉和尙頌證道歌事實』
1부에 마음을 더욱 두고 있었다. 그러나 涉事에는 根蔕(根本)가 있어
의문을 갖지 않을 수 없었다. 정미세(고종 34년)를 지나 金城에 출진
하였으며, 禪侶들을 모아 瑞龍禪老 連公을 청하여 主法默示케 하여
그로써 蒙寇를 물러가게 하였다. 그리하여 草本을 얻었으니 連公의
指南(敎示)에 의한 것이다. 상자 속에 간직하여 珍寶로 여기고 鏤板
하여 학자에게 베풀고자 하였지만, 因循하여 여태 수행하지 못하였다.
무신세(고종 35년)에 (전광재는) 按行卞韓道(경상도 안찰사) 兼 대
장도감의 분사도감직을 맡으니 개인적으로 기뻐하고 다행으로 생각
하였다. 그러나 草本이 잘못되고 소략하여 즉시 판각을 시작(下刀)하
지 못하였다. 때문에 (분사대장도감의) 幹事인 比丘 天旦에게 촉탁하
니 (그가) 禪伯인 擧上人으로 하여금 讐校(교정)을 맡도록 하였으며,
뛰어난 필사자(工筆)를 모집하여 淨書케 하고 숙달된 刻手(善手)를
선발하여 새기게 하였다. 바라는 바는 우리 진양공(崔怡)의 壽命이
岳崢처럼 증가하고 福은 淵深처럼 깊어질(畜) 것이며, 要塞는 봉화
(狼火)를 끄고 天空은 참창을 씻고, 시절은 고르고 해(歲)는 풍년들
어(稔), 祖燈이 무궁토록 빛날 따름이다. 9월 상순 慶尙 晉安東道 按
察副使 都官郎中 全光宰 誌.[75]

　　위의 내용을[76] 요약하면『南明泉和尙頌證道歌事實』의 경판 조성

---

75)『南明泉和尙頌證道歌事實』권3. "予素信內典 而南明泉和尙頌證道歌一
　　部 尤所留心 然涉事有根蔕 不能無疑 越丁未歲 出鎮金城 俘集禪侶 請
　　瑞龍禪老連公 主法默示 以禳蒙寇 因得草本 指南於連公 藏篋寶之 庶欲
　　鏤板 施於學者 因循未遂 歲戊申 按行卞韓道 兼 任大藏分司 私心喜幸
　　然草本訛略 未卽下刀 因囑幹事比丘天旦 俾禪伯擧上人讐校 募工筆而
　　書之 簡善手而鐫之 所冀 我晉陽公 壽增岳崢 福畜淵深 塞消狼火 天掃
　　攙槍 時和歲稔 使祖燈永耀於無窮耳 九月上旬 慶尙晉安東道按察副使
　　都官郎中全 光宰誌". 본 지문은 일부 연구자의 번역에 있어 일부 오류
　　가 있었다. 그 예로서 경상도의 진안도라는 사람에 의하여 간행된 것으
　　로 잘못 이해하는 등의 문제점이 있었는데, 실증적 검토를 거쳐 최영호
　　에 의해 상당부분 바로 잡아졌으므로 그 내용을 재인용하였다(최영호,
　　1995,「『江華京板 高麗大藏經』邊界線 소재 인명의 판각사업 참여형태」
　　『한국중세사연구』2, 174쪽).
76)『南明泉和尙頌證道歌事實』의 발문 내용에 대해서는 다음의 논문이 참
　　조된다. 고익진, 1987,「證道歌事實의 著者에 對하여」『韓國撰述佛書

은 당시 경상도 안찰부사 전광재가 주관하고 幹事 比丘 天旦에게 촉탁하고 禪伯인 擧上人으로 하여금 讐校를 맡도록 하였다. 또 훌륭한 필사자를 모집하여 淨書케 하고 능숙한 刻手를 선발하고 있다.

위의 발문에서 原本 저술자인 瑞龍寺의 禪老 連公은 13세기에 생존·활동한 고려의 선종계열 승려[77]로서 본 경판의 각성사업에 직접 참여한 인물은 아닌 듯하다.[78] 瑞龍寺의 禪老 連公을 제외한 나머지 참여자는 본 경전의 판각사업에 직접 참여한 인물이며, 이들은 분사대장도감의 기능이 계속 유지되고 있던 무신년의 분사대장도감의 조직체계의 일원이라고 할 수 있다.

안찰부사인 전광재는 분사대장도감의 최고 책임자로서 모든 업무의 지휘·감독의 직임을 겸임하여 총괄적 업무를 담당하였다. 실무 간사는 비구인 승려 天旦이 담당하였으며, 개인적인 차원에서 경상도 안찰부사겸 분사대장도감의 사였던 전광재로부터 판각을 위한 실무의 전반을 부촉받고 있다. 분사대장도감의 책임자인 전광재는 각성사업의 현장 전문 인력인 경전의 校勘과 筆寫 및 刻手를 선발·관리하고 있음을 알 수 있다. 그가 선발·관리하고 있는 현장의 전문 인력은 승려들과 밀접한 관련성을 가지고 있다. 이는 學僧 내지 高僧을 지칭하는 '禪伯'이나 '上人'이 경전의 교감자이다. 또 본 경판 조성에 참여한 각성인[79] 중에서 '孝純'·'兼心'·'歸玄'·'宝奇'·'宝龍'·'自奇'·'全一'·'天正' 등과 같은 승려의 법명으로 판단되는 인물이 포함되어 있다는 것에서 알 수 있다.

———

의 研究』, 민족사, 123~134쪽; 최영호, 1995, 위의 논문.
77) 고익진, 1987, 위의 논문, 125쪽.
78) 최영호, 1995, 위의 논문, 178쪽.
79)『南明泉和尙頌證道歌事實』조성에 참여한 각성인은 제1권에 '孝純'·'宝奇', 제2권은 '自奇'·'金良'·'宝龍'·'洪ㅇ'·'歸玄'·'宝奇'·'大意'·'孝純'·'洪才'·'天正', 제3권은 '孝純'·'天正'·'全一'·'自奇' 등이다.

『南明泉和尙頌證道歌事實』의 교감을 담당한 '擧上人'은 선종 계열의 고승 내지 학승으로 추정된다. 그의 존칭이 '禪伯'[80]이나 '上人'으로 표현되고 있다는 사실, 그리고 이 불교 서적이 禪宗 계열의 경전이라는 점에서[81] 확인된다. 따라서 대장도장과 분사 대장도감에서의 교감은 해당 경전에 해박한 각 종파의 高僧이나 學僧이 참여하였다.

당시 발문을 작성한 全光宰가 慶尙 晉安東道 按察副使라고 밝힌 점으로 보아 그 상위 직책에는 按察使가 있었을 것이다. 즉『南明泉和尙頌證道歌事實』의 간행을 위해 총괄 책임자인 안찰사와 실무 책임자인 안찰부사, 그 아래 간사・교감자・필사자・刻手 등으로 구성되어 있다.

지금까지 분사대장도감의 職制와 관련된 내용을 중심으로 검토해 보았다.『東國李相國集』과『南明泉和尙頌證道歌事實』,『拙稿千百』 등의 직제를 비교해 보면 다음과 같다.

	『東國李相國集』	『南明泉和尙頌證道歌事實』	『拙稿千百』
총괄책임	按察使	按察使	按察使
실무책임	晋州牧 副使 全光宰	慶尙道 按察副使 全光宰	晋州牧使 崔龍生
실무간사	綠事	比丘 天旦	判官
교 감	李益培	擧上人	金乙珍
필 사	미상	미상	미상
각 수	-	兼心 외 다수	正連 외 3인

위에서 안찰사는 해당 분사대장도감의 총괄책임자로 부사는 실무적 업무를 관장 및 총괄하는 중책을 담당하고, 그 하부에 각종 행정관원이 실무를 담당하고 있다.

---

80) '禪伯'이란 표현에서도 그가 禪宗系列의 學僧 내지 高僧임을 알 수 있다.
81) 고익진, 1987, 앞의 논문, 132쪽; 안계현, 1981,「大藏經의 彫板」『한국사』9, 국사편찬위원회, 59쪽.

총괄책임자를 안찰사가 맡으면서 해당 분사대장도감에서 필요한 원본의 수집·지문의 작성·사업을 주도하였고, 실무 책임자는 副使·牧使 등이 담당하면서 현장 실무를 총괄 및 지휘하였을 것이다. 각 실무 간사는 綠事 同正職의 井洪湜 및 張世俟, 그리고 比丘 天旦, 또 判官 李臣傑 등이었다. 이들은 校勘者·筆寫者·刻手의 선발 및 관리를 주관하고 그 업무를 분담하는 임무를 수행하기 위한 특채된 요원들로서, 실제 사업을 주도한 자로 볼 수 있다. 실무 간사의 역할을 지방 행정관원이나 그 직을 원활하게 수행할 수 있는 승려가 담당하고 있는 것에서『東國李相國集』외 2종의 서적 간행한 체계와 대등함을 알 수 있다.

또한 관원은 물론 그 내용에 해박한 지식을 소유하고 있는 각 종파 및 사원의 고승 내지 학승이 동원되고 있는 것으로 볼 때, 각성사업 당시 해당 지역에서 동원 가능한 인적 자원도 적극 활용하고 있다.

여기서 강화경판의 교감 업무에 대하여 검토해 볼 필요가 있다. 왜냐하면 당시 고려사회에 유통 및 활용되던 각종 경전을 강화경판에 入藏시키기 위해서는 底本의 수집과 확정이 무엇보다도 중요하다. 그 핵심적인 역할은 대장도감과 분사대장도감에서 그 업무를 분담 추진하였을 것으로 추정되기 때문이다.

강화경판은 경판 판각에 필요한 底本 즉 경전을 교감하면서 그 업무의 총괄은 당시 뛰어난 고승이 맡아 추진하였는데, 그 같은 역할을 한 인물이 개태사 주지인 守其이다.[82] 守其에 대해서는 아래의 기사에서 알 수 있듯이 칙명에 의해 강화경판 교감을 담당한 수기의 당시 僧階는 고위직인 僧統이다.[83]

---

82) 개태사의 승통 守眞은 守其와 동일 인물이라는 점은 여러 논고를 통해 밝혀졌으므로 그 논의는 생략키로 한다.

83)『東國李相國集』권34,「華嚴業僧統都行 敎書官誥」. "德與望之合 統沙門".

> 開泰寺의 僧統 守眞은 박학하고 식견이 정민하였는데, 칙명을 받
> 들어 대장경의 正錯을 校勘함에 있어서 마치 본래 몸소 번역한 것 같
> 았다. 直講 河千旦이 자기가 지은 시와 함께 芥子 한 자를 보내니, 대
> 사가 즉시 次韻하여 말하기를 … 이는 참으로 생각이 깊고 오랜 경험
> 에서 나온 道談으로 지금 그는 5敎都僧統이 되었다.[84]

『高麗國新雕大藏校正別錄』 30권을 奉勅 校勘한[85] 수기는 화엄
종 승려로서 각성 사업의 실무 총괄자[86]이자 교감자 중 한 사람
이다.[87]

당시 교감작업은 여러 學僧들이 엄밀한 서지학적 방법과 문헌학
적 방법에 의거하였고, 일정한 기준 판본을 따로 두고 거기에 맞추
어 나가는 것이 아니라 國本·宋本·丹本의 3가지 저본을 서로
대조하여 가장 정확한 것을 택하는 원칙을 취하면서[88] 진행하였
다. 입장되어야 할 경전의 교감과 저본의 확정은 일종의 협동 연구
사업으로 매우 조직적이고도 체계적으로 수행되었을 것이다. 또한
각 단계별·분야별로 전문가 집단이 작업을 분담하여 각 경전을
비교 검토하는 일련의 과정을 거쳐야 한다. 일부 내용에 대해서는
당시의 여건과 상황을 고려하고 그 의견을 수렴하여 반영하는 등
복잡하게 추진되었을 것이다. 그러나 각성사업 당시에 일부 경전
교감 과정에서 적잖은 논의가 있었던 것으로 보인다.

---

84) 『補閑集』 권하. "開泰寺僧統守眞學得識精 奉勅校勘大藏經正錯 如素
　　所親譯 直講河千旦作詩幷以芥子一帒 見寄師卽次韻 卽事玄報佛恩眞
　　老宿道談 今五敎都僧統".
85) 『高麗國新雕大藏校正別錄』 30권(俊～密函)의 각권, 제1장.
86) 박상국, 1992, 앞의 논문, 1002쪽 및 김광식, 1992, 앞의 책, 229～230쪽.
87) 당시 守其의 행적과 교류관계 그리고 불교계의 위치에 대해서는 최영
　　호, 2001, 「江華京板『高麗大藏經』 각성사업의 주도층」『韓國中世社
　　會의 諸問題』, 한국중세사학회, 729～732쪽 참조.
88) 채상식, 2002, 「해제」『한글대장경 高麗國新雕大藏校正別錄』, 동국역
　　경원, 16～17쪽.

그 예로 3本의 대조 과정에서 寧·晉·楚函의『佛說佛名經』30권은 宋本과 丹本에 없는 것으로 오직 國本에만 수록되어 있었다. 이를 열람해 본 결과 18권본이 있으므로 상호 대조·비교해 보니 권수는 비록 상이하지만 文義는 동일하였다고 한다. 하지만 이 경을 제거해 버린다면 반드시 대중들이 분노해 할 것이라 하여 30권본은 존속시키고, 18권본을 삭제하여 강화경판에 入藏시킨다[89]고 했다.

또 推函의『大集經』을 교감과정에서 논의된 내용을 요약해 보면 다음과 같다. 國本·宋本의 두 대장경은 모두 60권, 丹本과 開元錄은 모두 30권으로 권수가 각각 상이하였다. 개원록 전후의 經文에 표현되어 있는 형상을 자세히 살펴보니 국본·송본의 60권본은 6가지 잘못된 점이 있기 때문에 의거할 수 없다. 그리고 이것은 이치적으로는 반드시 바로 잡아야 하지만 어떻게 바로 잡겠는가. 간략히 하려면 개원록과 단본처럼 30권으로 하는 것이 옳고, 복합적으로 하려고 하면 개원록 중에 있는 제6본과 같이 80권으로 고치면 바야흐로 모든 것을 갖추게 될 것이다. 그러나 지금 바로 잡지 못하는 것은 이 60권본을 本朝 즉 고려의 분황종에서 선택하여 經行한지 이미 오래 되었기 때문이니 오래된 것은 고치기 어렵다[90]고 했다.

이처럼 강화경판에는 당시 국내에 전해 오던 많은 경전과 대비하여 고려에만 잔존하던『佛說佛名經』을 入藏시킨 경우도 있고, 또 『大集經』의 오류를 알면서 고치지 않은 守其의 태도로 보아 芬皇宗의 반대를 고려하면서[91] 교감 작업을 진행하고 있다.

---

89)『高麗國新雕大藏校正別錄』권30, 寧晉楚函 佛名經.
90)『高麗國新雕大藏校正別錄』권1, 推函 大集經.
91) 채상식, 2002, 앞의 글, 12쪽.

이를 통해 강화경판의 교감자들은 아무리 옳은 것이라 하더라도 그것이 현실상황에 위배될 경우 감히 取擇을 유보하고 삭제하지 않는 유연성을 갖고 민족 내부의 통합을 지향하려는 의지를 보여준다. 이처럼 각성사업은 國本의 우수성과 일부 무비판적으로 수입 편성된 경전 등을 바로 잡고, 이전의 전통을 계승 발전시켜 당대 최고의 '正藏'대장경을 조성하기 위해 교감 참여자들 간의 충분한 논의를 거쳐 저본을 확정하고 있음[92]을 엿볼 수 있다. 이러한 교감을 위해서는 고도의 조직화된 체계를 갖추고 守其大師 등 30여 명이 宋本·舊宋本·官本·國傳本·國後本·丹本 등 7本 藏經을 비치하고 철두철미하게 강화경판을 교감하였으며, 이때 바로 잡은 경전이 77종에 이른다.[93]

한편 교감 체계와 관련하여 목종 9년에 寫經된 일본문화청 소장의『大寶積經』의 간행 내용이 주목된다.[94] 이 사경은 목종의 생모인 千秋宮王太后 皇甫氏와 寵臣 金致陽이 寫成한 것으로 그 내용에 書者는 승려가 아닌 당대의 명필 崔成朔에게 맡겼다고 하였고, 初校는 금방 대사가 된 曇昱이 重校는 고참대사인 緣密에 의해 이루어졌다한다. 필사는 書에 능하긴 해도 승려가 아닌 俗人이지만, 경전의 내용만은 화엄지식에 능한 승려들에게 맡겨 교정을 담당케[95] 한 것이

---

92) 배상현, 1997, 앞의 논문; 김윤곤, 2003, 「고려 '國本'대장경의 혁신과 그 배경」『민족문화논총』27, 영남대.

93) 김윤곤, 2003, 위의 논문, 63~64쪽. 한편 김자연은 경전 45종, 교정 건수는 90여 건으로 파악하고, 이 가운데서 내용을 바로 잡은 것이 80여 개소, 경전의 張을 바로 잡은 것은 280여 장, 바로잡은 글이 1,200여 행이며, 글자의 교정이 15,400여 자로 보았다(김자연, 1985, 「≪팔만대장경≫의 출판문화사적 가치」『력사과학』1).

94) 이 寫經 간행의 정치적 성격에 대해서는 김당택, 1980, 「高麗 穆宗 12年의 政變에 대한 一考」『한국학보』18 참조.

95) 권희경, 1986,『高麗寫經의 硏究』, 미진사, 370쪽 및 1996, 「韓國寫經書體와 書者에 관한 연구」『서지학연구』12, 428~429쪽.

다. 여기서 書者는 승려가 아닌 세속인이지만, 初校와 重校는 화엄
학에 밝은 대사들에 의해 수행되어지고 있음을 알 수 있다.

또한 대각국사 의천에 의해 주도된 소위『續藏經』의 조성에 있
어서도 홍왕사에 敎藏司를 설치하고 경전의 교감을 보는데 있어
대각국사는 名流 및 學者,96) 그리고 義學名僧97)을 한 자리에 모아
서로 더불어 校正하고 謬缺부분을 교정 보완토록 하여 刻工에게
판각하도록 命하였다. 이처럼 경전 교감자는 해당 경전에 해박한
고승이나 학승과 같은 승려 지식인은 물론 불교 경전이나 교학적
지식이 밝은 세속의 儒佛 지식인들도98) 초청되어 분담하였다.99)
筆寫의 경우에는 승려뿐 아니라 국가 기관에서 활동하는 官員들
도100) 적극 참여하고 있다. 소위『續藏經』을 조성하기 이전인 현
종대의 玄化寺 成造都監 조직체계가 敎俗 이원적 형태로 운영되
고 있는 것을 볼 때101) 고려 전기부터 이러한 체제가 적극 활용되

---

96)「開城 靈通寺 大覺國師 碑文」. "請置敎藏司於 興王寺 召名流 校定謬
    缺 使上之鉛槧 不機稔聞 文籍大備 學者 忻賴"(이지관, 2000,『校勘譯
    註 歷代高僧碑文』고려편 3, 가산불교문화연구원).
97)「陜川 般若寺 元景王師 碑文」. "□□引師等義學名僧 相與校正 乃命
    工鏤板使既逸之典 再行於世"(이지관, 위의 책).
98) 한기문, 1995,「高麗時代 寺院內 管理組織과 所屬僧의 構成」『한국중
    세사연구』2, 201~207쪽.
99) 이와 관련하여 허흥식은 義天의 많은 佛經典의 간행에 있어서 儒學을
    닦은 官人들의 협조를 받아 이루어진 경우도 많았다는 점을 고려해
    보면 고려시대 대장경 간행에는 승려계층뿐 아니라 유학자들의 동참
    도 예상할 수 있다고 하였다(허흥식, 1993,「13세기 고려 불교계의 동
    향」『高麗中後期 佛敎史論』, 민족사, 77쪽).
100) 소위『續藏經』에는 書者로서 秘書省, 寫經院, 尙舍局, 尙衣局, 司宰
    寺 등의 관원이 참여하고 있었다. 당시 참여한 관원들에 대해서는 다
    음의 논고가 참조된다. 조명기, 1982,『高麗大覺國師와 天台思想』, 경
    서원; 천혜봉, 1980,『羅麗印刷術의 發達』, 경인문화사; 大屋德成,
    1937,『高麗續藏經雕造攷』, 일본 편리당.
101) 한기문, 1998,『고려사원의 구조와 기능』, 민족사, 242~243쪽.

고 있음을 알 수 있다. 따라서 대장경의 조성에는 불교 경전이나 교학에 해박한 지식을 소유한 세속적 지식인과 그 업무에 능한 관원들까지도 경전 교감이나 필사의 역할을 담당하고 있으며, 강화 경판 각성사업 역시 이와 유사한 체제로 진행되었을 것이다.

여기서 각성사업 당시 辛亥年高麗國分司大藏都監에서『東國李相國集』의 교감을 담당한 이익배의 실무 내용을 검토해 보기로 하자.

> 嗣孫 益培는 말한다. 할아버지 文順公의 全集 41卷, 後集 12卷, 年譜 1軸이 세상에 돌아다닌 지 이미 오래되었는데 잘못되어 어그러지거나 빠져 있는 곳이 많다. 요사이 分司都監이 大藏經 板刻 일을 마치고 나서 王命을 받들어 이 책을 간행하게 되었다. 나는 그때 다행히 이웃 고을에서 벼슬살이를 하고 있었는데, 家藏本 한 질로 내용을 교정하여 유통시켰다.102)

위에서 보듯이 당시 진주 인근의 하동 監務였던 이익배는 분사 대장도감에서 간행된『東國李相國集』의 교감을 담당하고 있다. 이익배가 교감자로서『東國李相國集』의 출간에 참여한 것은 인근 지역의 지방관이라는 점도 있으나, 자신의 조부였던 이규보의 문집에 대하여 누구보다도 해박한 지식과 그 내용을 잘 이해하였기 때문으로 이해된다.

당시 각종 서적의 교감 과정과 관련하여, 원간섭기에『帝王韻紀』를 간행할 때 이승휴가 간행 실무 책임자인 晉陽書記 鄭玿에게 보낸 편지의 내용103)을 통해 구체적으로 파악할 수 있다. 이승휴가『帝王韻紀』의 초간본을 검토한 후 간행의 실무 책임자인 진양서기

---

102)『東國李相國集』후집 권12, 拔尾. “嗣孫益培言 祖文順公全集四十一卷 後集十二卷 年譜 一軸 行于世者 尚矣 多有訛舛脫漏之處 今者 分司都監 雕海藏告畢之暇 奉勅鏤板 予幸守比郡 以家藏一本 讐校流通耳”.
103) 이와 관련하여 이종문, 1999,「『帝王韻紀』의 原典에 對한 몇 가지 의문점」『고려시대 역사시 연구』, 한국정신문화연구원 참조.

정소에게 보낸 글의 내용은 크게 두 가지로 구분된다.

첫째, 초고본의 주석 및 오·탈자까지 일일이 잘못된 부분을 수정해 줄 것을 요구하며, 오자는 물론 동그라미의 크기까지도 정정해 줄 것을 지적하였다.

둘째, 교정지인 인출본을 자신의 아들인 林宗에게 보내어 그 결과를 확인시켜 줄 것을 요구하고 있다.[104]

당시 교감을 담당한 이들은 교정지의 수정 사항을 刻手에게 지시하고, 또 이를 확인하는 작업 과정까지 담당해야 하므로 해당 서적의 내용과 편찬의 취지까지도 잘 파악하고 있어야 한다. 즉 『東國李相國集』의 교감을 맡은 이익배는 내용에 상당히 해박하였을 것이며, 담당한 교감의 업무는 底本의 대조는 물론 오·탈자의 수정까지 포함되었을 것이다.

결국 강화경판의 교감 업무는 해당 경전의 내용을 잘 파악하고 있는 인물들이 담당하고 있었음을 알 수 있다. 즉 교감을 맡은 자들은 고승, 학승을 비롯한 불교계와 해당 경전 및 내용에 뛰어난 지식을 소유한 민간의 儒佛學 지식인들이다.

이상의 검토를 통하여 守其를 비롯한 30여 명의 학승과 『南明泉和尙頌證道歌事實』의 擧上人, 그리고 內道場의 殿主이자 흥왕사의 敎學僧統 天其[105] 등과 같은 학승들과 전문가들이 그 업무를 분담하여 강화경판을 교감하고 있음을 알 수 있다.

각성사업은 행정적 세속 조직과 불교 조직의 독자성을 바탕으로 상호 협조에 의해 운영되고 있는데, 불교계와 세속의 참여자들은 각각 담당한 역할이나 기능에 있어서 독자성을 바탕으로 유기적인 협조체계를 구축하였을 것이다. 하지만 여기에 교감 업무를 담당

---

104) 『帝王韻紀』 「與晉陽書記鄭珝書」.
105) 『釋華嚴旨歸章圓通鈔』 권하 말.

한 사람들마저도 世俗人으로 구분한다면 매우 복잡한 양상을 띄게 된다. 각 조직 간의 업무 추진에 따른 상호간의 충돌 방지와 각성 사업의 원활한 추진을 가능케 하기 위하여[106] 이를 조정할 수 있는 역할을 누군가가 담당하였을 것이다.

　앞서 분사대장도감의 조직 내에 통치 조직과 사원 조직이 병존하고 있었음을 살펴보았다. 경전의 교감이나 필사 부분에 敎俗이 함께 참여하고 있음을 감안한다면 그 조직은 매우 복잡하게 얽혀 있다 할 것이다. 이 때 업무의 중복을 해소하고 적정한 업무의 분담을 위해서 각 도감의 총괄책임자와 실무책임자의 논의를 거쳐 각성사업이 원만하게 진행될 수 있도록 하였을 것이다. 업무 분담 조정은 총괄책임자인 안찰사가 맡기보다는 실무 책임자인 副使나 牧使 등이 담당한 것으로 추정된다. 다시 말해 분사대장도감의 총괄책임자와 실무책임자는 행정적 업무를 주로 담당한데 비하여 간사를 중심으로 교감－필사자－刻手의 조직 체계는 경판의 실질적인 업무를 담당하고 있다.

　여기서 간사의 업무와 역할에 관련해서 강화경판 조성 전후에 출간된 각종 불교 서적의 지·발문을 통해 검토해 보기로 하자.

사-① 請山人志閑 敬寫華嚴神衆 募工雕板者 十二月日 誌 順安山城
　　防護別監同縣令興衛攝散員李榮.[107]

　② 於是請山人明覺 鋟板印施 無窮 少報慈恩之万一 用祝 我聖算
　　亘天 儲齡後地 隣兵瓦解 朝野鏡清 次願晋陽侯 長僞家國柱石
　　永作佛法番墻 又願 我先考及亡姉兄弟 與六寸眷屬 泊三途受
　　輪回者 同乘此人 共座極樂世界 丙申年 十二月十五日 憂婆塞
　　鄭奮誌.[108]

---

106) 최영호, 1997, 앞의 논문, 259～260쪽.
107) 『大方廣佛華嚴經世主妙嚴品』(藤田亮策, 1991, 앞의 논문).
108) 『妙法蓮華經』(藤田亮策, 1991, 앞의 논문).

③) 昔天台智者 親承佛旨 科節經文 坦然 明白 然此科 舊本字 寫
漫滅大小不中 因 剪出中字 插科其上 募工雕板 以廣布 通所
冀 皇齡萬歲 今筭無疆 兵災息滅 朝野和 平 法界含靈 同證佛
慧耳 時辛丑 孟秋 全州牧 判官 郞將 安時俊 誌［筆寫］勤發
洪愿印成 蓮經一百部 廣施者 壬戌六月日 万德寺內 道人 心
秀. 고려 折帖本『妙法蓮華經』.109)

사)에서 『大方廣佛華嚴經世主妙嚴品』・『妙法蓮華經』・折帖本『妙
法蓮華經』110) 등을 간행하면서 제 경비는 順安山城防護別監同縣
令興衛攝散員 李榮과 鄭奮 등과 같은 지방의 유력자들이 부담하고
있다.

그러나 실질적인 彫成은 志閑・明覺・心秀 등과 같은 승려들이 간
사로 위촉되어 추진하고 있다. 간사로 위촉된 이들의 구체적인 역할
을 정리해 보면 사-①)에서『大方廣佛華嚴經世主妙嚴品』의 간행
을 위해 이영은 山人 志閑에게 敬寫토록 하면서 工人을 모집하도
록 하였고, 사-②)의『妙法蓮華經』은 정안이 山人 明覺111)에게 부
탁하여 간행되도록 하였다. 또 사-③)에서 고려 折帖本『妙法蓮華
經』은 당시 全州牧 判官이었던 安時俊이 舊本의 글자가 마멸되고
그 크기의 대소가 고르지 않아 中字를 택하여 그 科를 그 위에 넣
어서 간행하였다. 이 때 그 실무를 万德寺의 道人 心秀이 주관하

───────────────

109) 남권희, 1997,「13세기 천태종 관련 고려불경 3종의 서지적 고찰-『圓
　　覺類解』,『弘贊法華傳』,『法華文句幷記節要』」『계간서지학보』 19.
110) 이『妙法蓮華經』의 간행시기는 남권희는 1262년 추정하고 있다. 그리
　　고 고종 27년 崔怡의 명으로 晉陽判官 金氏 등이 시주하여 간행한 다
　　른 판본도 있다(남권희, 1997, 위의 논문; 문화부, 1989,『동산문화재지
　　정보고서-88지정편』, 문화부, 161쪽).
111)『妙法蓮華經』의 출간을 주도한 '明覺'은 지문에서 알 수 있듯이 승려
　　지식인의 한 부류인 山人이다. '明覺'은 각성사업을 전후하여 최씨 무
　　인정권과 타협 내지 계량된 인물로 파악되기도 한다. 이와 관련하여
　　최영호, 1995,「고려 무인집권기 승려지식인 山人의『강화경판 고려
　　대장경』각성사업 참여」『석당논총』 21, 동아대 참조.

도록 하였다.

이상에서 지한·명각·심수 등이 맡은 역할을 보면 이들은 해당 경전에 해박한 지식을 가지고 있었던 승려들임을 짐작할 수 있다. 이들의 역할은 여기에 그치지 않고, 刻手나 필사자를 모집하는 과정에서 일정한 역할을 담당하면서 교감자·필사자 또는 鍊板의 제작과 刻字僧이나 刻手에게 그 업무를 분담시키는 등의 임무를 수행하였을 것이다. 이는 앞서 제시한 사료에서 전광재가 분사대장도감의 승려실무 간사인 比丘 天旦에게 판각 사업에 관한 실무를 부촉하여『南明泉和尙頌證道歌事實』의 각성을 원활히 이루었다라고 한 것에서 잘 알 수 있다.

당시 간사 역할을 부여받은『南明泉和尙頌證道歌事實』의 天旦,『大方廣佛華嚴經世主妙嚴品』의 志閑,『妙法蓮華經』의 明覺, 고려 折帖本『妙法蓮華經』의 心秀 등은 각종 서적의 간행에 있어 그 내용을 잘 파악하고 있는 인물들로 실무 교감도 맡았을 것이다. 결국 간사직의 설치 및 관련 조직 체계는 상호간 업무의 중복을 피하고 원활한 업무 추진을 확보할 수 있도록 하는 조정자의 역할을 담당하고 있음을 알 수 있다.

이상의 검토를 통하여 분사대장도감의 직제는 당시 지방의 행정조직 체계를 그대로 활용하고 있다. 또 기존의 행정조직에 특채된 요원들이 각성사업의 업무를 분담하면서 경전의 교감 및 경판의 彫成에 필요한 현장 인력들을 직접 수급 및 관리하고 있다. 강화경판의 경전 간행 체계를 단순화시켜 보면 안찰사가 책임자로서 그 직임을 수행하고, 그 아래 간사―교감―필사자―刻手로 그 체계가 구성되었을 것이다. 이러한 체계는 각 도감 산하의 조성 공간에서도 동일하게 적용 및 활용되었을 것이다.

2. 分司大藏都監의 運營 形態

각성사업은 세속인과 불교계의 승려가 다 함께 동참할 수 있는 공간과 조직이 제도적으로 확보되어 있었다고 할 수 있다. 즉 사업의 일관성을 유지하고 체계적인 조직을 갖추기 위해 별도의 조직을 구성하기보다는 기존의 통치조직과 사원조직을 혼용한 이원적 형태로 편제되었을 가능성이 높다. 각성사업은 제도적·자율적으로 敎俗의 참여를 가능케 하였으며, 실제 참여 각성인의 인·법명112)을 보면 그 사실을 알 수 있다.

분사대장도감에서 경판이 조성되기 시작한 고종 30년 이후에는 보다 복잡한 체계를 유지하였을 것이다. 기존의 실무기구인 대장도감 기능 중 조판과 관련된 업무의 확대 개편과 맞물려 있었기 때문에 각종 인적·물적 자원의 확보 및 사업의 원활한 전개를 위해 조성 공간의 확충은 시급한 과제였을 것이다. 이 때 전국의 모든 禪敎 사원은 界首官을 통해서 파악되고 있으며, 또한 계수관이 행정적으로 통제하고 있다는 사실에서 분사대장도감과 사원, 그리고 조성 공간은 그들의 지휘·감독 하에 진행할 수밖에 없었을 것이다.113) 이 때는 각성사업 이전의 민간 및 사원에서 활동한 刻手들의 참여도 전제되어야 한다.114)

---

112) 예를 들어 세속인으로 추정되는 각성인은 '金日卿'·'金得貂'·'鄭洪'· '進士林大節'·'隊正許白儒'·'戶長金鍊'·'戶長裵公綽'·'崔同'·'金大明' 등, 승려는 '明覺'·'天台山人了源'·'祝融山人信成'·'比丘孝謙' 등을 들 수 있다.

113) 김윤곤, 1998, 앞의 논문, 127～128쪽.

114) 이와 관련하여 江華京板 이외의 불교 서적과 비교·검토를 통하여 각

분사대장도감의 職制 및 그 職務에 따른 조직 체계는 상위의 대장도감과는 약간 차이가 있었을 것이다. 즉 지방 분사대장도감의 최고 책임자인 使보다 상위의 품계나 實權 관직자를 대장도감의 최고 책임자로 임명하거나, 또는 상위의 직제를 두어 그 체계 유지하였을 것이다. 이는 두 도감 모두 국가기구라는 점에서 업무의 효율적인 추진을 위해 대장도감의 최고 책임자는 분사대장도감보다도 상대적으로 높은 직위와 조직체계를 구축하였을 것이다.

이것은 각성사업이 전개되는 과정에서 각각의 업무를 해당 관청이 맡아서 처리하는 것보다 대장도감에서 총괄 처리함으로써 행정의 효율성을 높이고 아울러 각성사업의 업무 분장을 체계적으로 도모할 수 있다. 정책적·행정적 기능을 가진 대장도감의 정점 하에 분사대장도감을 분산시켜 제반 문제점을 해소해 보고자 하였던 것이다. 분사대장도감이 대장도감과 중복되는 업무를 수행한다면 굳이 별도의 도감을 둘 필요성은 없기 때문이다.

다시 정리하면, 대장도감과 분사대장도감은 국가 조직체계 아래 업무를 관장하는 기구로서 각성사업의 정책 입안과 기획 및 총괄적인 행정 지원 등 상위 업무는 江華京의 대장도감이 담당하고, 판목의 벌목이나 운반 및 연판 등 실무적인 업무는 분사남해대장도감 등지에서 전담한 것에서 추론된다. 하지만 분사대장도감은 고종 30년 이후에는 경판의 판각기능도 함께 수행하였다. 이는 고종 30년에 조성된 경판의 수량이 급증하고 있고, 또 참여 각성인도 그 이전보다도 최대 3배수 이상 증가하고 있는데서 알 수 있다.[115] 고

성인의 참여 및 활동 추이와 그 연관성에 대해서는 제4장에서 살펴보고자 한다.

115) 참고로 고종 29년 대장도감에서는 8,964장이 각성되면서 172명의 각성인이 참여하였고, 고종 30년 대장도감에서는 25,480장이 각성되었고 659명이 참여하였다. 그리고 분사대장도감은 6,095장이 각성되면

종 24년부터 29년까지 총 45,200여 장의 경판이 조성된 반면, 분사대장도감에서 경판이 각성되기 시작한 고종 30년 31,800여 장, 고종 31년 39,600여 장이 각각 조성되고 있는 것에서 분사대장도감의 비중을 이해할 수 있다.

한편 경판의 판각은 몽고군의 침략이 진행되고 있는 와중에 어느 특정 장소 및 지역에 집중하기보다 여러 지역에 분산하여 조성하는 것이 그 위험부담을 경감시키고 동시에 업무의 효율성을 기할 수 있을 것이다. 즉 각성사업 추진 과정에서 각성인과 판각 작업 공간의 안전성을 확보하고, 조성된 경판 보존을 위한 제반 문제점을 해소시키기 위해 각성사업은 초기부터 특정 지역이 아닌 다양한 조성 공간에서 각각의 구성 체계를 통하여 전개한 것으로 파악된다.116) 기존의 官署工房 및 신설공방, 사원, 그리고 전국 주요 지역의 조성 공간을 적극 활용하였을 것이다.117)

도감 산하의 조성공간은 오직 특정 지역 한 곳만이 아니라, 몽고의 침략으로 경판 조성이 곤란한 지역을 제외한 계수관이 파견된 지방 행정조직을 중심으로 확대되었을 가능성이 높다. 이는 분사대장도감이 각 道의 안찰사와 界首官 職을 겸임하여 그 職分을 수행하고 있는 것에서도 추론이 가능하다.

각성사업에 참여한 각성인의 활동이 다양한 형태로 전개되고 있는 것에서 조성 공간의 다양성을 엿볼 수 있다. 예를 들면 각성인 개개인 각성량의 변화와 참여 경전의 種數가 다양하게 나타나고 있다는 점이다. 이에 대해서는 후술하기로 하고118) 분사대장도감

서 559명이 참여하고 있다.

116) 최연주, 1998, 「高宗 24年 『江華京板 高麗大藏經』의 刻成事業」 『한국중세사연구』 5, 140~141쪽.

117) 당시 주요 지방 및 사원의 서적 출간 실태 및 주요 내용에 대해서는 제1장 1절 참조.

이 전국적인 조직을 가질 수밖에 없었던 배경에 대하여 좀 더 검토
해 보기로 하자.

각성사업은 경판을 새기는 것도 중요하지만 판각 업무의 특성상
효율적인 종이의 수요와 공급이 뒤따라야만 한다. 대장경 인출과
관련되는 사료를 제시해 보면 다음과 같다.

> 아) 나의 병이 나았을 때 王命을 받들어 懶翁의 塔銘을 지은 것이 오래
> 되지 않았다. 스스로 계획하여 보니 내 힘으로는 부족하다. 힙 입
> 어서 이 일을 성취할 수 있는 자는 오직 懶翁의 무리뿐이다. 즉시
> 편지를 보내어 의사를 말하였다. 호를 無及이라고 하고, 琇峯이라
> 고 하는 두 중이 그의 무리를 거느리고 와서 격려하였다. 경신년 2
> 월부터 인연을 따라 희사를 모으기 시작하였다. 覺昌은 順興에서,
> 覺岑은 安東에서, 覺洪은 寧海에서 道惠는 淸州에서, 覺連은 忠州
> 에서, 覺雲은 平壤에서, 梵雄은 鳳州에서, 志寶는 牙州에서 勸善하
> 였다. 닥이 변하여 종이가 되고, 검은 것을 녹여 먹을 만들었다. 신
> 유년 4월에 이르러 經律論을 인쇄하여 9월에 표지를 꾸미고, 10월
> 에 覺珠가 泥金으로 題目을 쓰고 覺峰이 누른 책가위를 만들었으
> 며, 12월에 性空이 函을 만들었다. 아침 저녁으로 몇 되, 몇 말의
> 곡식을 빌어다가 여러 중들을 밥 먹이는 일을 처음부터 끝까지 게
> 을리 하지 않은 자는 國贐里에 사는 노파 妙安이었다. 임술년 정월
> 에 화엄종 靈通寺에서 거듭거듭 校閱하고 4월에 배에 싣고 여흥군
> 신륵사에 이르니 나옹이 입적한 곳이다. 花山君 權公僖가 제목을
> 주관하여 다시 여러 시주들과 더불어 施財하고, 同庵 順公이 事를
> 감독하여 드디어 절의 남쪽에 2층 집을 세우고 크게 단청을 장식
> 하였다. 준공하매 그 안에 넣고 간직하였다. 5월에 轉經하고, 9월에
> 전경하였으며, 금년 들어 계해년 정월에 또한 전경하였다. 대략 1
> 년에 세 번 전경하는 것이 恒規로 한다.119)

---

118) 이와 관련하여 제3장에서 상론하기로 하겠다.

119) 『東文選』 권76, 「驪興郡神勒寺大藏閣記」. "予病新起 奉敎撰懶翁塔
　　銘 未久也 因自計吾力則不足矣 可賴以辦此者 惟懶翁徒耳 卽馳書告
　　之 有號無及琇峯二浮屠者 率其徒從輿 始自庚申二月 募緣覺昌於順
　　興 覺岑於安東 覺洪於寧海 道惠於淸州 覺連於忠州 覺雲於平壤 梵
　　雄於鳳州 志寶於牙州 化楮爲紙 釋幻造墨 至辛酉四月 印出經律論

위의 내용은 李崇仁이 우왕 7년에 坐兀南山 聰公이 이색에게 亡夫의 立願을 위하여 대장경 1부를 인출하여 여흥군 신륵사에 봉안한 과정에 대한 기록이다.

대장경 인출 배경은 이색의 부친인 가정 문정공 李穀이 그의 아버지가 운명하자 聰公에게 대장경 1부를 간행하여 부모의 명복을 빌고자 하였으나, 그 뜻을 이루지 못하고 죽자 이색이 그 뜻을 받들어 추진하였다.

인출 과정을 정리해 보면, 우왕 8년 2월부터 覺昌, 覺岑, 覺洪, 道惠, 覺連, 覺雲, 梵雄, 志寶 등이 순흥, 안동, 영해, 청주, 충주, 평양, 봉주, 아주 등지에서 각각 募緣을 시작하였다. 모연이 이루어지자 먹과 楮紙를 준비하여 이듬해인 우왕 9년 4월에 장경을 인출하기 시작하여 9월에는 표지를 만들고 裝册하기 시작하였다. 10월에는 泥金으로 제목을 써 裝册을 마무리하고, 12월에는 經函을 만듦으로서 인출작업이 끝나게 되었다. 이듬해 정월에 화엄종 영통사에서 轉閱한 다음 4월에 水路를 이용하여 신륵사에 移藏하였고 大藏閣이 완성되자 이에 안치하였다고 한다. 즉 대장경 인출을 위해 전국적으로 佛事를 진행했던 것이다.

여기서 대장경 인경의 기간이 2년에 걸쳐 진행될 만큼 대규모의 사업이고, 작업의 순서와 그 절차가 매우 복잡하고 대단히 많은 인적·물적 자원이 투입되고 있음을 알 수 있다. 특정 지역을 대상으로 한 것이 아니라 전국적인 규모로서 철저한 분업체계를 통해 印經되고 있음을 확인할 수 있다.

九月粧褙 十月覺珠泥金題目 覺峯造黃複 十二月性空造函 朝莫匂升斗以飯 正月 於華嚴靈通寺轉閱 四月舟載至于驪興之神勒寺 懶翁示寂之地也 花山君權公儃主盟題目 復與諸檀施財 同庵順公董役 遂於寺之南 起閣二層 覺脩丹艧旣畢 皮而藏之 五月 又轉 九月又轉 今癸亥正月又轉 約歲三次爲恒規".

아)의 대장경 인경을 위해 전국적인 모연이 실시된 점은 사원의 대규모 모연 과정을 엿볼 수 있으며 王命으로 실시될 경우도 이와 유사하였을 것으로 짐작된다. 그 예로서 조선 세조 6년 해인사의 대장경 인출 과정에서 종이 확보를 위해 각 道 내지는 주요 지역을 중심으로 배정[120]되었다.[121] 이를 볼 때 당시 대장경과 관련된 업무는 단순히 특정 지역에서만 이루어진 것이 아니라 전국적인 지원 및 협력아래 진행되었던 것이다. 다음의 내용을 보면,

> 자) 대장경을 보충함에는 지난번의 염장별감 李公·方公이 따로 임금의 명령을 받아 雪牋紙 3만 여장과 漆을 담은 函 140여 개를 만들어 도왔다. 사의 제자인 대선사 承淑·中德·日生의 무리가 江華板堂에 가서 궐 한 함과 궐 한 권, 궐 한 장을 찍어 와서 신본과 구본을 합하여 도합 600여 함을 만들었는데, 모두 누런 종이로 의를 하고 누런 비단으로 책갑을 만들어서 새 전당과 새 창고 안에 합하여 안치하였다.[122]

제시된 자)의 내용을 통해 충숙왕대 晋州의 龍巖寺를 중창하는 과정에서 대장경 인출을 위해 王命에 의해 雪牋紙 3만 여장과 漆을 담은 函 140여 개를 만들었음을 알 수 있다. 그 업무를 주관한 사

---

120) 이때 대장경 50권을 인출하기 위한 印出紙의 공납은 각 도별로 책정되었는데, 그 예를 들면, 충청도에 종이 51,126권, 먹 875정, 전라도에 종이 99,004권, 먹 1,750정, 경상도에 종이 99,400권, 먹 1,750정, 황해도에 종이 11,126권, 먹 875정으로 모두 관에서 스스로 준비하여 해인사에 보내라고 지시했다(『朝鮮王朝實錄』 권8, 세조 3년 6월 임자).

121) 이 같은 印出紙를 배당한 근거는 각 도의 납부능력, 즉 각 도의 楮의 조달능력과 매년 册紙의 납부 능력 등을 근거로 배정하였다고 한다(오용섭, 1994, 『「高麗新雕大藏經」 後刷考』, 중앙대 박사학위논문, 44쪽).

122) 『東文選』 권68, 「靈鳳山龍巖寺重創記」. "向之鹽場李公方公 別受上命 造雪牋三萬餘張 漆函一百四十副以助之 師之門人大禪師承淑中德日生等 就江華板堂 印出闕函闕卷張而來 新舊幷六百餘函 皆衣以黃紙 幅以黃絹 合安于新殿新藏之中".

람은 당시 진주 지방에 파견된 鹽場別監으로,[123] 대장경 인경과 관련된 업무의 추진이 王命에 의해 국가 행정체계가 동원되고 있다.

앞의 아)와 자)를 통해 강화경판 각성사업 역시 물적 자원의 확보를 위해 여러 과정과 절차를 거쳤을 것이다. 국가 행정체계와 전국적인 조직망을 통하여 조성된 각종 물적 자원 중 일부는 당시 각성사업의 중심지였던 강화경으로 이송되었고, 일부는 전국 주요 지역에 분산·설치된 분사대장도감에 지원되었을 것이다. 특히 앞에서 검토한 바와 같이 강화경판을 조성할 때 필사 및 교정을 위해 다량의 종이가 필수적이라는 점을 고려해 보면 당시 엄청난 양의 종이를 소비했을 것이다. 또한 16년 동안의 각성사업에 지속적으로 공급되어야 할 것이므로 안정적인 종이의 확보를 위해서는 다양한 조직망을 구축할 수밖에 없다.

그것은 판본의 경우도 마찬가지로 판단되는데, 기존의 연구에서 판본은 남해안 일부 내지 남부지방에서 자생하는 樹種을 활용하였다[124]고 하였다. 그러나 현존하는 강화경판 판본의 재질은 우리나라 전역에서 자생하는 산벚나무, 돌배나무와 같은 수종으로[125] 전

---

123) 염장별감은 소금 收取와 관련하여 중앙에서 파견된 別監이지만, 고려 후기에는 본래 임무인 鹽稅의 원활한 收取에만 전념하는 것이 아니라 기타 貢物의 收取에도 깊이 간여하고 있었다. 최연주, 1999, 「고려후기의 榷鹽法을 둘러싼 분쟁과 그 성격」『한국중세사연구』6 참조.
124) 대표적인 예로 거제수나무, 자작나무, 후박나무 등을 들고 있었다. 이와 관련된 내용과 수종의 구분에 대해서는 박상진, 1998, 「고려대장경판의 재질로 본 판각지에 대한 고찰」『인문과학』12, 경북대, 60~62쪽 참조.
125) 江華京板의 판본 중 200여 장을 조사한 결과 산벚나무가 64%, 돌배나무가 14%, 자작나무 종류 9%, 층층나무 6% 등으로 조사되었다. 물론 이 조사는 임의적으로 선정하였으므로 더 많은 경판을 조사해 보면 비율이 조금씩 달라질 수는 있으나 경판의 전체적인 종류와 경향에는 크게 무리가 없을 것으로 보고 있다(박상진, 1999, 앞의 책, 59~82쪽).

국적으로 조달이 가능한 것이기 때문에 남해와 같은 특정 지역이
아니라 전국에서 경판 판본을 수급 및 조달하였을 가능성이 매우
높다. 이는 각성사업에 필요한 판본의 수급 및 조달이 용이한 지역
을 중심으로 분사대장도감이 설치 및 운영되었음을 보여준다. 결
국 각종 물자의 보급과 조달이라는 측면에서 분사대장도감은 전국
적인 조직체계로 진행될 수밖에 없었을 것이다.

그리고 최씨 무인정권은 강화경판 조성을 통하여 외적 격퇴라는
명분과 함께 민족의식을 제기하고, 대몽항쟁의 원활한 추진을 위
해 정치 및 사회세력을 조정해 나가고자 하였다. 만약 흩어진 민심
만을 추스르기 위해 강화경판을 조성하였다면, 조성 공간을 굳이
江華京, 南海 등의 특정 지역에만 둘 필요성은 없을 것이다.

임시수도인 강화경과 진주 및 남해 일대에서만 작업하기보다는
전 고려 민들의 적극적인 호응을 이끌어 낼 수 있는 전국적인 조직
망 구축을 통하여 각성사업을 전개하였을 것이다. 그러나 분사대
장도감 설치 이면에는 당시의 내부사정과 관련이 깊을 것으로 추
정된다. 즉 지방민들의 적극적인 참여를 유도하여 국민적 성금을
이끌어 내고, 여기에 원활한 조세 수입원을 확보하고자 하였을 것
이다. 고종 30년 2월에 최씨 무인정권은 巡問使와 山城勸農別監을
전국에 파견하여[126] 전쟁에 대한 위기감을 고조시키며 산성수축을
독려하는 한편, 조세의 안정적 공급을 위해 권농정책을 취하였
다.[127] 그 일환으로서 강화경의 대장도감에서만 조성되던 강화경

---

126) 『高麗史』 권79, 식화33, 농상, 고종 30년 2월. "遣諸道巡問使 閔曦于
　　慶尙州道　孫襲卿于全羅州道　宋國瞻于忠淸州道　又遣各道山城兼勸
　　農別監　凡三十七人　名爲勸農　實乃備禦也　巡問使　尋以煩冗　請罷勸
　　農別監　從之".
127) 이는 고종 30년 巡問使와 山城勸農別監 파견이 고종 29년 9월 흉년으
　　로 국가 재정이 어려워지고, 또 租稅 抵抗의 사태를 미봉하기 위한

판을 전국의 분사대장도감에서도 조성하기로 하였을 것이다. 이러한 최씨 무인정권의 의도는 재조관료들의 입장과 부합되기도 한 것이다. 몽고의 침략으로 인해 강화천도 이후 재조관료들은 지주로서의 소작료 징수가 상당히 어려워지게 되었다. 마침 분사대장도감에서도 대장경판 조성이 이루어지게 되자 이를 명분으로 합법적으로 강화경을 벗어나 자신의 本鄕·妻鄕·外鄕으로 내려가 소작료를 챙길 수 있게 되었을 것이라는 점이다.128)

이와 같이 분사대장도감의 설치 배경에는 각성사업의 효율적인 진행과 원활한 물자의 조달을 위한 측면도 있지만, 그 이면에는 최씨 무인정권 및 지배층의 현실적 이익을 도모하려는 의도가 깔려 있다고 할 수 있다. 하지만 궁극적으로는 각성사업의 당위성을 새롭게 인식시켜 民들의 적극적인 참여를 이끌어 내고자 한 것으로 이해된다.

다음은 분사대장도감의 위치에 대하여 살펴보기로 하자. 현재 분사대장도감의 위치를 알려 줄만한 자료는 『宗鏡錄』 권27의 刊記 즉 ‘丁未歲 高麗國 分司南海大藏都監 開板’뿐이다. 대장도감은 강화경에 위치하고, 분사대장도감은 남해 및 진주지방에도 존치했음은 주지 사실이다. 그러나 앞서 언급한 바와 같이 분사대장도감은 특정 지역에만 국한되거나 존치되지 않았을 것이다. 이에 대한 규명을 위해 기왕의 여러 견해를 검토해 보자.

그 동안 분사대장도감의 위치에 대해서는 南海縣, 晉州와 그 부근, 河東郡, 巨濟島 등의 한 곳이나 2～3곳, 南海의 江月庵(定林社) 내지 가까운 인근 지역, 그리고 강화도와 남해 등으로 파악하고129)

조치였다는 점에서 이해된다.
128) 김윤곤·김호동, 1996, 「『강화경판 고려대장경』 각성활동의 참여계층」 『한국중세사연구』 3, 255～260쪽.
129) 김갑주, 1990, 앞의 논문; 김상영, 1993, 「일연과 재조대장경 보판」 『중

있다. 그러나 최근 연구에서는 분사대장도감의 소재지를 界首官 혹은 경판 판각 사업을 수행하기에 편리한 지역 등에 설치되었을 것으로 파악하고, 강화경의 대장도감 근처와 남해에 설치된 것은 그 한 예에 불과하다는 견해130)가 제시되었다.

분사대장도감의 업무와 역할에 대해서도 여러 견해로 구분되는데, 우선 대장경의 대장도감판은 강화도의 대장도감에서 판각하였고, 분사대장도감판은 분사남해대장도감에서 판각하였다는 것이다.131) 그리고 최이·항이 사적인 재산을 희사하여 대장경을 완성하였다는 전제하에 대장도감의 위치는 최씨 집권무인의 사적인 경제력이 집중되어 있는 진주 지방으로, 정안의 대장경 참여사실을 고려하여 분사남해대장도감으로 보는 견해132)가 있다. 또 강화도에 있었던 대장도감을 대장경 판각을 위해 최이가 설치한 중앙의 지원기구로 이해하고 대장도감판이나 분사대장도감판 모두 분사

앙승가대학 논문집』2; 김영수, 2002,『朝鮮佛敎史』, 민속원; 민영규, 1984,「一然重編 曹洞五位 重印序」『학림』6, 연세대; 박상국, 1983, 「해인사 대장경판에 대한 재고찰」『한국학보』33 및 1992,「大藏都監 의 板刻性格과 禪源社 問題」『韓國佛敎文化思想史』(上), 가산이지관 스님화갑논총간행위원회; 불교방송학술연구단·남해군, 1994,『南海 分司都監 關聯基礎調査 報告書』, 불교방송.

130) 김윤곤, 1996,「고려대장경의 東亞大本과 彫成主體에 대한 考察」『석 당논총』24, 동아대 및 1998, 앞의 논문 및 2000,「고려시기 영남지역 의 寺院과 그 역할」『韓國中世史論叢』, 이수건교수정년기념논총간행 위원회; 배상현, 2003,「고려시기 晋州牧 지역의 寺院과 佛典의 조성」 『대구사학』72; 최연주, 2001,「江華京板『高麗大藏經』의 刻成者 참 여실태와 그 특성」『韓國中世社會의 諸問題』, 한국중세사학회; 최영 호, 1997,「海印寺 所藏本『大方廣佛華嚴經疏』·『大方廣佛華嚴經隨 疏演義鈔』의 판각성격」『한국중세사연구』4 및「南海地域의 江華京 板『高麗大藏經』각성사업 참여」『석당논총』25, 동아대.
131) 김갑주, 1990, 앞의 논문; 문경현, 1991, 앞의 논문; 불교방송학술연구 단·남해군, 1994, 앞의 책; 안계현, 1981, 앞의 논문.
132) 민영규, 1984, 위의 논문.

남해대장도감에서 판각되었다는 견해[133)로 각각 구분된다.

이상에서 대부분의 연구자들은 분사대장도감의 위치를 남해 및 진주 인근지역으로 국한하여 이해하고 있다. 그러나 분사대장도감의 위치는 다음과 같이 여러 각도에서 재검토되어야 한다. 첫째, 분사대장도감의 설치가 진주의 최씨 일가의 사적 경제기반과 무관하다는 점, 둘째 각성사업이 최씨 무인정권이나 정안의 개인적 차원이 아니라 국가적 불교 사업으로 추진되었다는 점, 셋째, 몽고침략기에 여러 지역에서 각종 경판이 조성되고 있다는 점을[134) 고려해 봐야 한다.

선행 연구에서는 남해에 퇴거한 정안이 대장경을 中分하기로 약속하여 대장경을 간행하였다는 자료[135)와 『宗鏡錄』권27의 刊記인 '丁未歲 高麗國 分司南海大藏都監 開板'를 결부시켜 주로 분사대장도감의 판각 장소와 그 성격에 관한 단서로 인용하였다. 즉, 대장도감판은 강화도에서, 분사대장도감판은 남해에서 조성되었다고 보는 주장과 중앙기구로서의 강화도 대장도감과 판각기구로서 분사 남해대장도감 등으로 이해하고 있다.

만약 분사대장도감이 다른 지역에는 설치되어 있지 않고 오직 남해에만 설치되었다면, 『종경록』의 刊記에 나타난 바와 같이 굳이 남해에서 開板한 것이라고 밝힐 필요성은 없었을 것이므로 이를 구체적으로 논증해 보고자 한다.

대장도감과 분사대장도감이 특정 지역 내에 함께 존재하였거나

---

133) 박상국, 1983, 앞의 논문.
134) 최영호, 1997, 앞의 논문(『석당논총』 25).
135) 『高麗史』 권100, 열전13, 정세유 부 안.
　　　鄭晏의 참여사실에 대하여 민영규는 정안을 江華京板 彫成의 결정적인 역할과 고종 28년 대장경판 行香에서도 주도적인 역할을 한 인물로 평가하고, 분사남해대장도감은 곧 정안과 아주 밀접한 관련이 있을 것이라고 하였다(민영규, 1997, 「고려대장경 新探」『사천강단』, 민족사).

각 도감에 각성인을 집중시킨다는 것은 여러 가지로 어려움이 많았을 것이다.

특히 고종 31년 대장도감과 분사대장도감에서 동시에 활동한 각성인[136]의 수가 1,600여 명에 달하고 있는데 과연 이렇게 많은 각성인이 특정 공간에서 함께 활동할 수 있었을까. 원거리에 있던 刻手나 몸 보시자들을 당시 임시수도였던 江華京이나 南海 및 晉州 지방으로 집적시켜야만 가능하다. 또한 각종 물자의 원활한 보급과 지원을 위해서도 전국의 주요 지역에서 강화경이나 특정 지역으로 인위적으로 이동 및 이송시켜야만 한다. 그러므로 대장도감이나 분사대장도감의 각 도감에서는 각성인과 그 밖의 종사자들을 한 곳에 집적시켜 운영했을 가능성은 낮다고 보아야 한다.

이미 12·13세기에 국가의 공적기구는 물론 불교계에서 각종 서적이 간행함에 있어 각 기구들은 독자적 형태로 운영되었지만, 왕명이나 지배층에 의해 주도되었던 간행사업에는 인적·물적 기반을 공유하고 있었음을 앞서 검토한 바 있다.[137] 거국적인 각성사업을 위해서는 국가의 행정체계를 동원하거나 당시 민간의 조직을 활용하였을 것이다. 방대한 규모의 각성사업 및 인경작업을 위해서는 전국적인 체제로 운영될 수밖에 없고, 敎俗의 이원적 체제 운영은 별도의 체계와 조직을 구성하기보다는 기왕의 시설을 활용하는 것이 더욱 효과적이라 할 수 있다.

한편 강화경판의 전체 중에서 분사대장도감 開板型의 경판은 6종이 포함되어 있다. 이 6종의 경전에는 ‘分司大藏都監開板’, ‘分司大藏都監彫造’와 ‘高麗國 分司大藏都監 … 奉勅雕造’ 등의 刊

---

136) 대장도감과 분사대장도감에서 동시에 활동한 각성인을 앞으로 두 도감에서 활동한 각성인으로 약칭한다.
137) 제1장 1절 참조.

記型이 병렬 존재해 있다. 이 3유형은 분사대장도감의 소재지가 여러 지역에 분산 설치되어 있었음을 말해 주는 것으로, '分司南海大藏都監'은 여러 분사대장도감 중의 하나일 뿐이며 이곳에서 개판하였던 경판은 분사대장도감판 중의 일부에 불과한 것이다. 따라서 판각 작업은 여러 지역에서 이루어졌기 때문에 남해에서 개판하였던 사실을 표시해 둘 필요성이 있었을 것이라는 지적[138]이 참조된다.

특히 고려 전기부터 국가의 중심사원에는 사원의 내부 관리를 맡은 도감이 설치되었다. 대표적인 예로 顯宗代에 玄化寺의 창건 불사와 대장경 印板과 관련하여 成造都監과 興王寺의 興王都監 등을 들 수 있다. 이 도감의 조직체계는 敎俗 이원적이었으며, 또 여기에 僧錄司 人員이 파견되어 관리하도록 한 점으로 보아 각 사원은 오래 전부터 국가적 사업에 적극 동참하고 있었음을 파악할 수 있다.[139] 그러므로 분사대장도감에는 대규모의 사원도 일부 포함되었을 것이다.

이와 관련하여 강화경판 각성사업이 해인사에서 『大乘大敎王經』과 『金光明經』의 두 경전을 판각한 바 있다.[140] 그리고 소위 '海印寺寺藏本'인 『大方廣佛華嚴經疏』·『大方廣佛華嚴經隨疏演義鈔』의 참여 각성인 분석을 통해 해인사의 주변인 가야산 下鉅寺가 대장도감과 인적·물적 교류 장소였음이 밝혀졌다.[141] 또한 오늘날 경남 산청군 단성면에 위치한 단속사에서도 『東國李相國集』과 『禪門拈頌集』 등이 출간된 점[142]을 미루어 볼 때 해인사·단속사

---

138) 김윤곤, 1996, 앞의 논문(『민족문화논총』 16), 69~80쪽.
139) 한기문, 1998, 앞의 책, 201~202쪽.
140) 김윤곤, 1996, 앞의 논문(『석당논총』 24).
141) 최영호, 1997, 앞의 논문(『한국중세사연구』 4) 및 2002, 「13세기 江華
　　京板 『高麗大藏經』의 각성사업과 해인사」 『한국중세사연구』 13.

등을 포함한 전국의 주요 사찰에서도 각성사업이 전개되고 있다.

당시 사원의 경판조성은 분사대장도감과 대장도감의 인적·물적 교류를 받으면서 긴밀한 협조 속에 이루어졌을 것이다. 사원과 같은 조성 공간의 상당수가 영남지역에 넓게 분포하고 있다는 점은 분사대장도감이 특정 지역에 국한된 것이 아니라 계수관이 파견된 大邑, 또는 주요 사원에서도 설치 및 운영되고 있음을 의미한다.

더욱이 고종 38년 이후 대장도감은 均如의『一乘法界圖圓通記』 2권의 개판[143] 이외 거의 판각 기능을 수행하지 않는 것으로 보아 판각 기능은 점차 약화되고, 대신 경판의 보관·관리 업무가 강화되었다. 그러나 분사대장도감에서는 강화경판과 그 성격을 달리하는 각종 서적이 간행되고 있다. 분사대장도감에서는 각성사업이 일단락된 고종 38년 신해년에 晋州牧에서『東國李相國集』을 판각하였으며, 고종 41년『宗門撮英集』,[144]『重添足本 禪苑淸規』,[145]『注心賦』[146] 등이 重刊되고 있는 것이[147] 대표적인 예이다.

이를 통하여 분사대장도감이 각성사업과는 별도의 업무를 추진

---

142) 김윤곤, 1998,「『고려대장경』조성의 참여계층과 雕成處」『인문과학』 12, 경북대.

143)『一乘法界圖圓通記』권下. "前攝郎金晅用晦跋"(『韓國佛敎全書』제4 책, 동국대출판부, 38~39쪽).

144)『宗門撮英集』卷末. "甲寅歲分司大藏都監重刻"(조명기, 1985,『曉城 先生八十頌壽 高麗佛籍集佚』, 동국대출판부, 467쪽).

145)『重添足本 禪苑淸規』刊記. "聖宋政和元年上元日重添 甲寅歲分司大 藏都監重彫"(최법혜, 2001,『고려판 선원청규 역주』, 가산불교문화연 구원).

146)『注心賦』. "智覺禪師 延壽述 錢塘鮑洵書 甲寅歲分司大藏都監重雕" (김두종, 1980,『한국고인쇄기술사』, 탐구당, 79~80쪽).

147) 그밖에 고종 34년에서 38년 사이 간행된 것으로 추정되는『鄕藥救急 方』도 분사도감에서 간행된 것으로 추론하고 있다. 이와 관련하여 홍 영의, 1997,「高麗後期 大藏都監刊『鄕藥救急方』의 刊行經緯와 資料 性格」『韓國史學史研究』, 조동걸선생정년기념논총간행위원회 참조.

하고 있음을 알 수 있다. 결국 분사대장도감은 남해라는 특정 지역에만 설치 운영된 것이 아니라 남해를 포함한 여러 지역에 분산되어 위치하고 있다. 만약 분사대장도감이 특정 지역에 위치하고 그 기능이 단순하였다면 위와 같은 다양한 서적의 간행은 계속되지 않았을 것이다.

대장도감과 분사대장도감이 국가의 공적 기구라는 점을 고려해 볼 때 대장도감은 재추회의를 거쳐 설치 및 운영된 중앙의 위원회 같은 성격을 갖고 있고 분사대장도감은 각성사업을 위해 지방의 행정조직이 전환되어 운영되고 있다. 대장도감은 정책적 직무를 수행하였고, 분사대장도감은 실무적 측면에서 그 직무를 분담 받아 추진하였다. 따라서 이들 도감은 실질적인 판각 기능보다는 행정적 업무를 수행한 것으로 이해된다. 그렇다면 공적 기구의 하부 조직에는 판각 기능을 가진 조직 기구를 운영해야만 원활하게 경판을 조성할 수 있을 것이다. 즉 경판의 판각 기능을 담당한 공간인 工房이 별도로 존재하였을 것으로 추론된다.

사업 초기에는 그 하부 조직을 별도로 신설하기보다는 기존의 시설인 官署工房과 사원에서 우선적으로 맡아 추진하면서 각성사업의 전개에 따라 전국의 주요 지역과 사원이 추가적으로 편성 및 신설되었을 것이다. 이런 점에서 본다면 조성 공간은 판각기능과 관련된 일체의 업무를 대장도감과 분사대장도감으로부터 分掌받아 수행하였던 것으로 이해할 수 있다. 그리고 경전의 범위와 교감은 도감에서 담당하고 전국 주요 지역에 산재된 각각의 조성 공간에서는 각성되어야 할 내용과 수량을 어떤 지침, 즉 판식의 크기와 형태, 판각의 기능적 업무 등과 관련된 내용을 전달받아 직접 제작 및 판각하였을 것이다.

다시 정리하면, 각성사업의 기획 및 정책적 실무는 대장도감이 집행하고 그 산하에 여러 분사대장도감을 설치하여 각각의 직능과 업무를 맡았다. 그러나 판각의 실무는 별도의 체계 구축을 통해 진행되었을 것이다. 각성사업은 특정 지역 내의 彫成 空間보다는 여러 곳에 분산되어 동시에 추진하는 것이 경판의 원활한 조성에 효과적이다. 이러한 체제의 운영을 통하여 당시 전국의 주요 사원과 官署工房 등지에서 각종 불교 서적 판각사업에 참여했던 刻手들이 강화경판 각성사업에 적극 참여할 수 있는 바탕이 되었다.

당시 전 계층들이 각성사업에 직접적인 참여를 전제로 한 것은 아니지만, 각성사업에 필요한 각종 물자의 보급 및 조달, 그리고 재보시 및 몸보시의 형태로 동참하였다. 당시 民들의 각성사업에 동참 요구를 적극 수용 및 유도하기 위하여 분사대장도감에 판각 기능을 부여하였던 것으로 이해된다.

분사대장도감은 각성사업에 필요한 물자의 조달 및 판각 기능의 위한 업무를 수행하면서 기존의 시설 중 업무를 충분히 수행할 수 있는 장소 및 지역을 중심으로 설치·운영되었다. 즉 분사대장도감은 효율적인 각성사업의 추진을 위해 界首官이 파견된 지역과 官署工房과 新設工房 그리고 寺院 등지에서 그 역할을 병행하고 있었다.

제3장

江華京板 刻成事業의 전개와 변화

Ⅰ. 江華京板과 각성인의 현황

1. 江華京板 刻成 推移와 그 특징

강화경판은 14년 동안 총 1,513종 6,807권 80,242매[1]의 경판으로 각성되었다. 조성기구였던 대장도감과 분사대장도감은 방대한 규모의 경판을 각성하기 위해 당시 인적·물적 자원을 최대한 활용하였을 것이다. 하지만 현재 이 같은 사실을 알려 줄 만한 근거나 사료는 거의 없는 실정이다.

각성사업의 자원 활용은 대장도감과 분사대장도감에서 조성된 경판과 각성인 참여 추이와 밀접한 관련을 갖고 있다. 각성된 경판과 각성인의 추이를 검토해 본다면 사업의 운영을 일정하게 이해

---

1) 여기서 제시된 수치는 김윤곤 편저, 2001, 『高麗大藏經 彫成名錄集』, 영남대출판부에 근거한 것이다. 한편 江華京板의 경판 규모와 내용에 있어서도 연구자에 따라 각각 다르게 조사되고 있다. 그 내용을 정리해 보면 다음과 같다.

	적 요	비 고
①	1,524종 6.569권	대장목록
②	총 1,512종 6,819권 총 81,258매	일제시대 印經기준
③	정장 1,497종, 6,558권, 보유정장(부장) 4종 150권, 총 81,258매	한국정신문화연구원
④	총 1,541종, 6,844권, 총 81,240매(160,642장)	서수생
⑤	1,514종, 6,812권, 총 80,280매(160,560장)	동국대 영인본
⑥	1,538종, 6,844권, 총 81,240매	진현종

다만, 위의 내용에서 江華京板 규모에 대한 분류 방식과 그 관점에 따라 차이가 있는 것으로 이해된다. 그 내용에 대해서는 진현종, 1998, 『한권으로 읽는 팔만대장경』, 들녘, 25~27쪽 참조.

할 수 있다. 기왕의 연구에서는 일부 경전의 각성에 참여한 각성인 개인에 대한 분석을 통해 참여 실태를 검토하고 있어 전체적인 후이를 파악하는데 일정한 한계를 가지고 있다.[2]

강화경판에서 총 27,000여 명의 각성인이 조사되었다. 그래서 이를 연도별 조성된 경판을 기준으로 재분류하고, 조사된 각성인을 동일인 등으로 구분해 보았다. 본 절에서는 각 도감별로 각성 유형을 분석하여 그 특성을 파악하고, 각 도감의 운영 과정에서 나타난 차이점을 통해 사업의 전개 과정을 파악하고자 한다. 다음의 <표 3-1>은[3] 이러한 방법을 통해 각 연도 및 도감별로 세분하여 정리한 것이다.

<표 3-1>에서 알 수 있듯이 각성사업에 총 5,660여 명이 참여하고 있다.[4] 각성사업 참여 각성인의 주요 특징을 파악하기 위해 분사대장도감에서 경판이 조성되는 고종 30년을 기점으로 각각 구분하여 살펴보기로 하자.

먼저 대장도감에서만 각성사업이 진행된 고종 24년부터 29년까지 6년 동안 경판이 총 45,253장 조성되고, 각성인은 총 1,134명으

---

2) 강화경판에 입장된 주요 경전의 참여 각성인, 그리고 각성인 개개인에 대한 분석과 관련된 연구는 일일이 열거하기 힘들다. 그래서 논지를 전개시키면서 제시하고자 한다.

3) <표 3-1>에서 판각량과 각성인은 김윤곤 편저, 2001, 앞의 책을 근거로 필자가 분석 및 집계한 것이다. 각 年度別 각성인을 추출하면서 印經상태가 좋지 않아 거의 판독이 불가능한 경우 및 판독이 불분명한 경우는 일단 제외하여 추산하였다. 따라서 특정 각성인에 대한 수치는 절대적인 것이 아니며, 연구자의 조사에 따라 충분히 변동될 소지가 있을 수 있다. 또 현존하는 江華京板의 경판과 인경본에 따라 그 규모가 다소 유동적일 수도 있으므로 통계자료의 분석에 일부 오차가 있을 수도 있다.

4) 여기서 제시한 5,560여 명은 경판이 조성된 14년 동안 참여한 각성인 27,000여 명을 각 연도별로 구분하여 동일인으로 재분류한 수치이다. 따라서 각성사업에 참여한 전체 각성인은 27,000여 명 이상일 것으로 추정된다.

로 조사되었다. 각 연도별로 세분화해 보면 각성사업 첫 해인 고종 24년에는 2,957장이 조성되고, 각성인은 202명이 참여하였다.[5]

<표 3-1> 江華京板 판각량과 각성인

구분 년	판 각 량(장)			각 성 인(인)			비 고
	大藏都監	分司都監	未詳	大藏都監	分司都監	未詳	
고종 24	2,957			202			
고종 25	12,583		24	421			
고종 26	6,411			211			
고종 27	7,241			171			
고종 28	7,047			137			
고종 29	8,964			172			
고종 30	25,480	6,095	262	659	559		
고종 31	31,911	7,543	159	909	688		
고종 32	15,293	1,310		201	366		
고종 33	9,732	844	60	53	79		
고종 34	2,335	609		14	60		
고종 35	38	723		-	55		
고종 37			30	-	-	2	
고종 38			22	-	-	2	
無刊記	12,810			706			
합 계	160,483			5,667			

고종 25년에는 12,607장이 조성되어 경판의 수량이 4배가량 증가하였고, 각성인도 421명으로 24년보다 2배 이상의 인원이 참여하고 있다.[6] 그러나 고종 26년에는 25년보다 판각량과 각성인이 절반으로 줄어 6,411장이 조성되고 211명이 참여하였다. 고종 27년

---

5) 고종 24년의 각성사업에 대해서는 최연주, 1998, 「고종 24년 『江華京板 高麗大藏經』의 각성사업」 『한국중세사연구』 5 참조.
6) 고종 25년에 전년대비 2배 이상의 급증한 배경은 경주의 황룡사가 불타는 등 고려의 전 국토가 몽고에게 유린당하자 反蒙意識의 고조와 전략 전술의 발전 등으로 나타난 현상으로 파악되기도 한다(김윤곤, 1995, 「『大般若經』의 刻成과 反蒙抗戰」 『한국중세사연구』 2).

부터 29년까지 3년 동안의 판각량은 7,241장·7,047장·8,964장이며 각성인은 171명·137명·172명으로 조사되었다. 이 기간의 각성사업은 기존 사업에 비해 경판이 일정하게 조성되었으며 각성인 참여도 큰 변화가 없었다.

다음은 대장도감과 분사대장도감에서 동시에 진행된 고종 30년부터 38년까지를 검토해 보기로 하자. 이 기간에는 총 102,394장이 조성되어 전체 경판의 63.80%를 차지한다. 즉 대장도감은 84,789장, 분사대장도감은 17,124장으로 전체의 53.05%와 10.64%이다. 그리고 雕造處가 없는 481장이 조성되었다. 분사대장도감에서 조성된 경판을 대장도감과 대비시켜 보면 약 13%에 불과하다.

고종 30년에 대장도감에서는 25,480장, 각성인은 659명이며, 분사대장도감은 6,095장, 각성인은 559명이다. 고종 31년에는 대장도감과 분사대장도감에서 각각 31,911장과 7,543장 및 조조처를 알 수 없는 159장 등 총 39,613장이 조성되었다. 이는 전체 경판의 약 24.7%를 차지하는 분량이다. 참여한 각성인은 대장도감 909명, 분사대장도감 688명으로 총 1,597명이다. 고종 31년 한 해 동안 조성된 경판과 각성인이 강화경판의 약 25%에 해당되는 분량이 산출되었다.

고종 32년에는 대장도감에서 15,293장, 분사대장도감에서 1,310장이 조성되었고, 참여한 각성인은 각각 201명과 366명이다. 고종 33년에는 대장도감에서 9,732장, 분사대장도감에서 844장이 조성되면서 참여한 각성인은 53명과 79명이다. 그 밖의 연도는 조성된 경판의 수량과 참여 각성인이 미미한 실정이다.[7]

---

7) 고종 33년과 34년은 다른 연도와 비교해 보면 그 인원이 적게 조사되고 있다. 그러나 이 두 해의 대장도감에서 조성된 경판에 대개 界線 밖에 음각으로 인명이 새겨져 있으나 인경상태가 좋지 않아 각성인의 실태를 파악하는데 다소의 한계를 가질 수밖에 없었다. 특히 경전의 界線 밖에 각성인이 印經되어 있으나, 구체적으로 확인할 수 없어 동국대본과 증상사본을 대조한 결과 확인되지 않은 경우가 많았다. 그래서 확인

고종 37년과 38년은 경판이 가장 적게 조성된 해로서 각각『十句章圓通記』下권 총 30장,『釋華嚴經敎分記圓通鈔』6권 총 22장만 조성되었지만 어느 도감에서 조성되었는지 알 수 없다. 참여 각성인은『十句章圓通記』下권에 '公晉'과 '光乂'가,『釋華嚴經敎分記圓通鈔』6권에 '又玄'과 판독이 불분명한 각성인 1인이 있는 것으로 조사되었다. 따라서 각성사업은 고종 36년에 거의 완료되었음을 알 수 있다.

이상의 분류를 통하여 대장도감에서만 각성사업이 진행된 고종 24년부터 29년까지는 총 1,314명이 참여한 반면, 대장도감과 분사대장도감에서 동시에 진행된 고종 30년부터 35년까지는 대장도감에서 1,836명, 분사대장도감에서 1,798명으로 후자가 전자보다 조성된 경판의 수량이나 각성인이 훨씬 많다. 여기서 각 도감별 판각량과 각성인의 참여 추이를 대비해 보면 각 도감의 운영에 대한 특징이 구체적으로 드러난다. 다음의 <표 3-2> 내용을 주목해 보자.

〈표 3-2〉大藏都監과 分司大藏都監의 판각량 및 각성인 추이

도 감	고 종	24년	25년	26년	27년	28년	29년	30년	31년	32년	33년	34년	35년
대장도감	판각량	1.85	7.85	3.99	4.51	4.39	5.58	16.00	19.98	9.52	6.10	1.45	0.02
	각성인	3.56	7.43	3.73	3.02	2.41	3.03	11.63	16.04	3.55	0.93	0.24	-
분사도감	판각량							3.79	4.70	0.81	0.52	0.37	0.45
	각성인							9.86	12.14	6.45	1.39	1.05	0.97

주) 위 표의 비율(%)은 전체 판각량 및 각성인 대비 각 年度別 비율임.

<표 3-2>는 각 도감별 판각량과 각성인 추이를 전체 대비로 분류한 것이다. 고종 24년부터 29년까지 6년 동안 각성사업 추이에서 주목되는 점은 고종 24년을 제외한 나머지 5년은 각성인이 판각량

및 판독되는 경우만을 집계하여 제시하였다. 일부 경전에 각성인이 있을 것으로 추정되지만, 본고에서 제시한 각 年度別 각성인 규모와의 오차 범위는 크지 않을 것으로 생각된다.

보다 상대적으로 낮다는 것이다.

대장도감과 분사대장도감에서 동시에 경판이 조성된 고종 30년 부터 35년까지 판각량은 대장도감의 경우 19.98~0.02%이고, 각성 인은 16.04~0.24%이다. 연도별 추이율로 본다면 수치상으로 급격히 증가하면서 그 폭도 매우 크다. 그러나 분사대장도감의 경우 판각량은 4.70~0.37%이고, 각성인은 12.14~0.97%로서 대장도감의 추이와는 확연히 구분되고 있다. 이러한 차이를 통해 분사대장도감은 판각량에 비하여 각성인의 참여비율이 상당히 높다는 것을 확인할 수 있다. 이는 각성사업이 사전에 각종 물자와 인원의 동원을 위한 계획을 수립하고 거기에 맞추어 진행한 것이 아니라, 당시의 상황에 따라 유연하게 대응하여 사업을 전개하였던 것으로 이해할 수 있다.

고종 30년 이후 대장도감과 분사대장도감에서 조성된 경판 수량과 각성인의 추이를 전체 수치에 對比해 보면 더욱 분명해진다. 다음의 <그림 3-1>은 고종 30년 이후 대장도감과 분사대장도감의 판각량과 각성인 참여 추이를 전체 강화경판에 대비시킨 것이다.

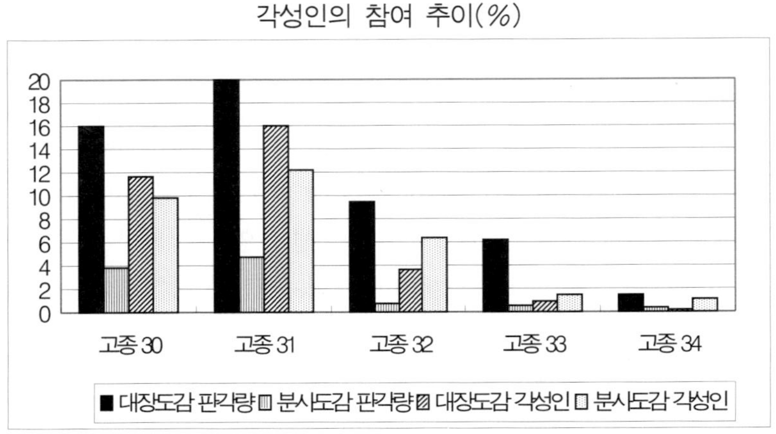

〈그림 3-1〉 고종 30년 이후 두 도감의 판각량과
각성인의 참여 추이(%)

　　<그림 3-1>의 도감별 추이를 정리해 보면 분사대장도감은 대장도감에 비해 조성된 경판의 비율이 매우 낮지만, 각성인의 비율은 대장도감과 비슷하거나 오히려 높게 나타나고 있다. 예를 들면 고종 30년과 고종 31년의 판각량은 대장도감이 각각 16%와 20%인데 비해 분사대장도감은 각각 4%와 5%로, 전자가 후자보다도 무려 5배가 많다.

　　각성인의 참여 추이에 있어 대장도감이 각각 12%와 16.04%이지만, 분사도감은 각각 10%와 12%로 그 편차는 3%내외이다. 이를 통해 분사대장도감은 대장도감보다도 판각량에 비하여 각성인의 참여 추이가 매우 높음을 알 수 있다.

　　결국 분사대장도감에서 조성된 경판 수량은 16,401장으로 전체의 10%이지만 활동한 각성인의 참여 추이는 대장도감보다도 웃돌고 있다. 이러한 추이는 각성사업의 전개 방식과 밀접한 관련을 가지고 있다. 분사대장도감은 인적 자원의 활용이 대장도감과 달랐음을 의미한다. 대장도감에서는 고종 24년을 제외하고 전 기간 동안 판각량과 각성인의 비율이 각각 일정한 반면, 분사대장도감은 그 비율이 일정하지 않고 각 연도별로 변화가 크다. 이것은 분사대장도감과 대장도감의 사업 전개 방식에 차이가 있음을 보여 준다.

　　특히 분사대장도감에서 경판이 조성되기 시작한 고종 30년을 전후하여 각 도감별 각성인의 참여 형태가 다르게 나타났다. 이 점은 대장도감과 분사대장도감의 각 연도별 신참여 각성인 추이를 분석해 보면 도감별 차이가 드러난다. 그래서 각 연도 및 도감별 신참여 각성인을[8] 정리해 보면 다음과 같다.

---

8) 新參與 각성인은 매년 대장도감이나 분사대장도감에 처음 참여한 각성인을 지칭한 것이다.

〈표 3-3〉 신참여 각성인

도 감 \ 고종(년)		24	25	26	27	28	29	30	31	32	33	34	35	계
각성인	대장	202	421	211	171	137	172	659	909	201	53	14	-	3,150
	분사							559	688	366	79	60	55	1,807
新參與 각성인	대장	202	265	35	19	21	25	162	219	26	19	5	-	998
	분사							98	104	62	2	6	7	279
	두 도감							295	110	1	-	-	-	406

주) 각성인 중에는 無刊記를 포함하지 않았기 때문에 총계를 제시하지 않았음.

<표 3-3>에서9) 고종 26년을 기점으로 대장도감의 신참여 각성인은 급격히 감소하고 있으나, 분사대장도감에서 경판이 조성되기 시작한 고종 30년 이후에는 다시 증가 추세를 보이고 있다. 즉 고종 30년을 기준으로 할 때 분사대장도감의 전체 각성인에 비하여 분사대장도감의 신참여 각성인의 수는 적게 나타난다.

예를 들면 고종 30년 대장도감은 659명 중 162명, 31년에는 909명 중 219명이지만, 분사대장도감의 경우 고종 30년 559명 중 96명, 31년에는 688명 중 104명으로 신참여 각성인의 참여 추이가 대장도감보다도 낮게 조사되고 있다. 고종 24년과 25년을 제외한10) 신참여 각성인을 전체 각성인과 대비시켜 살펴보기로 하자. 다음 <그림 3-2>를 주목해 보자.

---

9) <표 3-3>의 내용 중 각성사업 첫 해인 고종 24년의 각성인 모두를 新參與 각성인으로 분류하였다. 그리고 고종 30년과 31년에 두 도감의 新參與 각성인 295명과 110명은 대장도감과 분사대장도감에서 동시에 확인되어, 어느 도감에서 활동하였는지 불분명하여 별도의 항목으로 설정하였다.

10) 고종 25년은 각성인 중 60.8%가 新參與 각성인이다.

<그림 3-2> 고종 26년~35년 신참여 각성인

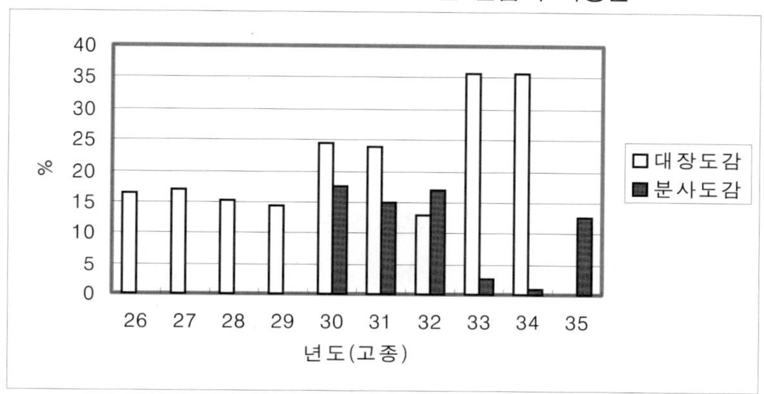

　대장도감에서만 각성사업이 진행되었던 고종 24년부터 29년의 신참여 추이는 각 연도별 전체 각성인의 약 16.5~11.1%내외이다. 그러나 두 도감에서 동시에 경판이 조성되고 있는 고종 30년 이후에는 대장도감이 각각 24.5%, 24.0%, 12.9%인 반면 분사대장도감은 각각 17.5%, 15.1%, 16.9%이다.

　분사대장도감의 신참여 각성인의 추이를 정리해 보면 고종 30년에는 각성인이 559명으로, 분사대장도감에만 참여한 각성인은 107명이다. 이 중에서 신참여 각성인은 102명이다. 고종 31년에는 688명 중 분사대장도감에만 참여한 각성인은 258명으로, 이 가운데 236명이 신참여 각성인이다. 고종 32년에는 366명 중 신참여 각성인은 62명이다. 분사대장도감의 참여 각성인을 전체 비율로 보았을 때 신참여 각성인의 비율이 낮다.

　또 <그림 3-2>에서 고종 30년을 기점으로 대장도감에서는 이전보다 신참여 각성인이 많다. 이처럼 분사대장도감이 대장도감보다도 상대적으로 신참여 각성인의 비율이 낮은 것은 기존에 활동하던 각성인들이 많이 편성되었기 때문으로 파악된다. 다시 말하면

대장도감에서 활동하던 각성인이 분사대장도감 사업에 적극 참여한 것으로 추론된다. 장기간 각성사업이 추진되는 과정에서 중견 각성인과 신참여 각성인의 적절한 구성은 업무의 효율성을 높일 수 있고, 또 경판의 원활한 조성을 가져왔을 것이다. 분사대장도감은 대장도감에서 참여한 각성인을 적절히 활용하면서 각성사업을 추진한 것으로 보여진다. 즉 분사대장도감은 사업 운영 과정에서 대장도감과 각성인을 서로 공유한 것으로 볼 수 있다.

이상의 검토를 통해 각성사업 14년 동안 판각량과 각성인의 수치가 일정하지 않다는 점, 판각량과 각성인의 연도별 추이나 그 비율이 정형화되어 있지 않다는 점, 그리고 각 연도별로 신참여 각성인의 비율이 일정하지 않다는 점을 알 수 있다.

각성사업은 각 도감의 실정에 맞게 탄력적으로 운영되었을 것이다. 각 시기별의 내·외부적인 요인에 따라[11] 인적·물적 조건을 고려하여 각성사업 전개에 탄력성을 두었을 것이다. 또 각성인은 강제적 구속력에 의해서 참여한 것이 아니기 때문에 각성사업 14년 동안 경판과 각성인 추이가 다양하게 분포·조사되고 있다고 할 수 있다.

---

11) 주요 연도별 판각량과 각성인 활동현황의 增減에 있어서 당시의 집권층 및 정치적인 상황, 최씨 무인정권과 왕정복고 세력간의 변화, 각성사업의 주도세력 등 일련의 상황과 밀접한 관련성을 가지고 있었을 것이다. 또 몽고군의 침입에 따라서도 주요 시기별 판각량 및 각성인 규모가 변화되었을 것으로 이해된다. 그러나 현존하는 사료나 각성인의 자료만 가지고 이를 분석하는데 한계가 있으므로, 추후에 보다 구체적인 사료가 발굴되기를 기대한다.

2. 刻成人의 참여 형태

각 도감별로 조성된 경전의 각성인 참여 유형을 살펴보기로 하자. 경전의 각 권에 몇 사람의 각성인이 참여하였는가라는 문제는 해당 경전의 분량을 비롯해 판각의 정성과 정교도, 동원 가능한 刻手의 인원, 刻手 개개인의 기능, 개판일정에 따라 결정될 수 있다.[12] 그러나 각성인의 참여 추이는 사업의 추진기구인 대장도감이나 분사대장도감의 각 조직 체제에 따라 달라질 수도 있다.

각성인의 도감 활동을 구분해 보면 3가지 유형으로 구분되는데, 첫째는 대장도감에만 참여한 경우, 둘째는 분사대장도감에만 참여한 경우, 셋째는 대장도감과 분사대장도감의 두 도감에 모두 참여한 경우이다. 이 같은 각성인의 참여 유형 및 주요 시기별 추이를 분류해 보면 각성사업의 구성과 조직체계에 대하여 일정하게 이해할 수 있으며, 더 나아가 도감별 운영에 따른 각성인의 활동 형태를 유추해 볼 수 있다. 그 내용을 보다 구체적으로 파악하기 위해 강화경판 각 경전의 각 권을 조성하는데 있어 각성인의 참여 유형에 대하여 검토해 보도록 하자.

강화경판의 彫成에는 다양한 인적·물적 지원과 참여가 전제되어야 하므로 대장도감과 분사도감은 동일한 조직 체계가 아니라 각 도감의 여건 및 상황에 따라 다양하게 전개되었을 것이다. 이 같은 사업의 전개 방식은 각성인의 참여 유형에서도 찾을 수 있다. 각 권 판각에 참여한 각성인의 참여 유형을[13] 분석한 결과 크게 2

---

12) 김상호, 1990, 『朝鮮朝 寺刹板 刻手에 대한 研究』, 성균관대 박사학위
논문, 24쪽.

가지로 조사되었다. 각성인 1인이 강화경판의 경전 各 卷을 분담하여 한 권 전체를 판각한 것과 2인 이상이 참여하여 各 卷을 판각한 것으로 구분된다. 특히 후자는 각성인 2인이 동시에 참여한 경우, 3인 이상의 각성인이 동시에 참여한 경우로 구분된다.

먼저 3인 이상의 각성인이 동시에 참여한 방식에 대하여 살펴보기로 하자. 대표적인 사례로 K-3-1권 및 K-906-單권, K-1406-44권의 내용을 제시해 보면 다음과 같다.

〈표 3-4〉 공동 참여방식으로 조성된 경전

	각성인	판수	장 차	각성인	판수	장 차	각성인	판수	장 차
K-3-1	信光	1	2	元通	4	14~17	巨士	2	30.31
	性良	2	3.18	大士	2	19.20	應甫	2	32.33
	懷允	6	4~9	弘之	2	21.22	金日卿	1	35
	得寶	4	10.11.28.29	昌祚	2	23.24	ㅁㅁ	1	
	堅昌	2	12.13	日卿	5	25~27.34.36			
K-906-單	之失	1	2	得平	1	12	玄訓	2	23.24
	祿大	2	3.4	山同	2	13.14	玄祚	2	25.26
	炎大	2	5.6	了英	2	15.16	順眞	2	27.28
	大千	2	7.8	正時	3	17.18.20	和正	1	29
	朴圭	2	9.10	戒宗	1	21	ㅁㅁ	5	
K-1406-44	善均	2	1.2	全一	1	10	長生	2	17.18
	朴同	1	3	權甫	1	12	定英	2	19.20
	能大	2	5.6	之奕	2	13.14	戒平	2	21.22
	孝林	2	7.8	法才	2	15.16	得林	1	23

13) 예를 들면 K-1의 총 600권을 각 권에 참여한 각성인의 인명 수에 따라 몇 명의 각성인이 참여하고 있는지를 구분하여, 통계적으로 처리한 것이다. 물론 각 장마다 인명이 밝혀지지 않은 경우와 판독이 불가능한 경우도 있으며, 일부 권의 경우 각성인이 전혀 조사되지 않은 경우도 있어 그 수치는 다소 차이가 있다. 따라서 각성인의 추정이나 판독이 불가능한 경우는 분류 조사에서 제외시켰지만, 전체적인 각성인의 구성 형태를 살펴보는데 크게 무리가 없을 것이다.

K-3-1권은 고종 25년 대장도감에서 조성된 경전으로 총 36장이다. 제1장을 제외하고는 각 장마다 인명을 새겨두었는데, '性良'은14) 제3장과 제18장 등 2장을, '弘之'는 제21, 22장을 각성하였다.

'得寶'는 제10, 11, 28, 29장에, '元通'은 제14장에서 제17장까지 4장을 각성하였다. 또 '懷允'는 제4장에서 제9장까지, 그리고 '金日卿'은 '日卿' 등으로 새기면서 제25~27장, 제34~36장 등 총 6장을 자신이 각성하였음을 밝혀 두었다. K-3-1권의 각성인들은 대체로 2, 4, 6장 단위로 경판을 각성하고 있어 1명의 각성인이 2장을 기본으로 하여 경판을 각성하고 있음을 알 수 있다.

또 K-906-單권은 고종 31년 대장도감에서 조성된 경전으로 총 30장이다. '之失'은 제2장에만 자신의 인명을 새겨 놓았지만 제1장 역시 각성하였을 것이다. '正時'는 제17, 18, 20장에는 자신의 인명을 새겨 놓았지만 제19장 역시 자신이 각성하였을 것이다. 그 밖에 '得平', '戒宗', '和正'은 각각 1장에 자신의 인명을 새겨 놓았지만 전후의 장도 역시 이들이 각성하였을 것으로 보인다. 결국 총 30장 중에서 총 25장에 인명이 새겨져 있어 대체로 2장씩 각성한 것으로 파악된다.

그리고 K-1406-44권은 고종 31년 분사대장도감에서 조성된 경전으로 총 23장이다. '善均'은 제1, 2장에 자신의 인명을 새겨 놓았고, '朴同'은 제3장에 인명을 새겨 놓았지만 제4장 역시 각성하였을 것이다. 이는 제10장에 새긴 '仝一'과 제12장의 '權甫' 역시 동일한 형태로 파악된다. 그 밖의 '孝林', '之奕', '長生'은 각각 2장씩 자신의 인명을 새겨 놓았다. 한 권에 각성인이 최대 34명이 참여한 경우에도15) 역시 유사한 형태를 보인다. 그러므로 여러 명의 각성인

---

14) 본고의 논지 전개에 있어서 각성인의 각성내용은 김윤곤 편저, 2001, 앞의 책을 저본으로 하였으므로 그 전거를 일일이 제시하지 않기로 한다.
15) 고종 32년 분사대장도감에서 조성된 K-1513-18권으로 총 68장으로 각

154 高麗大藏經 研究

이 공동으로 참여한 방식은 대개 2장씩 각성하고 있는 셈이 된다.

이상에서 알 수 있듯이 공동으로 참여한 방식의 추이는 대장도감과 분사대장도감간에 어떤 차이점 내지 그 특징이 드러나지 않고 있다. 각성인은 대개 2, 4, 6장씩으로 경판을 조성하고 있는데, 현존하는 강화경판은 경판 앞과 뒷면에 경전의 내용이 판각되어 있다는 점을 고려하면 각성인 1인이 경판 1매를 기준으로 판각 활동한 결과로 보여진다. 즉 3인 이상의 각성인이 참여한 공동 참여방식은 경판 1매를 기준으로 하여 각성하고 있음을 알 수 있다. 이 방식에 의해 조성된 경전은 총 6,807권 중 약 2,200권이 조사되었다.

다음은 각성인 2인이 동시에 참여하며 조성한 경전을 검토해 보기로 하자. 먼저 다음의 내용을 참고해 보면,

	經名	卷	年	都監	至張	刻成人	刻成人	板數/板數
가-①	K-39	單	25	대장	11	奇宝	金升	2/8장
	K-8	4	26	대장	23	金得貂	公甫	10/13장
	K-168	下	30	대장	21	小莊	石光	18/1장
	K-79	39	31	대장	22	弘有	仁光	15/5장
	K-1262	32	32	대장	19	順心	宗底	10/8장
②	K-805	單	30	분사	19	戒奇	益恕手	14/3장
	K-79	49	32	분사	21	敦必	孝連	11/9장
	K-1263	18	33	분사	28	三旅	尹基	16/10장
	K-1499	16	34	분사	16	初因	光照	11/3장
	K-1499	18	34	분사	23	黃老	禿牛	15/5장

가-①)에서 고종 25년 대장도감에서 조성된 K-39-單권에는 '奇宝'와 '金升'이 참여하고 있는데, '奇宝'는 제2, 3장에, '金升'은 제4, 6~11장까지 인명을 새겨 놓았다. 그리고 가-②)에서 고종 31년 분

성인은 '宝植'을 비롯하여 총 34명이 참여하고 있다. 그 내용은 김윤곤 편저, 2001, 위의 책, 832~833쪽 참조.

사대장도감에서 조성된 K-79-49권에는 '敦必'과 '孝連'이 참여하였다. 총 21장 중에서 제1∼11장까지는 '敦必'이, 그리고 제15, 16, 19, 20장에는 '孝連'인데, 제12장에 '孝', 제13장에 '連'으로 각각 인명을 새겨 두고 있어 동일인임을 짐작할 수 있다.

이와 같이 각성인 2인이 상호 일정한 분량을 분담하지 않고 있다. 즉 어떤 규칙이나 지침에 의거하여 조성되지 않았음을 알 수 있다. 특히 위 가-②)의 K-1499-16권의 '初因'과 K-1499-18권의 '黃老'는 고종 34년에 분사대장도감에서 처음 활동한 각성인이다. 이들을 제외한 각성인들은 이미 대장도감이나 그 이전부터 활동해 오던 者들로서 사업에 일정기간 이상 참여하고 있다. 그래서 중견 刻手와 신참 刻手로 구성되어 있다고 할 수도 없을 것이다.

이 같은 분류방법에 의해 2인이 동시에 참여하여 조성한 경전은 총 249권으로 조사되었다. 대장도감과 분사대장도감으로 분류해 보면, 대장도감에서만 경판이 조성된 고종 24년부터 29년까지는[16] 총 130권이다. 그리고 고종 30년에는 총 33종 66권이 조성되었는데, 이 중 대장도감에서 62권, 분사대장도감에서 3권, 도감이 밝혀지지 않은 1권이 있다. 고종 31년에는 2종 3권이 모두 대장도감에서 조성되었고, 32년에는 4종 35권 중 34권이 대장도감, 1권은 분사대장도감이다. 그리고 고종 33년 2종 7권, 34년 1종 2권, 35년 1종 5권으로 모두 분사대장도감에서 조성되었다. 그 밖에 무간기 6권이 있다. 전체 249권의 각성인이 조성한 내용을 검토해 본 결과 그 구성 체계와 판각 업무 분담은 어떤 구분이 없이 각성되고 있다.

이상에서 2인의 각성인이 참여한 공동 참여방식으로 조성된 강화경판은 대장도감이나 분사대장도감에서 그 구성에 있어서 어떤

---

16) 각 연도별로 세분화해 보면, 고종 24년에 2권, 25년 22권, 26년 38권, 27년 22권, 28년 17권, 29권 26권으로 분류된다.

규칙이나 원칙에 의하여 조성되지 않고 있음을 알 수 있다. 그리고 대장도감과 분사대장도감에서는 이 같은 방식이 크게 활용되지 않고 있다.

　다음은 각성인 1인이 강화경판의 경전 각 권을 個別 分擔하여 조성한 권별 분담방식에 대해 살펴보기로 하자. 각성인 1인이 권의 전체를 각성한 경우 첫 번째는 일정한 규칙에 의해 각성된 경전, 두 번째는 각 경전의 첫 장이나 마지막 장에 자신의 인명을 새긴 경전, 세 번째는 각 권의 1인 각성인이 여러 張에 새긴 경우이다.[17] 이와 관련된 내용을 제시해 보면 다음과 같다.

	經名	卷	函	年	都監	至張	刻成人	板數	張次
나-①)	K-1	288	律	25	대장	23	世卿	12	1>11.14.15>23[18]
	K-1	288	律	25	대장	23	ㅁㅁ[19]	11	
	K-1	578	珍	26	대장	25	日來	12	2<10.11>17.20<24
	K-1	578	珍	26	대장	25	ㅁㅁ	13	
	K-63	單	弔	26	대장	24	信成	14	1>5~7>23.24
	K-63	單	弔	26	대장	24	ㅁㅁ	10	
②)	K-1	570	果	27	대장	24	雕刻戒安	1	24
	K-576	9	非	29	대장	18	刻金大明	1	18
	K-395	上	長	27	대장	22	刻梁世卿	1	22
	K-570	29	聽	33	대장	28	崔呂	1	1
	K-950	3	友	32	대장	34	宗淡	1	1
③)	K-2	4	茱	24	대장	37	惠俑	37	1~37

---

17) 한편 동일인으로 추정되는 각각의 表記 및 異表記로 구분된 경우와 새김방법에 따라 구분되기도 하는데 이 경우 대개 고종 24년부터 29년, 즉 대장도감에서만 각성사업이 전개되었을 때 나타나는 유형이다. 제2절에서 검토해 보고자 한다.

18) 각성인의 각성내용에 있어서 張次의 ‘<’ 및 ‘>’ 표시는 ‘<’는 짝수 장에만 인·법명이 새겨진 것을, ‘>’는 홀수 장에만 인·법명이 새겨진 것을 의미한다. 이하 동일.

19) ‘ㅁㅁ’은 각성인이 표기되어 있지 않은 張次의 수를 의미한다. 이하 동일.

K-22	5 翔 26 대장 26	敦必	25	2~26
K-22	5 翔 26 대장 26	ㅁㅁ	1	
K-1	8 天 24 대장 26	恩儒	4	3.4.5.11
K-1	8 天 24 대장 26	恩	19	6~10.12~25
K-1	8 天 24 대장 26	ㅁㅁ	3	

위의 나-①)은 각 권에 참여한 각성인이 일정한 형태에 의해 자신의 인·법명을 새긴 경우이다. '世卿'과 '信成'은 K-1-288권과 K-63-單권을 각성할 때 대개 홀수 장에만 새겨 두었으며, '日來'는 K-1-578권을 각성할 때 짝수 장과 홀수 장을 번갈아 새겨 두고 있다. 따라서 1인이 권 전체를 각성한 것으로 파악된다.

나-②)는 각 권의 첫 장이나 마지막 장에 새긴 경우로 나머지 각 장에는 다른 인명이 조사되지 않고 있다. '雕刻戒安', '刻金大明', '刻梁世卿' 등은 각 권을 판각하면서 마지막 장에 자신의 인명과 '刻'을 새겨 둠으로서 한 권 전체를 자신이 각성한 것이라고 밝히고 있다. 위의 '崔呂', '宗淡' 등도 권 전체를 각성한 것으로 파악된다.

나-③)에서 '惠俑'은 K-2-4권의 각 장에, '敦必'은 K-22-5권에서 제1장을 제외하고 각 장마다 인명을 새겼다. 따라서 '恩儒', '林庇', '惠耳' 등도 각 장마다 자신의 인명을 새겨 두지 않았으나, 각 권을 자신들이 모두 각성하였다.

지금까지 제시한 사례를 토대로 권별 분담방식으로 각성된 경전을 구분해 본 결과 K-1에서는[20] 총 600권 중 총 544권,[21] 그리고

---

20) K-1의 각성 형태는 대체로 권별 분담방식을 채택하고 있음을 이미 밝혀진 바 있다(김윤곤, 1995, 앞의 논문; 최연주, 1998, 앞의 논문).
21) 공동 참여방식인 권은 총48권으로 제1. 9. 20. 23. 37. 38. 53. 55. 81. 90. 162. 187. 206. 228. 242. 244. 276. 285. 317. 366. 369. 373. 382. 384. 394. 403. 424. 433. 436. 439. 443. 454. 480. 481. 489. 491. 496. 509. 511. 515. 530. 536. 543. 561. 566. 573. 592권이며, 각성인이 조사되지 않은 권은 제257. 408. 409. 410. 551. 552. 554. 555 등 총 8권이다.

K-1을 제외한 경전 중에서는 총 1,411권으로 조사되었다. 권별 분담방식을 각 연도별로 구분해 보면 <표 3-5>와 같다.

<표 3-5> 권별 분담방식으로 조성된 경전 추이

	전체조성규모 (종/권)	권별 분담 경전(종/권)	도감별 권수 (대장/분사)	각성인 (대장/분사)	비 고
고종 24	2/116	2/86		74	
고종 25	41/509	21/424		175	
고종 26	102/301	48/179		135	
고종 27	75/174	44/105		82	
고종 28	107/294	41/102		71	
고종 29	177/388	45/113		81	
고종 30	483/1307	128/217	203/14	146/13	
고종 31	292/1726	13/41	37/4	26/2	
고종 32	289/784	16/84	81/3	63/3	
고종 33	173/468	10/23	10/13	9/13	
고종 35	2/51	1/10	0/10	0/10	
無刊記		8/24		22	

<표 3-5>에서 분사대장도감에서 권별 분담방식으로 조성된 경전의 수량이 적음을 알 수 있다. 대장도감의 경우 조성된 경전의 卷數와 각성인 비율이 거의 1:1임을 감안할 때, 분사대장도감에서는 권별 분담방식보다는 공동 참여방식을 채택하고 있음을 알 수 있다.[22] 그리고 고종 30년을 전후한 시점부터는 권별 분담방식으로 조성된 경전의 數와 卷數가 급격히 줄어들고 있다. 이와 관련된 내용은 각성인에 대하여 분석한 이후에 재론하기로 하겠다.

먼저 권별 분담방식에 참여한 각성인을 분류해 본 결과 350여 명으로 조사되었다. 350여 명의 각성인을 참여 기간별로 구분해 보면

---

22) 그렇다고 대장도감의 각성활동 형태가 모두 권별 분담방식을 채택하고 있다는 의미는 아니며, 적어도 대장도감에서의 각성활동과 대비시켜 볼 때 그 빈도가 낮다는 것이다.

1년은 '光信', '冬只', '望升', '學原' 등 4명, 2년은 '戒元', '大應', '示
一' 등 21명이고, 나머지 320여 명은 최소 3년, 최장 12년 동안 참여
한 각성인이다. 그래서 대장도감과 분사대장도감에서 활동한 각성
인의 참여 추이를 일부 제시한 다음의 <표 3-6>을 검토해 보자.

〈표 3-6〉 각성인을 통해 본 권별 분담방식의 조성 경전

	각성인	도감	활동 연도	경전(K-경명번호-권)	각성량
㉠	高希	대장	25, 27~30	22-20, 72-6, 105-35, 58-2, 119-上, 137-4	153
		분사	30	252-單	9
		무	-	79-5	22
	金升	대장	25~27, 29~32	1-428, 58-5, 371-上, 572-7, 526-4, 418-單, 504-單, 105-28, 650-25, 592-中, 142-4, 717-單, 1204-單	285
		분사	30	1499-5	17
	子龍	대장	26, 27, 29, 30, 32	22-84, 81-3, 555-下, 164-3, 1262-22, 80-42	122
		분사	33, 35	1263-31, 1499-68	39
	惠俑	대장	24, 25, 27~32	2-4, 58-3, 81-5, 22-60, 118-2, 103-1, 649-27, 1050-48, 959-1, 80-18, 1262-23	251
		분사	31	1054-6	17
㉡	唐文	대장	26, 27, 29~32	66-5, 78-9, 103-4, 125-1, 153-5, 79-46·48, 80-38, 1262-12	205
	金大明	대장	24, 27~30	1-95, 294-單, 342-單, 385-9, 576-9, 651-14, 604-單, 593-8	180
	大應	대장	26~30	22-38, 70-3, 22-96, 105-18, 56-20, 22-112, 111-12, 140-上, 227-單, 142-2	245
	東白	대장	24~26, 28	1-2·30·307·102·531·597, 388-20, 451-單	179
	思中	대장	24, 25, 28~31	1-77·253·419, 404-1, 303-上, 407-1, 403-上, 516-單, 682-單, 650-11, 593-9	233
	三旅	대장	26~32	22-1, 95-單, 78-6, 56-13, 108-上, 112-6, 127-5, 136-5, 169-下, 79-41, 79-13, 80-26	271
	成呂	대장	25~30	8-7, 70-2, 22-43, 22-94, 82-下, 56-9, 105-26, 128-5, 111-9, 152-下	227
	呂右	대장	26~30	22-42, 93-單, 110-3, 105-15, 56-19, 125-2, 117-8, 174-11	209

	각성인	도감	활동 연도	경전(K - 경명번호 - 권)	각성량
㉡	世眞	대장	24~25, 30, 32, 33	1-94·158·279·240, ·584, 664-上, 721-單, 596-4, 1033-上, 1273-單	181
	守玄	대장	24, 26, 28~31	47-單, 22-23, 55-上, 56-36, 22-106, 111-5, 154-5, 124-下, 79-50, 79-12	182
	禹俑	대장	25, 29~31	7-4, 105-40, 126-10, 142-3, 228-單, 247-單, 79-23, 79-35	151
	祐玄	대장	26, 28~32	66-2, 56-8, 105-22, 22-109, 117-1, 225-單, 79-10, 79-58	191
	元卿	대장	26, 28~31	22-19, 58-1, 66-1, 76-上, 107-上, 140-中, 79-44, 79-11	193
	益柔	대장	25, 26, 28~31	34-單, 62-單, 22-102, 105-13, 56-49, 111-1, 220-單, 136-1, 1262-2, 79-21	208
	仁光	대장	26, 27, 29, 30, 32	121-6, 163-9, 127-6, 140-下, 171-上, 65-10, 74-2, 22-85, 105-2, 262-35	225
㉢	一明	대장	24~28	1-70·445·100·166·525, 351-單, 388-8, 549-53, 526-1	220
		무	-	1-7	26
	中國	대장	28~32	56-6, 22-113, 111-6, 120-上, 169-上, 79-22, 1262-5, 1262-33	181
		무	-	80-21	7
	學修	대장	26, 28~30	22-21, 40-單, 105-30, 22-100, 112-8, 127-3, 154-4, 136-2	202
		무	-	5-3	24
	玄回	대장	25~30, 32	4-9, 22-29, 65-1, 72-1, 56-18, 108-下, 133-6, 166-下, 79- 60, 1262-36	216
		무	-	80-23, 1258-24	22

주) 경전은 일련 번호 중심이 아니라 조성 연도를 기준으로 제시한 것임.

<표 3-6>의 ㉠은 대장도감과 분사대장도감에서, ㉡·㉢은 대장도감에서만 조성된 권별 분담방식의 경전과 각성인이다. 위의 ㉠~㉢의 각성인중 ㉠의 '高希', '金升', '子龍', '惠俑'의 각성활동은 분사대장도감에서 조성된 경전의 수량이 대장도감보다 상대적으로 적게 나타나고 있는 것이 특이하다.

그러나 <표 3-6>에 제시된 각성인의 공통점은 활동 연도가 장기간이라는 사실과 '金大明刻', '東白刻', '思中刊', '成呂刊', '子龍

手', '玄回刀'처럼 상당수의 각성인이 자신의 인·법명과 함께 刻·刊·刀라는 글자를 새긴 것으로 미루어 보아 전문 刻手로 추정된다. 따라서 위에 제시된 각성인은 대장도감에서 활동하던 전문 刻手임을 알 수 있다.

이와 관련하여 대장도감과 분사대장도감에서 권별 분담방식으로 각성된 경전의 각성인 참여 형태를 비교 검토해 보기로 하자.

권별 분담방식을 채택한 경우 대장도감과 분사대장도감에서 조성된 경판과 각성인의 분포는 획일적이거나 규칙적이지 않지만, 분사대장도감은 각 경전의 張次가 대개 10장 내외 분량의 경전이라는 점에 주목할 필요가 있다. 우선 고종 33년과23) 35년을24) 제외한 사례를 제시해 보면 다음과 같다.

	經名	卷	年	都監	刻成人	板數/至張
다-①)	K-238	單	30	분사	元正	7/12장
	K-237	單	30	분사	惟正	2/5장
	K-249	單	30	분사	宗植	5/8장
	K-250	單	30	분사	漢平	8/17장
	K-252	單	30	분사	高希	5/9장
	K-1054	6	31	분사	惠俑	9/17장
	K-1055	1	31	분사	承綬	22/28장
	K-1055	3	31	분사	承綬	6/28장
	K-1055	5	31	분사	承綬	9/24장
	K-1055	6	32	분사	承綬	12/29장
	K-1499	63	32	분사	均莊	9/13장
	K-1499	64	32	분사	惟正	7/11장
②)	K-160	8	30	대장	戒元	12/24장

---

23) 고종 33년 분사대장도감에서 권별 분담방식으로 각성된 K-1263-8(成大), 13(孝大), 14(富守), 22(許敦), 31(子龍), K-1499-2(安宏), 3(成柱), 5(金升), 8(得之), 10(安孝), 13(孝連), 17(得平), 19(尹基) 총 13권이다.

24) 고종 35년 분사대장도감에서 권별 분담방식으로 각성된 K-1499-66(仁敍), 67(希呂), 68(子龍), 69(呂溫), 70(漢平), 71(惠己), 77(全一), 82(朴圭), 83(宝奇), 86(惟正)이다.

K-129	上	30	대장	光照	21/30장
K-592	中	30	대장	金升	17/33장
K-135	中	30	대장	得才	20/39장
K-650	32	30	대장	守左	16/32장
K-140	中	30	대장	元卿	22/23장
K-125	3	30	대장	宗湛	31/32장
K-79	31	31	대장	日卿	20/21장
K-79	14	31	대장	惠耳	18/26장
K-80	38	32	대장	唐文	20/22장
K-1019	下	32	대장	七寶	15/31장

위의 다-①)에서 분사대장도감에서 권별 분담방식으로 조성된 경전은 그 張次가 적다. 고종 30년에 조성된 K-252-單권의 '高希'는 총 9장, K-250-單권 '漢平'은 총 17장, 그리고 31년에 조성된 K-1055-1·3·5권의 '承綏'는 각각 총 24~28장을 각성하였다. 고종 32년에는 K-1499-63권의 '均莊'이 총 13장, K-1055-6권의 '承綏'는 총 29장, K-1499-64권의 '惟正'은 총 11장을 각성하고 있다. '承綏'가 조성한 경전은 그 분량이 많지만, 나머지 각성인은 張次가 상대적으로 적다.

여기서 '承綏'의 각성활동을 정리해 보면 '承綏'는 '宋承綏'라는 세속인으로서, '升守', '丞守', '承守', '丞綏', '升秀', '升受', '承', '升', '宋', '綏', '宋受', '承綏刀' 등 다양하게 자신의 인명을 새기고 있다. 그는 고종 30년에서 32년까지 3년간 대장도감과 분사대장도감에서 활동하였는데, 고종 30년에는 대장도감에서 1종 1권을, 31년에는 대장도감에서는 2종 4권을, 분사대장도감에서는 1종 4권을 조성하였다. 그리고 32년에는 분사대장도감에서 1종 1권을 조성하는 등 대개 두 도감에서 권별 분담방식으로 사업에 참여한 각성인이다.

이러한 각성활동 추이는 <표 3-6>의 '高希', '金升', '子龍', '惠俑'의 각성내용 중 분사대장도감에서 조성된 경전에서도 유사하게 나타나고 있다. 즉 분사대장도감에서 권별 분담방식으로 활동한 각성인은 대장도감에서 이미 활동한 경험이 있는 각성인이다. 하지만 '元正', '惟正', '宗植' 등은 대장도감에서 활동하지 않았거나, 각성 경험이 많지 않은 각성인으로 분량이 적은 경전을 담당하고 있다. 분사대장도감에서는 권별 분담방식이 거의 활용되지 않고 있으며, 설사 활용되더라도 대장도감에서 활동한 각성인이 분량이 많은 경전을 담당하여 각성하고 있음을 알 수 있다.

다-②)는 대장도감의 권별 분담방식으로서 그 내용을 정리해 보면, 고종 30년에 조성된 K-160-8권은 '戒元'이 총 24장을, K-129-上권의 '光照'는 총 30장, K-135-中권의 '得才'는 총 39장, K-125-3권의 '宗湛'은 총 32장을 각성하였다. 또 고종 31년에 조성된 K-79-31권의 '日卿'은 총 21장을, 32년에 조성된 K-80-38권의 '唐文'은 총 22장을, K-1019-下권의 '七宝'는 총 31장을 각성하였다.

이와 같이 대장도감에서 권별 분담방식으로 참여한 각성인은 해당 경전의 분량이 20~30장이며, <표 3-6>에 제시된 각성인처럼 장기간 참여한 각성인들이 많다. 각성인의 능력에 따라 다소 상이하게 나타나지만 분사대장도감에서 조성된 권별 분담방식의 각성 형태와는 많은 차이를 보이고 있다.

<표 3-6>의 각성인 활동과 앞서 제시한 나)의 내용을 종합해 보면 권별 분담방식의 형태로 참여한 각성인은 대부분 대장도감에서 활동한 각성인이 주축을 이루고 있다. 특히 분사대장도감에서만 활동한 각성인이 없다는 사실은 분사대장도감에서 이러한 방식을 거의 채택하지 않았음을 반증한다고 할 수 있다. 그래서 공동 참여방식과 대비시켜 보면 그 내용을 보다 구체적으로 파악할 수 있다.

앞서 검토한 <표 3-4>의 내용을 다시 요약하면 공동 참여방식으로 조성된 경전의 각성인은 그 참여 유형의 특징이 경판을 중심으

로 하고 있다. 그런데 분사대장도감에서 경판을 조성한 이후 같은 연도에 두 도감에서 활동한 각성인이 중복되어 조사되고 있다는 점에 유의해 볼 필요가 있다.

권별 분담방식보다는 공동 참여방식으로 전개되고 있음에도 각성인이 중복되고 있다. 각 권의 장차가 많은 경우 권별 분담방식으로 각성된다는 것은 각성인이 특정 조성 공간에서 장기간 각성활동을 수행해야만 가능하다. 이는 고종 30년과 31년의 경판 조성 수량과 각성인, 그리고 권별 분담방식으로 조성된 경전을 비교해 보면 운영의 차이점이나 변화를 추론해 볼 수 있다.

고종 30년의 각성사업은 대장도감 25,480장, 분사대장도감 6,095장이 조성되고, 참여 각성인은 659명, 559명으로 총 483종 1,307권이다. 이 중 권별 분담방식은 128종 217권이며 대장도감 203권, 분사대장도감 14권으로 조사되었다. 분사대장도감에서 경판이 조성된 2차 연도인 고종 31년에는 대장도감에서 31,911장, 분사대장도감에서는 7,543장이 조성되고, 각성인은 909명과 688명으로 조사되었다. 총 292종 1,726권이 조성되었는데 권별 분담방식은 13종 47권으로 대장도감에서 37권, 분사대장도감에서 4권으로 조사되었다. 여기서 고종 31년에는 경판 조성량과 각성인은 증가하였으나, 권별 분담방식은 오히려 감소하고 있음을 알 수 있다.

특히 고종 30년과 31년에는 몽고군의 침입이 거의 없고, 국내 상황도 크게 변화가 없던 때이므로 그 요인은 각성사업 운영 체제에서 찾아야 한다. 각 권의 장차가 많은 경우 권별 분담방식으로 조성된다는 것은 각성인이 특정 조성 공간에서 장기간 각성활동을 수행해야 가능하다. 또 작업의 능률면에서 권별 분담방식보다는 공동 참여방식이 더 효율적일 수 있다. 이 같이 작업의 효율성 여부는 각성사업 추진에 직·간접적으로 영향을 미쳤을 가능성이 높다. 다시 말하면 각성사업 당시 분사대장도감의 경판 판각기능이 추가된 요인 중에는 대몽항쟁의 전개와 고려 국내의 정치적 변동과도 일부 관련이 있지만,[25] 그 보다는 사업의 운용과정과도 밀접한 관련이 있음을 알 수 있다.

이상의 검토를 통하여 각성사업 초기에는 권별 분담방식과 공동 참여방식으로 이원화되어 진행되고 있다. 그러나 분사대장도감판이 조성되는 고종 30년을 기점으로 권별 분담방식의 비율이 급격히 감소하면서, 공동 참여방식 위주로 진행되고 있다. 각성인의 참여 형태의 변화는 곧 각성사업의 변화를 의미하는 것으로 대장도감과 분사대장도감별로 각성인을 검토해 보면 보다 뚜렷해 질 것이다.

Ⅱ. 刻成事業의 전개와 大藏都監

1. 大藏都監과 彫成 空間

강화경판의 각성인이 자신의 인·법명을 새기는 형태[26]는 각성인 개인의 능력과 표현 방식의 차이일 수도 있다. 주요 경전에서 이 같은 형태를 비교해 본 결과 고종 30년을 전후하여 그 표기 형식이 다르게 나타났다. 이와 관련하여 검토해 보기로 하자.

---

25) 김윤곤, 1996, 「高麗國 分司大藏都監과 布施階層」『민족문화논총』16, 영남대.

26) 경판에 인명을 새긴 유형을 조사한 결과, ① 경판의 界線 내에 새김, ② 경판의 界線에 홈을 파서 새김, ③ 界線 밖에 음각으로 새김, ④ 경판의 앞과 뒤 界線 밖에 양각으로 새김, ⑤ 경판의 앞과 뒤 界線 밖에 음각으로 새김 등으로 구분된다.

　　고종 24년부터 29년까지 대장도감만 운영되었을 때는 각성인 표기 방법이 다양했지만, 분사대장도감이 설치된 이후에는 대장도감과 분사대장도감을 막론하고 대부분 경판의 界線 안에 양각으로 표기되었다. 고종 24년부터 26년까지의 각성인 참여는 그 규모가 가장 방대하였다. 이에 가장 장기간 조성된 K-1『大般若波羅密多經』각성인과 그 외 경전에 참여한 각성인을 대비해 본 결과 상당한 차이가 있다. 이 같은 각성인 표기 방식의 차이는 대장도감의 각성사업 전개와 밀접한 관련성이 있을 것이다. 본 절에서는 각 연도별 각성인의 참여 실태와 인명표기를 중심으로 그 논지를 전개시키고자 한다.

　　먼저 『大般若波羅密多經』과 그 외의 경전을 비교하여 각성인 표기 유형을 제시해 보면 <표 3-7>과 같다.

〈표 3-7〉 대장도감에서 각성인의 인명 표기

經名	卷	函	年	도감	至張	刻成人	板數	표기방법	張　　　次
1	537	稱			25	得光	7	ㅎ ㄹ	4.9.10.12.19　7.8
33	單	服	26	대장	35	得光	31	ㅂ	5~35
49	下	裳			20	得光	10	ㅂ	11~20
1	541	夜			27	有立	13	ㅎ	1.3.6.8.9.11.13.16.18.19>23.27
195	單	養	26	대장	24	有立	1	ㅂ	24
198	單	養			7	有立	3	ㅂ	4.7　1(有)

　　각성인 인명 표기에 있어서[27) '得光'은 고종 26년에 K-1에서는 계선 밖에, K-33, K-49에서는 계선 안에, '有立'은 고종 26년에 K-1은 계선 밖에, K-195, K-198은 계선 안에 새긴 것으로 각각 구분된다. 여기서 주목되는 것은 특정 경전을 기준으로 볼 때[28) 일률적인

---

27) <표 3-7>의 'ㅂ'은 계선 안에 있는 경우, 'ㄹ'·'ㅋ'은 앞 계선 밖에 각각 음각과 양각인 경우, 'ㅎ'·'ㅌ'은 뒤 계선 밖에 각각 음각과 양각을 나타낸 것이다.
28) 고종 24년에 조성된 K-1과 K-2에서의 각성인과 표기 형태가 대표적인 예이다.

표기가 아니라는 점이다. 이는 '得光'과 '有立'의 인명 표기에서
K-1과 K-33, 49, 195, 198의 경전에서 구분된다. 그러나 분사대장도
감에서 경판이 조성되는 고종 30년 이후에는 이러한 형태가 나타
나지 않고 있다.

이처럼 동일 연도에 참여하면서 왜 자신의 인·법명 표기를 달
리했을까. 특정 경전의 특정 권에 참여한 각성인의 표기가 각각 상
이하다는 점은 단순히 표기상의 차이점이 아닐 것이다. 즉 조성 공
간에서의 활동과 관련이 깊을 것으로 짐작된다. 당시 대장도감에
서의 각성인의 활동 및 운영형태에 대한 부호체계로 이해할 수도
있다.[29] 아마도 각성인이 대장도감에서 자신의 각성활동을 구분하
기 위한 것으로 추정된다. 구체적으로 파악하기 위해 각 연도별로
각성인을 구분해 보기로 하자.

고종 24년에는 K-1『大般若波羅密多經』과 K-2『放光般若經』로 2
種이 조성되었다. 『大般若波羅密多經』은 총 98권,[30] 『放光般若經』은
총 18권이며,[31] 각각 84명·118명 등 총 202명의 각성인이 참여하였

---

29) 이러한 표기 형태를 고려의 陶瓷와 관련하여 살펴보면, 전남 강진군 대
　　구면 사당리 정차 요지 출토품 가운데 표시 부호라 생각되는 印文 표
　　기에는 두 가지 예가 있다. 하나는「ㅁ」자(木자로 보는 견해도 있다) 印
　　이고 하나는「○」印으로 모두 外底 중앙에 있다. 刻名이 아니고 印文
　　이며 각기 동일 요지에서 이러한 부호가 많이 발견되므로 가마 표시 부
　　호라고 생각되며, 특히「○」印은 그 숫자가 더 많다라고 한 바 있다.
　　제작된 陶瓷 요지의 가마를 구분을 위해 이 같은 부호를 각각 기입한
　　印이라는 내용을 통해 일정하게 유추해 볼 수 있지 않을까 한다. 당시
　　고려 도자의 표시 부호에 대해서는 정량모·진화수, 1992,『高麗陶瓷
　　銘文』, 국립중앙박물관, 146쪽이 참조된다.
30) 각 年度別 조성 경전별 권차의 제시는 생략하고자 한다.
31) 박상국은 고종 24년 조성된 경전은 2종 115권으로서『大般若波羅密多
　　經』은 丁酉年에 97권,『放光般若經』 18권으로 조사하였다(박상국, 1992,
　　「大藏都監의 板刻性格과 禪源社 問題」『韓國佛敎文化思想史(上)』, 가
　　산이지관스님화갑기념논총간행위원회, 989쪽).

다.『大般若波羅密多經』은 대개 권별 분담방식으로,『放光般若經』은 공동 참여방식으로 각각 조성되었다.

권별 분담방식으로 조성된『大般若波羅密多經』은 인명 표기가 다양한 유형으로 조사되지만,『放光般若經』은 계선 안에 양각으로 인명을 새기면서 대개 2장씩 각성하였다. 참여 각성인에서도 차이를 보이고 있는데, 두 경전의 각성인을 비교해 보면 '金升'을 제외하고는 동일인이 없다.

만약『大般若波羅密多經』과『放光般若經』의 조성이 대장도감 산하의 동일 공간에서 전개되었다면, 두 경전에 참여한 각성인 중 많은 인명이 서로 중복되는 것이 타당하다. 그러나 202명의 참여 각성인 중에서 '金升' 밖에 조사되지 않았다.

이러한 추이는 고종 25년에도 나타나고 있다. 고종 25년에는 K-1-27·90·418권과 K-2-2권과 20권, 그리고 K-3-1～27권 등 총 89권에 12,583매가 조성되었다. 참여한 각성인은 총 421명으로 이 중 256명은 신참여 각성인이고, 나머지 119명은 2년 연속으로 참여하고 있다.[32] 여기서 고종 24년과 25년 대장도감에서 조성된 경전 중 K-1과 이를 제외한 경전에 참여한 각성인의 활동을 상호 비교해 보기로 하자. 그 내용 중 일부 제시해 보면 다음과 같다.

	經名	卷	函	年	至張	板數	刻成人	張次
라-①	K-1	59	宙	24	25	12	得升	1～3.8.10.11.13.14.16.22 4.6(得)
	K-1	221	冬	25	22	9	得升	1>5.9.12.13.17.20.22
	K-1	475	崗	25	25	5	得升	3.5.10.14.16
②	K-1	24	玄	24	24	3	一明	17.21.23
	K-1	70	洪	24	27	19	一明	1.7～11.14.16～23.25～27

32) 특히 각성인 중에서 고종 24년에는 참여하였으나, 25년 참여하지 않은 각성인이 46명으로 조사되는데, 그 중 '景淸'·'椋柱'·'明覺' 등은 24년과 26년에 각각 참여하였다. 또 '得松'·'弘節' 등은 24년과 30년에 각각 참여하는 등 다양한 형태로 나타나고 있다.

```
    K-1  100 月 25 24   20    一明   2~8.10.11.13~22.24  9(明)
    K-1  166 寒 25 25    1    一明   1
    K-1  281 律 25 27    2    一明   26.27
    K-1  445 玉 25 24   18    一明   2~10.12~17.21.24   11(明)

③) K-1   77 荒 24 24   16    思中   1~6.8.11.12.14~16<22.23
    K-1  253 餘 25 23   11    思中   2.5>21.22
    K-1  419 生 25 25   11    思中   2.3.5.11>15.18.19>23.24
    K-1  419 生 25 25    2    思忠   7.9

④) K-1   40 黃 24 25    9    良才   1.4.5.10.11.13.23.24   21(良)
    K-1  292 呂 25 25    5    良才   12.17.19.21.24
    K-1  453 出 25 24    1    良才   24
    K-1  459 出 25 25   12    良才   2.4.5.7.9.12~14<20.23
```

라-①~④)의 내용은 K-1에서 권별 분담방식에 의해 조성된 것이다. 위에 제시된 각성인이 참여 첫 해인 고종 24년보다도 그 이듬해에 참여한 권수가 많아지고 있는 점으로 미루어 보아 각성능력이 향상되었음을 알 수 있다.

고종 25년에 조성된 경전 중에 K-1의 각성인 표기는 계선 안팎에 다양하였다. 라)의 K-1『大般若波羅密多經』만 참여한 '得升', '思中', '良才'는 고종 24년에는 K-1-59권 한 권이지만, 25년에는 K-1-221과 475권으로 두 권에 참여하고 있으며, '一明'은 고종 24년에는 두 권이지만, 25년에는 네 권에 참여하고 있다.

다음은 공동 참여방식에 참여한 각성인에 대해 살펴보기로 하자.

```
마-①) 經名  卷   函    年    至張  板數  刻成人  張次
     K-2   7   茉   24   39    2    守和   29.30
     K-2  14   重   24   33    2    守和   4.5
     K-3  10   薑   25   32    2    守和   5.6
     K-3  24   海   25   37    2    守和   18.19
     K-9   6   潛   25   21    2    守和   7 8(守和刀)
     K-32 單   乃   25   32    2    守和   27.28
     K-44 下   衣   25   41    2    守和   39.40
```

②	K-2	10	菜	24	28	2	洪庇	5.6
	K-2	14	重	24	33	2	洪庇	20.21
	K-2	20	重	25	33	1	洪庇	1
	K-3	10	薑	25	32	2	洪庇	19.20
	K-44	下	衣	25	41	2	洪庇	5.6
③	K-2	16	重	24	38	10	金瑩	1~6.35~38
	K-2	18	重	24	34	4	金瑩	21.22.27.28
	K-2	19	重	24	31	1	金瑩	21
	K-3	7	芥	25	42	2	金瑩	5.6
	K-3	8	芥	25	31	2	金瑩	25.26
	K-3	9	芥	25	32	4	金瑩	11.12.15.16
	K-3	10	薑	25	32	2	金瑩	3.4
	K-3	11	薑	25	40	2	金瑩	23.24
	K-3	12	薑	25	29	6	金瑩	24~29
	K-3	14	薑	25	33	2	金瑩	16.17
	K-3	20	海	25	29	3	金瑩	24.28.29
	K-3	24	海	25	37	4	金瑩	10~13
	K-9	6	潛	25	21	2	金瑩	11.12
	K-18	單	羽	25	11	11	金瑩	1~11
	K-23	下	字	25	25	19	金瑩	7~25
	K-27	上	乃	25	30	2	金瑩	3.4
	K-45	上	衣	25	27	2	金瑩	5.6

　마)에 제시된 내용은 앞의 라) 즉 K-1『大般若波羅密多經』을 제외한 경전으로 그 내용은 상반되는 것이다. 즉 마)에 제시된 각성인의 표기에 있어서 앞의 라)와 달리 계선 안에만 새기고 있다.

　그리고 참여한 경전의 추이도 각각 다르게 조사되고 있다. 마-①)의 '守和'는 고종 24년에 K-2-7·14권으로 두 권이지만, 25년에는 K-3을 비롯한 K-9, K-32, K-44 등 여섯 권에 참여하고 있다. 마-②)의 '洪庇'도 고종 24년에는 K-2-10 등 두 권이지만, 25년에는 K-2-20권을 비롯하여 세 권에 참여하고 있다. 마-③) '金瑩' 역시 고종 24년에 K-2-16·18·19권으로 세 권이지만, 25년에는 K-3을 비롯한 K-9, K-18, K-23, K-27, K-45 등 열네 권에 참여하고 있다.

따라서 라)와 마)의 각성 내용을 비교해 보면 K-1과 그 밖의 경전에 각각 참여한 각성인은 경전 종 수와 권 수도 다르고 조성한 수량도 크게 차이가 난다.

동일 연도에 대장도감에서 활동한 각성인의 참여 추이가 이렇게 구별되는 원인은 무엇일까. 그래서 권별 분담방식과 공동 참여방식으로 구분하여 각성인을 비교해 본 결과 총 421명 중 '公位', '公甫', '金升', '得光', '松甫', '永才', '永貞', '仁甫'만이 중복 조사되었다. 이처럼 8명의 각성인이 중복된다는 점은 권별 분담방식과 공동 참여방식으로 조성된 경전의 조성 공간이 동일 장소가 아니라는 사실을 반증해 주는 것이 아닐까 한다. 이를 통해 고종 24년과 25년의 각성 사업을 정리해 보면 2년 연속 참여하는 각성인의 능력은 점차 향상되고 있음을 알 수 있다. 하지만 특정 경전 즉 K-1과 그 밖의 경전을 조성하는 각성인은 활동내용이 각각 달랐고, 또 동일한 각성인이 참여한 것이 아니라 각기 다른 각성인들이 참여하고 있다. 각성사업이 초기부터 대장도감 내의 여러 조성 공간에서 경판이 조성되고 있음을 확인시켜 준다.

다음은 고종 26년 이후의 각성사업에 대하여 검토해 보기로 하자. 고종 26년에는 K-1의 423권을 비롯한 총 71권과 K-4-4·5·6권 및 K-5-2·5권 등 총 102종이 조성되는데, 각성인은 211명이 조사되었다. 이 중에서 신참여 각성인은 35명이며, 나머지 176명은 그 이전부터 사업에 참여하고 있다.

고종 26년의 각성인을 표기 방법에 따라 구분해 보면 크게 3가지로 나누어진다. 첫째, K-1은 대개 계선 안팎에 새겼고, 둘째, K-7에서 K-71까지의 경전은 계선 안에 새겨져 있다. 셋째, K-194에서 K-388까지의 경전은 계선 밖에 많이 새겨져 있다. 3가지 유형에 참여한 각각 각성인을 비교해 본 결과 '東伯', '得光', '席通正', '世卿', '世中', '世眞', '申柱', '永智', '元帝', '有立', '正惠', '存植',

‘惠珍’ 등 13명이 중복되었다.

고종 27년에는 K-1-465권을 비롯하여 총 10권, 그리고 K-4-1권 등 총 75종이 조성되었다. 각성인은 171명으로, 이 중에서 신참여 각성인은 19명이며 나머지 152명은 이전부터 참여하였다. 각성인의 표기 방법에 따라 구분하면 첫째, K-1은 수량은 적지만 대체로 계선 밖에 자신의 인명을 새긴 경우가 많았다. 둘째, K-4에서 K-101은 공동 참여방식으로 계선 안에 새겨둔 반면, 셋째, K-200에서 K-1403은 권별 분담방식으로 계선 밖에 인명을 새겼다.

각 항목별로 각성인을 비교해 본 결과 첫째와 둘째에서는 중복된 경우가 없지만, 첫째와 셋째에서 ‘公位’, ‘金升’, ‘得光’, ‘心亮’이, 둘째와 셋째에서는 ‘德有’, ‘宋元侃’, ‘守左’, ‘允寶’, ‘李伯’이 중복되었다. 고종 27년에는 조성된 주요 경전별 또는 각성형태에 따라 동일인이 제한적으로 조사된 점으로 미루어 보아 각성인의 활동 형태가 다양하게 운용되고 있음을 알 수 있다.

고종 28년에는 총 107종, 7,047장이 조성되면서, 137명의 각성인이 참여하고 있다. 각성인중에서 116명은 이전부터 활동하고 있었으며, 20명은 신참여 각성인이다. 앞서 검토한 방식과 같이 분류해 본 결과 첫째, K-22-54권부터 K-110-3권까지는 계선 안에 새겨져 있고, 특정 각성인의 조성 수량이 많다. 둘째, K-206-1권부터 K-1403-36권까지는 계선 밖에 새겨져 있었고 특정 각성인의 조성 수량이 적다. 이 두 유형을 상호 비교해 본 결과 ‘得光’, ‘金升’, ‘應甫’가 중복되었다.

고종 29년에는 177종의 8,964장이 조성되는데, 각성인은 172명으로 이 중에서 23명이 신참여 각성인이다. 고종 29년에 조성된 경전은 대개 각 권마다 대개 1~2명이 참여하고 있지만, K-182-單권부터 그 양상이 다르다. K-140-下권까지는 각성인의 표기에 있어서 대부분 계선 안인 반면, K-182부터는 계선 밖에 새겨져 있다. 이를 기준으로 각성인을 상호 비교해 본 결과 ‘金亮’, ‘得光’, ‘金

升'이 중복되었다.

지금까지 대장도감에서만 경판이 조성되었던 고종 24년부터 29년까지의 각성인 활동 형태와 참여 방식을 분류 및 검토해 본 결과 특이한 사실을 발견할 수 있다. 고종 24년과 25년의 각성인의 참여 형태와 고종 26년 이후의 참여 형태가 권별 분담방식과 공동 참여 방식에 따라 다르게 나타났다. 전자는 각성인의 표기 방법이 2가지로 조사된 반면, 후자는 3가지로 나누어지고 있다. 이렇게 구분되는 명확한 근거나 이를 알려줄 만한 구체적인 사료가 부족하여 구체적으로 파악해 볼 수 없지만, 사업 운영 형태와 조성 공간이 점차 다양하게 변화되었음을 암시하는 것이 아닐까 한다.

한편 고종 30년은 분사대장도감에서도 경판이 조성됨에 따라 대장도감에서의 사업 운용 및 각성인 추이도 상당한 변화가 있었을 것이다. 먼저 고종 30년 대장도감에서만 활동한 각성인은 659명인데, 이 중 162명이 신참여 각성인이다.33) 고종 31년에는 대장도감에서만 활동한 각성인은 909명으로, 이 중 219명이 신참여 각성인이다.

고종 30년과 31년 대장도감의 운영에 대해 살펴보기 위해 각성인의 표기 방법에 따라 구분해 본 결과, 계선 안과 밖에 각성인이 각각 다르게 분포되어 있다. 그 중에서 중복된 각성인을 제시해 보면 다음과 같다.

> 바-①) 公甫, 景希, 公大, 公卑, 公元, 公有, 公礴, 公取, 光義, 金大明, 金保, 金升, 金存, 南金, 盧禧, 大甫, 大光, 大才, 敦必, 淂平, 得連, 良金, 林甫, 万大, 文庇, 文眞, 朴脩, 朴有, 方守, 甫金, 思中, 石大, 碩儒, 席通正, 世彷, 世材, 世眞, 孫章, 宋瑊, 松甫, 宋氏刀, 宋元侃, 宋正, 水貞, 守左, 申節, 申柱, 安植, 永智, 右光,

---

33) 신참여 각성인 162명 중 110명은 고종 30년 대장도감에서만 활동하였으며, 나머지 52명은 30년 이후에도 계속 참여하였다.

　　　　　右大, 應手, 李目, 仁美, 子公, 作升, 莊德, 丁代, 正惠, 存植, 宗
　　　　　守, 智永, 知令, 晉公, 天白, 七寶, 黃信, 孝道, 希甫.

　　②) 京柱, 戒林, 空巨, 公秀, 公碑, 公弼, 金升, 金塋, 盧禧, 大林, 東
　　　　二, 林甫, 林玄, 美植, 方守, 四材, 思中, 席通正, 世甫, 十十, 奄
　　　　信, 永守, 永衣, 溫淸, 有令, 有立, 應材, 李圭, 仁美, 一門, 莊
　　　　柱, 田成, 鄭弼, 正惠, 俊玄, 天柱, 七宝.

　　바-①)의 내용은 고종 30년 대장도감에 조성된 경전에서 중복된
각성인이다. 고종 30년에 대장도감에서 조성된 1,183종 가운데 206
종34)은 계선 밖에 각성인이 새겨져 있고, 나머지 경전 977종은 계
선 안에 새겨져 있다.

　　각성인을 상호 비교해 본 결과 69명이 중복되었다. 이 가운데 26
명35)은 고종 30년의 신참여 각성인이므로 이를 제외하고 가장 많
이 중복된 각성인은 '公甫', '金大明', '金升', '敦必', '得平', '良
金', '天白', '七宝'였다.

　　바-②)는 고종 31년의 내용이다. 고종 31년에 대장도감에서 조성
된 260종 가운데 65종36)은 계선 밖에 각성인이 새겨져 있고, 나머

---

34) 206종의 경전 일부를 제시해 보면 K-56-22·24～28·51～60, K-116-3～7,
　　K-426-4～10, K-427-1·3～7, K-550-1·2·4·6·10·12, K-558-上·中·下,
　　K-600-1～4, K-605-1～5, K-614-1～3·5·7·9·10, K-892-3, K-895-19이다.
　　單卷은 K-318～329, 357～359, 364～370, 625～629, 641～646, 696～
　　704, 718～724, 728～737, 747～753, 755～758권 등이다.
35) 신참여 각성인은 '景希', '公卑', '公元', '公有', '公取', '南金', '大甫',
　　'万大', '朴有', '甫金', '世彷', '世材', '宋瑄', '宋氏刀', '宋正', '水貞',
　　'申節', '右光', '右大', '應手', '作升', '莊德', '智永', '晉公', '希甫' 등
　　으로 조사되었다.
36) 65종의 경전 일부를 제시해 보면 K-429-1～4, K-571-1·2·7, K-650-1～5
　　·8·17·21·40·43·45·47·48·50, K-891-3·5·6·7·9·10～17·19～27·29～
　　50, K-892-1·2·4～14·16～20, K-936-1·2·4·6·8·9, K-947-1·3·6·7·9·11～
　　13·15, K-950-1·6·7·12, K-952-111～138·140～151·153～174·176～191
　　·193～197·200이다. 單卷은 K-317, 568, 613, 630, 657, 667, 672, 673,

지 195종은 계선 안에 새겨져 있다.[37] 이에 중복되는 각성인은 37명으로 조사되었다. 이 가운데 12명[38]은 신참여 각성인이므로 이를 제외하고, 가장 많이 중복된 각성인은 '公秀', '公弼', '金升', '大林', '林甫', '溫淸', '李圭', '俊玄', '七宝'였다.

그런데 고종 30년과 31년에 가장 많이 중복된 각성인들은 앞서 검토한 고종 24년부터 29년까지 조사한 각성인과 동일인임을 알 수 있다. 즉 고종 30년에 중복된 각성인 중 '得平'을 제외한 7명, 고종 31년에 중복 조사된 각성인 중 '俊玄'을 제외한 8명은 이전부터 참여한 각성인들이다. 이처럼 중복된 각성인은 사업 초기부터 대장도감에서 주도적인 역할을 한 각성인내지 중견 刻手임을 알 수 있다.

각성사업의 원활한 추진을 위해서는 무엇보다도 刻手의 교육 및 양성이 매우 필요하였을 것이다. 각성인 중 2년 이상 활동한 일부 각성인들은 중견 刻手로 교육 및 양성되었을 것이다. 신참여 각성인 내지 경판의 판각 능력이 미흡한 각성인을 대장도감에서는 주도적인 역할을 담당하고 있는 각성인과 함께 적절히 구성하여 판각 실무 능력을 배양시켜 분사대장도감이 설치된 고종 30년 이후부터는 분사대장도감의 각성사업에 적극 참여하고 있음을 알 수 있다.

그리고 같은 연도에 조성된 경전의 각성인 표기 형태가 여러 유형으로 구분되는 것은 각성인의 활동 공간이 특정 공간이 아니라 다양한 공간에서 활동하고 있음을 반증하는 것이다. 이에 대해서는 각성인의 활동 양상을 통해 검토해 보기로 하자.

675, 717, 725, 727, 738, 739, 745, 746, 754 등이다.

37) 고종 31년에 대장도감에서 260종 1,449권으로 909명, 분사대장도감에는 30종 273권으로 688명이 참여하였다. 대장도감에서는 909명 중 219명, 분사대장도감에서는 668명 중 총 104명이 신참여 각성인이다.

38) 신참여 각성인은 '戒林', '空巨', '東二', '林玄', '美植', '四材', '十十', '奄信', '有令', '一門', '莊柱', '天柱' 등으로 조사되었다.

2. 刻成人의 활동 추이와 大藏都監

앞서 대장도감에서 각 연도별로 조성된 경전의 각성인 표기 형태에 따른 특징과 각성인을 상호 비교해 본 결과 최대 13명, 최소 1명이 상호 중복되고 있다.

특히 900여 명이 참여한 고종 31년 대장도감의 각성사업에서 중복된 각성인의 수치가 적다는 점은 비록 경판이 대장도감에서 조성되었지만, 그 조성 공간 및 운영체계가 서로 상이하였기 때문에 각 경전의 각성인이 다르게 분포된 것으로 추론된다. 이는 조성 공간이 특정한 동일 장소가 아니라는 것을 의미한다. 대장도감에서 활동한 각성인의 참여 내용을 분석해 보면 구체적으로 이해할 수 있다.

앞서 각 연도별로 주요 경전에 따라서 인명 새김 방식을 구분하였다. 가장 많이 중복된 각성인은 고종 24년에 '金升'을 비롯하여 총 54명[39]인데, 동일인을 구분하여 분류해 본 결과 다음의 41명이 조사되었다.

사) 公甫, 公秀, 公位, 公弼, 金大明, 金亮, 金升, 大林, 德有, 敦必, 東伯, 得光, 淂平, 席通正, 世卿, 世中, 世眞, 松甫, 宋元侃, 守左, 申柱, 心亮, 良金, 永才, 永貞, 永智, 溫淸, 元帝, 有立, 允寶, 應甫,

---

39) 그 밖의 각성인은 다음과 같다. 고종 25년에 '公位', '公甫', '金升', '得光', '松甫', '永才', '永貞', '仁甫' 8명이다. 고종 26년 '東伯', '得光', '席通正', '世卿', '世中', '世眞', '申柱', '永智', '元帝', '有立', '正惠', '存植', '惠珍'이며, 고종 27년 '公位', '金升', '得光', '心亮', '德有', '宋元侃', '守左', '允寶', '李伯'이다. 고종 28년 '得光', '金升', '應甫'이며, 고종 29년 '金亮', '得光', '金升'이다. 고종 30년에는 '公甫', '金大明', '金升', '敦必', '淂平', '良金', '天白', '七宝'이며, 고종 31년에는 '公秀', '公弼', '金升', '大林', '林甫', '溫淸', '李圭', '俊玄', '七宝'이다.

李圭, 李伯, 仁甫, 林甫, 正惠, 存植, 俊玄, 天白, 七宝, 惠珍.

만약 대장도감이 설치된 강화경의 특정 지역 및 장소에만 조성 공간이 설치 운영되었다면 더 많은 각성인이 중복 조사되어야 하는데 41명만 중복되고 있다. 즉 대장도감 산하에 여러 조성 공간이 운영되고 있었음을 말해준다.

또한 여러 장소에 분산 설치된 조성 공간과 대장도감간의 긴밀한 업무 협조와 원활한 각성활동을 위해서 41명의 각성인은 중요한 임무와 역할을 맡았을 것이다. 대장도감에서 단기간 활동한 각성인의 각성내용을 비교해 보면 구체화될 것이다.

	經名	卷	函	年	至張	板數	刻成人	張次
아-①)	K-1	45	宇	24	27	12	陽純	1.10.12~14.19.20.22~25.27
	K-1	112	戾	25	24	8	陽純	2.6.8.14.18<24
②)	K-2	20	重	25	33	2	堅昌	18.19
	K-3	1	芥	25	36	2	堅昌	12.13
	K-32	單	乃	25	32	1	堅昌	22
③)	K-1	491	號	25	25	10	元帝	8.9.12~14.16.19.21.22.25
	K-1	598	奈	25	26	10	元帝	1.5.710.12.17>23.26
	K-199	單	養	26	10	3	元帝	3.6.8
	K-374	單	必	27	25	4	元帝	2<6.7
④)	K-1	97	月	24	25	7	德有	4.9.11.12<18
	K-1	432	水	25	24	12	德有	2.3.6.9.11.12.14.15.18.21~23
	K-1	573	珍	27	25	5	德有	15.16.19.22.25
	K-374	單	必	27	25	5	德有	13.14.17.18.25
	K-385	11	忘	29	30	10	德有	2.4.5.12.14.18.20.23.25.30
	K-598	中	當	29	23	8	德有	1>7.11.15.17.23

아)의 '元帝'와 '德有'의 예에서 볼 수 있듯이 이들의 참여 형태 공동 참여방식과 권별 분담방식을 혼용하고 있다. 각성량이 10장 내외인 경우도 있으나, '陽純'의 경우처럼 1권 전체를 분담한 경우

178 高麗大藏經 研究

도 있다. 이들의 각성활동에 대한 특징을 살펴보기 위해 가장 많이
중복된 '金升'과 '得光'의 각성활동을 서로 비교 검토해 보자.

<pre>
金升 金昇 金   24 대 2-2-7(28)⁴⁰⁾
                  25 대 3-6-30(61)
                  26 대 1-1-14(15)
                  27 대 3-3-36(55)
                  28 대 2-2-43(85)
                  29 대 6-7-76(146)
                  30 대 11-11-72(131)   분 2-3-3(14)
                  31 대 19-24-42(78)   분 7-15-21(30)
                  32 대 3-3-18(49)   분 2-3-3(6)
                  33 대 2-2-6(9)   분 1-1-9(17)
                  34   분 1-3-15(26)
                  35   분 1-3-13(22)
                  무 9-11-19(28)

得光   25 대 6-7-21(38)
                  26 대 3-3-48(56)
                  27 대 2-2-35(52)
                  28 대 3-3-31(67)
                  29 대 3-3-38(68)
                  30 대 8-10-37(90)   분 5-7-10(18)
                  31 대 20-26-41(56)   분 4-8-12(16)
                  무 5-5-9(12)
</pre>

위에 제시한 '金升'은 '金昇'과 '金'으로 표기하면서 12년 연속으
로 참여하였다. 고종 26년을 제외하고는 매년 2권 이상, 각성량도
20~30장에 이르고 있다. 29년의 경우에는 무려 76장을 각성하였
지만, 각성량은 총 146장이다. 고종 30년에는 대장도감에서 11종
11권에 72장이지만, 총 131장이다. 분사대장도감에서는 2종 3권에

---

40) 경전번호－卷次－새긴 張數이며, ( )는 인명이 새겨진 장수를 근거로
    총 판각량을 표시한 것이다. 이하 내용 동일.

3장이지만 총 14장을 각성하였다.

'得光'의 활동에 있어서도 참여 기간은 '金升'보다도 짧지만, 유사한 각성 활동을 하고 있다. 따라서 '金升'과 '得光'은 사업 초기부터 주도적인 역할을 수행할 수 있을 정도의 위치에 있었을 것이다. 하지만 단기간 사업에 참여한 각성인을 '金升'과 '得光'과 비교해 보면 다소 달라진다. 아-①)의 예를 들면 '陽純'은 고종 24년 K-1-45권 27장을 각성하였으나, '金升'과 '得光'이 공동 참여방식으로 각성한 경판의 수량보다도 적다. 그리고 '德有'의 경우 고종 27년에 2종 2권을 각성하였으나, 2명의 각성인이 참여하여 각성한 공동 참여방식으로 그 수량이 비교된다. 이를 볼 때 사)에 제시된 각성인은 판각 능력이 매우 뛰어난 자들로 볼 수 있다.

사)에 제시된 각성인 28명 사업 참여 기간을 재분류해 본 결과 '金升'은 12년간, '公甫'·'七宝'는 10년간 활동하였다. '應甫'·'守左'은 9년간, '永才'·'席通正'·'世眞'은 8년간, '得光'·'松甫'·'有立'·'金大明'·'敦必'은 7년간 활동하였다. 또 '仁甫'·'東伯'·'申柱'·'永智'·'正惠'·'惠珍'은 6년간, '世卿'·'存植'·'心亮'·'德有'·'允宝'는 5년간 활동하였다. 그 밖에 '宋元侃'·'李伯'·'世中'·'公位'·'永貞'은 4년간, '元帝'·'金亮'은 3년간, '大林'은 2년간 활동하였다.

이상에서 4년간 활동한 '宋元侃' 등 8명을 제외한 20명은 5년 이상 참여한 각성인들이다. 이들의 각성활동 역시 앞서 제시한 '金升', '得光'과 유사하다. 이를 통해 대장도감에서 중복 조사된 각성인 28명은 대장도감 산하의 여러 彫成 空間에서 활동했던 전문 刻手이거나 刻字僧으로 파악된다.

다음은 대장도감 내에 다양한 彫成 空間이 분산 설치될 수밖에 없었던 요인에 대하여 논의해 보기로 하자. 언제 몽고가 또다시 야만적인 침입을 자행해 올 지도 모르는 상황에서 각성인과 사업 종사자들을 임시 수도인 강화경과 남해 및 진주일대라는 특정 공간에 집중시키는 것은 무리한 조치이다. 당시 최씨 무인정권은 강화경에 遷都해 있으면서 내륙의 각 지방민들에게는 적이 오면 山城 및 海島 등지로 피난하라는 무책임한 명령뿐이다. 이러한 상황에서 중앙의 통치력은 전국적으로 미치지 못했을 것이며, 통치력의 약화는 결국 대장경의 판각사업에 필요한 인적·물적 동원에 장애 요인이 되었을 것이다. 각종 물자의 동원이 원활하지 못한 상황에서[41] 강화경과 남해 및 진주일대라는 지역을 고려할 때 대규모 인원을 특정 공간에 집중적으로 모아 놓고 사업을 전개한다는 것은 무리가 있다.

고종 31년에 두 도감에서 활동한 각성인은 무려 1,600여 명으로 조사되었다. 여기에 각종 업무를 분담하는 인원까지 고려한다면 그 수는 아마도 수천 명 내지 수만 명에 이를 것으로 생각된다. 즉 효율적인 각성사업의 전개를 위해서는 대규모 인원의 통제에 대한 측면을 고려해야 한다.

그리고 대몽항쟁 중에 각성사업이 진행된 점을 고려해야 한다. 각성사업의 기본 재료가 되는 板本과 筆寫를 위한 종이의 운송, 그 밖에 각종 비품 등의 조달에 상당한 어려움이[42] 있을 것이다. 특히 板下本이나 종이와 같은 물자는 단기간 내에 조달할 수 있는 것이 아니다. 닥나무를 재료로 하는 종이는 원자재인 닥나무의 생육과도 밀접한 관련이 있고, 제작과정이 여러 복잡한 절차를 거쳐야 하기 때문에 전국적인 수집을 하지 않고서는 불가능한 일이다. 그러므로 각 군현의 楮 조달능력과 종이 납부 능력 등도 고려하였을 것이다.

또한 당시 피난수도인 강화경의 각종 여건이 수월치 못하다는 점

---

41) 김윤곤, 1996, 앞의 논문, 133~134쪽.
42) 손진태는 고려에서 금속활자를 창조한 배경으로 1234~1244년 사이에 江都에서 대장경 제작을 시작했던 때이며, 섬 속에서 목재를 구하기 곤란하였던 것과 구득한 목재는 온전히 대장경판에 사용된 관계로 금속활자가 나온 것이 아닌가 추측하고 있다(손진태, 1986, 『國史大要』, 을유문화사, 178쪽).

은 중요한 고려 대상이 되었을 것이다. 경판 제작 및 보관에 따른 제반 위험 요소에 대한 내용도 논의되었을 것이다. 무엇보다도 板木의 수급이 강화경에서 자체적으로 얼마만큼 조달할 수 있는지도 고려될 것이다. 또 경판을 판각하는 작업의 특성상 계절적 변화 요인에 민감할 수밖에 없다. 木板에 글자를 새길 때 여름 雨期에는 고온다습한 기후로 인하여 판본이 훼손될 수도 있고, 겨울에는 판본이 얼거나 깨어질 수 있기 때문에 판각하는 시기는 다소 제한적일 수밖에 없다.

마지막으로 조성된 경판의 보관상 문제를 지적할 수 있다. 木板인 경판은 화재에 가장 취약한데 당시 임시수도였던 강화경에는 화재의 발생으로부터[43] 안전하지 못했다.

이상에서 각성사업 당시 대몽항쟁 중이라는 점, 대규모 인원이 집적된다는 점, 사업에 필요한 각종 물적 자원을 원활하게 수급해야 한다는 점, 화재 및 기타 자연재해로부터 경판을 안전하게 보관해야 한다는 점 등을 고려하여 경판의 조성과 보관은 물론 여타의 사항에 대해서도 신중하게 검토되었을 것으로 추정된다. 이러한 제반 문제점들을 해소시키기 위해서는 조성 공간을 특정 지역에 국한하여 운영하기보다는 다양한 지역에 분산 설치해야 타당할 것이다.

이와 관련하여 상당수의 각성인들은 각성사업에 연속적으로 참여하지 않고 있는 사실이 주목된다. 그 대표적인 사례를 제시해 보면 다음과 같다.

```
戒珠 戒柱        25 대 2-2-13(13)
                30 대 1-1-2(2)
                31 대 6-6-9(12)    분 2-4-5(8)    (무 1-1-1(2))
                32                 분 1-1-2(2)
```

---

43) 『高麗史』 권53, 지7, 오행1, 고종 32년 3월. "江都見子山北里民家 八百餘戶 火災 老弱焚死者 八十餘人 連燒延慶宮 法王寺 御醫庫 大常府 輸養都監" 및 고종 36년 2월. "戊寅 江都百餘戶 火災".

金甫　　　　　25 대 2-2-4(4)
　　　　　　　28 대 1-1-3(8)
　　　　　　　32 대 2-2-6(46)
　　　　　　　34 대 2-2-5(57)

保祥 宝相　　24 대 1-2-4(4)
宝祥 宝　　　26 대 1-1-2(2)
　　　　　　　27 대 1-1-2(2)
　　　　　　　29 대 1-1-18(20)
　　　　　　　30 대 5-7-38(43)　　분 1-1-2(2)
　　　　　　　31 대 8-9-15(18)　　분 4-5-9(10)
　　　　　　　32 대 2-3-20(24)　　분 1-1-1(2)
　　　　　　　34　　　　　　　　　분 1-1-2(2)
　　　　　　　무 1-1-2(2)

위의 '戒珠'는 고종 25년에 참여한 후 4년 뒤인 고종 30년부터 다시 참여하고 있으며, '金甫'는 고종 25년에 참여한 후 고종 28년, 32년 34년에 각각 다시 참여하고 있다. '保祥' 역시 고종 24년 참여한 후 고종 26년·27년에 연이어 참여하였다. 그리고 고종 29년부터 32년까지 참여하였으며, 1년의 공백기를 거친 후 34년에 분사대장도감에서 활동하였다.

이처럼 각성인들이 대몽항쟁 중에 전개된 각성사업에 1~3년간의 공백기가 있다. 이러한 참여 추이는 각성인들에게 사업 참여가 어떤 강제성과 타율적이지 않았다는 점을 의미하는 것으로 각성인의 의지에 따라 활동하고 있음을 알 수 있다.[44] 만약 조성 공간이 특정 지역에만 국한하여 운영된다면 이들의 활동은 제한적일 수밖에 없을 것이다. 그러나 각각의 도감 산하에 조성 공간을 운영하는 체계를 두었기 때문에 적어도 대장도감에서만 각성사업이 전개되

---

44) 이 같은 각성인의 참여 형태를 통해 근거로 각성사업에 각성인의 자발적 참여의지로 이해하고 있다(김윤곤, 2002,『고려대장경의 새로운 이해』, 불교시대사; 최영호, 1996,『江華京板『高麗大藏經』刻成事業의 研究』, 영남대 박사학위논문).

었을 때는 각각의 조성 공간에서 활동한 각성인의 경판을 구분하거나, 업무 추진의 구분을 위해 다양한 형태의 각성활동을 보장하였을 것이다. 그 결과로 자신의 인·법명을 새길 때 구분하였거나 또는 참여 형태를 달리하였을 것이다.

　이상의 내용을 정리해 보면 대장도감 산하의 조성 공간은 강화경의 특정 장소에만 설치 운영된 것이 아니라 여러 장소에 설치되었을 가능성이 높다. 각성사업 첫 해부터 대장도감 산하에 조직적으로 구성된 여러 조성 공간에서 사업이 이루어지고 있는 것이다.

　대장도감은 정책적 직무는 물론 인적·물적 조달을 위한 행정 실무적 기능과 여러 조성 공간을 총괄하는 기능도 아울러 수행하고 있다. 그러나 경판을 조성한 조성 공간에는 사업을 주도적으로 이끌 각성인이 필요했을 것이다. 각 연도에 조성된 다양한 유형의 경판에서 중복 조사된 '金升', '公甫'·'七宝', '應甫'·'守左', '永才'·'席通正'·'世眞', '得光'·'松甫'·'有立'·'金大明'·'敦必', '仁甫'·'東伯'·'申柱'·'永智'·'正惠'·'惠珍', '世卿'·'存植'·'心亮'·'德有'·'允宝' 등 각성인이 그 역할을 맡았을 것이다.

Ⅲ. 分司大藏都監과 刻成事業의 변화

1. 分司大藏都監과 刻成人의 활동

　분사대장도감의 강화경판 彫成에 따른 각성사업의 변화를 검토하기에 앞서 현존하는 인경본 刊記를 정리해 보기로 하자. 동아대본의 刊記와 동국대본의 영인본인『高麗大藏經』刊記를 비교·정리해 보면 다음의 <표 3-8>과 같다.

<표 3-8>에서 K-1075의 『續高僧傳』 24권 경우에 동아대본은 '癸卯歲□□□大藏都監奉勅雕造'로, 동국대본은 '癸卯歲高麗國分司大藏都監奉勅雕造'로 조사되었다.[45] 또 K-1406의 『法苑珠林』 54권과 55권은 동아대본 刊記가 '甲辰歲高麗國□□□□□'였으나, 동국대본의 경우 54권에 '甲辰歲高麗國分司大□□□勅雕造'로, 55권은 '甲辰歲高麗國分司大藏都監勅雕造'로 각각 조사되어 刊記의 내용에 차이가 있다.

그리고 <표 3-8>의 ① 내용에 있어서도 K-803의 『本事經』은 동아대본과 동국대본에서는 無刊記였으나, 분사대장도감으로 제시되고 있다. K-951의 『阿毗曇毗婆娑論』 20권은 동아대본과 동국대본에는 '甲辰歲高麗□□□□□勅雕造'였으나, 분사대장도감으로 제시되었다. K-1050의 『經律異相』 15·16·17·21·22·24·25·26·42·46·47권은 각각 분사대장도감으로 조사되는데 無刊記로 제시되었다. 또 41권은 대장도감판으로 조사되는데 분사대장도감으로 제시되었다.

이 같은 차이는 고려대장경본의 차이 때문인지 아니면 조사 과정에서 어떤 착오에 의하여 달리 조사된 것인지 구체적으로 알 수 없지만, 일부 내용은 상이하게 조사되었다.[46]

---

45) 그러나 刊記의 내용 중 '歲高麗'와 '分司'는 활자체로 기입되어 있다.
46) 동아대본과 동국대본의 각 本이 異本이 아닐까 하여 각 권의 판식과 각성인을 조사해 본 결과 동일 판식이었고 동일 각성인이 조사되었다. 아마도 경판 보관과정에서 결락 또는 훼손으로 발생한 것이거나, 인경 시기의 차이점이 아닌가 추측될 뿐이다.

〈표 3-8〉 고려대장경 인경본의 刊記 비교

경 명	권	동 아 대 본	동 국 대 본	①	비 고
K-803 本事經	3	刊記 無	同一	분사	
K-951 阿毗曇毗婆娑論	20	甲辰歲高麗□□□□勅雕造	同一	분사	
K-1050 經律異相	15	癸卯歲高麗國分司□□監□□□	癸卯歲高麗國分司□□監奉勅雕造	-	
	25	癸卯□□□分司大藏都監奉□□	癸卯歲高麗國分司大藏都監奉勅雕造	-	
K-1052 諸經要集	17	癸卯歲高麗□□□□勅雕造	同一	분사	
K-1075 續高僧傳	12	癸卯歲高麗國□□□□勅雕造	同一	분사	
	24	癸卯□□□大藏都監奉勅雕造	癸卯(歲高麗)國(分司)大藏都監奉勅雕造	분사	동국대( )는 활자임
	27	癸卯歲高麗國□□□□藏都監奉勅雕造	同一	분사	
K-1406 法苑珠林	54	甲辰歲高麗國□□□□勅雕造	甲辰歲高麗國分司大□□□□勅雕造	-	
	55	甲辰歲高麗國□□□□勅雕造	甲辰歲高麗國分司大藏都監奉勅雕造	-	
	63	大藏都監	同一	-	
	66	大藏都監	同一	-	
	84	甲辰歲高麗國□□□□勅雕造	同一	대장	
K-1423 佛說父母出生三法藏般若婆羅密多經	3	分司大藏都監	同一	대장	
K-1437 佛說光明童子因緣經	1	分司大藏都監	同一	무	
	2	大藏都監	同一	분사	
	3	分司大藏都監	同一	무	
	4	分司大藏都監	同一	무	

주) ①의 내용은 다음의 논문에 제시된 내용임. 박상국, 1992, 「大藏都監의
板刻性格과 禪源寺 問題」『韓國佛敎文化思想史』(上), 가산이지관스님화
갑기념논총간행위원회.
    - 표시는 ①의 논문에 언급이 없음을 의미함.

이상의 내용을 토대로 동아대본의 刊記에 의거해 각 도감별 조성 경전의 규모를 정리해 보면 <표 3-9>와 같다.

<표 3-9> 대장도감과 분사대장도감의 조성 경전과 그 규모

구분 / 연도	대 장 도 감			분사대장도감			조조처 無		
	經典數	卷 數	總張	經典數	卷 數	總張	經典數	卷 數	總張
고종 30	443	1,093	25,533	37	206	6,042	5	9	262
고종 31	260	1,449	31,946	31	274	7,508	2	4	159
고종 32	281	753	15,293	8	30	1,310	-	-	-
고종 33	168	429	9,732	4	38	844	1	1	60
고종 34	30	87	2,335	3	44	609	-	-	-
고종 35	1	1	38	1	50	723	-	-	-
합계	1,183	3,812	84,877	84	643	17,036	8	14	481

<표 3-9>에서[47] 고종 30년부터 35년까지 6년 동안 총 102,394장이 조성되어 전체의 63.80%이다. 대장도감에서 조성된 수량은 84,877장으로 전체의 54%이며, 분사대장도감에서는 17,036장으로 10.5%였다. 분사대장도감판과 대장도감판 조성 수량을 대비시켜 보면 분사대장도감판은 대장도감판의 약 13%에 불과하다.

고종 30년부터 35년까지 분사대장도감을 조사해 본 결과 고종 30년에는 37종 206권, 31년에 31종 274권 등 84종 643권[48]이 조성

47) 김윤곤 편저, 2001, 앞의 책 내용 중 D/B 작업상 오류로 인하여 일부 권의 都監에 착오가 있다. K-584의『十住毗婆娑論』2권은 대장도감을 분사대장도감으로, K-648의『中阿含經』13권은 분사대장도감을 대장도감으로, K-1050의『經律異相』9권과 32권은 분사대장도감을 대장도감으로, K-1065의『大唐西域記』4권은 대장도감을 분사대장도감으로, K-1406의『法苑珠林』63권과 66권은 분사대장도감을 대장도감으로 잘못 표기하였다. 이를 반영하여 <표 3-9>를 작성하였다.

48) 본고에서 제시된 수량은 동아대본과 동국대본을 대조한 결과이며, 刊記의 내용이 다소 다른 것은 동아대본을 따랐다. 한편 박상국은 72종 509권으로, 김광식은 78종 487권으로 제시한 바 있다(박상국, 1992, 앞의 논문, 994쪽; 김광식, 1995,『高麗 武人政權과 佛敎界』, 민족사, 331쪽).

되는데 이를 정리해 보면 <표 3-10>과 같다.

<표 3-10> 분사대장도감 조성 경전

연도	經 典 - 卷 次	종/권
고종 30	235-下. 237~241(單). 245(單). 246(單). 248~250(單). 252~257(單). 584-1~10. 587-11·13·14. 588-上. 589-上·下. 648-1~12·14~20. 799-2·3. 800-上. 801-1~10·21~24·27~30·62~70. 803-1·2·4~7. 804-上·下. 805(單). 961-上·下. 962(單). 1047-1~5. 1048-上. 1050-1~4·7·8·11·14~17·19·21·22·24~26·29~31·35·37~40·42·46·47.1052-2~4·6·8·10~16·18~20. 1053-1·3~10. 1065-4. 1075-1~4·7~11·13~23·25·26·28~30. 1081-1~11·13~28·30.	37/206
고종 31	801-25. 889-11~13·16·18~20. 941-1~9. 951-1·2·4·5·9~19·21~32·34·35·37~43·45~60. 960-1·2·4~8·10·11. 963-1~7. 968-1·2·5·6~12. 1053-11~15. 1054-1~3·5~7. 1055-1·3~5·8·9·11~13·15. 1056-1~5. 1065-1·3~12. 1066-甲·乙·丙·丁. 1067(單). 1081-29. 1260-1·2·6~11. 1261-1·3~5. 1272-1-1·2-1·3-1·4-1·5-1·6-1·8-1·9-1·10-1. 1406-1~7·11·14~53·56~62·64·65·68·70·71·74~83·85·86·88·89·93·100. 1423-3·7. 1428-上·中·下. 1429-上·下. 1430-下. 1437-1·3·4. 1438~1442(單) 1452-上. 1465-3.	31/273
고종 32	79-49. 966-4. 1049(單). 1055-6. 1263-15. 1503-1. 1506-1上·1下·2上·2下·3上·4上·5上·5下. 1513-3~11·13·15~20.	8/30
고종 33	79-51. 1050-50. 1263-1·8·11·13·14·16~19·22~25·27·30~32·34·37~39. 1499-1~5·8·10~13·17·19~21·26.	4/38
고종 34	1449-1~4. 1497-1·3~10. 1499-6·15·16·18·22~25·27·28·30~50.	3/44
고종 35	1499-51~100.	1/50

위의 내용에서 일부 경전을 검토해 보기로 하자. K-584는 총 17권으로 구성된 경전으로 모두 고종 30년에 조성되었다. 그 중에서 제1~10권까지는 분사대장도감, 제11~17권까지는 대장도감에서 각각 조성되었다. K-587의 경우 총 15권으로 구성된 경전으로 제

11, 13, 14권은 분사대장도감, 나머지 권은 대장도감에서 조성되었다. K-648은 총 60권으로 고종 30년에 제1~12권, 제14~20권까지는 분사대장도감에서, 나머지는 동일 연도에 대장도감에서 조성되었다.

고종 31년에는 K-889의 총 40권[49] 중 제11~13·16·18~20권은 분사대장도감, 나머지 권은 대장도감에서 모두 조성되었다. K-951의 총 60권[50] 중 제1·2·4·5·9~19·21~32·34·35·37~43·45~60권은 분사대장도감, 나머지는 대장도감에서 모두 조성되었다.

다음은 2~3년에 걸쳐 분사대장도감에서만 조성된 경우로 K-1053의 총 15권 중 無刊記인 제2권을 제외한 14권이 고종 30과 31년에 걸쳐 조성되었다. 또 K-1499의 총 100권 중 無刊記인 제7·9·14·29권을 제외한 96권이 고종 33년부터 35년까지 3년에 걸쳐 조성되었다. K-1263 총 40권 중 제1·8·11·13·14·16~19·22~25·27·30~32·34·37~39권은 고종 33년에, 제20·21·26권은 32년 대장도감, 제15권은 32년 분사대장도감에서 각각 조성되었다.[51] K-79의 경우는 총 60권으로 편성되었고, 그 기간은 고종 31년부터 33년까지 3년간이다. 제49권과 제51권은 각각 고종 32년과 33년 분사대장도감에서 조성된 반면 나머지는 고종 31년과 32년 대장도감에서 조성되었다.

한편 분사대장도감에서 경전의 전체가 조성된 것을 정리해 보자. 고종 30년에 單卷인 K-237~241·245·246·248~250·252~257·805·962권과 K-804-上·下, 961-上·下, 1047-1~5권 등이다.[52]

---

49) 제14, 15, 27, 29, 30권은 無刊記로서 刊記자체가 없어 조성된 연도를 알 수 없다.

50) 제3, 17, 29, 33, 36권은 無刊記로서 刊記자체가 없어 조성된 연도를 알 수 없다.

51) K-1263의 제3, 5~7, 9, 10, 12, 28, 29, 33, 35, 36, 40권은 無刊記로서 연도와 雕造處를 알 수 없다.

52) 특정 경전 중 모든 卷이 분사대장도감에서 조성된 경우는 K-1049-單

고종 31년에는 單卷인 K-1067, 1438~1442권 등이며, K-941-1~9, 1056-1~10, 1066-갑~정, 1272-1-1~10-1, 1428-上・中・下, 1429-上・下권 등이 있다.53) 고종 32년에는 單卷인 K-1049가 유일하다. 분사대장도감에서만 조성된 총 84종 643권 중에서 분사대장도감에서 한 종의 경전이 조성된 것은 총 33종 71권이다. <표 3-9>와 <표 3-10>을 종합해 보면 특정 연도에 조성된 경전은 대부분 분사대장도감과 대장도감에서 동시에 각성되고 있음을 알 수 있다.

　그런데 분사대장도감에서는 單卷, 또는 특정 경전의 일부를 조성하고 있다는 점에 유의해 볼 필요가 있다. 앞 절에서 살펴본 바와 같이 분사대장도감에서는 권별 분담방식보다는 공동 참여방식의 유형으로 경전이 조성되고 있다. 즉 경전의 권차가 10권 이상되는 것은 대장도감과 함께 조성된다는 점이다. 다시 말해 분사대장도감은 독자적으로 사업을 운영한 것이 아니라 대장도감과의 연계를 전제로 상호 협력체제를 구축하여 경전을 조성하였던 것으로 추론된다.

　이에 분사대장도감에서 활동한 각성인의 활동 추이를 통해 대장도감과 분사대장도감 간의 협력체계를 살펴보기로 하자. 고종 30년에 분사대장도감에서 조성된 37종 206권으로 559명의 각성인이 참여하였다. 각성인 559명 중 분사대장도감에서만 활동한 경우는

　(彩)으로 각성인은 '金升', '洪天', '均才', '保令', 'ㅇ大', '金呂', '成大', '玄希', '代夫', '千才', '阪一', '光裔', '子龍', '順圭', '中守', '宝龍', '宗木', '戒白', '大寧', '三旀', '仁幹', '孝允令', '宝干' 등으로 대부분 이전 시기부터 대장도감에서 활동하고 있던 각성인들이다.

53) 특정 경전 중 모든 卷이 분사대장도감에서 조성된 경우는 K-1449(用)로 전체 4권 모두 각성되어졌는데, 1권에는 '國圭', '子龍', '利木', '公胄' '克夫'. 2권에는 '三旀'. 그리고 3권에는 '弘有', '權甫', '丁ㅇ', '權甫', '三旀'. 4권에는 '國圭', '升有', '宝龍' 등이 있다. 이들 각성인 대부분은 이전 시기부터 대장도감에서 활동하고 있었다.

107명인데, 그 가운데 102명은 신참여 각성인이다. 107명 가운데 4명은 이전부터 참여하였는데,[54] 이들의 각성내용을 정리해 보면 다음과 같다.

자-①) 經名	卷	函	年	都監	至張	板數	刻成人	張次
K-3	6	芥	25	대장	40	6	奇宝	13~17
K-3	6	芥	25	대장	40	6	己宝	18
K-14	單	羽	25	대장	20	2	奇甫	9
K-14	單	羽	25	대장	20	2	奇甫	10
K-27	上	乃	25	대장	30	1	奇宝	6
K-39	單	服	25	대장	11	2	奇宝	2.3
K-108	117	亦	30	분사	35	1	己宝	29
②) K-1	120	昃	25	대장	25	3	永眞	3.6.19
K-1	296	呂	25	대장	26	8	永眞	1.5>13.18.26
K-1	534	稱	26	대장	24	10	永眞	1.4.6.7.10.13.16.17.21.24
K-1050	19	靈	30	분사	33	2	永眞	5.6
③) K-2	10	菜	24	대장	28	2	世英	13
K-2	12	重	24	대장	29	1	世英	1
K-3	13	薑	25	대장	31	2	世英	11.12
K-1081	30	群	30	분사	47	1	世英	7
④) K-22	54	鳥	28	대장	28	7	日休	17~20.23>27
K-105	46	傍	30	분사	26	1	日休	10

자)에서 보는 바와 같이 자-④)의 '日休'처럼 고종 28년에 참여한 경우도 있으나 나머지 '奇宝', '永眞', '世英'은 사업 초기부터 활동하고 있다. 위 4명의 각성인의 공통점은 대장도감에서는 여러 종의 경전을 조성하여 각성량이 많지만, 분사대장도감에서는 1종의 경전을 조성하였고 각성량도 상대적으로 적다.

이는 공동 참여방식으로 조성되었기 때문인데, 위 4명 각성인의

---

54) 나머지 각성인 1인은 'ㅇ ㅇ'으로 조사되어 제외하였다.

대장도감에서의 조성 능력이 분사대장도감에서 반영되지 않고 있음을 알 수 있다. 분사대장도감에서는 각성인의 각성능력보다는 사업의 운영에 비중을 두었던 것이 아닌가 한다. 특히 <표 3-10>에서 검토한 바와 같이, 특정 경전 전체가 조성되지 않고 있는 것과 연관해 보면 공동 참여방식으로 운영되는 분사대장도감에서는 주도적인 활동을 한 각성인이 거의 없음을 의미한다. 다시 말하면, 위의 자) 각성인 활동내용을 통해 분사대장도감에서는 각성인의 개인별 능력을 위주로 사업을 추진한 것이 아니라 업무를 분담하여 경판을 조성하고 있었음을 알 수 있다.

이처럼 주도적인 역할을 한 각성인이 없는데도 불구하고 분사대장도감에서 고종 30년과 고종 31년에 6,042장과 7,508장이 조성되고 있다는 것은 대장도감과 연계를 전제로 사업을 추진되었음을 보여준다.

이와 관련하여 분사대장도감에서 고종 30년과 31년에 특정 경전 전체가 조성된 것과 각성인의 활동추이를 통해서도 드러난다. 아래의 각성인을 주목해 보자.

경전	권	함	각성인
K-257	單	毁	方節, 宗有, 唐景, 元大, 戒孫, 宗呂, 中守.
K-804	上	籍	弘節, 元仁文, 守珪, 惠心, 惠深, 永才, 正因, 文寶.
K-804	下	籍	義溫, 仁基, 子龍.
K-961	上	都	李義, 玄大, 玉珪, 信戒, 命龍, 應招, 小巴, 洪與 敦素, 希悅, 得光, 昌老, 乞者, 法雷, 惠之, 中守, 孝兼, 仁厚.
K-961	下	都	朴希, 子余, 元瑩, 公式, 洪申, 道閑, 惠暉, 安昌, 心一, 大士, 戒山, 全知, 朴同, 希積, 和正·正.
K-1047	1	彩	堅就, 忠士, 者多, 敦素, 國甫, 克夫, 景古, 仁京, 自兼, 正因, 戈成, 惠皎, 尹脩, 學脩, 戒中, 孝生·孝〇, 中三.
K-1047	2	彩	性一, 戒云, 惠全, 公綽, 之有, 玄且, 卽玄, 金剛, 得平, 迪義.
K-1047	3	彩	惠芬, 子龍, 松甫, 李文, 千丈, 中國, 富令, 得才, 希悅
K-1047	4	彩	孝己·己, 之亮, 一文, 善財, 利才, 丞輝, 得心, 元達,

性溫, 命龍, 正三, 仁○, 孝元, 天立, 學心, 和尙.

K-1047 5　彩　大○, 金寶, 孝丁, 各因, 道守, 戒白, 長命, 法林, 盒明,
天一, 性溫, 戒山, 處, 心, 圭大, 旱公, 尹基.

위의 내용에서 알 수 있듯이 K-804의 上·下권, K-1047의 1~5
권 모두 분사대장도감에서 조성되었다. 위 경전 조성에 참여한 각
성인 중 상당수는 고종 30년 이전에 대장도감에서 활동한 경험이
있는 각성인이다. 고종 31년의 사례를 보면 구체적으로 알 수 있다.

경전　　권　함　각성인
K-1056 1　設　曹規·規, 玄正, 祖玄, 敦信, 戒山, 仁亮, 公必, 權　甫,
允成·允誠, 歸守, 公代, 金奇, 得朱, 守呂, 山一, 克和.
K-1056 2　設　天立, 子龍, 士同, 自琦, 之奕, 大莊, 地起, 一, 代夫, 安
昌, 李義, 端午, 文山, 仁厚.
K-1056 3　設　順○, 孝, 希·希悅, 惠己, 法莊, 仁基, 寶龍, 呂溫, 寶
奇, 孝大, 玄回, 法才, 戒孫, 鄭洪, 曹圭, 智周, 己玄.
K-1056 4　設　志如, 中才, 同升, 公秀, 克夫, 印如, 亮·天亮, 惠度, 時廷.
K-1056 5　設　義玄, 戒元, 元進, 鄭來, 李一, 玄且, 只每, 天立, 信戒,
金剛.
K-1066 甲　星　道閑, 世圭, 金延, 兪且, 之奕, 守呂, 光裔·光乂, 仁甫, 世
珍, 夢月, 金良, 性一, 得平, 李文, 白珠, 呂候, 宗有.
K-1066 乙　星　元進, 貞位, 有林, 玆守, 者多, 光進, 甫才, 仁厚, 義溫, 神
默, 學道, 王必, 孝連·連, 戒元, 充生, 加大.
K-1066 丙　星　金器, 仁呂, 法雷, 朴希, 東海, 玄且, 均才, 世寶, 子龍,
孝林, 宗老, 有光, 知石, 仁立, 盒恕.
K-1066 丁　星　參一, 法林, 邦節, 孝大, 天來, 地起, 良·性良, 學心, 令
順, 宗希, 道圭, 子輿, 公代, 金奇, 孝元, 文圭, 卞宣, 心
惠, 彦光, 元卿.
K-1438 單　頗　王柱, 子龍, 戒照, 正時, 宗敍.
K-1442 單　頗　自兼, 承輝, 克夫, 性一, 孝丁, 許敦, 玄且, 甫干.

고종 31년 분사대장도감에서만 모든 권이 조성된 것은 10종 15권
으로 각성인의 상당수는 이미 대장도감에서 활동하고 있다. 고종

30년에 조성된 K-1047-3권의 '富令', K-961-上권의 '乞者' 등을 비롯하여, 31년의 K-1056-2권의 '安昌', K-1056-3권의 '鄭洪', 그리고 고종 30년 31년에 K-1047-1권과 K-1056-4권의 '克夫' 등이 대표적인 각성인이다. 이들 각성인은 대부분 사업 초기부터 참여하고 있다.

위 고종 30년과 31년의 사례에 제시된 상당수의 각성인들은 고종 29년까지 대장도감에서 활동하면서 분사대장도감에서 경판이 조성된 직후부터 활동 범위를 확대한 것으로 생각된다. 따라서 분사대장도감에서만 모든 권이 조성된 경전의 각성인은 이미 대장도감에서 활동한 각성인과 연계되어 있음을 알 수 있다.

이에 고종 30년에 두 도감에서 동시 활동한 각성인 중에서 다음의 사례를 통하여 논증해 보고자 한다.

	經名	卷	函	年	都監	至張	板數	刻成人	張次
차-①	K-2	5	荣	24	대장	34	2	永貞	27.28
	K-2	8	荣	24	대장	31	2	永貞	9.10
	K-1	413	生	25	대장	26	9	永貞	3~5.7.11.20<26
	K-10	上	羽	25	대장	15	1	永貞	2
	K-170	上	五	30	대장	26	13	永丁	2~6.8~11.13.14. 16.17
	K-649	1	似	30	대장	18	3	永丁	15.17.18
	K-801	53	愼	30	대장	25	4	永丁	9~12
	K-843	單	無	30	대장	9	1	永丁	9
	K-1050	27	丙	30	대장	21	2	永丁	8.9
	K-589	下	君	30	분사	25	2	永丁	2.3
	K-648	20	薄	30	분사	25	3	永丁	5~7
	K-648	20	薄	30	분사	25	1	永貞	8
	K-1052	10	帳	30	분사	63	2	永丁	56.57
	K-1081	2	典	30	분사	26	1	永丁	22
	K-1081	28	群	30	분사	61	1	永丁	42
②	K-2	12	重	24	대장	29	2	智洪	22.23
	K-7	2	鱗	26	대장	21	14	智洪	8~21

K-22	8	翔	26	대장	22	21	智洪	2~22
K-22	25	師	26	대장	23	2	智洪	11.12
K-146	1	萬	30	대장	31	3	智洪	2.3.5
K-584	11	資	30	대장	27	7	智洪	10~15.17
K-588	下	君	30	대장	28	4	智洪	21~24
K-649	13	蘭	30	대장	26	3	智洪	13.14.16
K-1050	45	傍	30	대장	17	1	智洪	6
K-1075	5	左	30	대장	34	2	智洪	24 23(弘)
K-1257	21	祿	30	대장	124	1	智洪	118
K-648	13	薄	30	분사	23	2	智洪	22.23
K-1081	19	聚	30	분사	39	1	智洪	20

③)

K-27	下	乃	26	대장	27	8	之玄	5~12
K-22	69	官	27	대장	19	16	之玄	1~16
K-78	7	殷	27	대장	16	15	之玄	2~16
K-89	4	伏	29	대장	44	40	之玄	2~29.31~40.43.44
K-133	8	被	30	대장	21	10	之玄	2<6.9>21
K-157	上	此	30	대장	16	8	之玄	2<16
K-175	中	恭	30	대장	33	1	之玄	27
K-649	18	蘭	30	대장	24	1	之玄	17
K-777	1	言	30	대장	32	1	之玄	13
K-1051	8	啓	30	대장	25	1	之玄	14
K-1052	5	甲	30	대장	37	1	之玄	18
K-648	4	履	30	분사	34	2	之玄	9.11
K-801	63	終	30	분사	25	5	之玄	17.19.24.25 15(玄)
K-1050	7	仙	30	분사	31	1	之玄	6
K-1081	1	典	30	분사	18	1	之玄	17

위 차)의 '永貞', '智洪', '之玄'은 사업 참여 시점이 고종 24년과 26년이라는 점과 고종 30년 이전 대장도감 각성활동이 많은 점으로 보아 초기부터 적극적으로 사업에 참여하면서 경판 조성의 실무를 충분히 인지하고 있던 각성인이다. 그런데 이들의 활동에서 주목되는 것은 고종 30년의 사업 참여이다.

먼저 '永貞'은 고종 24년에 K-2의 51권을 비롯하여 1종 2권 4장을, 25년에는 2종 2권 10장을 조성하였고, 총 각성량은 30여 장에 이른다.[55] 고종 30년에는 대장도감에서 5종 5권에 총 32장인 반면 분사대장도감에서는 4종 5권에 총 12장을 조성하여 전자가 후자보다 월등히 많다. 또 '智洪'은 고종 24년 1종 1권에 2장, 25년에 2종 3권 38장을 조성하였고, 고종 30년 대장도감에서 7종 7권 28장을, 분사대장도감에서는 2종 2권 4장을 조성하였다. '之玄' 역시 이들과 유사한 각성활동을 하고 있다.

여기서 '永貞', '智洪', '之玄' 등의 각성인은 고종 30년 대장도감에서는 각성량이 자신들의 평균치에 해당되나, 분사대장도감에서는 10장 내외로서 그에 미치지 못하고 있다. 그런데 앞의 자)에서 검토한 바와 같이 각성인들이 특정 경전에 여러 각성인이 참여하고 있는 점에 주목해 볼 필요가 있다.

특히 대장도감과 분사대장도감에서 동시에 활동한 기간이 1년간이라는 점[56]은 도감의 위치 내지는 운영 형태와 밀접한 관련을 가지고 있을 것이다. 그래서 고종 24년부터 31년까지 8년 동안 5년 이상 참여하면서, 고종 30년 또는 31년에 두 도감에서 활동한 각성인의 연도별 추이를 살펴보기로 하자. 다음의 각성인 활동추이가 주목된다.

大節 大節刀 林大節　　25 대 2-2-5(6)
林大節刀 大切　　　　26 대 2-2-25(26)
進士林大節刊　　　　27 대 1-2-40(41)
　　　　　　　　　　28 대 2-2-36(47)

---

55) 이 수치는 각성인의 인·법명이 새겨진 張數를 중심으로 권별 분담방식인 경우는 권 전체의 장을, 공동 참여방식인 경우 前後 장을 고려해 합산해 본 결과를 말한다.
56) '永貞', '智洪', '之玄'은 고종 30년 이후에도 사업에 참여하나, 대장도감이나 분사대장도감 중 한 곳에만 참여하고 있다.

	29 대 2-2-25(45)	
	30 대 7-8-26(43)	분 4-5-8(16)
	31 대 11-11-20(24)	분 2-2-4(4)
	무 4-4-10(26)	
永才 詠才 永材	24 대 1-1-2(2)	
	25 대 3-6-41(84)	
	26 대 2-2-10(17)	
	27 대 2-3-20(84)	
	28 대 1-1-6(25)	
	30 대 3-3-6(8)	분 4-5-7(12)
	31 대 18-20-33(40)	분 5-7-11(14)
	32	분 1-2-3(4)
	무 2-2-4(4)	
仁光	24 대 1-1-1(2)	
	25 대 5-6-12(12)	
	26 대 3-3-37(37)	
	27 대 2-2-38(45)	
	29 대 4-5-72(106)	
	30 대 12-14-40(75)	분 6-8-12(20)
	31 대 20-26-30(54)	분 4-9-12(18)
	32 대 1-1-9(18)	
	34	분 1-1-1(2)
	무 3-3-13(18)	
孝大 孝	25 대 2-2-4(4)	
	26 대 1-1-30(37)	
	28 대 2-2-16(30)	
	29 대 1-1-20(32)	
	30 대 10-11-30(56)	분 5-7-13(20)
	31 대 18-30-45(60)	분 8-12-19(24)
	32 대 2-5-60(65)	분 1-1-3(4)

		33		분	1-4-29(33)
		34		분	1-2-4(8)
		35		분	1-1-3(4)
		무 8-12-30(39)			
子龍 子龍手 子龍平		25	대 2-2-4(4)		
		26	대 1-1-12(13)		
		27	대 1-1-26(27)		
		28	대 1-1-16(16)		
		29	대 1-1-1(22)		
		30	대 15-15-42(84)	분	7-8-11(23)
		31	대 22-29-49(58)	분	11-17-24(34)
		32	대 2-4-39(56)	분	1-1-1(2)
		33		분	1-4-19(37)
		34		분	1-3-4(8)
		35		분	1-2-8(18)
		무 8-8-21(34)			

 이들 대부분은 고종 24년에서 26년 사이에 일정기간 연속적으로 참여하면서 각성량이 다른 각성인보다 많다. 7년 이상 참여한 각성인들 중 고종 30년 이후 두 도감에서 활동하고 있을 때는 다양한 경전의 종과 권을 각성하고 있다. 따라서 고종 30년과 31년 두 도감에서 활동한 각성인들은 사업 초기부터 참여하면서 그 각성 능력이 상당 수준에 이른 것으로 파악된다.

 다음의 <표 3-11> 내용은 이 같은 양상을 띠고 있는 각성인을 정리한 것이다.

〈표 3-11〉 고종 30년 이후 각성인의 활동 연도

각성인	활 동 연 도	각성인	활 동 연 도
得升	24~26·28·29·31(◎)	成呂	24~30(◎)·31(◎)
光著	24·25·27·29·30·30(분)·31(◎)	世珍	24~27·29·30(◎)·31(◎)
唐景	25~28·30(◎)·31(◎)	順圭	24~28·30(◎)·31(◎)
公秀	25~27·29·30·31(◎)	永才	24~28·30(◎)·31(◎)
思京	24·25·28·29·30(◎)·31(◎)	王柱	25~30(◎)·31(◎)
元瑩	25~27·29·30(◎)·31(◎)	自溫	24~27·29·30·31(◎)
仁寶	25·27·28·30(◎)·31(◎)	昌老	25·29·30(◎)·31(◎)
仁祐	25·26·29·30(◎)·31(◎)	弘裕	24~27·29·30(◎)·31(◎)
宗湛	26·28·29·30(◎)·31(◎)	道宣	25~30(◎)·31(◎)
就和	25·26·29·30(◎)·31(◎)	文應甫	25~30(◎)·31(◎)
學心	24~26·29·30(◎)·31(◎)	元卿	24~30(◎)·31(◎)
惠珍	25~27·30(◎)·31(◎)	益柔	25~30(◎)·31(◎)
洪義	25~27·29·30(◎)·31(◎)	仁光	24~27·29·30(◎)·31(◎)
得光	25~30(◎)·31(◎)	中國	24·25·27~30(◎)·31(◎)
祿祥	25·28~30(◎)·31(◎)	之有	26·27·29·30(◎)·31(◎)
林大節	25~30(◎)·31(◎)	天謙	25~30(◎)·31(◎)
徐文弼	24~27·30(◎)·31(◎)	玄回	25~30(◎)·31(◎)
松甫	25·27~30(◎)·31(◎)	公甫	24~27·29·30(◎)·31(◎)
允卿	25~27·29·30·31(◎)	克夫	24~30(◎)·31(◎)
仁厚	25~30(◎)·31(◎)	唐文	25~30(◎)·31(◎)
趙禮全	24~27·29·30(◎)·31(◎)	三旀	25~30(◎)·31(◎)
學修	25·26·28~30(◎)·31(◎)	安昌	25~30(◎)·31(◎)
咸祿	24·25·27~30(◎)·31(◎)	七寶	25~30(◎)·31(◎)
惠佣	24·25·27·29·30·31(◎)	孝大	25·26·28~30(◎)·31(◎)
金得貂	25~30(◎)·31(◎)	祐玄	24~30(◎)·31(◎)
金日卿	24~28·30(◎)·31(◎)	子龍	25~30(◎)·31(◎)
保祥	24·26·27·29·30(◎)·31(◎)	鄭洪	24~30(◎)·31(◎)
山甫	24~27·29·30(◎)·31(◎)	金升	24~30(◎)·31(◎)

주) ◎표시는 대장도감과 분사대장도감에서 동시에 활동한 것을 의미함.

<표 3-11>에 제시된 56명의 각성인은 그 각성량이나 활동 기간
이 장기간이라는 점에서 주도 각성인은 이미 대장도감에서 그 능력
을 검증받았거나 상당한 수준의 실력을 갖춘 각성인으로 파악된다.
그래서 실무능력이 뛰어난 장기 참여 각성인들이 분사대장도감의

사업에 적극 참여하면서 주도적인 역할을 하고 있다고 할 수 있다. 즉 두 도감간의 각성활동에 긴밀한 협력관계를 형성하고 있었기 때문에 가능한 것이다.

이상에서 대장도감과 분사대장도감 활동 각성인의 추이를 검토해 본 결과 분사대장도감에서는 매년 새로운 각성인을 선발하였으나, 나머지 대부분의 각성인들은 고종 24년부터 30년 사이에 대장도감에서 활동한 경험이 풍부한 자들이 주축이 되고 있음을 알 수 있다.

2. 分司大藏都監과 大藏都監의 협력 체계

앞서 분사대장도감에 참여한 각성인의 활동 양상을 검토해 본 결과 대장도감과 깊이 연관되어 있음을 확인할 수 있다. 이에 대장도감과 분사대장도감의 협력체제에 대하여 특정 동일 경전이 동일 연도에 두 도감에서 分刻된 사례를 살펴보기로 하자. 다음의 <표 3-12>는 분각된 경전을 정리한 것이다.

<표 3-12> 동일 연도에 대장·분사 두 도감에서 分刻된 경전

	經　名	函名	卷數	刊記	대장도감판(卷次)	분사대장도감판(卷次)
1	大方廣佛華嚴經	湯~道	60	乙巳	15·38·40·43·45	49~47·52~60
2	十住毘婆娑論	競·資	17	癸卯	11~17	1~10
3	大莊嚴論經	事·君	15	癸卯	1~10·12·15	11·13~14
4	攝大論	君	3	癸卯	중~하	상
5	中阿含經	履~淸	60	癸卯	13·21~60	1~12·14~20
6	生經	安	5	癸卯	1	2~3
7	佛說義足經	安	2	癸卯	하	상
8	正法念處經	安~終	70	癸卯	11~20·26·31~40·42~61	1~10·21~24·27~30·62~70
				甲辰	41	25

	經　　名	函名	卷數	刊記	대장도감판(卷次)	분사대장도감판(卷次)
9	摩訶僧祇律	學～仕	40	甲辰	1～10·17·21～26·28·31～40	11～13·16·18～20
10	阿毘曇毘婆沙論	投～規	60	甲辰	6·8	1～2·4～5·9～28·30～32·34～35·37～43·45～60
11	尊婆須密菩薩所集論	邑·華	10	甲辰	8～10	1～7
12	釋迦方志	彩	2	癸卯	하	상
13	經律異相	仙～傍	50	癸卯	5～6·9～10·12～13·23·27～28·32～34·36·41·43～45·48～49	1～4·7～8·11·14～17·19～22·24～26·29～31·35·37～40·42·46～47
14	諸經要集	甲～對	20	癸卯	1·5·7	2～4·6·8～20
15	大唐西域記	疑～星	12	甲辰	2	1·3～12
16	續高僧傳	左～明	30	癸卯	5～6	1～4·7～30
17	廣弘明集	典～群	30	癸卯	12	1～11·13～28·30
18	御製消遙詠	輕	11	甲辰	5	1～2·6～11
19	新華嚴經論	勒～銘	40	乙巳	20～21·26	15
				丙午	19	1·8·11·13～14·16～18·22～25·27·30～32·34·37～39
20	大乘瑜伽金剛性海曼殊室利千臂千鉢教王經	溪	10	甲辰	2	1·3～6·8～10
21	法苑珠林	覇～阿	100	甲辰	8～9·12～13·63·66～67·69·72～73·87·90～91	1～7·11·14～62·64～65·68·70～71·74～86·88～89·93～100
22	佛說父母出生三法藏般若波羅蜜多經	韓～煩	25	甲辰	1～2·4～6·8～25	3·7
23	佛說光明童子因緣經	頗	4	甲辰	2	1·3～4
計	23종		676		226	374

주) 본 표는 동국대본과 동아대본을 근거로 작성하였음. 특히 (20)의 『大乘瑜伽金剛性海曼殊室利千臂千鉢教王經』 10권은 동국대본과 동아대본이 각각 다른데, 후자의 것을 택하였음.

<표 3-12>에서 동일 경전이 같은 연도에[57] 대장도감과 분사대장도감에서 分刻된 경우는 총 23종 676권 중 600권[58]이다.[59] 그 시기는 고종 30년에서 33년까지 4년으로 고종 30년과 31년에 각각 300권 및 258권이 집중적으로 조성되고 있다. 예를 들면 (2)의 『十住毘婆娑論』은 총 17권 중 대장도감판이 7권, 분사대장도감판이 10권이고, (5)의 『中阿含經』은 총 60권 중 대장도감판이 41권, 분사대장도감판이 19권이다. 또 (13)의 『經律異相』은 총 50권으로 고종 31년에 제5~6·9~10·12~13·23·27~28·32~34·36·41·43~45·48~49권은 대장도감에서, 제1~4·7~8·11·14~17·19~22·24~26·29~31·35·37~40·42·46~47권은 분사대장도감에서 각각 분각되고 있다.

특히 특정 경전의 권차 규모가 적은데도 불구하고 두 도감에서 분각되고 있다. 즉 (4)의 『攝大論』은 3권으로 卷上은 분사대장도감에서, 卷中과 卷下는 대장도감에서, 또 (12)의 『釋迦方志』는 上·下권이지만 두 도감에서 각각 조성되었다. 그리고 (16)의 『續高僧傳』은 30권으로 제5, 6권은 대장도감에서, 나머지 제1~4·7~30권은 분사대장도감에서 각각 分刻되었다.

이와 같이 규모와 상관없이 동일 경전을 같은 연도에 두 도감에서 分刻했다는 사실은 곧 대장도감과 분사대장도감의 위치가 근접 또는 동일한 지역에 있음을 의미한다. 그래서 고종 30년에 조성된

---

57) 위에 제시된 경전 중 예를 들면 『經律異相』 권50은 고종 34년 분사대장도감에서 조성되었으나, 표의 내용에는 제시하지 않았다.

58) 나머지 76권 중에 刊記가 확인되지 않은 것과 無刊記로서 조성 시기가 불분명한 것은 제외했다.

59) 이와 관련하여 박상국은 22종 666권으로 이중 대장도감은 262권, 분사대장도감은 368권, 無刊記 35권으로 제시하였다. 또 김광식은 21종 648권으로 이중 대장도감은 258권, 분사대장도감은 351권, 無刊記 39권으로 제시한 바 있다(박상국, 1992, 앞의 논문, 994쪽; 김광식, 1995, 앞의 책, 331쪽).

(5)의 『中阿含經』과 고종 31년에 조성된 (9)의 『摩訶僧祇律』 2종 경전의 각성인을 통해서 대장도감과 분사대장도감의 위치에 대해 살펴보자. 다음의 각성인은 해당 경전의 각성인을 도감별로 분류한 후 중복 조사된 것이다.

> 카-①) 戒照, 戒休, 光進, 克夫, 克中, 吉祥, 金鎣, 大士, 道訓, 敦素, 敦必·弼, 得平, 得希, 良金, 利才, 文必, 白和, 法蘭, 法莊, 寶干, 寶升, 保中, 福首, 富令·夫令, 思代, 士同, 山甫, 成大, 守和, 順心, 示一, 云正, 元正, 尹基, 尹脩, 義天, 仁乞, 仁乂, 日卿, 子龍, 曹規, 趙元, 宗湛, 宗植, 中守, 之竟手, 智周, 知玄·智賢·之玄·賢·玄, 昌祚, 天起, 天亮, 崔均, 許敦, 玄且, 惠芬, 惠如, 惠延, 惠之手, 惠珍, 洪敘, 洪與, 孝大, 希演, 希悅.

> ②) 高哲, 光敘, 克和, 金剛, 己守, 吉尙, 金呂, 金寶, 德惠, 德和·德華, 敦巾, 得貂, 呂候, 文住, 法莊, 寶守·甫守, 寶升, 富令, 思代, 士同, 善才, 成大, 守山, 習存, 有林, 義天, 仁乂, 慈世, 慈守, 自玄·子玄, 定兼, 正因, 定祚, 曹守, 宗呂, 宗敘, 宗希, 天己, 千丈, 天訓, 崔呂, 玄大, 惠延, 弘節, 孝兼, 孝林.

　카-①)은 『中阿含經』 조성할 때 고종 30년 두 도감에서 활동한 각성인 총 310명 중 중복 조사된 64명의 명단이다. 카-②)는 『摩訶僧祇律』 조성할 때 고종 31년에 두 도감에서 활동한 각성인 360명 중 중복 조사된 46명의 명단이다.

　카)의 『中阿含經』 및 『摩訶僧祇律』이 조성될 때 두 도감에서 활동한 각성인 총 310명과 360명 중에서 각각 64명·46명은 약 21%와 13%에 해당되는 비율이다. 경전의 조성기간이 1년이라는 점을 감안하면 결코 적지 않은 각성인이 두 도감에서 활동하고 있다. 그리고 중복 조사된 각성인들 상당수는 고종 30년과 31년 이전에 대장도감에서 경판을 각성한 경험이 있는 자들이다. 예를 들면 '克夫', '敦必', '日卿(金日卿)', '宗湛', '富令', '得貂(金得貂)' 등이다.

이들은 앞서 제시한 <표 3-11>의 각성인들과 동일인이다.

이와 관련하여 고종 31년에 조성된『法苑珠林』의 사례를 통해 구체적으로 살펴보기로 하자.『법원주림』100권 중에서 대장도감에서는 제8·9·12·13·63·66·67·69·72·73·87·90·91권, 분사대장도감에서는 제1~7·11·14~62[60)]·64·65·68·70·71·74~86·88·89·93~100권이 각각 조성되었다.[61)]『법원주림』은 대장도감이나 분사대장도감에서도 장기간에 걸쳐 일괄적으로 조성할 수 있음에도 불구하고 각 도감에서 분담하였다.

『法苑珠林』의 조성에 참여한 각성인은 총 472명으로 조사되었는데 제58권과 같이 '希悅'이라는 특정 각성인이 권 전체를 각성하기도 하였으나, 나머지 권들은 대부분 공동 참여방식으로 조성되고 있다. 대장도감과 분사대장도감에서『법원주림』의 조성을 위해 동시에 활동한 각성인을 구분해 본 결과 다음과 같다.

> 타) 乞石, 乞者, 戒元, 戒之 戒休, 高哲, 光乂, 權甫, 克夫, 克和, 金剛,
> 金進, 金呂, 金夫, 金延, 祿大, 唐甫, 大立, 德和, 道一, 得林, 得伊,
> 得仁, 得朱, 得貂, 万取, 文公, 文一, 文正, 文住, 文就, 夢月, 朴同,
> 方哲, 法京, 法己, 法眉, 法莊, 宝信, 甫才, 福三, 福守, 富秀, 思代,
> 思允, 思淸, 生白, 石訓, 善才, 成柱, 世珍, 小巴, 守元, 守圭, 順眞,
> 承輝, 信戒, 信成, 良金, 炎大, 王必, 元公, 元達, 元大, 元呂, 元進,
> 有林, 有元, 惟正, 應之, 義成, 義玄, 李丁, 里知, 益恕, 仁大, 仁亮,
> 仁立, 仁厚, 一中, 子龍, 子余, 自溫, 自玄, 全一, 占大, 定英, 正藏,
> 曺圭, 宗惠, 宗希, 中一, 志堅, 地起, 知石, 志如, 昌老, 天一, 崔均,
> 崔同, 崔呂, 充生, 韓璉, 漢平, 許敦, 玄希, 玄才, 玄祚, 玄且, 惠己,
> 惠芬, 惠延, 惠元, 惠之, 惠暉, 洪禮, 洪與, 洪天, 黃令, 孝道, 孝林,
> 希衍, 希悅, 喜玄.

---

60)『法苑珠林』권54는 동국대 영인본 간기에 의하면 분사대장도감에서 조성된 것으로 되어 있으나, 동아대 인경본에서는 도감이 생략되어 있어 파악할 수 없다. 그래서 전자의 내용을 따랐다.

61) 나머지 제10·55·84·92권은 刊記가 없거나, 다른 연도에 조성되었다.

위 123명 각성인들이『法苑珠林』조성에 참여한 472명의 각성인 중 약 1/4에 해당하는 규모의 각성인이 두 도감에서 활동하고 있다. '乞石', '充生' 등은 고종 30년부터 사업에 참여하고 있으나, '信成', '良金' 등은 고종 31년 이전에 대장도감에서 4~6년간 경판을 각성한 경험이 있는 각성인이다.

위의 각성인들은 각성사업에 참여한 시점은 다양하지만, 상당수는 고종 31년 이전에 대장도감에서 활동하고 있다. 특히 '克夫', '仁厚', '世珍', '自溫', '昌老', '子龍' 등은 앞서 제시한 <표 3-11>의 각성인들과 동일인이다.

카)와 타)의 각성인 분류를 통해 조사된 '克夫', '日卿', '昌老', '子龍' 등은 고종 24년부터 대장도감에서 경판을 각성하고 있던 숙련된 각성인으로서, 대장도감에서 활동하면서 분사대장도감에서 경판을 각성하게 되자 분사대장도감에서도 적극적으로 활동하고 있음을 알 수 있다.

특히 타)의 각성인 중에서 특정 卷에만 참여하여 경판을 각성하지만, 일부 각성인은 여러 卷에 동시에 참여하면서 경판을 각성하고 있다. 다음의 내용을 검토해 보기로 하자.

파-①)

經名	卷	函	年	都監	至張	刻成人	板數	張次
1406	72	土	31	대장	36	希悅	2	3.4
1406	91	盟	31	대장	41	希悅	2	40.41
1406	7	覇	31	분사	49	希悅	4	22~25
1406	28	困	31	분사	43	希悅	3	12~14
1406	47	途	31	분사	28	希悅	4	17~20
1406	58	號	31	분사	18	希悅	14	2~6.8~12. 14.15.17.18
1406	71	土	31	분사	30	希悅	1	29
1406	81	會	31	분사	26	希悅	1	24
1406	85	會	31	분사	22	希悅	1	14
1406	89	盟	31	분사	49	希悅	2	48.49

	1406	97	何	31	분사	32	希悅	2	19.20
	1406	98	何	31	분사	34	希悅	1	14
	1406	100	何	31	분사	46	希悅	3	4.35.36
②)	1406	8	趙	31	대장	46	克夫	4	5~8
	1406	72	土	31	대장	36	克夫	1	17
	1406	73	土	31	분사	22	克夫	1	18
	1406	32	橫	31	분사	43	克夫	1	41
	1406	33	橫	31	분사	48	克夫	4	3~6
	1406	53	滅	31	분사	33	克夫	2	15.16
	1406	61	號	31	분사	27	克夫	4	22~25
	1406	77	土	31	분사	27	克夫	2	8.9
	1406	89	盟	31	분사	49	克夫	2	38.39
	1406	100	何	31	분사	46	克夫	2	27.46

위 파)에서 '希悅'은 대장도감에서 제72·91권을, 분사대장도감에서는 제28·58·71·81·85·89·92·97·98·100권을 조성하는데 참여하였다. 제58권은 권별 분담방식으로 '希悅'이 모두 각성하였으나, 나머지는 공동 참여방식으로 참여하고 있다. 또 '克夫'는 대장도감에서 제72·73권을, 분사대장도감에서는 제32·33·53·61·77·89·100권을 조성하면서 공동 참여방식으로 참여하였다. 즉 『法苑珠林』은 참여한 각성인이 특정 권에만 국한되지 있지 않고, 공동 참여방식으로 조성되고 있다.

또 '希悅'과 '克夫'의 각성활동에서 알 수 있듯이 조성한 卷중에서 같은 卷을 동시에 조성한 것은 대장도감의 제72권과 분사대장도감의 제100권뿐이다. 만약 대장도감과 분사대장도감이 강화경이나 남해 등과 같은 특정 지역에 설치 및 운영된다면 '希悅'과 '克夫'가 조성한 경전은 대부분 동일 卷이 되어야 할 것이다. 그러나 '希悅'과 '克夫'의 각성 활동을 통해 『법원주림』은 각기 다른 조성공간에서 활동하고 있음을 알 수 있다. 즉 대장도감과 분사대장도감의 운영은 협력 체계를 구축하고 있음을 말해 준다.

　　그런데 이와 관련하여 일부에서는 강화경판 모두가 남해에서 판각되었다는 주장이 있다. 각성인이 각 도감판에 중복되어 활동을 한 사례에 대하여 대장도감이나 분사대장도감은 서로 다른 곳이 아닌 동일한 장소에서 판각되었다는 것이다. 즉 분사대장도감은 대장도감의 판각기능을 담당했던 곳이라 추론하면서 강화경판은 남해의 분사대장도감에서 판각된 것[62]이라고 하였다. 이러한 주장

---

62) 박상국은 '江華京板의 刊記에 보이는 대장도감판은 강화도에서 판각되었고, 분사대장도감판은 남해에서 판각되었다는 정설 때문에 잘 못 이해하고 있다고 전제하면서 하나의 경전을 각성하기 위해 먼 거리에 떨어져 있는 대장도감과 분사대장도감을 왕래하였다는 것은 납득하기 어려우므로, 대장도감과 분사대장도감 판은 모두 남해의 분사대장도감에서 동일한 刻手에 의해서 새겼을 것이다. 따라서 해인사 고려대장경판은 남해의 분사대장도감에서 판각된 것으로 추정하고 있다. 그 근거로 대장도감과 분사대장도감판의 일부 刻手를 조사하여 두 도감판에 刻手들이 중복되어 나타나는 점을 통하여 두 도감은 서로 다른 곳이 아닌 동일한 장소에서 판각되었기 때문에 나타난 현상이다. 그리고 한 개의 경전을 먼 거리에 떨어져 있는 대장도감과 분사대장도감이 나누어 왔다갔다하여 판각된 것은 납득하기 힘든 일이다. 또 대장도감판이나 분사대장도감판은 모두 남해의 분사대장도감에서 활동한 동일한 刻手에 의해서 새겨진 것으로 확인되었으므로, 대장경판은 대장도감의 刊記가 표시되어 있거나, 분사대장도감의 刊記가 있는 판을 막론하고 남해의 분사대장도감에서 판각한 것이다'라고 하였다.
이에 김상영은 '비록 刻手의 분석을 통해 얻어진 이러한 결론은 일면 타당하게 보이는 측면도 있지만, 분사도감의 刊記가 새겨진 판의 수량이 전체 양 가운데 너무 적다는 점, 최초의 경판이 고종 24년부터 판각되었음에 비하여 분사도감판은 고종 30년에 비로소 보인다는 점에 대하여 보다 심층적인 연구와 해명이 필요할 것으로 하여 앞으로 논란이 예상되는 부분이다'라고 지적하였다.
한편 김광식은 '남해의 분사대장도감에서 경 전체가 판각하였다면 대장경의 간기가 대장도감판 혹은 분사도감판으로 전체가 동일하게 표기되어야 논리적으로 이해할 수 있는데 이에 대한 설명이 미흡하다'고 하였다.
이상과 같이 강화경판이 南海의 분사대장도감에서 찬각되었다는 견해

의 배경에는 『宗鏡錄』 권27의 刊記인 '丁未歲 高麗國 分司南海大藏都監 開板'과 연관하여 분사남해대장도감에서 모든 경전이 판각된 것으로 보고 있다.

두 도감에 동일 각성인이 조사되었기 때문에 대장경 전체가 분사남해대장도감에서 판각되었다는 주장에는 구체적인 논증이 필요할 것 같다. 먼저 분사남해대장도감에서 판각이 이루어졌다면 8만여 매에 이르는 경판을 보관하기 위한 공간의 확보가 시급하였을 것이다. 그런데 여기에 대한 논의가 없었다는 점이다. 아울러 大藏經板堂[63]의 역할도 규명되어야 한다.

그리고 분사대장도감에서는 강화경판의 10.64%인 17,124장이 조성되었는데, 만약 강화경에 경판의 전체가 있었다면 각성사업이 완료된 시점 이후에 다시 강화경[64]으로 移送했다는 논리이다. 이것은 경판의 移動을 전제로 할 때 가능한 일일까. 대장도감을 각성사업의 기획업무를 담당한 官署로 보고, 경판 보관장소로 禪源社[65]로 추정하면서 대장경판은 남해라고 하는 특정 지역에서 조성되었다고 한다. 즉 경판 보관장소는 강화도에 있고 조성 공간은 남해에만 존치했다는 것이다. 다시 말하면 판각 기능만 수행하였던 남해에서 경판을 강화경으로 이동시켰다는 추론이다.

그러나 각성사업 당시가 전쟁 중이라는 점을 감안한다면 강화도로부터 원격지에 소재한 분사대장도감에서 이송하는 것보다는 현

에 異見이 많음을 알 수 있다.

김상영, 1993, 「일연과 재조대장경 보판」 『중앙승가대학 논문집』 2; 김광식, 1995, 앞의 책, 334쪽; 박상국, 1992, 앞의 논문 및 1996, 「대장도감과 고려대장경판」 『한국사』 21, 국사편찬위원회.

63) 『高麗史』 권24, 세가24, 고종 38년 9월 임오.

64) 「靈鳳山龍巖寺重創記」에 의하면 충숙왕대 대선사 承淑·中德·日生의 무리가 江華板堂에 가서 대장경을 인경한 기록이 있다(『東文選』 권68, 「靈鳳山龍巖寺重創記」).

65) 박상국, 1992, 위의 논문.

재 대장경판이 소장되어 있는 경상도 내에 위치한 해인사로 이송하는 것이 더 설득력이 있을 것이다.66) 이상에서 대장도감과 대장경판당, 그리고 선원사 및 해인사의 상관관계가 분명히 드러나지 않고 있는 상황에서 대규모의 경판의 이송은 납득하기 힘들다.

다음은 조성 공간과 보관 장소의 위치, 각성인의 규모와 활동에 대한 검토가 이루어지지 않았다. 특히 제시된 刻手의 규모가 정확하지 않다는 점을 내세워 두 도감에서 활동한 각성인이 불과 4백~5백 명이라는 막연한 추론을 하고 있다.67) 그러나 앞서 논의된 바와 같이 고종 30년에 두 도감에서 활동한 각성인은 무려 1,200여 명이고, 또 고종 31년에는 1,500여 명으로 조사되었다. 각성인의 전체 규모가 5,600여 명이라는 점을 감안한다면 사업의 종사자수는 수만 명에 이를 것으로 추정되며, 그 많은 각성사업 종사자들이 남해라는 지역적 한계 속에서 14년 동안을 활동할 수 있었을까 하는데는 의문이 따른다.

마지막으로 두 도감판 모두 남해의 분사대장도감에서 판각되었다는 주장은 각성사업이 刻手만으로 이루어질 수 없는 국가적 사업인데도 刻手 이외의 참여자에 대한 논의가 없다. 그리고 도감 또는 기간별 분석 등이 제대로 이루어지지 않았다는 점에서 강화경판이 남해라는 특정 지역에서 모두 판각되었다는 주장은 설득력이 떨어진다고 할 수 있다.

한편 대장도감이 강화도에 있고, 분사대장도감이 남해에만 존치했다고 하는 연구68)가 있다. 이는 동일 경전을 각성하기 위해 강화

---

66) 박상진은 현존하는 경판 상당수에 어떤 흠집이나 손실된 부분이 없는 것으로 보아 각성사업 당시부터 安置되어 있었을 것으로 추정한 바 있다(박상진, 1999, 『다시 보는 팔만대장경판이야기』, 주)운송신문사, 202~203쪽).
67) 박상국, 1992, 앞의 논문.
68) 대장도감은 江華京에 분사대장도감은 진주 및 남해로 추정한 연구로

도-진주, 또는 강화도-남해를 매년 왕래하면서 각성활동을 했을
것으로 보고 있다. 그러나 여러 종을 각성하면서 그 경판의 수량이
10장 내외라는 사실을 고려해 볼 때 거리상으로 매우 멀리 떨어져
있는 도감을 왕래하였다는 것은 납득하기 어렵다. 특히 각성사업
당시 몽고군이 전국의 주요 지역을 유린하고 있었고, 진주지방 인
근까지도 몽고군의 침입 사례[69]가 나타나고 있는 점을 고려해 볼
때 이러한 주장은 다소 무리가 있다고 할 수 있다.

　이상과 같은 의문점에 대해서는 도감의 공간적 이해보다는 각성
사업에서의 전개 방식의 차이로 보는 것이 타당할 듯하다. 이를 규
명해 보기 위해 고종 30년에 두 도감에서 동시에 조성된 K-584,
587, 588, 799, 800, 801, 1048 및 1050, 1052, 1075, 1081에 참여한 각
성인을 비교 검토해 보기로 하자.

　　하-①) 克夫(584, 801, 1050, 1081), 夫令(584, 1050, 1052), 仁右(801,
　　　　　1050, 1052), 惠珍(584, 801, 1052), 孝林(801, 1075, 1081), 希演
　　　　　(584, 801, 1081), 戒元(801, 1050), 戒照(584, 801), 己玄(584,
　　　　　1050), 金瑩(584, 801), 大士(584, 1081,), 大千(1052, 1075), 得揮
　　　　　(1050, 1081), 得熙(584, 801), 了英(801, 1052), 法基(801, 1052),
　　　　　甫中(584, 801), 福首(584, 801), 善均(801, 1052), 允己(584,
　　　　　1081), 義天(584, 1052), 益敍(1050, 1052), 仁光(801, 1050), 仁如
　　　　　(584, 1052), 日卿(584, 1052), 子龍(584, 1052), 正時(801, 1050),
　　　　　宗湛(584, 1050), 中守(584, 801), 昌老(801, 1050), 天惠(1050,
　　　　　1081), 天訓(801, 1075), 崔均(584, 801), 就和(584, 801), 惠己
　　　　　(801, 1050), 弘敍(584, 1050), 孝己(1050, 1052), 孝習(801, 1050),
　　　　　希悅(584, 1050).

　　　②) 善材(889, 951, 1406), 金剛(889, 951, 1406), 戒眞(889, 1406), 均
　　　　　莊(889, 1406), 均材(889, 951), 克和(889, 1406), 金呂(889, 1406),
　　　　　德華(889, 1406), 万就(889, 1406), 文住(889, 1406), 法莊(951,

　　서, 김갑주, 1990, 「高麗大藏都監 研究」 『不聞聞』 창간호; 김상영, 1993,
　　앞의 논문; 김영수, 2002, 『朝鮮佛敎史』, 민속원 등이 대표적이다.
69) 윤용혁, 1993, 『高麗對蒙抗爭史研究』, 일지사, 295쪽.

> 1406), 士大(889, 1406), 小巴(951, 1406), 有林(889, 1406), 李丁
> (889, 1406), 慈世(889, 963), 玆守(889, 951), 宗呂(889, 1406), 宗
> 惠(889, 951), 宗希(889, 1406), 昌老(951, 1406), 崔呂(889, 1406), 惠
> 己(951, 1406), 惠演(889, 1406), 黃守(951, 1406), 孝林(889, 1406),
> 喜悅(889, 1406).

하)의 내용은 11종의 경전에 중복된 각성인이다. 하-①)의 각성인 중 '克夫'는 두 도감에서 같은 시기에 K-584, 801, 1050, 1081의 4종의 경전을 조성하였고, 하-②)의 '善材' 역시 K-889, 951, 1406 등 3종의 경전을 조성하고 있다. 그 밖의 각성인도 특정 경전에만 국한되지 않고 앞서 제시한 <표 3-12>의 K-524를 비롯한 10종에 다양하게 분포되어 있다.

특정 각성인이 특정 경전에만 참여한 것이 아니라 2~4종에 이르는 다양한 경전을 조성하고 있음을 알 수 있다. 특정 연도에 이같은 양상으로 참여한 각성인은 각각 40명과 27명에 불과하지만 동일 연도에 두 도감에서 동시에 활동한 각성인까지 포함한다면 수백 명에 이를 것이다.

특히 앞서 대장도감과 분사대장도감의 운영에 대하여 검토하면서 각성인의 활동 추이가 연도별·도감별로 다양하게 이루어지고 있다는 점을 살펴보았다. 분사대장도감에는 신참여 각성인도 상당 수 있고, 또 대장도감에서 활동한 각성인이 분사대장도감에서 공동 참여방식으로 강화경판 각성에 참여하고 있다. 따라서 고종 30년과 31년의 동일 경전이 동시에 분각된 사례를 통하여 두 도감의 위치 및 각성인 활동의 상관관계는 물론 대장도감과 분사대장도감의 연관성까지 유추해 볼 수 있다.

적지 않은 각성인이 같은 시기에 동일 경전을 두 도감에서 판각하고 있다면, 경우에 따라서 동일 지역으로 볼 수 있다. 그러나 앞서 지적하였듯이 방대한 수량과 각성인 활동을 고려할 때 다음과

같은 추론이 가능할 것이다. 분사대장도감과 대장도감의 기능과
역할을 볼 때 대장도감은 정책적 책무를, 분사대장도감은 실무적
책무를 각각 분담하면서, 경판의 실질적 판각은 조성 공간이 담당
하였을 것이다. 즉 판각해야 할 경전이나 일정 분량을 조성기구인
대장도감과 분사대장도감에서 그 하부 조직인 조성 공간에 업무를
분장하면서 각성사업을 운영하였을 것이다. 이와 관련하여 '大之'
와 '許敦'의 각성활동을 주목해 보기로 하자.

```
大之        30 대 12-16-33(63)     분 3-5-5(10)
            31 대 19-23-35(46)     분 5-10-18(20)
            32 대 2-2-4(4)         분 2-3-17(32)
            무 7-7-11(14)

許敦        30 대 7-10-29(53)      분 6-7-10(18)
            31 대 17-26-40(52)     분 7-9-15(18)70)
            32 대 2-6-35(47)
            33분 1-1-14(26)
            35분 1-1-1(2)
            무 4-4-7(16)
```

'大之'는 3년 동안 매년 두 도감에서 각각 활동을 하고 있다. 각
年度·都監別 각성량을 보면 고종 30년에 대장도감에서 12종 16
권 63장,71) 분사대장도감에서는 3종 5권에 10장72)을 각성하였다.
이듬해 대장도감에서 19종 23권 46장,73) 분사대장도감에서 5종

---

70) 刊記는 있지만 도감을 알 수 없는 경우[무 1-1-2(2)]로 부기해 둔다.
71) K-162-上(19.21), 163-5(3.4.6.8.10.13.14.17.18.20), 587-3(5.7), 587-15(3), 648-29(2.4),
    648-60 (9.11), 649-48(16), 777-4(33), 801-32(9.11), 802-15(10.11), 802-44(14.16),
    835-單(3), 957-27(13.14), 1050-33(13), 1050-44(10), 1257-25(93). ( )안의 수는 張
    次임. 이하동일.
72) K-1052-10(18), 1075-15(48), 1075-25(11), 1081-13(29), 1081-28(30).
73) K-889-36(11), 890-32(29.30), 896-3(3.4), 896-22(23.24), 896-53(11.12), 937-6(23.24),

10권 20장74) 각성하였고, 고종 32년에는 대장도감에서 2종 2권 4
장,75) 분사대장도감에서 2종 3종 32장76)을 각성하였다.

또 '許敦'은 5년 동안 참여하면서 고종 30년에 대장도감에서 7종
10권 53장77)을, 분사대장도감에서는 6종 7권 18장78)을 각성하였다.
이듬해 대장도감에서 17종 26권 52장,79) 분사대장도감에서 7종 9권
18장80)을, 조조처가 없는 1종 1권 2장81)을 각성하였다. 고종 32년에
는 대장도감에서 2종 6권 47장,82) 이듬해 분사대장도감에서 1종 1
권 26장83), 고종 35년 분사대장도감에서 1종 1권 2장84)을 각성하였
다. 또한 刊記가 없는 4종 4권 16장85)을 각성하였다. '許敦'은 대장
도감에서 152장, 분사대장도감에서 64장 등 총 234장을 각성하였다.

934-4(12,13), 945-2(15.16), 952-32(16), 952-63(11), 952-100(2), 953-21(7.8), 956-3(16.17),
956-64 (5.6), 963-10(37.38), 982-27(12.13), 1418-7(16), 1423-9(15), 1453-上(4).
1476-8(11), 1483-11 (10), 1495-6(8), 1496-20(11).

74) K-951-13(3), 951-14(17.18), 951-46(2), 960-10(13.14), 968-8(7.8), 1053-12(24.25),
1406-25(5.6), 1406-41(14.15), 1406-62(25.26), 1406-86(6.7).

75) K-80-77(13.14), 1506-3下(19.20).

76) K-1263-15(2~6.8~14.27.28), 1513-2(51), 1513-13(13.14).

77) K-160-5(2~4.7.8.10.12.14.16.19.21.23.24.26), 586-3(5.8), 648-46(1.3), 649-26(13.15),
649-48 (9), 802-13(18.20.21), 802-40(18.19), 1050-4(2), 1257-2(56), 1257-14(6).

78) K-1052-11(21), 1075-7(7), 1081-15(31), 1081-27(75), 588-上(21.24), 648-1(14.15), 801-29 (5.7).

79) K-889-31(28), 890-31(32.33), 890-55(3.4), 896-12(32.33), 922-下(20), 943-5(18.19),
952-21(3), 952-43(21), 952-73(9), 952-103(9), 953-8(11.12), 955-8(18.19), 956-5(4.5),
956-26(2.3), 956-45(22), 956-69(9.10), 982-26(19.20), 1258-9(3.4), 1258-13(10.11),
1258-20(9.10), 1406-9(5.6), 1436-單(4), 1482-4(10), 1484-4(4), 1488-10(9), 1496-17(5).

80) K-951-45(35.36), 960-5(28.29), 1054-3(20.21), 1261-4(7), 1406-31(5), 1406-52(7.8),
1406-74(7.8), 1260-7(9), 1442-單(11.12).

81) K-951-20(35.36).

82) K-80-32(2~14), 80-46(12), 80-62(1~3.5.7.8.10.13.15.17.18), 80-66(22), 80-78(22),
1262-1(2~9).

83) K-1263-22(1.3.5.7.10.12.14.15.18.19.22.24), 1263-23(28.29).

84) K-1499-55(2).

85) K-842-單(5), 1257-6(107), 1258-7(10), 1263-35(14.15.18).

결국 '大之'는 고종 32년을 제외하고는 두 도감에서 활동하면서 3년 동안 대장도감에서 113장, 분사대장도감에서 62장, 刊記가 없는 14장을[86] 각성하였다. '許敦'은 고종 30년부터 31년까지는 두 도감에서 활동하였으나, 고종 32년에는 대장도감에서 고종 33년과 35년은 분사대장도감에서 활동하고 있다. 즉 2년 동안 두 도감에서 동시에 활동을 하다가 이후 1년은 대장도감, 나머지 2년은 분사대장도감에서 활동하였다.

'大之'와 '許敦'의 사례에서 보듯이 대장도감판보다 상대적으로 적은 수량인 분사대장도감판을 각성하기 위해 조성 공간을 이동하였다는 점은 이해하기 어렵다. '大之'와 '許敦'같은 전문 刻手가 최소 2장, 최대 26장을 각성하기 위해 원거리를 이동할 수 있을까. 만약 두 도감이 상호 원거리에 위치한다면 두 도감에서 활동한 각성인 '大之'와 '許敦' 등 각성활동을 전개하는데 많은 무리가 따를 것이다. 또 1년간 참여한 각성인 860여 명은 적게는 1~2장의 경판을 조성하기 위해 남해지역으로 이동하지는 않았을 것이다. 이를 통해 대장도감과 분사대장도감의 경판 조성 업무가 중복되었음을 파악할 수 있다.

더욱이 분사대장도감에서는 권별 분담방식이 아니라 공동 참여 방식으로 사업이 전개되고 있다. 이 같은 점을 감안한다면, 고종 30년의 K-584·587권을 비롯하여 12종의 경전을 기존의 관서 공방이나 신설 공방 또는 전국의 주요 사원에서 각성인들이 각 권내지 일정 분량을 분담 조성한 후, 그 상위기관인 대장도감이나 분사대장도감에 移送시켰을 것이다.

분사대장도감에서 가장 활발하게 각성활동이 이루어진 시기는 대몽항쟁이 다소 소강 국면에 있지만, 집권자인 최이의 후계자 문

---

86) K-765-下(21), 889-29(23.24), 913-單(5.6), 955-1(2), 956-32(23.24), 1257-4(86), 1504-10 (2.4).

제가 급부상하던 때로서,[87] 각성사업의 조기 종결이 시급하게 대두되었을 것이다.[88] 그래서 각성사업은 대장도감과 분사대장도감 산하의 각 조성 공간을 최대한 활용하였으며, 그 결과 동일 경전이 동일 연도에 두 도감에서 조성될 수밖에 없었던 것으로 파악된다. 이는 동일 경전이 대장도감과 분사대장도감에서 같은 연도에 分刻된 사례는 총 23종 600권에 이르며, 그 시기도 고종 30년 및 31년에 각각 300권과 258권으로 집중되고 있는 것에서 알 수 있을 것이다.

강화경에 위치한 대장도감과 界首官이 파견된 지역을 중심으로 설치된 분사대장도감은 각 도감에서 조성 공간을 중복활용하고 있었던 것으로 볼 수 있다. 이와 관련하여 대장도감과 분사대장도감이 위치한 강화도나 남해현 이외 지역인 忠州,[89] 天台山,[90] 등 자신의 출신지를 밝힌 일부의 각성인도 있다. 아울러 각성사업은 범종파적으로 전개되었고 다양한 계층에서 적극 참여하고 있는 점을 고려해 본다면 이를 수용할 수 있는 전국적인 조직체계를 갖춘 분사대장도감의 역할은 매우 중요하였을 것이다. 즉 사업에 필요한

---

87) 『高麗史節要』 권16, 고종 30년 춘정월. "校尉趙甫壽 譜其表兄 大將軍 宋旬恭於崔瑀 瑀投白恭於江 拜甫壽 爲郎將 又有人 譜將軍金俉 瑀召 俉 責之曰 汝集無賴之徒 欲何爲乎 髡首 流于河東縣 執俉所親 將軍金 正曦 平虜鎭副使孫仲秀 茶房安琦等三十五人 投之江 俉 卽瑀 外孫聶 也". 여기서 김약선의 아들인 김치를 후계자로 추진하려다가 좌절되고 있었음을 알 수 있다. 당시 분사대장도감판이 조성되는 고종 30년과 정치적 상황이 무관하지 않다는 점은 김윤곤, 최영호 등의 논고에서 제기된 바 있다.
88) 김윤곤, 2002, 『고려대장경의 새로운 이해』, 불교시대사, 149~151쪽.
89) 江華京板 각성인 중 忠州 출신자는 '忠州永壽刻'[『大般若波羅蜜多經』 권185(暑함), 제23장]과 '忠州天均'[『大般若波羅蜜多經』, 권176(來함), 제24장]이 있다.
90) '天台山人 了源手'[『放光般若波羅蜜經』 권7(榮함), 제39장]라고 새긴 '了源'·'了元'이 있다.

인적·물적 자원을 체계적으로 확보하거나 지원하면서 한편으로 당시 民이 각성사업에 참여할 수 있는 지역적 공간과 조직이 필요하였던 것이다.

그러므로 특정 각성인의 각성활동에 있어서 동일 연도에 대장도감과 분사대장도감에 동시에 활동한 경우에 대하여, 국가적 공적 기구였던 대장도감과 분사대장도감을 조성기구로 이해한다면 각성인의 도감별 활동 추이를 이해하기 어렵다. 이는 국가적 기구와 조성 공간을 구분하여 각성인의 추이를 추론해야 한다. 각성사업의 조성기구인 대장도감은 강화경에 설치되었으나, 분사대장도감은 전국적인 조직체계를 갖추어 설치·운영되었을 것이다.

각 도감 산하의 조성 공간이 하부 조직 단위로 구축되어 각성사업을 전개하였을 것이다. 따라서 각성사업은 기존의 官署工房 및 사원, 그리고 새로이 설치된 특정 지역의 공간에서 이루어졌을 것이다. 특히 동일 연도에 두 도감에서 分刻된 경전의 조성에서 각성인의 분포가 혼재되어 나타난 것을 미루어 보면, 조성 공간은 인접 장소 내지는 동일한 공간으로 대장도감과 분사대장도감에서 동시에 강화경판 조성 업무를 分掌받아 경판을 각성하였을 것이다. 효율적인 각성사업의 전개를 위해서 대장도감과 분사대장도감 산하의 조성공간은 人的 交流가 가능한 지역 내에 위치하면서 긴밀한 협력체계 내지는 공유체계를 구축하였을 것으로 보인다.

제4장

江華京板과 刻成人의 활동 양상

Ⅰ. 刻成人의 유형

刻成人이라 함은 단순한 刻手의 명단만이 아니라 경판의 조성 사업에 참여해서 활동하였던 일체의 행위까지도 포괄한다. 즉 대장경판의 조성을 위한 문필활동과 경판 조성행위의 몸(身)布施, 혹은 경판 조성 경비 조달의 財布施를 포함한 일체의 각성활동을 두드러지게 한 자들을 가리키며, 그들은 경전에 이름을 남길 수 있는 특혜를 부여받은 것으로 파악된다.[1]

각성인이 강화경판에 인·법명을 새길 때는 다양한 형태로 새기고 있다. 동일 각성인임에도 불구하고 특정 張에는 자신의 姓氏만을, 다른 張에서는 인명만을 새겨 놓았다. 또 특정 張에는 자신의 직책만을, 다른 張에는 자신의 성씨와 인명을 새기고 있다. 그리고 인명을 異體字로 각기 다르게 새기고 있다. 즉 각성인은 자신의 인·법명 표기를 異表記하거나[2] 異體字를 활용하고 있다. 각성사업의 운영과 그 실태를 파악하기 위해서는 각성인의 구분이 매우 중요하다. 각성인의 표기방법에는 어떤 원리나 체계가 적용되었는지 또 실제 어떻게 사용되고 있는지에 대한 구분이 우선되어야 한다.

그래서 다음과 같은 기준에 의하여 각성인을 분류하고자 한다. 첫째, 동일인－同音異字－의 구분이 다소 애매한 경우 동일 경전

---

1) 김윤곤, 1990, 「高麗大藏經의 彫成機構와 刻手의 性分」『民族史의 展開와 그 文化』(上), 창작과 비평사.
2) 異表記 중에 略字도 포함될 수 있다. 漢字 略字體 표기 형태에 대하여 다음의 보고서가 참조된다. 국립국어연구원, 1991, 『우리나라 漢字의 略體 調査』 및 1992, 『東洋 三國의 略體字 比較 硏究』, 국립국어연구원.

에 반복되는 동음이자는 동일인으로 파악하였고, 異音일 경우는 전체 새김 형태에 따라 동일인으로 판명하였다.

둘째, 동음이자이지만 다른 경전과 시기가 다른 인명이 나타나는 경우는 별개로 구분하였다. 각성인 중 동음이자로 표기하는 경우는 같은 도감에서 동일 경전이나 동일 연도에 어떤 형태로든지 그 사례를 남겨 두는 특징이 있다. 이러한 기준이 애매하거나 확연하게 구별될 경우는 별도의 각성인으로 구분하였다. 그리고 다른 경전에 나타난 동음이자 중 한 字만 새겨져 확실히 구분되지 않는 경우 역시 별도의 각성인으로 처리하였다.

셋째, 자신의 인명을 각각 한 字씩 새긴 경우의 동음이자는 대표되는 각성인으로 구분하였다. 그러나 동음이자 중 다른 각성인으로 판명될 경우는 별도로 처리하였다.

이제 이러한 기준에 의거하여 각성인의 인명 새김 방법을 구분해 보기로 하자. 먼저 자신의 인명을 동음이자, 이체자 등 3가지 이상으로 다양하게 표기한 경우이다. '가홍'과 '대연'의 사례를 통하여 살펴보기로 하자.

가-①) 經名	卷	函	年	都監	至張	刻成人	板數	張次
K-889	16	優	31	분사	36	可洪	2	27.30
K-889	16	優	31	분사	36	可弘	4	28.29.31.32
K-890	23	從	31	대장	38	可弘	2	21.26
K-890	23	從	31	대장	38	可洪	5	23～25.27.28
K-896	16	下	·	무	29	可洪	4	26～29
K-896	46	唱	31	대장	42	可洪	1	13
K-896	46	唱	31	대장	42	可弘	1	14
K-951	50	箴	31	분사	15	可弘	2	7.8
K-951	50	箴	31	분사	15	可紅	1	9
K-951	50	箴	31	분사	15	可洪	1	11
K-952	61	弗	31	대장	24	可洪	2	11.12
K-952	61	弗	31	대장	24	可弘	2	14.16
K-956	10	志	31	대장	29	可洪	2	8.9

K-956	38	物	31	대장	26	可洪	3	13.14.16
K-956	38	物	31	대장	26	可弘	1	15
K-957	23	好	31	대장	21	可洪	7	15~21
K-1052	16	對	30	분사	33	可洪	1	13
K-1081	10	典	30	분사	32	可洪	1	13
K-1081	29	群	31	분사	61	可洪	1	17
K-1257	21	祿	30	대장	124	可洪	1	13
K-1257	25	侈	30	대장	165	可洪	1	44
K-1257	30	侈	30	대장	126	可洪	1	29
K-1406	66	踐	31	분사	18	可弘	2	17.18
K-1423	5	韓	31	대장	18	可洪	1	8
K-1437	4	頗	31	분사	12	可洪	2	9.10
K-1453	上	軍	31	대장	16	可洪	1	16
K-1469	4	馳	31	대장	9	可弘	1	4
K-1486	19	嶽	31	대장	12	可弘	1	2
K-1494	1	雁	31	대장	14	可弘	1	5
K-1503	14	遠	·	무	20	可洪	2	17.18
K-1506	4上	杳	32	분사	23	可洪	3	8~10
K-1513	7	農	32	분사	60	可鴻	1	47
K-1513	7	農	32	분사	60	可洪	1	50
②) K-2	5	棠	24	대장	34	泰然	2	1.4
K-2	5	棠	24	대장	34	大然	7	6.7.9.11~14
K-12	下	羽	26	대장	19	大然	16	1.2.5~12.14~19
K-22	13	龍	27	대장	27	大然	14	2.3.5~10.12~16
K-22	13	龍	27	대장	27	大	1	4
K-22	118	文	28	대장	34	大然	20	2~18.21
K-22	118	文	28	대장	34	泰然	2	19.23
K-22	118	文	28	대장	34	大	2	20 24(然)
K-60	1	弔	25	대장	26	大然	11	1.2.4~12

　가-①) '가홍'은 '可洪'·'可鴻'·'可弘'·'可紅' 등으로 界線 안에 새기면서 고종 30년부터 32년까지 3년 동안 두 도감에서 K-889 등 총 20종·26권을 각성하였다. 대장도감에 참여한 고종 31년에는 K-890-23권에서 제21·26장에 '可弘', 제23~25·27·28장에는 '可洪'으로 이름을 새겨 놓았다. 그리고 분사대장도감의 K-951-50권

의 제7·8장에 '可弘', 제9장에 '可紅', 제11장에 '可洪'이라고 연이
어 인명을 새겨 놓았다.

즉 고종 31년에 두 도감에서 10종·11권을 조성하면서 2가지의
異表記로서 31장을, 분사대장도감에서 5종·5권을 조성하면서 3
가지의 異表記로서 15장을 각성하였다. 따라서 '가홍'은 4종의 異
表記를 사용하고 있음을 알 수 있다.

가-②) '대연'은 '大然'·'大'·'然'·'泰然' 등으로 한 字씩 또는
異表記로 새기고 있다. 대장도감에서 활동하면서 고종 24년에 조성
된 K-2-5권의 제1·4장에 '泰然', 제6, 7, 9장과 제11~14장까지 '大
然'으로 이름을 새겨 동일인임을 보여준다. 또 K-22-118권에서 제
2~18장 그리고 제21장에 '大然'으로, 제19·23장에는 '泰然'으로, 제
20장에는 '大', 제24장에는 '然'만 새겨 K-22-118권 총 34장 중 22장
을 각성하였다.

다음은 姓氏가 있는 각성인의 경우를 살펴보기로 하자. '김근정'
은 '金斤貞'이라고 성씨와 이름을 새겨 놓고, 뒤이어 '斤貞'·'斤丁'
을[3] 각각 새겨 놓았다. '박숭보'는 '朴崇宝'·'崇寶'·'崇甫'·'崇
保'[4]로, '이홍서'는 '李洪敍'·'洪敍'·'弘敍'·'弘西'·'洪西'·'弘
序'[5]로, '홍윤성'은 '洪允成'·'允成'·'允誠'[6] 등으로 새겼다. '김득

<hr>

3) 雕造處와 刊記가 없는 K-1511만 각성하였는데 6권의 제1·2·15·16·25
   장 '金斤貞', 제21·22장 '斤貞'으로 새겼고, 아울러 9권의 제13장 '斤丁'
   만 새겼다.
4) 고종 25년 조성된 K-3-25권 총 29장 중에서 제2~4~18~24장 '崇宝',
   제19장 '崇寶', 제26~27장 '崇甫', 제28장 '崇保', 제25~29장 '朴崇宝'
   로 각각 새겼다.
5) 고종 30년 대장도감에서 조성된 K-1050-6권 제19~20장에 각각 '弘序'·
   '洪敍'로, K-1050-26권의 제20장 '李洪敍'로 새겼으며, 고종 32년 대장
   도감의 K-79-52권에 제1~4장, 그리고 제7장 '洪敍', 제5·9장 '弘敍', 제
   14장 '弘西'로 각각 새겼다. K-1262-19권 제2장 '弘敍', 제4장 '洪西'로,
   제6·7·10·11·13장에 '洪敍'로 각각 새겼다.
6) 고종 31년 대장도감에서 조성된 K-982-12권 제16장 '洪允成', 제17장

초'는 '金得貂'·'得貂'·'淂貂'·'得超'·'金貂'[7] 등으로 자신의 인명을 새기면서 고종 25년부터 32년까지 8년 동안 두 도감에서 활동하였다. '송승수'의 경우는 고종 30년부터 32년까지 참여하면서 '宋承綬'·'宋受'·'宋'·'承守'·'承綬'·'承受'·'升受'·'升守'·'承'·'升'·'綬' 등 총 11종의 다양한 이체자로 새겨 놓았다.

다음은 자신의 이름을 각각 다르게 새긴 사례를 살펴보기로 하자. '경청'은 '京靑'·'敬靑'·'景靑'·'京淸',[8] '승관'은 '升琯'·'承琯'·'丞琯',[9] '정의'는 '丁義'·'正義'·'丁衣'·'丁意'·'貞義'[10] 등으로 새겼다. 그리고 '대의'는 '大依'·'大意'·'大義'[11] '우신'은 '又臣'·'禹臣'·'右臣'·'雨臣',[12] '현공'은 '玄功'·'玄公'·'玄空'[13] 등으로 새겼다. '홍

'允成'으로 새겼으며, 또 같은 해 분사대장도감에서 조성된 K-1056-1권 제17장 '允成', 제18장 '允誠'으로 각각 새겼다.

7) '김득초'를 동일인으로 파악할 수 있는 근거로 고종 25년 대장도감에서 조성된 K-3-8권의 제3·4·21장 '得貂', 제5·6장 '淂貂', 제22장 '金得貂'로 새긴 것을 통해 알 수 있다. 또 刊記를 알 수 없는 K-798-上卷 제7장 '得貂', 제8장 '金貂'로 각각 새겼다.

8) 고종 27년 조성된 K-57-10권 제17～21장까지는 '景靑', 제22장 '景淸'으로 새겼다. 고종 30년 대장도감에서 조성된 K-587-12권 제9·10장 '景靑', 제11·12장 '京靑'으로, 또 K-649-3권 제9·10·12장 '景靑', 제11장 '敬靑'으로 각각 새겼다.

9) 고종 25년 조성된 K-3-7권 제12·13·27·28장 '承琯', 제16·29장 '丞琯', 제17장 '升琯'으로 새겼다.

10) 고종 30년 대장도감에서 조성된 K-164-1권 제2·8·9장 '貞義', 제5·12·16·18·20·22·24장 '丁義', 그리고 제14장 '丁意'로 각각 새겼다. 분사대장도감에서 조성된 K-801-69권 제10장 '丁義', 제12장 '丁衣'로, 고종 31년 분사대장도감에서 조성된 K-1055-9권 제21장 '正義', 제22장 '丁義'로 각각 새겼다.

11) 고종 31년 대장도감에서 조성된 K-890-56권 제28장 '大意', 제29장 '大依', K-959-4권 제15장 '大意', 제16장 '大義'로 각각 새겼다.

12) 고종 31년 대장도감에서 조성된 K-890-54권 제19장 '又臣', 제20장 '右臣'으로, 또 K-958-3권 제3장 '禹臣', 제4장 '雨臣'으로 새겼다.

13) 고종 33년 대장도감에서 조성된 K-1263-19권 제5～11·19·20장 '玄功', 제12·13·16·18·21·22장 '玄公'으로 새겼으며, 고종 34년 분사대장도감

유’의 경우 ‘洪有’·‘弘有’·‘弘裕’·‘有’[14] 등으로 새기면서 고종 24년부터 27년까지, 또 고종 29년부터 31년까지는 두 도감에서, 고종 34년에는 분사대장도감에만 각각 활동하였다. ‘서문필’의 경우에는 ‘徐文弼’이라고 새기면서 다른 張에는 ‘文必’·‘文弼’로,[15] 또는 ‘文’과 ‘弼’로 각각 한 字씩만 새겼다.[16] 이상에서 각성인의 인명 표기 형태를 조사 정리해 보면 다음의 <표 4-1>와 같다.

<표 4-1> 각성인의 인명표기 형태(Ⅰ)

각성인	표　　기	각성인	표　　기
가　홍	可洪/可鴻/可弘/可紅	우종경	于宗慶/宗慶/宗景
경　청	景淸/京靑/敬靑/景靑/京淸/景淸刀	우　현	又玄/右玄/祐玄/玄
권　거	權居/權據/居	윤　기	尹基/尹奇/允己/基
김근정	金斤貞/斤貞/斤丁	윤　수	尹脩/尹守/尹修
김득초	金得貌/得貌/淂貌/得超/金貌	응　경	應卿/應景/應京
김　영	金瑩/金塋/金瑩刻	의　겸	意兼/義謙/義兼
남　보	南宝/南保/南宝刀/南甫	의　일	儀一/義一/意一
대　의	大依/大㥴/大義	이홍서	李洪敍/洪敍/弘敍/弘西/洪西/弘序/洪/弘/敍
덕　화	德和/德華/德化/德	인　보	仁甫/仁宝/仁保
득　재	得才/得材/淂才/得	인　우	仁右/仁友/仁又/仁祐/仁
려　희	呂希/呂熙/呂姬/呂	자　기	自奇/自己/子己/子奇
박숭보	朴崇宝/崇寶/崇甫/崇保	자　여	子余/自余/子與
방　절	邦節/方節/方折/方	장　수	長守/長受/長壽

　　에서 조성된 K-1499의 15권 제10·13·14장 ‘玄公’, 제11장 ‘玄空’으로 각각 새겼다.

14) ‘洪有’·‘弘有’·‘弘裕’·‘有’를 동일인으로 볼 수 있는 근거는 고종 27년 조성된 K-22-52권의 총 29장 중 제9~15·17·18·22~24·28·29장 등 총 14장에 ‘弘裕’, 그리고 제20·21·25~27장 총 5장 ‘洪裕’, 또 제16장 ‘洪有’로 새긴 것을 통해 알 수 있다. 그리고 같은 해 대장도감에서 조성된 K-22-49권의 제2·4·5장 ‘洪裕’로, 제3·6·7장 ‘弘裕’로 각각 새겼다.

15) 고종 25년 조성된 K-4-7권의 제1~8·11~14·16~18장 ‘文弼’로, 제15장 ‘徐文弼’로, 제19·20장 ‘文必’로 각각 새겼다.

16) 고종 27년 조성된 K-22-41권 제20·25·27장에 ‘文’, 제21·29장에 ‘弼’로 각각 자신의 인명을 한 글자씩 따로 새겼다.

각성인		표　　　　기	각성인		표　　　　기
법	기	法基/法己/法奇/法祺/法棋/法其	정	의	丁義/正義/丁衣/丁意/貞義
보	간	宝干/保干/保幹/甫干/宝幹/宝干刀	정	장	正臧/正藏/正莊
보	령	甫令/保令/寶令/令	정	조	鄭祚/定祚/廷祚
보	상	宝祥/保祥/宝相/宝	조	규	曹圭/曺規/曹規/曺/規
보	중	甫沖/保沖/甫中/保仲/保中/甫/保	종	담	宗湛/宗淡/宗談/宗淡刀/宗/湛
복	수	福守/福首/卜守/福/守	종	련	宗鍊/宗練/宗/宗連
사	경	士景/思景/思京	지	연	志淵/智延/知延/志
세	중	世中/世仲/世沖/世冲	지	현	智賢/知賢/智玄/玄
소	장	小莊/小臧/小粧/小庄	지	홍	智紅/智弘/智洪/弘
송	기	宋琦/宋琪/宋璂	충	재	忠宰/忠才/沖宰
승	관	升琯/承琯/丞琯	한	주	漢周/漢珠/漢朱
승	보	承宝/丞宝/承/升宝/升甫	현	공	玄功/玄公/玄空
승	휘	承輝/升暉/升輝/承/丞/丞輝	현	주	玄柱/賢住/玄住
신	지	申知/申智/神知/神智/臣知	혜	거	惠巨/惠琚/惠居/惠巨刊/惠巨刀
안	중	安中/安沖/安忠	혜	기	惠己/惠奇/惠基/惠
양	수	楊秀/楊守/良守	홍	유	洪有/弘有/弘裕/有
우	신	又臣/禺臣/右臣/雨臣	홍윤성		洪允成/允成/允誠

　이처럼 각성인의 인·법명 새김 방법은 성씨와 인명을 함께 표기하거나 각각 한 字씩 표기하거나, 혹은 인명을 여러 형태인 同音異字 및 異體字로 표기하는 등 다양하게 활용되고 있다. 특히 여러 유형의 異表記 형태는 그 음의 동일한 音價를 활용하여 다양하게 표기하고 있음을 알 수 있다.

　그러나 위의 내용과 달리 '三㫋'[17)와 '沙弥'·'沙昧'는 다른 유형 표기 형태이다. 그래서 다음의 <표 4-2>를 검토해 보기로 하자. 아래의 K-2-20권은 고종 25년에 대장도감에서 조성된 것으로 총 33장으로 구성되어 있다.

---

17) 김윤곤 편저, 2001,『고려대장경 조성명록집』, 영남대출판부, 45쪽 및 66쪽에 江華京板의 각성인 분석에 있어 '三旅'로 표시한 것은 '三㫋'의 표기였다. 이는 본래 '三㫋'로 표기해야 하나 D/B입력시 '㫋'를 편의상 '旅'로 표기하였던 것이다.

<표 4-2> 張次와 각성인

	장 차	각성인	장 차	각성인	장 차	각성인	장 차	각성인	장 차	각성인
K-2-20권	1	洪庇	2.24.25	覺機	4~7	甚元	8.9	志貞	10.11	宋禧
	12	沙弥	13	三旀	14.15	天圭	16.17	義玄	18.19	堅昌
	20.21	得寶	22.23	良金	25.27	冲敍	28~33	玄成		
K-27-上권	1.2	昌祚	3.4	金瑩	5	刀	6	奇宝	7.8	祐玄
	9	沙昧	10	三旀	11.12	良大	13.14	云正	15.16	道宣
	17.18	守玄	19.20	良柱	21.22	覺機	23.24	日卿	25.26	得光
	27.28	孝之	29.30	金穎						

 각 장을 각성인 기준으로 정리해 보면 대개 2장 내지 4장을 각성하고 있는데, 제12장에서는 '沙弥'로 제13장에서는 '三旀'로 각기 다르게 표기하고 있다. 이러한 현상은 K-27-上권에서도 나타나고 있다. 즉 '昌祚'를 비롯한 각성인은 각각 2장씩 새겨 놓았는데 제9장에는 '三旀', 제10장에는 '沙昧'로 새겨 두었다.

 '三旀'의 표기에 대해 다시 정리해 보면 다음과 같다.

經名	卷	函	年	都監	至張	刻成人	板數	張次
K-2	20	重	25	대장	33	沙弥	1	12
K-2	20	重	25	대장	33	三旀	1	13
K-27	上	乃	25	대장	30	沙昧	1	9
K-27	上	乃	25	대장	30	三旀	1	10

 위에서 보듯이 동일 경전과 권에 참여하면서 '三旀'와 '沙弥'·'沙昧'로 구분하여 새겼다. 여기서 旀는 彌의 속자이지만 漢語의 梵語借用語인 沙彌의 彌로 보기 쉬우나, 그 字形이 차자표기에서 흔히 쓰이는 俗字體일 뿐 아니라 차자표기에서 그 사용빈도가 높다[18]고 한다.[19] 따라서 '三旀'는 K-2-20권과 K-27-上권의 조성에 참여하

---

18) 남풍현, 1981, 『借字表記法研究』, 단국대출판부, 85쪽.
19) 이 같은 借字 표기에 있어서 『三國遺事』에 '說者가 말하기를 '未'자와

면서 각각 '沙弥'와 '沙昧'로 새기고 있어 동일인임을 알 수 있다.

이러한 표기 방식은 고종대 대장도감에서 간행된『鄕藥救急方』의 鄕名 표기법에서 사용한 것으로 이 鄕名은 민간에서 사용되는 口語를 당시의 가장 보편적인 표기법으로 표기한 것으로[20) 추측하고 있다. 결국 승려를 지칭하는 '三旀'는 '沙弥'와 '沙昧'로 새기기도 하였다.

한편, 인·법명 표기 방법을 앞서 살펴본 바와 같이 동음이자로 새긴 경우도 있지만 각각 한 字씩 새긴 경우도 있다. 즉 자신의 姓氏 또는 한 字씩만을 다르게 새기는 등 다양한 이체자 표기를 사용하고 있다. 다음의 <표 4-3> 내용은 이 같은 표기 형태를 정리한 것이다.

<표 4-3>에서 보는 바와 같이 상당수의 각성인은 同音異字로 새긴 경우가 많지만, 각각 한 字씩 새긴 각성인도 많다. '연등'의 경우 '然灯'이라는 이름으로 새기면서 '然登'으로, 또는 '然燈'· '然'·'灯'을 각각 새겼다.[21) 또한 '權居'의 경우는 '居',[22) '邦節'의 '方',[23) '呂祐'의 '右'[24)처럼 각성인의 인·법명 중 한 字만 새기는

'彌'자는 소리가 서로 가깝고, '尸'자와 '力'자는 모양이 서로 비슷하다'(『三國遺事』권3, 塔象 彌勒仙花 未尸郎 眞慈師. "說者曰, 未與彌聲相近, 尸與力形相類, 乃託其其近似而相謎也")라고 하여 고려시기 字形의 轉訛를 유추해 볼 수 있다. 이는 漢字가 우리나라에 들어와 우리말 표기에 쓰이면서 漢字 특유의 생리에 따른 독자적인 변화를 보여 주는 것이라고 한다(김완진, 1973,「特異한 音讀字 및 訓讀字에 대한 연구」『동양학』3, 단국대, 3~4쪽).

20) 남풍현, 1981, 앞의 책, 21~22쪽.

21) 고종 31년 대장도감에서 조성된 K-945-2권 제13장 '然燈', 제14장 '然登'으로, 31년 분사대장도감에서 조성된 K-1406-7권 제30장 '然', 제31장 '燈'으로 새겼다.

22) 고종 28년 조성된 K-287-30권 제6·8·10·11·13·14·16·25장 '權居'로, 제19·20·22장 '居'로 새겼다.

23) 고종 31년 대장도감에서 조성된 K-890-29권 제5장 '邦節'로, 제6장 '方節'로 새겼고, 같은 해 분사대장도감에서 조성된 K-982-13권 제22장 '方', 제23장 '邦節'로 새겼다.

경우가 많았다.

<표 4-3> 각성인의 인명표기 형태(Ⅱ)

각성인	표 기 방 법	각성인	표 기 방 법
공 진	公晋/公/晉	이 문	李文/李聞/李文刀/李/文
광 조	光照/光/照	익 유	益柔/益儒/益/柔
균 려	均呂/均/呂	인 간	仁幹/仁/幹
김 량	金良/金/良	인 려	仁呂/仁侶/仁/呂
김 승	金升/金昇/金	인 여	印如/印/如
당 유	唐有/唐裕/唐/有	자 세	玆世/慈世/慈/玆/世
대 연	大然/泰然/大/然	장 명	長命/長/命
도 생	道生/道/生	장 생	長生/長/生
도 선	道宣/道/宣	적 의	迪宜/迪/宜
도 훈	道訓/道/訓	정 겸	定兼/正兼/定/兼
문 익	文益/文/益/文益刀	정 홍	鄭洪/鄭弘/鄭/洪
생 백	生白/生/白	종 서	宗敘/宗/敘
선 균	善均/善/均	종 식	宗植/宗/植
성 량	性良/性/良	지 겸	之兼/之/兼
세 진	世珍/世/珍	창 로	昌老/昌/老
송 절	松節/松/節	처 강	處剛/處/剛
수 지	守知/守/知	천 장	千丈/天丈/千/丈
수 현	守玄/守/玄	최 동	崔同/崔童/崔/同
숙 돈	叔敦/叔/敦	학 계	學戒/學/戒
순 진	順眞/順/眞	황 수	黃守/黃琇/黃/守
연 등	然灯/然登/然燈/然/灯	현 회	玄回/玄/回/回刀
영 백	英伯/英白/英/白	혜 도	惠度/惠/度
원 대	元大/元/大	혜 이	惠耳/惠二/惠/耳
유 원	有元/有/元	혜 인	惠印/惠/印/惠印手
유 정	惟正/惟/正	홍 천	洪天/洪/天/洪天手
윤 홍	尹弘/尹洪/尹弘刀/尹/弘	화 정	和正/化正/和/正
응 보	應甫/刻應寶/應/甫	효 련	孝連/孝/連
이 규	李圭/李揆/李/揆	희 적	希赤/希積/希/赤

'玄回'의 경우 '玄回'라고 새겨 놓고 다른 張에는 각각 '玄'과 '回' 또는 '回刀'라고 새겨 두었다. 이외에도 '광조'·'당유'·'도

---

24) 고종 27년 조성된 K-22-63권 제18장 '祐', 제16장 · 제19~21장 '呂祐'로 각각 새겼다.

생'·'창로'·'효련' 등도 자신의 인·법명을 모두 새기면서, 다른 張에서는 한 字씩 새기고 있다.[25]

　마지막으로 강화경판에서 동음자이지만 동일인으로 볼 수 없는 인명이 상당수에 있는데, 대표적인 각성인으로 '적의'의 각성 형태를 통해 비교해 보기로 하자. 다음 <표 4-4>를 참조해 보자.

〈표 4-4〉 '적의'의 각성 형태

人名\年度	迪　義		迪　宜	
	대장도감	분사대장도감	대장도감	분사대장도감
고종 24	K-2-16			
고종 25	K-3-9, 14-單, 32-單			
고종 29	K-56-48, 117-10, 127-7, 134-5, 586-13, 648-29, 649-33, 776-單, 801-45, 831-單, 1257-2			
고종 30		K-801-64, 1047-2, 1050-26, 1052-11,16, 1081-8		
고종 31	K-889-10, 1426-上, 1466-1, 23, 1489-5	K-1081-29	K-79-6, 8	
고종 32			K-80-1, 29, 48, 1262-8	K-1263-15
고종 33				K-1263-24
고종 34				K-1499-23, 38
無刊記	K-1257-4		K-79-37, 1263-5, 29	

주) K-경명-권 표시임.

　<표 4-4>의 내용 중 대표적인 사례 하나만 예시해 보기로 하자.

---

25) 그 밖에 '世珍'의 경우, '世'와 '珍'을 각각 새기는 것으로 고종 29년 대장도감에서 조성된 K-127『金光明最勝王經』4권에서 제2~12·14장, 총 12장에는 '世珍'으로 제15·16·19장에는 '世'로, 제17·18장에는 '珍'으로 자신의 인·법명을 각각 새기고 있었다.

'迪宜'는 고종 31년부터 34년까지 4년 동안 참여하였다. K-80-29권에서 총 15장 중에 제1장에는 '迪宜'라고 인명을 새겨 두고 짝수 張인 제2～14장에는 '迪'으로 홀수 張인 제3～15장에는 '宜'로 각각 새겨 두고 있다. 즉 '迪宜'는 K-80-29권을 조성하면서 3가지 표기 방법으로 새기고 있다. 또한 K-84-48권 총 23장 중에 제13·15·16·18·20·23장에는 '迪宜'라고 새겨둔 반면 짝수 張인 제6～10장에는 '迪'으로 홀수 張인 제7～11장에는 '宜'로 새겨 두었다.

'迪義'는 고종 24년과 25년·29년에서 31년까지 5년 동안 참여하면서 계속적으로 '迪義'만을 새겼다. 강화경판에는 동일인으로서 이체자로 인명을 표기하는 경우에 대개 동일 경전에서 자신의 인명을 각각 새기는 것이 특징인데 '迪義'와 '迪宜'는 그런 사례가 없다. 또 동일 경전에서 2가지 인명의 표기 형태를 사용하지 않았다.

그리고 사업의 활동 시점도 고종 31년의 대장도감만 중복될 뿐 활동 시기도 각기 달랐다. '迪義'는 각성사업 초기부터 대장도감에서 주로 활동한 반면, '迪宜'는 고종 31년 이후 두 도감에서 활동하는 등 각기 다른 각성활동을 하고 있다. 이를 통해 '迪義'와 '迪宜'는 동일인이 아니라 同名異人임을 알 수 있다.

이와 같은 표기 형태로 새겨 둔 대표적인 각성인은 다음과 같다. '적의'의 '迪義'·'迪宜'는 물론 '김영'은 '金英'·'金鎣', '사도'는 '四道'·'士道', '희현'은 '喜賢'·'喜玄' 등으로 새겼는데 모두 동명이인으로 구분된다.

다음은 각성인의 표기 방법이 다소 다른 경우에 대하여 살펴보기로 하자. '孝謙'은 '孝兼'·'比丘孝兼'·'比丘孝兼刻' 등으로 새기고 있어 刻字僧으로 추정된다. '명각'의 경우 '明覺'·'名却'·'名各'·'名角'·'明覺刊' 등으로 인명을 새겼는데, 고종 28년에 조성된 K-56-17권에는 자신의 법명과 함께 '手段心'·'手段心

工’・‘心作’・‘心’ 등을 함께 새겼다. 이처럼 자신의 인명과 함께 刀・手・刻・誌・刊・刻手・刻字・彫刻 등을 함께 사용하거나 따로따로 새긴 경우가 많았다. 특히 인명에 刀・手・刻・彫刻으로 새긴 각성인은 전문 刻手 내지 刻字僧으로 판단된다.

‘료원’은 고종 24년에 조성된『放光般若經』7권에 ‘了源’・‘了源手’・‘天台山人了源手 39幅’ 등으로 다양하게 자신의 법명을 새겼다. 또 자신이 刻手임을 밝힌 ‘天虛’[26)가 있으며, ‘進士林大節’, ‘進士永義’, ‘隊正許白儒’, ‘戶長中尹金鍊’, ‘戶長裵公綽’, ‘天台山人了源’, ‘祝融山人信成’, ‘忠州永義’, ‘忠州天均’ 등과 같이 직책이나, 종파・출신지 등을 인명과 함께 새긴 경우도 있다.

이상에서 각성인의 인・법명 표기는 크게 단일형과 복합형으로 나뉘어 진다. 단일형은 자신의 인・법명을 한 가지만 새기는 경우로서 ‘高哲’, ‘金呂’, ‘大平’, ‘朴希’ 등이 있는데, 이들은 각성사업 참여기간 동안 동일한 형태로 표기하고 있다. 복합형은 앞서 언급한 ‘송승수’처럼 ‘宋承綬’・‘宋受’・‘宋’・‘承守’・‘承綬’・‘承受’・‘升受’・‘升守’・‘承’・‘升’・‘綬’ 등 총 11가지 형태로, 또 ‘이홍서’의 경우처럼 ‘李洪敍’・‘洪敍’・‘弘敍’・‘弘西’・‘洪西’・‘弘序’ 등 6가지 형태로 표기하는 방법이다.

그러나 표기 방법에 어떤 규칙적인 체계는 없으며, 엄격하게 一字一音의 원리나 규정없이 각자의 능력에 따라 다양하게 표기하고 있음을 알 수 있다.[27) 이를 토대로 同一人, 異體字, 同名異人 등으로 다시 재분류한 결과 각성인은 총 1,750여 명으로[28) 분류되었다.

---

26) 고종 25년에 K-4-2권 제30장에 ‘天虛刻手’라고 새겼다.

27) 최근 각성인의 이 표기에 대하여 한자음 체계에 입각해서 고려시대 음운체계를 통해 분석된 바 있다. 연구 결과에 따르면 ‘洪敍’・‘洪敍’・‘弘敍’・‘弘西’・‘洪西’・‘弘序’의 표기는 모두 동일인으로 밝혀졌다 (최중호, 2005,『고려시대 음운 체계 연구』, 동의대 박사학위논문).

　　자신의 인·법명을 다양하게 표기한 것에서 각성인들은 이미 조성 실무능력을 보유하고 있었던 者들로 짐작된다. 그래서 각성사업 초기에는 국가기관이나 지방의 서적 출간과 관련된 활동을 하면서 인정받은 匠人 또는 민간의 전문 刻手이거나, 사원에서 고도의 조성 실무를 겸비한 刻字僧들이 중심이 되어[29] 각성사업을 주도하였을 것으로 추측된다. 여기에 進士 '林大節', 進士 '永義' 등의 문인지식인층은 물론 당시 불교계의 지식인 승려층 즉, 學僧들의 적극적인 참여도 있을 것이다.

　　이들은 대몽항쟁 의식과 민족적 자긍심을 통하여 민족적 위기를 극복하고자 하는 현실 인식을 가진 자들임이 분명하다. 또 일부 각성인은 王政復古를 기원하기 위해 보다 적극적으로 참여하였을 것이다. 이들은 장기간 각성사업이 전개되었을 때 대장도감이나 분사대장도감 등의 彫成 空間내에서 주도적인 역할을 하면서 공간적·시간적 한계와 제약을 극복하였을 것이다.

---

28) 江華京板 각성인 규모에 있어서 그 인원을 1,750여 명으로 파악되었으나, 한 글자만 새긴 경우는 100여 명에 이르고 있다. 이들 100여 명은 앞서 제시한 형태의 분류에 있어 동일인으로 볼 수도 있지만, 제3자일 가능성도 배제할 수 없어 별도로 부기해 둔다.

29) 예컨대 소위 '海印寺寺藏本' 중에 貞祐 2년(고종 원년)에 刊印된 『金剛般若波羅密經』의 말미에 '符仁寺大師 淸守 孝如刻'과 고종 23년에 海印寺에서 간행된 『佛說梵釋四天王陀羅尼經』의 刻手 '大升'과 또 下鋸寺에서 刻成된 『大方廣佛華嚴經』의 '天章'과 고종 24년 崔怡가 발원하여 간행한 『金剛般若波羅密多經』에 '釋光', '大升' 등 전문 刻手들이 활동하고 있는데서 확인된다.

Ⅱ. 刻成人의 참여 추이

1. 단기간 참여 刻成人

각성인의 참여 추이를 살펴보기 위해 각성인 1,759명을[30] 각 기간별로 구분하면 다음의 <표 4-5>와 같다.

<표 4-5> 大藏·分司 두 도감의 각성인 참여 기간

기간 도감	1	2	3	4	5	6	7	8	9	10	11	12	無刊記	계
대장도감	566	93	41	33	21	13	9	3	3	-	1	-	-	783
분사도감	222	19	2	-	-	-	-	-	-	-	-	-	-	243
두 도감	80	179	193	81	34	34	19	14	12	6	4	1	-	657
無刊記	-	-	-	-	-	-	-	-	-	-	-	-	76	76
계	868	291	236	114	55	47	28	17	15	6	5	1	76	1,759

<표 4-5>[31]에서 알 수 있듯이 강화경판이 조성된 16년 동안 계

---

30) 이는 각성인의 수치를 의미하는 것이며, 사업에 참여한 전체규모는 이보다도 더 많을 것이다. 예를 들면 필사자, 교정자 등도 있을 수 있으며, 판본의 벌목이 제작 등도 포함될 수 있다. 한편 박상진은 판본을 벌채하여 4인이 한 조가 되어 운반한다고 가정하여 산중에서 벌채하여 경판을 새기는 장소까지 운반하는데 동원된 연인원을 8만에서 12만 명으로 추론한 바 있다(박상진, 1999, 『다시 보는 팔만대장경판이야기』, 주)운송신문사, 86쪽).
   이러한 가정을 통하여 본다면 江華京板 각성사업에 참여한 인원은 수십만 명에 이를 것이다.
31) 참여 기간 분류에 있어서 無刊記의 각성인은 제외하고 설명하고자 한다. 왜냐하면 無刊記의 조성 경판이 각성인에 따라서 동일 연도나 다

속 참여한 각성인은 아무도 없으며, 최장 12년간 참여한 각성인이 1명 있다. 기간별로 살펴보면 1년간 참여한 각성인은 868명, 2년간 참여한 각성인은 291명, 3년간 참여한 각성인은 236명, 4년은 114명으로 1년에서 5년 미만 참여한 각성인은 약 1,500여 명으로 전체의 80%를 차지하고 있다. 단기간 참여한 각성인은 전체의 77.8%인 1,495명이다. 각성인의 77%이상이 단기간이라는 사실은 각성사업의 인적 자원인 각성인들의 참여 및 활동이 매우 다양한 형태로 전개되고 있음을 의미한다.

그리고 두 도감에서 활동한 각성인의 추이에 주목해 볼 필요가 있다. 1,750여 명의 각성인 중 두 도감에서 활동한 각성인은 657명으로 조사되었는데, 절반 이상인 372명이 2년 내지 3년간 참여하고 있다.

먼저 <표 4-5>에 제시된 바와 같이 두 도감에서 1년간 참여한 각성인은 각 도감에서 활동한 각성인보다 적은데, 이를 구체적으로 살펴보기로 하자. 1년간 참여한 각성인을 도감별로 구분해 보면, 대장도감에서만 활동한 783명의 약 72.2%인 566명 분사도감에서만 활동한 244명의 92%인 222명 참여하고 있다.

1년간 참여한 각성인 총 868명은 참여 기간 12년의 전체 각성인 절반에 해당하지만, 대장도감과 분사대장도감의 각 도감에 1년간 참여한 각성인의 비율은 73%와 92%이다. 즉 대장도감에서 활동한 각성인 781명 중 1년간 참여한 각성인은 약 70%인 572명이다. 또한 분사대장도감에만 활동한 각성인 243명의 약 90%가 1년간 참여하고 있다. 그러나 두 도감에서 참여한 각성인은 13%로 매우 낮다.

다음은 2년 이상 참여한 각성인에 대해 살펴보자. 두 도감에서 활동한 각성인의 약 81%인 453명은 2~4년간 참여한 각성인이며, 5~12년 동안 참여한 각성인 124명이다. 따라서 두 도감에서 활동한 각성인은 2~4년간 참여한 각성인이 상대적으로 많음을 알 수

른 연도로 구분할 수 있는 뚜렷한 근거가 없기 때문이다.

있다. 또한 2년간 참여자는 93명이나, 3년간은 41명, 4년간은 33년, 5년은 21명으로 대장도감은 각성인의 참여기간이 장기화될수록 점차적으로 그 수가 줄어들고 있다. 그리고 분사대장도감에서 경판이 조성된 시기가 고종 30년부터 35년까지 6년이란 점을 감안하면 분사대장도감에서 장기간 사업에 참여한 각성인은 없다. 이러한 참여 추이로 볼 때 각각의 대장도감이나 분사대장도감에서의 활동보다 두 도감에서 활동한 각성인의 사업 참여 기간이 연속적이고 장기간이라는 것을 알 수 있다.

특히 6년 이상 참여한 각성인은 개인별 각성량이 많은 것으로 미루어 보아 숙련된 전문 刻手로서 사업의 진행에 있어서 상당히 비중있는 역할을 부여받은 자들로 볼 수 있다. 이는 각성사업에 대장도감의 장기간 활동한 각성인과 대장도감에서 일정 기간이상 참여하였던 각성인이 분사대장도감에서 활동하였음을 반증한다. 즉 분사대장도감에서 각성사업을 주도적으로 이끈 각성인은 대장도감에서 활동한 각성인들이 주축이 되고 있음을 의미하는 것이다.

각성인 총 1,750여 명은 개인의 능력과 조성 공간내의 물적 자원의 지원 및 활용에 따라 그 각성량에 많은 편차를 보였고, 참여기간에 따라 다양한 각성활동을 전개했다. 각성인 개인의 활동기간에 따른 각성량을 분석해 보면 각성사업의 진행 추이를 파악할 수 있다. 먼저 1년간 참여 각성인을 정리해 보기로 하자.

<표 4-6> 大藏·分司·두 도감의 1년간 참여 각성인

도 감 \ 고종		24	25	26	27	28	29	30	31	32	33	34	35	계
각성인	대장	202	421	211	171	137	172	659	909	201	53	14	-	3,150
	분사							559	688	366	79	60	55	1,807
1년 참여 각성인	대장	29	115	15	7	5	9	112	228	24	17	5	-	566
	분사							65	85	53	4	6	7	222
	두							19	61	-	-	-	-	80

주) 두 : 대장도감과 분사대장도감에서 동시에 활동한 각성인을 지칭함.

<표 4-6>에서 1년간 참여한 각성인 202명 중 29명은 고종 24년에만 활동하였다. 고종 25년의 경우 총 421명인데, 이 가운데 115명만 1년간 참여하였다. 고종 30년의 경우 대장도감 659명, 분사대장도감 559명 중에서 각각 112명과 65명만이 1년간 참여하였다. 고종 30년에 두 도감에서 동시 활동한 각성인 중 19명이 1년간 참여하였다.[32) 그런데 분사대장도감이 설치된 고종 30년과 31년에는 대장도감에서 1년간 참여한 각성인이 분사대장도감보다도 많다.

1년간 참여한 각성인 868명 중 10장 이상을 각성한 경우는 154명이며, 나머지 700여 명은 대개 1~4장을 각성한 것으로 조사되었다. 위 <표 4-6>의 각성인 중 대장도감에서 10장 이상을 각성한 경우는 고종 24년 14명, 25년 64명, 26년 6명, 27년 5명, 29년 3명이며, 분사대장도감에서 경판이 조성된 고종 30년은 18명, 31년은 35명, 32년은 5명, 33년은 1명, 34년은 2명, 35년은 1명이다. 즉 1년간 참여한 각성인은 그 각성활동이 크게 활발하지 않은 것으로 보여진다. 그래서 <표 4-7>에 제시된 내용을 검토해 보기로 하자.

〈표 4-7〉 1년간 참여한 각성인의 각성 내용

각성인	년	도감	경전수	권수	각성량	각성인	년	도감	경전수	권수	각성량
冬只	고종24	대장	1	1	11	禿三	고종31	두	10	15	19
金齡	〃	〃	1	1	10	道一	〃	〃	5	8	11
光信	〃	〃	1	1	11	龍必	〃	〃	11	18	36
望升	〃	〃	1	2	13	文公	〃	〃	11	14	24
光心	고종25	〃	1	4	22	文功	〃	대장	3	4	12
戒候	〃	〃	1	2	13	文大	〃	두	9	13	19
得堅	〃	〃	1	2	11	甫均	〃	대장	6	9	12
宝基	〃	〃	1	2	13	宝信	〃	두	9	17	26
社之	〃	〃	1	3	26	石訓	〃	〃	19	28	46

32) 각 연도별 참여자 및 新參與 각성인 추이 구분 및 분석은 제3장 1절에서 상론한 바 있다.

각성인	년	도감	경전수	권수	각성량	각성인	년	도감	경전수	권수	각성량
善稻	〃	〃	2	2	17	元公	〃	〃	6	7	12
世儒	〃	〃	1	3	18	元山	〃	〃	9	13	15
吳準	〃	〃	1	2	14	有一	〃	〃	10	11	14
元諦	〃	〃	1	2	16	李庇	〃	〃	17	22	34
田白	〃	〃	1	3	12	日生	〃	〃	8	14	25
宗旭	〃	〃	1	3	15	日元	〃	〃	6	7	14
中敍	〃	〃	3	3	26	玆守	〃	〃	20	29	37
之甫	〃	〃	1	3	17	占大	〃	〃	16	22	31
學清	〃	〃	1	2	25	左口	〃	〃	8	9	11
懷允	〃	〃	2	2	12	知石	〃	〃	21	33	58
朴由	고종26	〃	1	1	11	昌甫	〃	대장	8	9	15
珍才	〃	〃	1	1	11	天永	〃	두	10	12	16
文光	고종27	〃	1	1	20	河大	〃	〃	9	10	25
点三	〃	〃	1	1	12	恒忍	〃	〃	5	11	20
万大	고종30	〃	1	1	12	允成	〃	〃	11	17	37
末同	〃	두	5	6	13	洪義	〃	〃	12	15	35
才世	〃	〃	4	5	13	神默	〃	〃	11	15	21
智賢	〃	〃	8	10	18	惟且	〃	〃	19	21	32
學原	〃	대장	1	1	18	大莊	〃	〃	22	29	49
希玄	〃	두	8	10	14	裵三	〃	〃	7	9	16
敬玄	〃	〃	3	3	11	戒仲	〃	〃	17	18	24
金器	고종31	〃	6	7	10	仁敍	고종35	분사	1	5	13

주) 두 : 대장도감과 분사대장도감에서 동시에 활동한 각성인을 지칭함.

<표 4-7>에서 나타나듯이 대장도감과 분사대장도감에서 1년간 참여한 각성인은 대체로 경전이 1~3종이고, 경판도 10장 이내로 각성량이 적다. 또 분사대장도감 참여 각성인 역시 대장도감과 유사하게 일정량의 각성활동을 하고 있다. 각 도감에서 활동한 각성인보다 두 도감에서 활동한 경우가 그 각성량이 많다.

고종 30년 이후에 분사대장도감에 1년간 참여한 각성인중에서 10장 이상의 경판을 각성한 경우는 적었다. 하지만 대장도감에서

만 활동하였을 때는 경전의 종 수와 권 수가 적으며, 각성량은 대략 20장 내외로 일정한 추이를 보이고 있다. 10장 이상을 각성한 경우는 대장도감이거나 아니면 두 도감에서 활동한 각성인에게 나타나는 각성추이라고 할 수 있다. 그래서 두 도감에서 활동한 각성인 '天英'의 사례를 통해 각성량의 추이를 검토해 보기로 하자.

經名	卷	函	年	都監	至張	板數	張次
K-890	23	從	31	대장	38	2	9.10
K-914	5	受	31	대장	21	1	21
K-952	38	惻	31	대장	23	1	8
K-953	18	神	31	대장	31	1	20
K-988	下	觀	31	대장	24	2	7.8
K-966	9	東	31	대장	34	1	4
K-951	27	切	31	분사	26	1	23
K-968	8	二	31	분사	28	1	20
K-951	48	篋	31	분사	26	2	17.20
K-963	5	邑	31	분사	48	1	40
K-1406	70	踐	31	분사	34	1	25

'天英'은 고종 31년에 1년간 참여하면서 경전의 종수는 대장도감 6종, 분사대장도감 4종이며, 각성량은 총 24장으로 대장도감에서만 활동한 다른 각성인보다도 그 수량이 많다.

'天英'과 같이 두 도감에서 활동한 각성인은 고종 30년에 총 12명으로 조사되었는데, 그 중 '敬玄'은 대장도감에서 2종 2권, 분사대장도감에서 1종 1권을 조성하였다. '戒琪'는 대장도감에서 1종 1권, 분사대장도감에서 2종 2권을, '末同'은 대장도감에서 4종 5권, 분사대장도감에서 1종 1권을 조성하였다. 또 고종 31년에 참여한 '釗宗'은 대장도감에서 3종 3권, 분사대장도감에서 1종 1권을, '士道'는 대장도감에서 12종 14권, 분사대장도감에서 3종 3권을 조성하였다.

특히 앞의 <표 4-7>에서 제시된 '大莊'은 고종 31년에 두 도감에서 22종 29권을 조성하였으나 이러한 추이는 고종 32년 이후에는 조사되지 않고 있다. 대장도감 또는 분사대장도감에서만 활동한 각성인보다 두 도감에서 활동한 각성인의 참여 경전과 각성량이 2배 정도 많음을 알 수 있다.

1년간 참여한 각성인 추이에 있어서 분사대장도감보다는 대장도감의 각성 내용이 많은 점을 감안한다면, 이들의 활동 영역이 근접 지역이거나 아니면 각각의 도감에서 동시에 그 업무를 分掌받아 수행하였을 가능성이 높다. 또한 재보시 형태로 사업에 참여한 경우도 배제할 수 없다.

다음은 2~3년간 참여한 각성인에 대하여 살펴보기로 하자. 대장도감을 중심으로 각 시기별로 재정리하여 그 일부를 제시해 보면 <표 4-8>과 같다.

〈표 4-8〉 2~3년간 대장도감 활동 각성인의 각성 추이

	각성인	각 성 추 이	각성인	각 성 추 이	각성인	각 성 추 이
㉠	可勤	24 대 1-1-2(2) 25 대 1-2-6(6)	得弘	25 대 2-2-11(16) 26 대 1-1-6(6)	景山	25 대 2-2-5(6) 28 대 1-1-2(2)
	居莫	24 대 1-2-4(4) 25 대 1-1-1(2)	楊白	24 대 1-3-6(6) 25 대 2-3-6(6)	朴崇宝	25 대 1-1-10(12) 26 대 1-1-2(2)
	三晟	25 대 1-1-8(24) 29 대 1-1-19(39)	公世	25 대 3-3-12(72) 26 대 1-1-3(26)	存長	25 대 1-3-17(61) 27 대 4-4-22(53)
	景心	25 대 1-1-3(6) 27 대 1-1-1(5)	敏求	25 대 2-3-5(6) 26 대 1-1-4(4)	敦守	25 대 2-2-4(4) 27 대 1-3-3(4)
	得宝	24 대 1-1-2(2) 25 대 2-2-6(6)	得山	27 대 2-2-25(28) 28 대 2-2-20(25)	得純	24 대 1-1-10(24) 25 대 1-1-4(25)
㉡	覺珠	24 대 1-1-8(8) 25 대 1-1-23(23) 26 대 1-1-3(4)	桂材	24 대 1-1-4(7) 25 대 1-3-4(8) 26 대 1-1-6(20)	性虛	25 대 1-1-9(17) 26 대 2-2-26(38) 27 대 1-1-4(6)
	戒清	25 대 3-3-46(52) 27 대 1-1-6(8) 29 대 1-1-5(6)	公庇	25 대 2-2-3(4) 26 대 2-2-23(24) 27 대 1-1-5(6)	均訓	24 대 1-1-2(2) 25 대 1-1-3(5) 26 대 1-1-5(8)

	각성인	각 성 추 이	각성인	각 성 추 이	각성인	각 성 추 이
㉡	道惠	24 대 1-1-3(28) 25 대 1-3-18(68) 26 대 1-1-3(6)	明端	25 대 1-3-37(38) 27 대 1-1-9(10) 29 대 1-1-14(14)	甫仁	25 대 1-1-4(8) 28 대 1-1-3(27) 29 대 1-1-2(29)
㉢	戒如	25 대 1-1-14(25) 31 대 1-1-1(2)	朴脩	29 대 1-1-1(2) 30 대 1-1-2(4)	宋琪	29 대 2-2-21(48) 30 대 1-1-9(22)
	均呂	25 대 1-1-8(8) 30 대 1-1-7(8)	應材	25 대 1-3-16(41) 31 대 1-1-3(27)	得松	24 대 1-1-1(2) 30 대 1-1-1(2)
	存立	25 대 1-1-1(25) 31 대 1-1-2(2)	安中	29 대 2-2-11(20) 30 대 1-1-2(4)	守三	25 대 1-1-4(12) 31 대 1-1-1(2)
㉣	公俊	24 대 1-1-2(2) 25 대 1-1-2(2) 31 대 3-4-6(8)	戈明	24 대 1-1-8(24) 30 대 1-1-1(2) 31 대 2-2-2(2)	明了	24 대 1-1-2(2) 25 대 1-1-2(2) 30 대 4-4-10(12)
	三藏	25 대 1-3-16(25) 26 대 1-2-13(44) 32 대 1-1-6(14)	碩儒	25 대 1-4-23(112) 29 대 2-2-2(51) 30 대 2-2-6(45)	孫章	24 대 1-2-7(55) 28 대 1-1-4(39) 30 대 1-1-4(32)
	永守	25 대 1-3-32(65) 26 대 1-1-3(4) 31 대 1-1-4(24)	永義	25 대 1-5-31(129) 27 대 2-2-3(83) 31 대 1-1-2(4)	自在	24 대 1-1-2(2) 25 대 1-1-4(4) 31 대 2-2-2(4)
	知令	24 대 1-1-9(29) 25 대 1-1-7(27) 30 대 1-1-1(34)	孝先	27 대 1-2-21(23) 28 대 1-1-29(29) 30 대 1-2-10(20)	黃信	25 대 1-1-14(25) 27 대 1-1-4(8) 30 대 1-1-4(6)
㉤	俊玄	31 대 2-2-12(23) 32 대 1-1-1(10) 33 대 1-1-5(8)	守貞	30 대 3-3-5(8) 31 대 2-2-2(6) 32 대 1-1-1(2)		
㉥	景瞻	30 대 2-2-3(6) 31 대 8-9-9(18)	季丁	30 대 2-2-3(6) 31 대 1-1-1(2)	石之	31 대 3-3-5(9) 32 대 1-1-7(13)
	南甫	31 대 5-7-8(14) 33 대 1-1-2(2)	李才	30 대 1-1-1(2) 31 대 1-1-2(2)	得玄	32 대 1-1-6(12) 33 대 1-1-1(2)
	得守	31 대 1-2-2(4) 33 대 1-1-5(26)	右伊	30 대 3-3-6(6) 31 대 1-1-2(2)	宝中	30 대 2-2-4(6) 31 대 1-1-1(2)

　　<표 4-8>은 분사대장도감에서 경판이 조성되기 시작한 고종 30년을 중심으로 구분해 본 것이다. ㉠·㉡은 고종 30년 이전에 2~3

년간 대장도감에서 활동한 각성인의 사례이며, ⓒ·ⓔ은 각각 고종 30년 이전과 이후에 활동한 각성인의 활동 내용이다. 그리고 ⓜ·ⓗ은 고종 30년 이후에 대장도감에서 활동한 각성인이다.

우선 설명의 편의상 각 시기별로 특정 각성인의 각성활동을 검토해 보기로 하자.

	經名	卷	函	年	至張	刻成人	板數	張次
나-①)	K-2	7	茱	24	39	得宝	2	25.26
	K-2	20	重	25	33	得宝	2	20.21
	K-3	1	芥	25	36	得宝	4	10.11.28.29
	K-3	24	海	25	37	景山	1	14
	K-3	24	海	25	37	璟山	2	15.16
	K-8	6	潛	25	20	景山手	2	1 2(景山)
	K-56	37	國	28	21	景山	2	1.2
②)	K-2	9	茱	24	33	自在	2	9.10
	K-3	24	海	25	37	自在	4	2.3.6.7
	K-958	2	自	31	27	自在	1	5
	K-1495	8	門	31	10	自在	1	4
③)	K-607	單	力	30	8	公有	2	3.5
	K-905	單	外	31	39	公有	1	1
	K-1489	2	享	31	11	公有	1	1

위의 나)는 <표 4-8>에서 제시된 구분에 의해 재정리한 것이다. 나-①)은 고종 30년 이전에 참여한 각성인이고, 나-②)는 고종 30년 이전에 참여한 뒤 일정 공백기를 거친 후 고종 31년에 다시 참여한 각성인이다. 그리고 나-③)은 고종 30년 이후 2년간 참여한 각성인의 사례이다.

나)의 공통점은 앞서 언급한 대장도감에서 1년간 참여한 각성인의 사례와 거의 유사하게 종수와 권수가 제한되고 있다는 점이다. 물론 <표 4-8>에 제시된 '景瞻', '南甫', '明了' 등의 경우에는 예

외적이지만, 대체로 대장도감에서 2년 및 3년간 참여한 각성인 87명·41명 중 거의 대부분은 1~2종과 1~2권을 각성하고 있다.

그러나 각성된 수량을 보면 고종 24년부터 27년 사이에 참여한 각성인은 상당히 많은 張을 각성하였다. 대개 K-1은 권별 분담방식으로 사업이 전개되었지만, K-1을 제외한 경전은 권별 분담방식과 공동 참여방식으로 이원화되고 있는 점을 고려해 본다면 2~3년간 대장도감에서 활동한 각성인은 크게 변화가 없음을 알 수 있다. 하지만 분사대장도감에서 활동한 각성인은 이와 다르게 나타났다.

2년간 참여한 각성인은 19명, 3년간은 2명밖에 조사되지 않았다. 우선 이들의 각성 내용을 제시해 보면 <표 4-9>[33)와 같다.

<표 4-9> 2~3년간 분사대장도감 활동 각성인의 각성 추이

	각성인	각 성 추 이	각성인	각 성 추 이	각성인	각 성 추 이
㉠	公成	30 분 1-1-1(2) 31 분 1-1-1(2)	金世	31 분 1-1-1(1) 32 분 1-1-2(2)	敦己	31 분 1-3-4(6) 32 분 1-2-4(4)
	呂溫	31 분 2-4-4(8) 35 분 1-7-19(29)	祿三	31 분 1-2-4(4) 32 분 1-1-2(2)	了玄	32 분 1-2-2(2) 33 분 1-1-5(12)
	希元	31 분 1-1-1(2) 32 분 1-2-2(4)	襄同	32 분 1-1-2(2) 33 분 1-1-1(2)	法成	30 분 1-1-1(2) 33 분 1-1-2(2)
	順宜	31 분 1-1-2(2) 32 분 2-3-6(6)	升才	31 분 1-2-3(4) 32 분 1-2-2(4)	安孝	32 분 1-1-2(2) 33 분 1-1-9(18)
	悟聲	31 분 1-3-6(6) 32 분 1-1-2(2)	元奇	30 분 2-3-6(6) 32 분 1-2-4(4)	義分	30 분 2-2-2(4) 31 분 1-1-1(1)
	意一	30 분 1-1-1(2) 33 분 1-1-2(2)	玄起	31 분 1-3-3(6) 32 분 2-2-2(3)	希侶	31 분 1-1-1(2) 32 분 1-1-2(2)
㉡	孫綽	31 분 1-2-2(4) 32 분 1-1-1(2) 35 분 1-5-8(25)	閑宝	32 분 1-2-2(4) 33 분 1-1-1(2) 34 분 1-1-3(4)		

---

33) 2년간 활동한 각성인은 19명이지만, 1명은 '○○'으로 그 판독이 애매하여 <표 4-9>에서 제외하였다.

<표 4-9>의 ㉠은 2년간, ㉡은 3년간 분사대장도감에서 활동한 각성인이다. '公成'을 비롯한 각성인의 각성 내용은 종과 권수는 대장도감에서 활동한 각성인과 유사하지만, 각성량은 매우 제한적이다. 즉 '呂溫'은 고종 31년에 2종 4권 8장,[34] 35년에는 1종 7권 29장과[35] 刊記가 없는 1종 1권 2장을 각성하였는데, 經典을 조사해 본 결과 대부분 K-1272와 K-1499에 집중되어 있다.

'孫綽'은 고종 31년에 1종 2권 4장,[36] 32년에는 1종 1권 2장,[37] 35년에는 1종 5권 25장을[38] 각성하였다. 그 밖의 각성인도 '孫綽', '呂溫'과 유사한데, 대부분의 K-1499이라는 경전에 집중적으로 참여하고 있다. 따라서 분사대장도감에서 활동한 각성인의 經典 종수는 제한적이며, 각성량도 일정하게 분포되어 있음을 보여준다. 이는 앞서 대장도감에서 활동한 각성인의 각성량과 대조를 이루고 있다.

다시 말하면 분사대장도감에서 활동한 각성인은 소량의 경판을 각성하고 있는 셈이다. 분사대장도감에서 경판이 조성된 이후에도 대장도감에서 활동한 각성인의 각성활동은 크게 변화되지 않았지만, 분사대장도감에서 활동한 각성인이 제한적인 이유는 아마도 대장도감과 분사대장도감의 상호 연계성에서 비롯된 것이 아닐까 한다. 이 점은 두 도감에서 동시 활동한 각성인의 추이를 분석해

---

34) 고종 31년 분사대장도감에서 K-1056-3, K-1272-1-1, 8-1, 9-1권을 각성하였는데, 그 판수는 1~2장이다.

35) 고종 35년 분사대장도감에서 K-1499-59, 69, 74, 84, 87, 91, 99권이며, 69권은 권별 분담방식으로 그 외는 1~2장을 각성하였다.

36) 고종 31년 분사대장도감에서 K-1406-36, 70권을 각성하였는데, 그 판수는 1~2장이다.

37) 고종 32년 분사대장도감에서 K-1513-10권을 각성하였는데, 그 판수는 1~2장이다.

38) 고종 35년 분사대장도감에서 K-1499-52, 62, 79, 91, 98권이며, 대부분 1~2장을 각성하였다.

244 高麗大藏經 研究

보면 구체화된다. 다음의 <표 4-10>을 주목해 보기로 하자.

〈표 4-10〉 2〜3년간 두 도감 활동 각성인의 각성 추이

	각성인	각성 추이 — 대 장	각성 추이 — 분 사	각성인	각성 추이 — 대 장	각성 추이 — 분 사
㉠	堅就	30 대 4-6-9(16) 31 대 18-23-36(45)	분 7-9-12(18) 분 4-7-12(14)	戒云	30 31 대 5-9-16(18)	분 2-2-2(4) 분 4-4-6(8)
㉠	戒中	30 31 대 2-2-2(4)	분 1-1-1(2) 분 1-1-1(2)	戒具	30 대 3-4-3(8) 31 대 1-1-2(2)	분 1-1-1(2)
㉠	戒宗	31 대 17-20-31(40) 32 대 1-1-18(19)	분 5-7-13(14) 분 1-1-2(2)	戒周	30 대 1-1-1(2) 31 대 10-11-13(22)	 분 2-3-4(6)
㉠	公守	30 대 1-1-10(10) 31 대 1-1-1(2)	 분 1-1-1(2)	光令	30 31 대 2-2-2(4)	분 1-1-1(2)
㉠	朴文	30 대 1-1-2(2) 31 대 13-19-36(40)	 분 6-11-19(22)	金英	30 31 대 11-14-21(28)	분 1-1-1(2) 분 6-7-12(14)
㉠	孝順	31 대 13-19-25(38) 32 대 1-1-2(2)	분 3-4-5(8)	黑升	31 대 11-15-22(30) 32	분 5-8-14(16) 분 1-1-2(2)
㉡	加大	30 대 6-6-13(22) 31 대 13-14-24(28) 32	분 1-1-5(8) 분 4-4-6(8) 분 1-1-1(2)	戒照	30 대 7-8-35(50) 31 대 10-12-17(24) 32 대 1-1-14(16)	분 5-5-10(14) 분 4-7-10(14)
㉡	光敍	25 대 1-1-3(25) 30 대 3-5-8(12) 31 대 12-13-22(25)	 분 3-4-6(7) 분 4-4-6(8)	金延	31 대 14-20-37(39) 32 34	분 6-8-14(16) 분 2-4-6(8) 분 1-2-6(12)
㉡	大寧	30 31 대 7-8-10(16) 32	분 1-1-1(2) 분 2-5-6(10) 분 3-3-3(6)	道閑	30대 5-5-8(10) 31 대 13-22-28(44) 32 대 1-1-13(18)	분 5-5-5(10) 분 4-9-9(18) 분 1-1-19(2)
㉡	敦信	30 대 1-1-1(1) 31 대 7-9-19(18) 31 대 1-1-2(2)	 분 2-4-8(8) 분 1-1-2(2)	東海	30대 1-1-2(4) 31 대 10-12-17(24) 32	분 6-10-14 분 1-2-3(4)
㉡	呂夫	31 대 13-15-25(30) 32 35	분 2-2-4(4) 분 2-2-3(4) 분 1-2-9(16)	命龍	30대 4-4-4(8) 31 대 13-15-23(30) 32	분 4-4-7(8) 분 2-3-6(6) 분 1-1-2(2)
㉡	信光	24 대 1-1-2(2) 25 대 1-2-3(4) 32	 분 2-3-5(6)	世景	30대 1-1-1(2) 31 대 10-14-24(28) 32	분 5-6-7(12) 분 1-1-2(2)
㉡	承綬	30 대 1-1-12(18) 31 대 2-4-24(49) 32	 분 1-4-41(88) 분 1-1-12(29)	文正	30 대 6-8-21(24) 31 대 9-14-27(28) 32	분 2-4-6(8) 분 1-1-2(2)
㉡	元進	30 대 1-1-2(2) 31 대 2-2-4(4) 33	 분 4-4-7(8) 분 1-1-1(2)	日休	28대 1-1-7(10) 30 31 대 5-5-13(14)	분 1-1-1(2) 분 1-1-1(2)

　<표 4-10>은 두 도감에서 활동한 각성인을 ㉠은 2년간, ㉡은 3년간 참여한 각성인으로 각각 구분한 것이다. 2~3년간 두 도감에서 활동한 각성인은 그 연도에 따라 참여한 경전이 2~42種이며, 卷數는 2~56권 등으로 나타나고 있다.

　㉠·㉡의 각성인은 앞서 검토한 대장도감과 분사대장도감에서 활동한 경우보다 종과 권수가 매우 많다. 그러나 각성인들이 대장도감에서 활동하다가 그 이듬해에 분사대장도감에서 활동한 경우에는 권수가 제한되어 있다. 하지만 두 도감에서는 동시에 활동한 각성인은 이러한 경향이 보이지 않고 있다.

　2년간 참여한 각성인은 총 287명으로 그 중 대장도감은 87명, 분사대장도감은 19명, 두 도감은 181명이다. 또 3년간 참여한 각성인은 총 236명으로 대장도감은 41명, 분사대장도감은 1명, 두 도감은 193명이다. 즉 대장도감이나 분사대장도감에서 각각 참여한 각성인 수는 급격히 줄어든 반면, 두 도감에서 활동한 각성인 수는 상대적으로 늘어났다. 3년간 참여한 각성인의 경우, 2년간 참여한 각성인의 각성 내용보다 훨씬 다양하고 그 수량이 많다. 이는 1년간 참여한 각성인의 각성량과도 대비된다. 즉 각성사업 참여기간이 장기간일수록 그 각성 활동과 능력이 배가되고 있음을 보여준다.

　분사대장도감에서 4년 이상 활동한 각성인이 없다는 점을 감안한다면 분사대장도감의 각성인 활동 범위나 그 체제는 매우 제한적일 수밖에 없었다는 추론이 가능하다.

　분사대장도감의 구성 및 활동은 독자적인 것이 아니라, 대장도감과 긴밀한 협력체제를 구축하였던 것으로 여겨진다. 분사대장도감에서 중·장기간 활동한 각성인이 없다는 점에서 독자적으로 인적 구성을 한 것이 아니라 대장도감과 연계되어 있다는 점을 재확인시켜 준다. 다시 말하면 분사대장도감의 주도적 각성인은 대장도감에서 활동한 자들인 것이다.

이상에서 1~3년간 각성사업에 참여한 각성인의 추이를 살펴보았다. 분사대장도감에만 참여한 각성인은 1~3년간이 대부분이며, 특히 2~3년간 참여한 각성인은 특정 경전만을 각성하고 있는 특징을 보인다. 이들은 단기간 참여한 각성인으로 대장도감이나 분사대장도감에만 참여한 각성인보다 두 도감에 동시에 참여한 각성인의 각성 활동이 상대적으로 활발함을 알 수 있다.

2. 장기간 참여 刻成人

4~12년간 각성인은 총 288명으로, 그 중 대장도감에서만 활동한 각성인은 82명이며 나머지 206명은 두 도감에서 활동하고 있다. 우선 대장도감에서만 활동한 각성인을 각 시기별로 정리해 보면 <표 4-11>과 같다.

<표 4-11> 4~12년간 대장도감 활동 각성인의 각성 추이

기간	인명 \ 년	24	25	26	27	28	29	30	31	32	33	34	35	무	계
4	得文		1-1-2 (26)	1-1-7 (38)	1-1-2 (26)		1-1-5 (30)								120
	元柱			1-1-9 (23)	1-1-12 (30)	1-1-3 (22)	1-1-1 (2)								77
	李目		1-1-7 (26)			1-1-4 (14)		1-1-3 (25)			1-1-1 (2)				67
	子公	1-1-10 (25)	1-2-13 (49)		1-1-10 (27)			1-1-5 (38)							139
	公瑩	1-1-10 (10)	2-2-24 (25)	2-3-68 (68)			1-1-11 (12)								115
	公位		5-8-55 (109)	3-4-34 (38)	2-2-11 (22)		1-1-2 (4)								173
	公希		1-3-47 (75)	2-2-22 (29)		1-1-8 (27)	3-3-14 (67)								198
	光林		5-5-17 (18)	4-4-48 (50)		2-2-6 (10)		1-1-4 (8)							86

기간	인명	24	25	26	27	28	29	30	31	32	33	34	35	무	계
4	金甫		2-2-4 (4)			1-1-3 (8)				2-2-6 (46)		2-2-5 (57)			125
	金頰	1-4-11 (12)	5-8-53 (63)	5-5-29 (32)	1-1-1 (2)										109
	良才	1-1-9 (25)	1-3-18 (52)	1-1-4 (8)			1-1-2 (58)								143
	椋柱	1-1-10 (26)	1-4-46 (104)	2-2-9 (31)									1-1-2 (24)		160
	呂輝	1-1-2 (2)	1-2-4 (4)	1-2-4 (4)				1-1-9 (10)							20
	方佐	1-1-2 (2)	1-1-4 (4)	3-3-33 (33)	1-1-2 (2)										41
	保昌		2-2-31 (32)	1-1-22 (25)				1-1-19 (20)	1-1-1 (2)						79
	思訓		1-1-1 (2)	6-7-71 (74)	1-1-3 (4)			4-4-22 (30)						1-1-5 (6)	116
	世仲	1-1-9 (26)	1-4-43 (75)	2-2-45 (52)	1-1-1 (25)										182
	松茂		2-2-12 (12)	2-2-20 (17)	1-2-51 (53)	1-1-13 (15)									102
	宋元侃	1-1-13 (25)	1-3-28 (78)		3-3-13 (71)			1-1-3 (26)							200
	叔敦	1-2-21 (41)	1-4-30 (96)		1-1-16 (25)	2-2-24 (47)								1-1-24 (26)	235
	楊守			1-1-1 (2)	2-2-24 (39)		1-1-14 (31)	1-1-11 (20)							92
	李伯		1-2-3 (51)		2-2-13 (21)	2-2-16 (49)	2-2-6 (31)								128
	李仁		1-1-5 (27)	1-1-5 (11)	1-1-10 (22)		2-2-3 (6)							1-1-1 (2)	68
	仁銳	1-1-2 (2)	1-2-7 (8)	2-2-44 (46)	3-3-37 (39)										95
	日來		1-3-29 (57)	1-1-12 (25)	2-2-15 (54)		1-1-5 (42)								178
	正圭		3-3-48 (49)	2-2-33 (44)	1-1-12 (27)	1-1-2 (4)									124
	丁代	1-1-7 (26)	1-2-20 (49)	1-1-8 (26)				1-1-2 (23)							124
	正安		1-1-1 (2)	1-1-11 (15)		2-2-3 (52)	2-2-4 (54)								123
	智暉	1-1-2 (2)	2-2-5 (6)		1-1-28 (28)	1-1-14 (15)									46
	仲宣	1-2-10 (10)	1-2-4 (4)	3-4-59 (70)	2-2-12 (25)										109
	眞甫		1-3-14 (72)	1-1-1 (2)	2-2-16 (34)		1-1-3 (26)								134
	天白		1-1-3 (10)	1-1-10 (25)	1-1-1 (2)			5-6-10 (61)							98
	清曉	1-1-2 (2)	1-1-28 (29)	2-3-26 (34)	1-1-1 (2)										67

기간	인명	24	25	26	27	28	29	30	31	32	33	34	35	무	계
5	京柱					2-2-14 (58)	1-1-2 (34)	1-1-4 (13)	1-1-4 (23)	3-3-9 (23)					151
	權居	1-1-15 (27)	1-3-27 (63)		1-1-7 (31)	3-3-16 (35)	1-1-1 (2)								158
	大然	1-1-10 (14)	1-1-11 (12)	1-1-16 (19)	1-1-14 (15)	1-1-22 (24)									84
	德有	1-1-7 (25)	1-1-12 (24)		1-2-10 (10)		2-2-18 (53)					1-1-1 (2)			114
	世卿	1-1-18 (25)	1-2-14 (48)	1-1-4 (48)	1-1-1 (23)		1-1-1 (31)							1-1-1 (2)	177
	立成		3-3-39 (39)	2-2-51 (53)	1-1-25 (28)		1-1-4 (6)		1-1-1 (2)						128
	文庶	1-2-15 (31)	1-3-53 (103)	1-1-13 (18)			1-1-4 (40)	2-2-14 (31)							223
	石大		1-2-19 (52)		1-1-24 (45)	3-3-25 (52)	2-2-14 (32)	1-1-2 (4)							185
	性光	1-1-2 (2)	2-2-8 (8)		2-2-31 (41)	1-1-1 (2)		2-2-12 (16)							69
	世甫	1-1-9 (25)	1-3-11 (55)			1-1-6 (24)	1-1-9 (19)		1-1-8 (29)						152
	臣保			4-5-105 (105)	2-3-65 (65)	3-3-56 (58)	2-2-53 (59)	1-1-4 (6)							293
	心亮	1-1-4 (26)	1-1-12 (14)	1-1-25 (27)	3-3-40 (58)	1-1-10 (20)									145
	溫淸					1-1-2 (4)	1-1-8 (25)		3-3-14 (29)	2-2-10 (17)	1-1-16 (51)				126
	益昌		5-5-22 (22)	1-1-22 (22)	1-1-12 (14)	1-1-14 (27)	1-1-2 (4)								89
	仁美					1-1-2 (33)	3-3-12 (47)	1-1-7 (22)	1-1-12 (27)	1-1-1 (2)					131
	自環	1-1-2 (2)	1-1-20 (22)	1-1-2 (2)	1-1-18 (19)		1-1-19 (24)								69
	存植		1-3-26 (73)	2-3-11 (20)		1-1-1 (29)	1-1-2 (36)	1-1-2 (2)							160
	天長		1-2-6 (48)	3-3-10 (46)	1-1-6 (30)	3-3-17 (58)		1-1-1 (2)							184
	韓瑗		1-1-4 (4)	1-1-26 (26)		1-1-17 (25)	1-1-1 (2)	1-1-3 (6)							63
	弘進	1-2-4 (4)	3-3-16 (16)	1-1-25 (25)		1-1-5 (6)		1-1-10 (20)							71
	孝印			2-2-36 (39)	1-1-25 (27)	1-1-14 (20)	1-1-19 (30)	1-1-11 (22)							138
6	公大	1-1-21 (28)	1-3-48 (77)		1-1-2 (4)	1-1-5 (6)		1-1-1 (2)	1-1-1 (2)						119
	大光		1-2-16 (50)	1-1-1 (2)	2-2-12 (40)	2-2-7 (20)	1-1-7 (26)	2-2-13 (34)							172
	大成		1-1-9 (9)	1-1-26 (27)	1-1-23 (24)	1-1-23 (24)	1-1-8 (14)	3-3-14 (16)							134
	大才	1-1-2 (2)	1-1-2 (2)			1-1-4 (37)	2-2-7 (42)	3-3-7 (67)	1-1-1 (2)						152
	東白	1-3-41 (55)	1-4-40 (98)	2-3-60 (74)	1-1-4 (25)	2-2-11 (27)			1-1-2 (2)						281

기간	인명	24	25	26	27	28	29	30	31	32	33	34	35	무	계
6	得升	1-1-12 (25)	1-2-14 (27)	2-2-6 (20)		1-1-7 (30)	2-2-3 (39)		1-1-1 (2)						163
	了源	1-2-18 (30)	2-2-27 (31)	1-1-10 (25)	1-1-2 (4)	1-1-22 (34)		1-1-6 (14)							136
	明覺	1-1-26 (30)		2-2-28 (29)	1-1-19 (20)	1-1-34 (35)	1-1-19 (20)	1-1-1 (1)							135
	申柱	1-1-2 (25)	1-3-28 (75)	2-2-12 (28)	2-2-25 (53)	4-4-10 (99)		1-1-6 (26)							306
	安植				1-1-10 (27)	3-3-8 (29)	2-2-24 (61)	2-2-24 (51)			1-1-5 (8)	1-1-6 (32)			208
	永智		1-2-23 (49)	2-2-23 (51)	2-2-17 (41)	2-2-14 (45)	1-1-18 (46)	2-2-27 (44)							276
	一明	1-2-22 (51)	1-4-43 (100)	1-1-22 (29)	2-2-32 (35)	2-2-50 (56)	2-2-14 (31)							1-1-13 (26)	328
	任文雅	1-1-2 (2)	2-3-10 (10)	3-4-54 (65)	2-2-24 (47)		1-1-2 (4)	5-5-15 (28)							156
	正惠	1-3-32 (78)	1-1-6 (8)				1-1-2 (4)	1-1-3 (14)	1-1-14 (33)	1-1-11 (35)					172
7	公碑		1-2-16 (23)	1-1-11 (25)	1-2-5 (59)		5-5-9 (57)	3-3-31 (87)	1-1-5 (26)	2-2-23 (76)					353
	光義	1-1-11 (25)	1-1-1 (25)	1-2-9 (50)	1-1-7 (40)	1-1-5 (28)	1-1-10 (30)	1-1-3 (21)							219
	金存	1-1-13 (27)	1-2-13 (49)	1-1-11 (21)	2-2-19 (54)	2-2-10 (40)	1-1-2 (23)	1-1-1 (28)							242
	金大明	1-1-22 (23)	1-3-14 (71)	1-1-9 (22)	3-3-17 (64)	1-1-1 (33)	1-1-1 (18)	5-5-5 (102)							344
	得名	1-1-6 (6)	2-2-3 (3)	3-3-50 (51)	2-2-44 (46)	1-1-20 (27)	2-2-24 (48)	1-1-6 (12)							193
	有立	1-1-12 (26)	1-4-24 (92)	3-3-17 (36)	2-2-12 (50)	3-3-15 (51)	2-2-9 (45)		1-1-3 (28)						328
	禹稱	1-2-6 (6)	3-3-29 (31)	1-1-24 (24)		1-1-6 (8)	2-2-51 (55)	10-10-37 (56)	8-9-30 (55)					2-2-25 (38)	273
	處剛		1-1-18 (18)	2-2-27 (30)	1-1-23 (25)		2-2-8 (10)	3-3-25 (36)	2-2-13 (14)	1-1-7 (8)				3-3-7 (8)	139
	惠居	1-1-2 (2)	2-2-2 (4)	1-1-20 (21)		2-2-16 (24)	1-1-13 (16)	2-2-23 (36)	1-1-2 (2)						105
8	盧禧		1-4-24 (94)	1-2-19 (50)	1-1-10 (21)	3-3-40 (91)		1-1-11 (20)	1-1-12 (27)	1-1-7 (14)	1-1-1 (18)			1-1-1 (2)	337
	林甫		1-2-20 (46)	1-1-10 (18)	2-2-5 (54)	2-2-12 (70)	3-3-10 (76)	1-1-4 (26)	2-2-6 (32)	1-1-1 (23)					345
	席通正		1-1-4 (8)	2-2-12 (26)	2-2-11 (48)	2-2-19 (49)	1-1-4 (8)	3-3-19 (52)	1-1-1 (20)			1-1-3 (27)			238
9	方守		1-3-33 (74)	1-1-9 (27)	2-2-16 (62)	2-2-16 (52)	2-2-8 (55)	2-2-34 (78)	4-5-23 (56)	3-3-16 (35)	2-2-27 (80)			1-1-1 (2)	521
	守左	1-1-7 (27)	1-1-2 (25)		2-2-20 (53)	2-2-19 (43)	2-2-16 (46)	2-2-26 (54)		3-3-27 (61)	1-1-10 (18)	1-1-3 (4)			331
	世眞	1-1-13 (24)	1-6-40 (144)	2-2-15 (54)	2-2-12 (31)	1-1-12 (25)	1-1-16 (33)	4-4-30 (75)		3-3-15 (37)	2-2-7 (16)				439
11	思中	1-1-16 (24)	1-2-24 (48)	1-1-8 (26)	2-2-19 (61)	3-3-38 (78)	4-4-35 (78)	3-3-29 (66)	2-2-13 (54)	2-2-4 (33)	1-1-7 (25)	1-1-1 (7)			500

주) 각성인의 異稱은 생략하였음. 년의 무는 無刊記임.

대장도감에서 활동한 각성인 중 4년의 '楊守', 5년의 '京柱'·'仁美', 6년의 '安植'을 제외한 대부분의 각성인은 각성사업 초기인 고종 24년 또는 25년부터 참여하고 있다. 그러나 참여 시점이 고종 24년보다는 25년부터 참여한 각성인이 수적으로 많다.

4~6년간 참여한 각성인 대부분은 분사대장도감이 설치된 다음 해인 고종 31년 이후의 각성활동은 미미하다. 4~6년 참여한 각성인은 대개 참여 경전 및 권수는 일정하지만, 각성량이 많은 점으로 미루어 보아 여러 종의 경전을 각성한 것이 아니라 특정 권을 위주로 하는 권별 분담방식으로 전개하고 있음을 알 수 있다.

특히 7년 이상 참여한 각성인은 분사대장도감이 설치된 이후에는 대장도감의 각성인 중 일부를 제외하고는 참여 경전이 제한되어 있다. 이는 각성인들이 권별 분담방식의 각성활동을 많이 하고 있음을 보여 주는 것이다. 그래서 7년 이상 활동한 '金大明'의 활동추이를 통해 구체적으로 살펴보기로 하자.

經名	卷	函	年	至張	刻成人	板數	張次
K-1	95	月	24	23	大明	20	1~8.10~20.22
K-1	95	月	24	23	刻大明	1	9
K-1	95	月	24	23	大明刻	1	23
K-1	213	收	25	24	大明	1	24
K-1	392	霜	25	24	大明	10	2.4.5.7.11.16<24
K-1	490	劍	25	24	大明	3	5.6.21
K-1	588	李	26	22	大明	9	1.3.6.7.10.11>15.18
K-294	單	潔	27	27	大明	10	4.5.7.12<20.26.27
K-342	單	知	27	8	大明	3	1.4.6
K-549	37	建	27	29	大明	4	7.10.11.20
K-385	9	忘	28	33	大明	1	33
K-576	9	非	29	18	刻金大明	1	18
K-593	8	興	30	22	金大明	1	22
K-604	單	竭	30	22	金大明	1	22
K-650	20	之	30	29	金大明	1	29

K-651   14 息 30 27   大明   1   27
K-1408   2 遵 30 18   大明   1   6

  ‘金大明’은 고종 28년에 K-385-9권의 조성에 참여하였는데 총 33
장 중 마지막 張에 ‘金大明’을, 또 고종 29년 K-576-9권의 마지막
張에 ‘刻金大明’이라 새겨 한 권을 자신이 각성하였음을 밝히고
있다. 그리고 고종 30년에 조성한 K-593-8권, K-604-單권, K-650-20
권, K-651-14권의 마지막 張에 각각 자신의 인명을 새겨 두고 있
어,39) ‘金大明’은 대장도감에서 권별 분담방식으로 총 102장을 각
성하였음을 알 수 있다.

  ‘金大明’의 활동에 있어서 특이한 점은 고종 25년·27년·30년
에는 각성량이 많은 반면 고종 24년과 26년·29년은 前後 년도와
대비해 그 양이 많지 않다는 것이다. 즉 각 연도별 각성량의 편차
가 큼을 알 수 있다. 이것은 대장도감에서의 각성활동은 개개인의
각성량이 어떤 수량에 기준하지 않는다는 것을 의미한다.

  여기서 각성사업의 전개 양상에 대하여 정리해 볼 필요가 있다.
대장도감에서 K-1과 그 외의 경전 각성 유형은 일부 상이하게 나
타난다. 즉 K-1은 권별 분담방식이라는 일정한 체제가 유지된 반면
K-1이외의 경전은 공동 참여방식으로 전개된 것과 밀접한 관련이
있을 것이다.

  앞의 <표 4-11>에서 제시된 각성인들은 활동기간이 장기간일수
록 공동 참여방식보다는 권별 분담방식을 많이 따르고 있다. 그러
나 분사대장도감에서 경판이 조성되는 고종 30년 이후에는 권별
분담방식의 경전 조성 빈도가 상대적으로 낮게 조사되었다. 이러
한 차이점은 각성사업을 기획 및 추진하는 대장도감 산하의 彫成

---

39) K-1408의 2권은 총 18장 중 각성인 7명이 활동하였는데 ‘戒平’, ‘己玄’,
   ‘大明’, ‘惠耳’, ‘李秀’, ‘善均’, ‘希赤’이다.

空間 내에서 각 공간의 효율성에 맞추어 각성활동을 전개한 것 때문이 아닌가 한다. 대장도감이 조성 공간을 여러 곳에 운영하고 있는 것을 의미하기 때문에 그 나름대로의 일정한 체제를 유지할 수밖에 없었고, 그 결과가 바로 각성인의 각성활동에서 나타나고 있는 것으로 보인다.

특히 7년 이상 참여한 각성인은 분사대장도감이 설치되고 난 이후에 더욱 활발히 활동하고 있는데, 이는 대장도감 내에서 권별 분담방식과 공동 참여방식을 채택한 조성 공간 중 어느 공간에서 각성했느냐에 따라 각성인의 각성활동 내용이 상이하게 나타나고 있다. 여기서 두 도감에서 활동한 각성인의 활동 추이를 검토해 보면 구체화될 것이다. 다음의 <표 4-12>의 내용을 참조해 보기로 하자.

<표 4-12>에서 분사대장도감에서 경판이 조성되기 이전에 활동한 각성인 중에는 4년의 '崇山'·'得進'·'元大'를 비롯한 81명 중 25명, 5년의 '希悅'을 비롯한 34명 중 23명, 6년의 '乞者'를 비롯한 34명 중 32명, 그리고 7년의 '得林'을 제외한 19명 중 18명이 각각 각성사업 초기부터 참여하고 있다.

<표 4-12> 4~12년간 두 도감 활동 각성인의 각성 추이

기간	각성인		24	25	26	27	28	29	30	31	32	33	34	35	무	계
4	崇山	대		4-4-40 (43)		1-1-9 (10)			4-4-15 (18)	18-23-36 (46)					1-1-1 (2)	117
		분							3-3-3 (6)	4-4-7 (8)						14
	得進	대		1-1-3 (4)					11-13-32 (52)	15-22-36 (44)	1-1-1 (2)				5-5-7 (10)	102
		분							3-3-9 (16)	3-4-6 (16)	1-1-1 (2)					26
	之尤	대							1-1-2 (2)	4-4-10 (10)	2-2-13 (14)	1-1-1 (2)			1-1-3 (4)	28
		분									2-2-2 (4)					4
	圭大	대								13-14-18 (28)					1-1-1 (2)	28
		분							1-1-1 (2)	2-2-2 (4)	1-3-6 (6)		1-1-3 (6)			18

기간	각성인		24	25	26	27	28	29	30	31	32	33	34	35	무	계
4	成大	대							8-9-17 (30)	19-23-35 (46)	1-1-10 (13)				6-6-8 (12)	89
		분							2-2-3 (6)	6-10-16 (20)	2-2-3 (4)	1-2-19 (33)				63
	大士	대		1-1-2 (2)					9-9-21 (32)	12-15-23 (30)					6-12-20 (28)	64
		분							7-7-14 (21)	4-6-9 (12)				1-1-1 (2)		35
	景笑	대								9-13-24 (30)	1-1-1 (2)				3-4-8 (10)	32
		분							2-3-3 (6)		2-2-3 (4)	1-1-1 (2)				12
	崔呂	대							11-12-22 (36)	22-29-35 (58)	1-1-1 (28)				6-6-7 (12)	122
		분							3-3-5 (8)	6-12-15 (28)	1-1-1 (2)					38
	林庇	대	1-1-16 (29)	1-3-30 (44)	1-1-3 (4)											77
		분										1-1-2 (2)				2
	元大	대	1-2-10 (10)	1-1-1 (2)					6-6-27 (47)	9-9-15 (18)					2-2-4 (4)	77
		분							2-2-4 (6)	4-6-10 (12)						18
5	希悅	대	1-1-2 (2)	2-3-13 (14)			1-1-2 (4)		6-6-18 (34)	23-31-47 (62)					3-3-4 (6)	116
		분							8-8-15 (24)	6-17-47 (54)						78
	允宝	대	1-1-11 (24)	1-2-18 (51)	1-1-4 (17)	3-3-8 (33)				1-2-2 (6)					1-1-1 (2)	131
		분								2-3-5 (6)						6
	唐甫	대	1-1-17 (28)	1-5-45 (117)		2-2-13 (35)				1-1-1 (2)						182
		분									1-2-4 (4)					4
	尹基	대							8-11-36 (46)	22-32-43 (63)	2-3-18 (21)				8-9-14 (18)	127
		분							5-5-9 (16)	7-14-26 (26)	1-3-6 (6)	1-2-21 (37)	1-3-8 (8)			87
	禿牛	대							6-7-12 (22)	14-21-34 (42)	1-1-2 (2)				5-5-17 (33)	66
		분							6-7-8 (16)	6-9-17 (18)		2-2-8 (12)	1-3-7 (10)			56
	惠元	대		1-1-10 (10)	1-1-8 (8)				7-8-19 (34)	15-19-36 (56)					4-4-5 (10)	108
		분							3-3-6 (4)	2-2-4 (6)			1-1-5 (10)			20
	孝丁	대							9-10-19 (30)	6-6-7 (12)	1-1-11 (20)	1-1-8 (20)	1-1-1 (2)		1-1-2 (2)	84
		분							5-5-8 (11)	2-4-5 (8)						19

기간	각성인		24	25	26	27	28	29	30	31	32	33	34	35	무	계
5	宗底	대	1-1-26 (26)		2-2-25 (26)	1-2-11 (11)			7-7-33 (46)		2-2-12 (22)				1-1-1 (2)	131
		분							2-2-7 (12)							12
	朴圭	대							2-2-3 (4)	11-17-31 (34)	1-2-19 (20)				3-4-8 (8)	58
		분							2-2-4 (4)	4-8-13 (16)	1-1-2 (2)	1-1-23 (26)	1-2-10 (19)			67
	朴圭	대							2-2-3 (4)	11-17-31 (34)	1-2-19 (20)				3-4-8 (8)	58
		분							2-2-4 (4)	4-8-13 (16)	1-1-2 (2)	1-1-23 (26)	1-2-10 (19)			67
6	乞者	대	1-1-3 (25)	1-3-11 (59)	1-1-10 (19)				1-1-2 (4)	14-17-28 (34)	1-1-2 (20)				3-3-6 (6)	161
		분							4-7-8 (14)	4-8-12 (15)	1-1-1 (2)					31
	金瑩	대	1-3-15 (16)	6-14-63 (64)	7-7-46 (49)	1-1-2 (2)			3-3-7 (10)	1-1-2 (2)						143
		분							2-2-5 (8)							8
	大應	대		3-3-65 (67)	1-2-42 (44)	4-4-59 (62)	3-3-39 (79)	9-12-35 (88)	11-15-17 (30)						1-1-1 (2)	370
		분						4-4-7 (12)	2-2-2 (4)							16
	性一	대				1-1-19 (20)	1-1-23 (27)	13-17-84 (91)	15-21-39 (42)						7-9-23 (26)	180
		분							4-5-9 (10)	9-14-26 (28)	1-2-4 (4)	1-1-3 (4)				46
	世永	대	1-2-3 (3)	1-1-2 (2)						13-15-26 (30)	2-4-24 (30)	1-1-1 (24)			5-5-24 (32)	89
		분							1-1-1 (2)	5-6-10 (12)						14
	信成	대		3-3-17 (21)	1-1-14 (24)	1-2-15 (34)		1-1-10 (20)	6-8-13 (16)							115
		분							2-6-12 (12)	1-1-2 (2)						12
	云正	대	1-2-4 (4)	3-4-8 (10)					10-11-45 (72)	12-19-32 (38)	1-1-7 (14)				8-8-12 (16)	136
		분							3-3-5 (10)	3-11-17 (14)		1-1-11 (20)				44
	崔同	대							1-1-1(1)	16-20-37 (42)	1-3-35 (37)				6-6-26 (36)	80
		분								4-7-12 (14)		2-2-7 (12)	1-4-11 (24)	1-1-3 (4)		54
	惠珍	대		2-2-10 (10)	2-2-15 (17)	1-1-4 (4)			10-11-72 (78)	18-23-40 (50)					5-6-19 (28)	159
		분							6-8-23 (30)	8-11-21 (22)	2-3-6 (6)					58
	孝林	대							13-16-49 (66)	21-31-50 (62)	3-6-50 (61)				7-7-31 (38)	185
		분							5-5-8 (12)	8-12-22 (24)		1-2-4 (6)	1-3-11 (12)	1-3-26 (28)		82

기간	각성인		24	25	26	27	28	29	30	31	32	33	34	35	무	계
7	得林	대					1-1-1 (2)		5-5-7 (13)	19-22-34 (44)					2-2-3 (4)	59
		분							3-4-4 (8)	4-8-15 (20)	3-4-4 (6)	1-1-1 (2)	1-1-1 (2)	1-1-1 (2)		40
	敦必	대			1-1-25 (26)	1-1-15 (19)	1-1-15 (16)	2-2-30 (33)	6-7-28 (40)	5-5-19 (24)	1-1-11 (21)				2-2-5 (8)	179
		분							2-4-6 (10)		1-1-11 (11)					21
	林大節	대		2-2-5 (6)	2-2-25 (26)	1-2-40 (41)	2-2-36 (47)	2-2-25 (45)	7-8-26 (43)	11-11-20 (24)					4-4-10 (26)	232
		분							4-5-8 (16)	2-2-4 (4)						18
	學修	대		1-1-8 (8)	2-2-50 (51)		3-3-69 (75)	2-2-45 (47)	9-13-64 (69)	15-22-41 (44)					8-13-72 (84)	294
		분							4-5-12 (12)	5-5-8 (10)	1-1-2 (2)					22
	孝兼	대		2-3-28 (43)	2-2-17 (32)	1-1-2 (4)			8-8-37 (43)	16-21-31 (42)	1-1-7 (14)				2-2-3 (4)	168
		분							6-7-14 (19)	3-4-7 (8)		1-1-1 (2)				29
8	金得貂	대		1-2-8 (8)	2-2-28 (28)	1-2-22 (30)	1-1-10 (23)	1-1-14 (28)	8-8-30 (61)	18-25-42 (56)	1-1-2 (4)				3-3-5 (6)	238
		분							4-4-6 (8)	5-9-17 (24)						32
	昌老	대		4-6-23 (23)	2-2-28 (30)	1-1-15 (15)	2-2-45 (48)	1-1-20 (23)	10-12-49 (60)	20-28-52 (62)					4-4-8 (8)	261
		분							6-8-10 (16)	5-11-23 (24)	2-2-4 (4)					40
	成呂	대	1-1-2 (2)	3-4-34 (36)	4-4-43 (57)	2-3-32 (54)	3-3-32 (60)	3-3-25 (48)	7-7-19 (35)	16-20-26 (44)					4-4-10 (22)	336
		분							4-4-8 (16)	2-4-4 (8)						24
	文益	대	1-1-8 (8)		2-2-24 (26)		1-1-12 (12)	1-1-23 (24)	8-8-33 (42)	9-9-19 (38)	2-3-25 (43)				2-2-2 (4)	193
		분							2-2-3 (6)			1-1-2 (2)				8
	石光	대	1-1-2 (26)	2-3-22 (23)	4-4-22 (24)	1-1-21 (22)		1-1-13 (20)	8-10-26 (47)	6-7-18 (33)	1-1-1 (1)				2-2-8 (12)	196
		분							3-4-4 (8)							8
9	道宣	대		3-4-7 (8)	2-2-39 (43)	2-2-44 (45)	1-1-31 (32)	1-1-17 (30)	10-13-39 (81)	10-12-12 (24)	4-4-37 (69)				4-4-22 (41)	332
		분							2-2-5 (6)	1-1-1 (2)		1-1-1 (2)				10
	元卿	대	1-2-4 (4)	5-6-11 (12)	3-3-65 (68)	1-1-17 (17)	1-1-29 (31)	1-1-30 (31)	11-11-63 (66)	12-13-56 (64)	2-2-11 (12)				4-4-9 (12)	305
		분							6-7-15 (16)	3-4-5 (8)						20
	守玄	대		6-6-16 (17)	2-2-46 (46)	1-1-25 (26)	1-1-20 (23)	1-1-19 (26)	7-7-25 (51)	5-7-23 (47)	1-1-7 (17)	1-1-7 (29)			3-4-19 (39)	282
		분							3-4-4 (8)				1-1-1 (2)	1-3-4 (4)		8

기간	각성인		24	25	26	27	28	29	30	31	32	33	34	35	무	계
9	之有	대			1-1-10 (10)	1-2-29 (31)		1-1-20 (34)	11-13-36 (59)	12-17-24 (36)	4-8-71 (82)				4-4-8 (12)	252
		분							6-8-11 (18)	3-4-7 (8)		1-2-11 (11)	1-3-7 (16)	1-4-4 (8)		61
	天秉	대		2-2-26 (29)	1-1-13 (16)	1-1-21 (21)	1-1-30 (30)	1-1-17 (18)	8-8-51 (52)	14-19-33 (38)					7-7-11 (14)	204
		분							1-1-3 (4)	3-4-6 (16)	1-1-2 (2)	1-2-3 (4)				26
10	克夫	대	1-1-2 (2)	2-3-6 (6)	1-1-14 (14)	1-3-36 (39)	2-2-12 (13)	1-1-26 (32)	15-22-85 (108)	26-44-71 (96)	1-1-1 (2)				10-11-14 (22)	312
		분							8-12-24 (36)	10-20-39 (48)	2-6-10 (12)		2-6-8 (12)			108
	唐文	대		1-1-2 (2)	1-1-24 (25)	1-1-19 (19)		1-1-30 (31)	7-7-62 (70)	10-14-58 (68)	3-5-43 (47)				5-6-16 (23)	262
		분							1-1-1 (2)	2-4-6 (8)		1-2-9 (9)	1-4-10 (12)	1-1-5 (6)		37
	公甫	대	1-1-2 (2)	2-2-4 (26)	2-2-21 (21)	1-1-5 (26)		1-1-16 (20)	6-7-34 (63)	17-23-33 (46)	4-5-34 (42)				7-7-9 (14)	246
		분							4-4-6 (10)	3-7-12 (14)		1-1-1 (2)	1-3-4 (6)			32
	安昌	대			2-2-34 (35)	1-1-18 (18)	1-1-25 (25)	1-1-16 (28)	10-10-29 (59)	12-15-17 (29)	1-1-14 (14)	1-1-7 (11)			2-2-2 (4)	221
		분							5-5-6 (10)	3-3-6 (8)			1-2-5 (10)	1-1-1 (2)		30
	七寶	대		1-1-2 (21)	1-1-7 (27)	1-1-11 (22)	1-1-5 (31)	2-2-16 (46)	9-11-42 (77)	16-21-41 (60)	2-2-29 (61)	1-1-11 (29)	1-1-4 (6)		3-3-11 (30)	358
		분							3-5-8 (10)	5-5-9 (10)	1-1-1 (2)					22
	孝大	대		2-2-4 (4)	1-1-30 (37)		2-2-16 (30)	1-1-20 (32)	10-11-30 (56)	18-30-45 (60)	2-5-60 (65)				8-12-30 (39)	284
		분							5-7-13 (20)	8-12-19 (24)	1-1-3 (4)	1-5-29 (33)	1-2-4 (8)	1-1-3 (4)		93
11	三旀	대	1-2-2 (2)	3-4-6 (8)	1-2-42 (43)	3-3-44 (44)	1-1-41 (41)	4-4-66 (96)	10-11-33 (64)	16-25-72 (91)	2-2-32 (33)				5-5-9 (10)	422
		분							5-8-12 (20)	5-10-13 (20)	2-2-6 (8)	1-1-9 (18)	2-6-19 (39)			105
	祐玄	대	1-1-2 (2)	3-3-8 (8)	2-2-38 (39)	1-1-23 (24)	2-2-47 (49)	1-1-39 (40)	11-13-45 (58)	8-9-31 (37)	4-4-48 (49)				38;1-1-2 (2)	306
		분							3-3-5 (6)	1-1-1 (2)		1-1-21 (22)			3-3-13 (28)	30
	子龍	대		2-2-4 (4)	1-1-12 (13)	1-1-26 (27)	1-1-16 (16)	1-1-1 (22)	15-15-42 (84)	22-29-49 (58)	2-4-39 (56)				8-8-21 (34)	280
		분							7-8-11 (23)	11-17-24 (34)	1-1-1 (2)	1-4-19 (37)	1-3-4 (8)	1-2-8 (18)		122
	鄭洪	대	1-2-4 (4)	1-1-2 (2)	3-3-44 (44)	2-2-42 (48)	1-1-20 (41)	1-1-13 (24)	8-9-27 (55)	16-21-21 (46)					8-8-16 (32)	264
		분							3-4-6 (12)	5-7-7 (14)	1-1-1 (2)		1-1-2 (4)	1-1-2 (4)		36
12	金升	대	2-2-7 (28)	3-6-30 (61)	1-1-14 (15)	3-3-36 (55)	2-2-43 (85)	6-7-76 (146)	11-11-72 (131)	19-24-42 (78)	3-3-18 (49)	2-2-6 (9)			9-11-19 (28)	657
		분							2-3-3 (14)	7-15-21 (30)	2-3-3 (9)	1-1-9 (17)	1-3-15 (26)	1-3-13 (22)		115

4년간 참여한 각성인 '圭大'와 같이 분사대장도감에서 먼저 활동한 경우는 '宝龍', '孝心' 등 3명이지만, 5년 이상 활동한 각성인은 없다. 그리고 고종 30년 분사대장도감이 설치되면서 두 도감에서 동시에 활동한 각성인 중에서 4년은 '之允'·'成大' 등 53명, 5년은 '尹基'를 비롯한 11명, 6년은 '崔同'·'孝林' 등이다.

7년은 5명으로 '得光'·'林大節'·'仁厚'는 고종 25년부터 참여하면서 분사대장도감에서 경판이 조성된 고종 30년 이후에는 두 도감에서 활동하고 있다. 또 8년간 참여한 각성인 중 '成呂'는 고종 24년부터 참여하면서 고종 30년 이후에는 두 도감에서 모두 활동하였다. 그 밖의 '金得貂'·'林寶'·'王柱'·'昌老'는 고종 25년부터 참여하면서 고종 30년 이후부터는 두 도감에서 활동하였다.

9년간 참여한 각성인 13명중 지속적으로 참여한 '元卿'은 고종 24년부터, '道宣'·'方守'·'益柔'·'玄回'는 고종 25년부터 참여하였다. 그런데 13명의 각성인 모두가 분사대장도감에서 경판이 조성되는 고종 30년·31년에는 두 도감에서 활동하였고, 고종 32년 이후에는 대장도감과 분사대장도감에서 각각 활동하였다. 또 10년 이상 참여한 각성인 중 '三旅'·'安昌'·'七甫'·'思中'·'子龍'·'金升' 등 6명은 연속적으로 활동하였다.

이상에서 1~6년간 참여한 각성인은 그 활동 시점이 다양한 반면, 7년 이상 참여한 각성인은 고종 24년과 25년부터 참여하고 있다. 특히 장기간 참여한 각성인일수록 대장도감에서 활동하다 분사대장도감에서 경판이 조성된 시기를 전후하여 두 도감에서 동시에 활동한 경우가 많다. 이는 앞서 대장도감에서 장기간 활동한 각성인과 유사하다. 대장도감에서만 활동한 각성인 중에서 7년 이상 참여한 각성인은 분사대장도감이 설치되고 난 이후에 더욱 활발히 활동하였다.

이 같은 참여 양상은 앞서 언급한 바와 같이 대장도감 산하의 조성 공간에서는 권별 분담방식과 공동 참여방식으로 이원화되었지만, 분사대장도감에서 경판이 조성되는 고종 30년 이후에는 공동 참여방식으로 변화된 것과 밀접한 관련이 있다. 이러한 변화는 각성사업에 필요한 刻手의 양성 내지는 교육과도 밀접한 관련이 있을 것으로 추측된다.

각성사업은 전문 刻手와 신참여 각성인 사이의 일정한 위계질서나 조직체계를 통해 사업의 효율성을 극대화시키고 원활한 진행을 위해 조성 공간 내에서 각각의 구성원 간에 단계별 분업을 통해야 한다. 따라서 신참여 각성인들에게 모범이 될만한 전문 刻手가 필요했으며 각성사업의 全期間 동안 10년 이상 참여한 각성인은 경판의 조성 과정에서 주도적인 역할을 담당하였다.

10년 이상 참여한 12명의 각성인 중 '思中'을 제외한 각성인은 고종 30년부터 31년까지 두 도감에서 활동한 후 대장도감과 분사대장도감에서 각각 활동하고 있다. 이들 각성인은 다른 기간의 각성인보다도 두 도감에서 활동할 때 다양한 종과 권수를 보인다. 즉 7~12년 동안 참여한 각성인중에는 대장도감에서만 활동한 경우는 각성한 종 수와 권 수가 제한적이지만, 두 도감에서 활동한 각성인은 상대적으로 그 수량이 많다. 이러한 차이는 바로 각성인의 교육과 밀접한 관련이 있기 때문에 나타난 현상으로 볼 수 있을 것이다.

특히 연도별 신참여 각성인의 추이에 있어서 고종 30년과 31년에 각각의 도감에서 550~430여 명이 된다는 점을 감안한다면, 이들이 처음 사업에 참여하였을 때 곧 조성활동을 하기에는 한계가 있었을 것이다. 바로 이 때 장기간 각성인이 일정한 역할을 담당하였던 것으로 추론된다.

강화경판 각성사업은 각 연도마다 대장도감과 분사대장도감에서 신참여 각성인이 참여하고 있다. 이들 신참여 각성인이 경판을 곧바로 각성하기에는 무리가 있다. 이 때 기존에 활동하던 각성인 중 장기간 활동한 자들이 신참여 각성인의 교육과 훈련을 담당하였을 것이다. 즉 장기간 활동한 각성인들은 신참여 각성인들과 함께 공동으로 경판을 조성하면서 사업을 주도하였을 것이다. 그러므로 장기간 활동한 각성인 중 두 도감에서 활동한 각성인의 활동 추이가 다양하게 나타난 것으로 보인다.

장기간 각성인 중 두 도감에서 활동하던 시기를 제외하고 검토해 보면, 분사대장도감이 설치되기 이전의 활동은 2~9년간의 각성인과 그 추이가 유사하다. 이들은 조성 공간에서 刻手의 재교육 내지는 양성을 위한 활동도 병행하였을 것이기 때문에 이들의 각성활동은 제한적일 수밖에 없었을 것으로 보여진다. 더욱이 이들의 참여시기가 대부분 고종 24년과 25년부터라는 점을 감안할 때 그들의 능력은 충분히 짐작된다.

앞서 언급하였듯이 장기간 참여한 각성인의 각성능력은 배가되고 있었지만, 전반적인 각성활동이 한정되어 있는 점을 고려해 보면 6~7년 이하 각성인의 활동에는 일정한 한계가 있음을 보여주고 있다. 또 특정 도감 각성인의 각성량보다 두 도감에서 활동한 경우 그 각성량에 많은 변화는 없으나, 분사대장도감에서 활동한 경우는 제한적인 활동을 하고 있다.

지금까지 검토한 내용을 종합해 보면 대장도감에서 활동한 각성인의 참여기간이 장기화 될수록 각성활동은 활발하였다. 또 1~3년간보다 4~12년간 참여한 각성인이 각 연도마다 조성한 종수와 권수도 상대적으로 많아지고 있음을 알 수 있다.

다음은 각성량을 통한 각성인의 참여 추이를 살펴보기로 하자. 설명의 편의상 2년 이상 활동한 각성인의 각성량을 도표화하면 <표 4-13>과 같다.

<표 4-13> 기간별 참여 각성인과 각성량

기간	도감	4~9	10~19	20~29	30~39	40~49	50~59	60~69	70~79	80~89	90~99	100~149	150~199	200~249	250~299	300~399	400~499	500~599	600이상	계
2년	대	33	14	10	7	7	9	3	5	2	3									93
	분	12	5		2															19
	두	16	22	15	18	18	16	12	19	11	10	18	4							179
3년	대	1	7	2	7	2		6	3	2	2	7		2						41
	분		1		1															2
	두		2	3	7	12	18	22	21	27	23	45	10	2	1					193
4년	대			1		2		3	2	1	3	14	5	2						33
	두				4	2	3	2	3	6	3	37	15	5	1					81
5년	대							3	1	2		6	7	1	1					21
	두							3			3	11	12	5						34
6년	대											4	5	1	2	1				13
	두							1				6	9	8	6	4				34
7년	대											2	1	2	1	3				9
	두											3	2	8	2	2	2			19
8년	대													1		2				3
	두											1	3	4	4	2				14
9년	대															1	1	1		3
	두												1	2	6	3				12
10년	대																			0
	두														2	1	3			6
11년	대																	1		1
	두														2	1	1			4
12년	두																		1	1
계		62	51	31	46	43	46	52	57	51	47	154	73	42	22	24	10	3	1	815

<표 4-13>에서 각성인의 참여 기간별로 각성량을 구분해 보면 각성량이 4~9장인 각성인은 62명, 10~19장은 51명, 40~49장은 46명, 60~69장은 52명이다. 그리고 각성량이 100~149장인 각성인은 154명, 250~299장은 22명, 300~399장은 23명, 400~499장은

10명, 500~599장은 3명이다. 대장도감이나 분사대장도감의 각 도감에서 활동한 각성인의 각성량보다는 두 도감에서 활동한 각성인의 각성량이 훨씬 많다.

강화경판의 조성에 대하여 구체적인 자료가 없기 때문에 단정적으로 언급할 수 없지만, 書刻을 전문적으로 하는 경우 한 사람이 적게는 하루 30자, 많이 잡아도 50자 정도이므로 경판 한 張을 새기는데 줄잡아 13~21일이 필요하다[40]고 한다. 만약 각성인 1인이 1년을 꼬박 종사한다고 가정한다면 25~30장 정도를 각성할 수 있게 된다. 앞서 1년 각성인의 상당수는 1~4장 정도이지만, 숙련공으로 파악되는 각성인의 평균 각성량 20~26장과는 수치상으로 근접하고 있다. 물론 이 조성량은 절대적인 것이 될 수는 없지만, 이를 통해 비교가 될 수 있을 것이다.

<표 4-13>에서 나타나듯이 12년 동안 참여한 '金升'은 무려 772장을 각성한 것으로 조사되었다. 1년에 30장 안팎을 조성한다고 가정한다면 360여 장이 되어야 하지만, 10년 이상 참여한 각성인들의 각성량은 이를 초과하고 있다. 즉 이들은 전문 刻手 내지 刻字僧으로 보여지며, 경우에 따라서는 보조 刻手의 도움으로 인해 그 각성량이 많아졌을 것으로[41] 추측된다. 또는 財布施에 의한 각성활동으로 볼 수도 있다. 비록 계량화된 수치이기는 하지만, 3~4년간 각성인의 각성량이 60~80장 정도의 수량에 많이 분포되어 있는 것으로 보아 각성사업은 상당한 판각 능력을 소유한 刻手들이 주축을 이루고 있음을 알 수 있다.

---

40) 박상진, 1999, 위의 책, 187쪽.
41) 각성인 본인이 직접 조성했거나, 단계별 분업 형태를 통하여 각성되었든 간에 인명이 새겨진 각성인의 역할은 주도적이라는 점이다. 즉 자신의 책임 하에 진행되었을 것으로 이해된다.

<표 4-13>에서 각성기간이 장기화될수록 판각량이 많아지는 점에 주목할 필요가 있다. 2년간 참여한 각성인 중 30장 이하가 291명 중 127명으로 43%이지만, 3년 이상 각성인들의 각성량은 60~149장으로 그 비중이 높다. 4년은 80~250장, 5년은 100~250장, 6년은 150~399장에 많이 분포되어 있다. 이를 고려해 본다면 각성인이 많이 분포되어 있는 각성량은 100~149장으로, 개인의 판각능력을 구분하는 기준으로 삼을 수 있다. 각성량 150장을 기준으로 할 때 그 이상을 조성한 175명의 각성량은 약 41,900여장으로[42] 전체 경판 160,483장의 1/4에 해당하는 분량이다. 따라서 이들 175명은 상당한 수준의 판각능력을 지닌 자들로서 각성사업 착수 이전부터 고려사회에서 활동하던 전문 刻手로 보인다

2년 이상 참여하고 100장 이상의 경판을 조성한 각성인 중 대부분은 고종 30년과 31년에 두 도감에서 활동하고 있어 주목된다. 이들 각성인의 활동 추이를 제시해 보면 다음과 같다.

다-①) 法林	30 대 5-6-9(16)	분 8-11-15(24)
	31 대 17-25-40(52)	분 5-7-12(14)
戒照	30 대 7-8-35(50)	분 5-5-10(14)
	31 대 10-12-17(24)	분 4-7-10(14)
	32 대 1-1-14(16)	
	무 4-4-7(10)	
德和 德化 德華 德	30 대 2-2-4(6)	분 3-5-10(14)
	31 대 11-13-46(78)	분 4-5-23(32)
	34	분 1-2-5(14)
	35	분 1-5-22(63)
	무 2-2-4(6)	
②) 克和	25 대 2-2-4(4)	

---

42) 이 수치는 1인당 각성량이 150장 이상인 각성인 174명을 대상으로 합산한 수치를 의미한다.

	28	대 2-2-33(53)	
	30	대 16-18-37(69)	분 2-3-4(6)
	31	대 24-33-58(70)	분 5-11-24(26)
	32		분 1-2-4(4)
乞者	24	대 1-1-3(25)	
	25	대 1-3-11(59)	
	26	대 1-1-10(19)	
	30	대 1-1-2(4)	분 4-7-8(14)
	31	대 14-17-28(34)	분 4-8-12(15)[43]
	32	대 1-1-2(20)	분 1-1-1(2)
		무 3-3-6(6)	
孝林	30	대 13-16-49(66)	분 5-5-8(12)[44]
	31	대 21-31-50(62)	분 8-12-22(24)
	32	대 3-6-50(61)	
	33		분 1-2-4(6)
	34		분 1-3-11(12)
	35		분 1-3-26(28)
		무 7-7-31(38)	
③) 學脩 學修 修	25	대 1-1-8(8)	
	26	대 2-2-50(51)	
	28	대 3-3-69(75)	
	29	대 2-2-45(47)	
	30	대 9-13-64(69)	분 4-5-12(12)
	31	대 15-22-41(44)	분 5-5-8(10)
	32		분 1-1-2(2)
		무 8-13-72(84)	
金得貂 得貂 淂貂	25	대 1-2-8(8)	
得超 金貂	26	대 2-2-28(28)	
	27	대 1-1-22(30)	
	28	대 1-1-10(23)	
	29	대 1-1-14(28)	
	30	대 8-8-30(61)	분 4-4-6(8)

---

43) 고종 31년에 雕造處가 없는 1-1-1(2)가 있다.
44) 고종 30년에 雕造處가 없는 1-1-1(4)이 있다.

<pre>
                      31 대 18-25-42(56)   분 5-9-17(24)
                      32 대 1-1-2(4)
                      무 3-3-5(6)
        道宣   25 대 3-4-7(8)
                      26 대 2-2-39(43)
                      27 대 2-2-44(45)
                      28 대 1-1-31(32)
                      29 대 1-1-17(30)
                      30 대 10-13-39(81)   분 2-2-5(6)
                      31 대 10-12-12(24)   분 1-1-1(2)
                      32 대 4-4-47(69)
                      33   분 1-1-1(2)
                      무 4-4-22(41)
</pre>

위의 내용은 설명의 편의를 위해 각 연도별로 각성인 1인을 제시한 것이다. 다-①)은 고종 30년 이후 2~4년간 두 도감에서 활동한 각성인이다. 다-②)는 5년 이상 참여한 각성인으로 각성사업 초기부터 참여하였고, '孝林'은 분사대장도감이 설치된 시점부터 참여하였다. 다-①)의 2~4년간 각성인은 고종 30년 이후 각성량이 증가하였으나, 다-②)의 5~6년 각성인의 경우는 큰 변화가 없다.

하지만 다-③)에서 각성인의 참여기간이 장기화되면 될수록 대장도감에서의 각성활동이 두드러지게 나타나고 있다. 즉 사업 초기부터 각성인들이 적극 참여하면서 대장도감의 각성활동이 분사대장도감의 활동보다도 많다. 이처럼 2~4년, 5~6년, 7년 이상 활동한 각성인에게서 각각의 활동이 상이하게 분석된 것은 분사대장도감의 설치와 관련이 있음을 알 수 있다.

결국 각성사업에 장기간 참여하면서 200장 내외를 각성한 100여 명은 고도의 판각기술을 보유한 전문 刻手로서 이들은 사업 초기에 대장도감에서 주도적인 판각활동을 하였다. 분사대장도감이 설

치된 이후에는 대장도감은 물론 분사대장도감에서도 적극적인 각
성활동을 전개하였다. 따라서 대장도감에서 활동한 각성인보다 두
도감에서 활동한 각성인의 각성량이 더 많은 것이다.

Ⅲ. 刻成人의 활동 양상

앞서 제2장 1절의 서적 출간의 실태와 장소를 검토하는 과정에
서 일부 서적의 출간에 참여한 인명 중 강화경판의 각성인과 동일
인으로 추정되는 人·法名이 상당수 조사되었다. 그래서 본 절에
서는 이를 비교 검토해 보고자 한다. 이들 人·法名을 검토해 보
면 각성인의 참여 형태와 그 활동 추이 그리고 그들의 참여의식에
대하여 보다 구체적으로 이해할 수 있다.

'外藏' 소위 '海印寺寺藏本'에 編入된 경전과 그 동안 학계에 보
고된 13세기 중엽의 불교 서적은 貞祐 2年(고종 원년)에 刊印된
『金剛般若波羅密經』,[45] 고종 15년에 조월암에서 출간된 『小字 金
剛般若波羅密經』,[46] 고종 23년에 정안이 조성한 『妙法蓮華經』[47] 등
이 있다. 또 고종 23년에 판각된 『佛說梵釋四天王陀羅尼經』,[48] 24년

---

45) 藤田亮策, 1991, 「海印寺雜板攷」『朝鮮學報』138, 50쪽; 최영호, 1995,
    「華嚴宗系列 僧侶의 '江華京板 高麗大藏經' 刻成事業 참여」『부산사
    학』29.
46) 문화부, 1992, 『동산문화재지정보고서－91지정편』, 문화부.
47) 최영호, 1995, 「고려무인집권기 승려지식인 山人의 『강화경판 고려대
    장경』각성사업 참여」『석당논총』21, 동아대 및 1997, 「南海地域의 江
    華京板 『高麗大藏經』 각성사업 참여」『석당논총』25, 동아대.

崔怡가 발원한 『金剛般若波羅密經』, 28년 가야산 下鋸寺에서 출간
된 『大方廣佛華嚴經疏』·『大方廣佛華嚴經疏演義鈔』[49] 등이 있다.
　그리고 고종 6년 『宗門圓相集』과 26년 文林郞 司宰少卿 李時茂
에 의해 출간된 『永嘉眞覺大師證道歌』[50]이 있다. 고종 27년을 전
후하여 출간된 것으로 추정되는 『圓覺類解』, 『弘贊法華傳』, 『法
華文句幷記節要』[51] 및 『合部金光明經』[52] 등에서 강화경판의 각
성인이 조사되었다. 먼저 이들 인명을 비교·정리한 내용은 <표
4-14>이다.

<표 4-14> 13세기에 출간된 불교 서적의 출간 참여 각성인

經名	년도	각수명	판각활동 (권/장차)	비 고	각 성 인	활동기간	각성량 (대/분)
金剛般若波羅密經	고종 원년	孝如刻	-	群生寺 深古 시주	孝如	24, 25	6/0
宗門圓相集	고종 6	得文	3	妙峰庵 夢如跋	得文	25~27, 29	120/0
		大寧	13,16		大寧	30~32	16/18
		朴同	18,19		朴同	30, 31	54/24
		白和	25,26		白和, 白禾	30~32, 35	98/32
		成○	30		-		
		生白	34,35		生白, 生, 白	31, 32	30/10
		洪義	38,47		洪義, 弘衣, 弘義	25~27, 29~31	215/32

---

48) 김윤곤, 1996, 앞의 논문.
49) 최영호, 1997, 앞의 논문(『한국중세사연구』 4).
50) 조명기, 1985, 『曉城先生八十頌壽高麗佛籍集佚』, 동국대출판부.
51) 남권희, 1997, 「13세기 천태종 관련 고려불경 3종의 서지적 고찰―『圓
　　覺類解』, 『弘贊法華傳』, 『法華文句幷記節要』」 『계간서지학보』 19.
52) 남권희, 1998, 「고려 구결본 『(合部)金光明經』 권3에 관한 서지적 고찰」
　　『서지학연구』 15.

經名	출간 서적의 刻手				江華京板 각성추이		
	년도	각수명	판각활동 (권/장차)	비 고	각 성 인	활동기간	각성량 (대/분)
小字 金剛般若波羅密經	고종 15	釋光	-	無衣子 跋	石光, 釋光	24～27, 29～32	196/8
妙法蓮華經	고종 23	明覺	幹事	鄭奮 誌	明覺	24, 26～30	135/0
佛說梵釋四天王陀羅尼經	고종 23	大升	-	海印寺 彫造	大升	25, 26	18/0
大字 金剛般若波羅密經	고종 24	釋光	1/2	崔怡 跋	위의 釋光과 같음		
		于明○	1/14		-	-	-
		立	1/16,17		-	-	-
		冲斂	1/27		冲斂	25	56/0
永嘉眞覺大師證道歌	고종 26	甫之, 甫	5, 6	文林郞司宰少卿李時茂 募工重雕	甫之, 宝至, 宝志	24～26, 30～32	87/16
大方廣佛華嚴經疏演義鈔	고종 28	道宣	1/8,9		위의 道宣과 같음		
		義堅	1/6,7		-	-	-
		惠耳	1/12,13 2/3		위의 惠耳와 같음		
		石光	2/6～9		위의 石光과 같음		
		智一	1/5 2/4,5		위의 智一과 같음		
大方廣佛華嚴經疏	고종 28	天章	勸緣	伽倻山下鋸寺雕造	千丈, 千仗	30, 31	38/24
					天長	25～28, 30	184/0
		光林	2/22		光林	25, 26, 28, 30	96/0
		三旅	4/29		三旅, 沙彌, 沙味	24～34	422/105
		王柱	1/26,27		王柱	25～32	259/12
		智一	4/17		智一, 一, 知一, 知一刀	28, 30, 31	50/24
		弘正	3/27,28		-	-	-

經名	년도	각수명	판각활동 (권/장차)	비 고	각 성 인	활동기간	각성량 (대/분)
大方廣佛華嚴經疏	고종 28	道宣	4/14,15	伽倻山下鋸寺雕造	道宣	25～33	332/10
		石光	1/4,5 3/26		위의 釋光과 같음		
		義堅	4/26～28		-	-	-
		惠耳	2/20 4/12,13		惠耳, 惠二, 惠,耳,	24～26, 28～32,34	228/6
		中國	5/17,18		中國	24, 25, 27～33	327/34
禪門三家拈頌集	고종 33	正安	-	天英跋, 朝鮮飜刻板	正安, 正	25, 26, 28, 29	123/0
		孫昌	-		孫昌, 孫悼	24	24/0
		有立	-		有立, 有立刻, 有	24～29, 31	328/0
圓覺類解	13 세기 중엽	存植, 植	1/46, 2/1～2, 3/1, 2, 29		存植, 存植刻	25, 26, 28～30	160/0
		古大	2/4,51		占大, 点大, 大	31	20/9
		大才	1/22～25		大才, 大才刀	24, 25, 28～31	152/0
		上者	1/32		-	-	-
		金升	1/34,37		金升, 金昇, 金	24～35	657/115
		有立, 立	序6～7 1/1,42～45 2/48～50,		위의 有立과 같음		
		大有, 大由, 大	1/2～5 2/7～10, 43～47 3/16～19, 40～43		大有	32	2/0
法華文句幷記節要	〃	得珠今	4/28		得朱, 得珠, 得走?	30～32	124/30

| 經名 | 출간 서적의 刻手 | | | | 江華京板 각성추이 | | |
	년도	각수명	판각활동 (권/장차)	비 고	각 성 인	활동기간	각성량 (대/분)
法華文句幷記節要	13세기 중엽	成呂	5/2		成呂, 成呂刀, 成呂刊	24~31	336/24
		允卿	5/7, 8		允卿, 允京, 允	25~27, 29~32	204/10
		天曉	5/9, 10		天孝	30~32	52/2
		惠耳	5/11~13		위의 惠耳와 같음		
		目保呂儀	5/14~16		臣保	26~30	293/0
		中國	5/17,18		中國	24, 25, 27~33	327/34
弘贊法華傳	〃	正安	7/1 8/15~20 9/16		위의 正安과 같음		
		存植	8/1~14		위의 存植과 같음		
合部金光明經 第3卷	〃	存植	3/4		위의 存植과 같음		
		立成	3/5		立成	25~27, 29, 32	128/0
		正安, 正	3/6,7		위의 正安과 같음		
		昌	3/8,9		-	-	-
		孝兼	3/13		孝兼, 孝謙, 比丘孝兼, 比丘孝兼刻	25~27, 30~33	168/29

주 1) 『金剛般若波羅密經』은 藤田亮策, 앞의 논문;『小字 金剛般若波羅密經』은 문화부, 1992, 앞의 책, 174쪽의 내용에 따랐음.
 2) 『妙法蓮華經』 및 『佛說梵釋四天王陀羅尼經』은 동아대 소장 인경본 및 藤田亮策, 1991, 위의 논문 내용을 따랐음.
 3) 『金剛般若波羅密多經』은 동아대 소장 인경본을 근거로 조사·정리하였음.
 4) 『大方廣佛華嚴經疏』·『大方廣佛華嚴經隨疏演義鈔』과 『禪門三家拈頌集』,『圓覺類解』,『弘贊法華傳』,『法華文句幷記節要』는 최영호, 1997, 위의 논문 및 남권희, 1998, 앞의 논문에 조사된 내용을 따랐음.
 5) 『(合部)金光明經』3권은 남권희, 1998, 앞의 논문과 구결학회에서 유통된 복사본을 대조한 결과를 토대로 재작성하였음.
 6) 『宗門圓相集』 및 『永嘉眞覺大師證道歌』는 조명기, 1985, 앞의 책 영인본을 근거로 조사·정리하였음.

<표 4-14>[53]의 인명 중 한 글자만 새겨진 경우와『大字 金剛般
若波羅密經』의 '于明○'과『宗門圓相集』의 '成○'과『大方廣佛
華嚴經疏』,『大方廣佛華嚴經疏演義鈔』의 '義堅', '弘正', 그리고
『圓覺類解』의 '上者'를 제외하면 강화경판의 각성인과 일치하거
나 동일인으로 판단되는 인명은 총 30여 명이다. 즉 13세기에 간행
된 각종 불교 서적의 출간에[54] 참여한 이들은 각성사업에 참여한
각성인과 동일 인물로 추정된다.

우선 고종 원년에 출간된『金剛般若波羅密經』의 '孝如'는 符仁
寺藏 大藏經이 소실된 이후 각성사업에서 참여한 화엄종 계열의
승려[55]로 파악된다. 대장도감에서 고종 24년에 조성된 K-2-19권의
제25·28장, 그리고 25년에 조성된 K-32-單권의 제9·10장에 자신의
인명을 새겼다. '孝如'는 각성사업 첫 해에 K-2-19권에 2장을 각성

---

53) <표 4-14>에 제시된 人·法名 중 고종 28년에 출간된『大方廣佛華嚴
　　經疏』의 勸緣으로 참여한 '天章'의 경우 江華京板에는 동일인으로 볼
　　수 있는 '千丈(千仗)'과 '天長'이 있다. '天長'은 고종 25~28년, 그리고
　　고종 30년에 대장도감에서만 참여한 반면, '千丈(千仗)'은 고종 30년, 31
　　년에 대장도감과 분사대장도감에서 활동하였고 각성활동의 추이도 달
　　라 일단 同名異人으로 분류된 각성인이다. 그러나 江華京板에서는 同
　　音異字를 사용한 경우가 있으므로 '天章'과 관련이 있는 인물로 파악된
　　다. 그리고『圓覺類解』와『法華文句幷記節要』에 참여한 刻手 중에서
　　남권희에 의해 '古大'와 '目保'로 파악된 각성인은 江華京板에서의 '占
　　大'와 '臣保'의 경우 '占大'는 '占大'와 '占*大' 등 다양한 형태로 새겨
　　진 경우가 있으며, '臣保'의 경우 '臣保'를 正字로 바르게 새긴 경우와
　　略字(이 경우 '目'字와 유사하게 새겼음)로 새긴 경우가 있어 동일인으
　　로 파악될 개연성이 있으므로 별도로 부기해 둔다(남권희, 1998, 위의
　　논문).
54) 이러한 불교문헌은 당시 불교의 수준과 대장경 간행을 주도한 불교세
　　력의 사상적 경향을 말해 주는 것으로 대장경 간행당시의 사상적인 경
　　향을 읽을 수 있는 중요한 문헌이라는 지적이 참조된다(채상식, 1991,
　　『高麗後期佛敎史研究』, 일조각, 177~178쪽).
55) 이에 대한 구체적인 내용은 최영호, 1995, 앞의 논문, 19쪽 참조.

하였지만, 제25장과 제28장에 각각 인명을 새긴 것으로 보아 총 4
장을 각성하였을 것이다.

다음 고종 15년의 『小字 金剛般若波羅密經』 출간에 '釋光'에
대해서 살펴보기로 하자. 우선 『小字 金剛般若波羅密經』의 跋文
을 주목해 보면 『小字 金剛般若波羅密經』은 당시 혜심이 祖月庵에
서 발문을 지었다.

> 라) 이 금강경은 모두 5장에 경문을 수록한 것이나 둘째장이 없어졌
> 다. 권말에 무의자 혜심(1178~1234)의 발문에 의하면 사문 普觀
> 이 발원하여 간행했다. 여기서 定慧雙修를 주창하신 보조국사 지
> 눌의 조계산 수선사 제2세 국사인 혜심의 발문이 붙어 있어 이 낱
> 장본의 가치가 더욱 두드러지는 것이다. 발문의 내용은 일반인들
> 이 바로 본심을 깨쳐들어 가지는 못하더라도 敎를 통해 단계적으
> 로 수행하기 위해 가장 요긴한 금강경, 법화경보문품, 화엄행원품
> 등을 道人 悅可에게 부탁하여 쓰게 하고, 卷末의 梵字大藏神呪는
> 惠歸에게 부탁하여 쓴 것을 侍郎 李紘과 三重大師 文光이 힘을
> 합쳐 간행하였다. 그리고 권말에 戊子 四月上旬 祖月庵 無衣子跋
> 同願大師 釋光雕刻.56)

위의 라)에 제시된 祖月庵57)은 지눌이 창건한 사원이다.58) 당시
나주지역의 세속인들의 후원에 힘입어 지눌은 수선사를 중창하는
등 이 지역을 중심으로 교세를 상당히 넓혀 가고 있다.

특히 수선사는 지눌의 유고집인 『華嚴論節要』를 羅州戶長 陳直升
과 그의 妻 珍衣金 등의 지원에 힘입어 간행하였고, 고종 13년에는
『禪門拈頌』을 출간하였다. 수선사는 각종 불교 서적 출간과 관련한

---

56) 문화부, 1992, 앞의 책, 174쪽 재인용.
57) 億寶山의 白雲精舍 積翠庵과 瑞石山의 圭峯蘭若와 祖月庵은 지눌에 의
해 창건된 암자이다. 金君綏, 「曹溪山修禪社佛日普照國師碑銘」 참조.
58) 임석진, 1965, 『松廣寺誌』, 불일출판사, 59쪽. 瑞石山은 오늘날 광주의
무등산이다.

인적·물적 기반과 아울러 이를 뒷받침해 줄 수 있는 경제력을 확보하고 있었던 것이다.[59] 따라서『小字 金剛般若波羅密經』역시 수선사에서 조판되었거나 아니면 수선사와 관련이 깊은 곳에서 출간되었을 것이다.

그래서 위의 라)의『小字 金剛般若波羅密經』의 발문에 나타난 필사자 道人 '悅可', 그리고 卷末의 梵字大藏神呪를 쓴 '惠歸', 출간 주체인 侍郎 '李紘'과 三重大師 '文光'에 대하여 검토해 보기로 하자. 필사자인 道人 '悅可'와 출간 주체인 侍郎 '李紘'를 제외하고, 강화경판의 각성인과 동일인이 조사되고 있다. 이 경전의 필사자인 道人 '悅可'는 혜심이 法語를 보인 悅可와[60] 동일인물로 파악된다.

권말의 呪를 쓴 '惠歸'와 三重大師 '文光'의 각성활동을 정리해 보면 다음과 같다.

經名	卷	函	年	都監	至張	刻成人	板數	張次
K-1483	8	郡	31	대장	11	惠歸	1	2
K-1488	21	云	31	대장	14	惠皈	1	8
K-394	5	長	27	대장	20	文光	5	4.9.13.17.19

'惠歸'는 고종 30년 대장도감에서 조성된 K-1483-8권에 제2장, K-1488-21권의 제8장을 각성하였다. '文光'은 고종 27년 대장도감에서 조성된 K-394-5권을 각성하였는데, 총 20장 중 제4·9·13·17~19장[61]에 인명이 새겨진 점으로 보아 K-394-5권 전체를 분담

---

59) 당시 수선사의 불교 서적 출간과 관련하여 제2장 참조.

60)『眞覺國師語錄』, 示人 悅可上人.

61) K-394-5권에는 제8, 12, 15장에 인경상태가 명확하지 않아 ○○으로 조사되었으나, 전후 장에 각각 '文光'으로 새겨진 점으로 미루어 보아 文光이 권 전체를 각성한 것으로 파악된다. 각 장별 인명 새김에 대해서는 김윤곤 편저, 2001, 위의 책, 149쪽 참조.

하여 각성하는 방식으로 사업에 참여하고 있다. 그러나 '惠歸'는 고종 30년에 대장도감에서 활동하면서 1년간 2~4장을 각성하고 있다. 이렇게 각성 활동이 대비되는 이유는 아마도 판각 능력의 차이 내지는 맡은 역할이 상이하였던 것과 관련이 있겠지만, 재보시를 통한 참여 사례로도 볼 수 있다.

다음은『小字 金剛般若波羅密經』을 조각했다고 밝힌 大師 '釋光'에 대하여 살펴보기로 하자. 그의 각성활동을 제시해 보면 다음과 같다.

經名	卷	函	年	都監	至張	刻成人	板數	張次
K-1	61	洪	24	대장	26	釋光	2	12.20
K-3	9	芥	25	대장	32	石光	2	17.18
K-3	25	海	25	대장	29	石光	3	10~12
K-3	25	海	25	대장	29	釋光	1	13
K-13	單	羽	25	대장	17	石光	16	2~17
K-6	2	淡	26	대장	33	石光	2	15.16
K-7	6	鱗	26	대장	23	石光	1	6
K-57	2	陶	26	대장	29	石光	4	25~28
K-71	4	罪	26	대장	21	石光	15	1~11.14~17
K-22	49	帝	27	대장	29	石光	21	8~27.29
K-109	中	賓	29	대장	23	石光	13	2~7.9~12.15. 16.19
K-133	2	被	30	대장	18	石光	1	13
K-134	1	草	30	대장	27	石光	15	2<6~8<26.27
K-168	下	五	30	대장	21	石光	1	20
K-586	8	父	30	대장	22	石光	2	18.19
K-648	23	夙	30	대장	28	石光	2	25.27
K-775	上	言	30	대장	23	石光	1	9
K-1048	下	彩	30	대장	61	石光	1	39
K-1257	8	纓	30	대장	113	石光	1	86
K-1257	11	纓	30	대장	130	石光	1	126
K-1257	15	世	30	대장	108	石光	1	15

K-1052	2	甲	30	분사	48	石光	1	9
K-1075	2	左	30	분사	34	石光	1	14
K-1081	9	典	30	분사	40	石光	1	22
K-1081	28	群	30	분사	61	石光	1	20
K-799	4	安	30	무	29	石光	1	13
K-79	18	坐	31	대장	22	石光	2	17.18
K-79	33	朝	31	대장	21	石光	10	2<18.19
K-952	4	仁	31	대장	21	石光	1	3
K-1423	25	煩	31	대장	19	石光	2	4.5
K-1459	3	最	31	대장	14	石光	1	4
K-1487	3	宗	31	대장	10	石光	1	5
K-1496	16	塞	31	대장	11	石光	1	4
K-1262	31	實	32	대장	19	石光	1	1
K-1501	下	庭	·	무	62	石光	2	7.10
K-1505	23	巖	·	무	33	石光	6	1.2.14.31~33

'석광'은 고종 25년에 조성된 K-3-25권에 제10~12장까지는 '石光'으로, 제13장에는 '釋光'으로[62] 새겼다. 즉 '石光'과 '釋光'이 동일인이라는 사실은 각성활동을 통해서 확인할 수 있다. 특히 K-3-25권·K-71-4권·K-79-33권·K-109-中권·K-134-1권 등은 권별 분담 방식으로 참여한 점, 각성 활동기간이 고종 24년부터 32년까지로 8년간이라는 점, 대장도감에서 196장·분사대장도감에서 8장·無刊記에 14장 등 총 218장을 각성한 점으로 미루어 볼 때 각성사업 착수 첫 해부터 중반까지 주로 대장도감에서 활동하였던 각성인임을 알 수 있다.

앞서 제시한 라)와 같이 無衣子가 발문이 쓴『小字 金剛般若波羅密經』에는 大師 '釋光'으로, 고종 24년 최이가 발문을 지은[63]『大字

金剛般若波羅密經』의 제2장에 '釋光'으로, 그리고 고종 28년에 출간된『大方廣佛華嚴經疏』1권의 제4·5장, 3권의 제26장에는 '石光', 『大方廣佛華嚴經疏演義鈔』의 2권 제6〜9장에 '石光' 등으로 참여하고 있다. 따라서 고종 24년부터 고종 28년 사이에 강화경판 각성사업 이외에도 3종의 불교 서적 출간에 참여하고 있는 셈이다.

'釋光'은 이미 고종 15년에 출간된『小字 金剛般若波羅密經』에서의 大師 '釋光'으로 밝히고 있다. 大師라는 僧階는 僧科를 거친 승려들이 받는 大德보다 한 단계 높은 승급이다.64) 당시 승계를 가진 전문 승려들이 사원내의 工匠 역할을 수행하고 있다. 당시 각 사원의 실무는 승계를 소지하지 않은 자의 몫이고, 승계를 소지한 자는 敎理 연구와 출판 그리고 교육을 주로 담당하고 있다.65) 그러므로 '釋光'은 사원 내에서 출판 관련 업무를 전담한 학승 내지 고도의 기술을 소유한 승려였을 것이다.

특히 앞서 제시한 '석광'의 각성활동에 있어서 K-13은『金剛般若波羅密經』이라는 점이 주목된다. 고종 25년 대장도감에서 간행된 K-13인『金剛般若波羅密經』은 총 17장으로 구성된 單권으로서 '석광'이 제2〜17장까지 자신의 법명을 새겨 두고 있어 권별 분담 방식으로 조성하였음을 밝히고 있다. 그래서 강화경판에 入藏되어 있는 K-13〜K-15『金剛般若波羅密經』의 각성인을 정리해 보면 다음과 같다.

---

63)『金剛般若波羅密經』. "守大伝門下侍中上柱國上將軍判御使台事晋陽侯崔瑀 金剛般若經彫板流通 所冀隣兵不起 國祚中興 … 時丁酉十二月 日 謹誌"(藤田亮策, 1991, 위의 논문, 51쪽).

64) 이재창, 1993,「고려 불교의 僧科·僧錄司제도」『한국불교사의 재조명』, 우리출판사; 허홍식, 1996,「불교계의 조직과 행정제도」『고려불교사연구』, 일조각 참조.

65) 한기문, 1995,「高麗時代 寺院內의 管理組織과 所屬僧의 構成」『한국중세사연구』2, 203쪽.

<표 4-15> 강화경판에 입장된 『金剛般若波羅密經』의 각성인

	卷	函	年	都監	至張	人名(板數/張次)
K-13	單	羽	고종25	대장	17	石光(16/2~17)
K-14	單	羽	고종25	대장	20	光衍(2/1.2), 權平(2/3.4), 元大(1/5), 迪義(1/7), 奇#甫(1/9), 奇宝(1/10), 思京(2/11.12), 仁甫(1/13), 河俊(2/15.16), 得光(2/17.18), 信成(2/19.20)
K-15	單	羽	고종26	대장	21	惠琚(1/2), 惠巨(18/3.5~21), 惠巨刊(1/4)

<표 4-15>에서 3종의 『金剛般若波羅密經』은 單卷으로 대개 1
7~21장이다. K-13은 '石光'에 의해서, K-15는 '惠巨'에 의해 권별
분담방식으로 조성되고 있다. 그러나 K-14는 '光衍'을 비롯한 10명
의 각성인에 의해 공동 참여방식으로 조성되었다. 이처럼 彫成 방
식이 각각 다른 것은 각성인의 판각 능력과는 큰 관련성이 없는 것
으로 파악된다.66) 그렇다면 K-13과 K-15는 권별 분담방식, K-14는
공동 참여방식으로 조성된 것은 각성인의 판각능력이 아니라는 점
을 알 수 있다.

'석광'이 조성한 K-13 『金剛般若波羅密經』은 고종 24년에 간행
된 『大字 金剛般若波羅密經』과 함께 鳩摩羅什에 의해 번역된 경
전과 동일하다는 점에67) 주목할 필요가 있다. 앞서 『大字 金剛般
若波羅密經』의 간행에 '석광'이 참여한 것과 깊은 연관이 있을 것
으로 추정된다. '석광'이 각성사업 참여 이전에 이미 조성한 경험

---

66) K-13의 '석광'은 고종 24년부터 32년까지 8년간 대장도감과 분사도감
　　에서 활동하고 있으며, K-15의 '혜거'는 '惠巨刊', '惠巨刀'라고 자신의
　　법명을 새기면서 고종 24~26년 및 고종 28~31년까지 대장도감에서
　　만 활동하였다. 그러나 K-14의 각성인 중 '得光', '思京', '信成'을 제외
　　한 각성인은 대부분 1~3년간 참여한 각성인이다.
67) 『大字 金剛般若波羅密經』은 鳩摩羅什에 의해 번역된 경전이다(이지
　　관, 1993, 『韓國佛敎所衣經典研究』, 사)가산불교문화연구원, 253쪽).

이 있는 경전이다. 즉 '석광'은 고종 15년 조월암에서 간행한『小字 金剛般若波羅密經』과 고종 24년에 간행한『大字 金剛般若波羅密經』, 그리고 고종 25년 대장도감에서 조성되어 강화경판에 입장된『金剛般若波羅密經』의 각성에도 참여한 승려이다. 자신의 경험을 바탕으로 각성사업에 적극 참여한 것으로 이해된다. '釋光'이 참여한『金剛般若波羅密經』은 鳩摩羅什에 의해 번역된 경전[68]임을 감안한다면 각성사업 초기부터 해당 경전에 해박한 지식을 가진 승려, 또는 해당 경전을 조성한 경험이 있는 승려 및 전문 刻手를 적극 활용하였던 것으로 보인다.

　'釋光'의 각성사업 참여는 慧諶에게서 큰 영향을 받았을 것이다. 이는 수선사의 2대 주법이었던 혜심의『禪門拈頌』서문에는 佛力의 힘을 빌어 몽고군을 물리쳐야 되겠다는 염원을 담고 있었다.[69] 그리고 지눌에 의해서 성립된 수선사를 계승하여 禪風을 독자적으로 펼쳐 나가면서 국가의 안위를 기원하는 일환으로『禪門拈頌』이 제작되었기 때문에 강화경판에 入藏된 것에서[70] 잘 알 수 있다.

　다시 정리하면 '釋光'이『小字 金剛般若波羅密經』을 조각하였다고 밝힌 점으로 미루어 보아 그는 능력을 충분히 검증 받은 유능한 刻字僧으로 그 입지가 상당히 높았을 것으로 짐작된다. '釋光'과 같은 刻字僧은 각성사업 초기부터 적극 참여하여 각성사업의 활성화에 크게 기여했을 것이다.

　이 같은 사실은 고종 23년에 鄭晏이 조성한『妙法蓮華經』출간

---

68)『大字 金剛般若波羅密經』은 鳩摩羅什에 의해 번역된 경전이다. 이지관, 1993,『韓國佛敎所衣經典硏究』, 가산불교문화원, 253쪽.
69) 김호동, 1998,「『禪門拈頌』과 眞覺國師 慧諶」『민족문화논총』18·19 합집, 영남대, 170쪽.
70) 이동준, 1993,「『曹溪眞覺國師語錄』의 구성과 내용상 특성」『보조사상』7, 153쪽.

에 참여한 '明覺'에 의해서도 확인된다. 『妙法蓮華經』의 지·발문에 의하면 승려 지식인인 '明覺'이 깊이 관여하고 있었고,[71] 강화경판 각성사업에도 초기부터 참여하고 있다. '明覺'은 고종 24년부터 6년간 대장도감에서 활동하면서 총 135장을 각성하였는데, 자신이 새긴 경판에 '明覺刊', '明覺刀', '名却刻手' 등을 표기함으로서 전문 刻字僧임을 밝히고 있다. 또 '明覺手叚心'·'明覺手叚心工'으로 표기하여 정성을 다하여 각성사업에 참여하고 있음을 분명히 하였다.[72]

특히 '明覺'이 참여한 『妙法蓮華經』은 천태종에서 호국경으로 인식되는 경전[73]으로 민족적 위기를 극복하기 위한 의도에서 출간되었고, 『大字 金剛般若波羅密經』의 발문에도 전쟁의 종식을 염원하는 의지를 적극 표명하고 있다.[74] 따라서 이들 경전의 조성 의도는 강화경판 각성사업을 통해 추구하고자 하는 염원 및 실천적 의미와도 부합된다.

당시의 현실을 직시하고 모순을 극복하기 위하여 '明覺'과 '釋光' 등과 같은 승려 지식인들은 각성사업에 적극 참여하면서 주도적인 역할을 담당하였을 것이다. 또한 각성사업이 착수되기 직전에 활동한 刻字僧이 강화경판의 조성에 적극 참여한 사실은 각성사업이 기왕의 사원이 보유하고 있던 인적·물적 자원을 공유하였음을 의미

---

71) 『妙法蓮華經』. "於是請山人明覺 鏤板印施 無窮 少報慈恩之万一 用祝我聖算亘天 儲齡後地 隣兵瓦解 朝野鏡清 次願晋陽侯 長傌家國柱石 永作佛法番墻 又願 我先考及亡姊兄弟 與六寸眷屬 泊三途受輪回者 同乘此人 共座極樂世界 丙申年 十二月十五日 憂婆塞 鄭奮誌".

72) '明覺'의 각성활동은 고종 24년 1-1-26(30), 26년 2-2-28(29), 27년 1-1-19(20), 28년 1-1-34 (35), 29년 1-1-19(20), 30년 1-1-1(1) 등이다. 이에 대한 구체적인 분석은 최영호, 1997, 위의 논문, 260～271쪽 참조.

73) 이재창, 1982, 『佛教經典概說』, 동국대출판부, 167쪽 및 222쪽.

74) 『金剛般若波羅密經』 발문(藤田亮策, 1991, 앞의 논문, 51쪽).

한다고 할 수 있다.

다음은 고종 24년에 최이가 발문을 적어 출간한『大字 金剛般若波羅密經』[75)에 대하여 검토해 보기로 하자. 동아대 소장본을 조사해 본 결과 제2장 '釋光', 제14장 '于明○', 제16～17장 '立', 제27장 '冲敍' 등 총 4명이 조사되었다. 이 경전의 판각에 참여한 각성인 중 '于明○'은 于明은 확실하나 다음 자가 판독이 불가능하여 강화경판의 각성인과의 연관성을 찾기 어려우며, '立'의 경우 한 글자만 새겨져 있어 정확한 각성인을 파악할 수가 없다.[76)

제27장에 새겨진 '冲敍'는 고종 25년 대장도감에서 1년간 참여하였다. 총 3종 3권으로 K-2-20권에 제26·27장과 K-3-4권의 제2·3·5·7·9·10·12장에는 '冲敍'로, 제4·6·8·11·13～15·17·18장에서는 '中敍'로 새겼다. 그리고 K-6-6권의 제1·5·6·18·19장에는 '中敍'로, 제2～4장까지는 '冲敍'로 각각 새겨 K-3-4권과 K-6-6권은 그가 모두 조성했음을 알 수 있다. 즉 '冲敍'는 총 56장을 각성하였고, 참여 기간이 1년이라는 점을 감안할 때 전문 刻手임을 알 수 있다.

앞서『小字 金剛般若波羅密經』등 4종의 경전 출간에 참여한 大師 '釋光'이 고종 24년부터 활동한 반면, '冲敍'는 고종 25년부터 활동하고 있다. 만약『大字 金剛般若波羅密經』에서 강화경판이 동일한 장소에서 각성되었다면, '釋光'과 '冲敍'의 고종 25년 각성 활동은 동일해야 한다. 그러나 이들의 참여시기, 참여한 종 수와 권 차는 각각 다르게 나타났다. '釋光'과 '冲敍'의 각성활동이 동일 조성 공간에서 동시에 참여했을 수도 있지만, 다른 장소 즉 대장도감 산하의 여러 조성 공간에서 각성 활동하였을 가능성을 배제할

---

75) 물론『大字 金剛般若波羅密經』의 판각이 완료된 시점에 따라 다소 변동이 있을 수 있지만, 刊記에 의해서 추정한 것이다.
76) 江華京板의 각성인 중 '立'은 '有立', '立成' 등 총 15명으로 조사되었는데 이들 중 한 명일 수도 있으나, 제3의 인물일 수도 있다.

수 없다.

그것은 대장도감 산하의 조성 공간에서 그 업무를 분장받아 각 성사업에 참여할 수도 있다는 것이다. 앞서 언급한『妙法蓮華經』에 참여한 '明覺'의 각성활동에서도 찾을 수 있다. 이와 관련하여 고종 23년에 해인사에서 조성된『佛說梵釋四天王陀羅尼經』의 刻手 '大升'을 살펴보기로 하자.

刻手 '大升'은 고종 25년에 조성된 K-3-11권의 제11～17장에는 '大升', 제18장에는 '大'로, 또 고종 26년에 조성된 K-5-5권의 제2～9장에 '大升', 제10장에 '大'로 법명을 새겨 두어 자신이 각성했음을 밝혔다.『佛說梵釋四天王陀羅尼經』이 분명 해인사에서 조성된 점을[77] 미루어 보면 '大升'은 해인사와 밀접한 관련이 있는 승려였을 것이다. '大升'이 적은 분량을 각성하기 위해 해인사에서 대장도감이 있는 강화경으로 이동했다는 것은 아무래도 적절치 않다.

또한 해인사도 경판을 조성할 만한 여건을 충분히 갖추고 있었다는 점에 주목해 볼 필요가 있다. 더욱이 강화경판에 입장된 K-1272『大勝瑜伽金剛性海曼殊室利千臂千鉢大敎王經』에는 2종의 경전이 있다. 동국대 영인본에 수록된 경전은 고종 32년부터 34년까지 대장도감에서 조성된 경전인 반면, 동아대 소장 인경본에는 고종 31부터 32년까지 분사대장도감에서 조성된 경전이 있다.[78] 그 내용에 있어서 다소 차이는 있으나, 판본의 형식이나 서체가 동일한 경전이 각각 대장도감과 분사대장도감에서 조성되었다. 그러나 이

---

77)『佛說梵釋四天王陀羅尼經』跋文. "伏爲 聖壽墨疆隣兵永息時和 歲稔 念國泰民安奉民安之願 丙申六月 日 誌 刻手 大升 海印寺 彫造".

78) K-1272『大勝瑜伽金剛性海曼殊室利千臂千鉢大敎王經』의 동국대 영 인본과 동아대 소장 인경본에서 전자의 경우 각성인이 조사되지 않았 으나, 후자에는 '克夫', '呂溫', '惠己', '光進' 등 수십 명의 각성인이 조사되었다.

2종의 板下本에 의거해 조성되었기 때문에 해인사에서 雕造된 것으로 보고 있다.[79] 따라서 해인사는 강화경판의 조성 공간내지 중요한 역할을 담당한 사원으로 파악된다.[80]

앞서 '釋光', '冲敍', '明覺', '大升' 등의 활동에 있어서 각종 불교 서적의 판각 활동시기와 강화경판의 각성활동이 중복되고 있다. 그러나 고종 24년에 조성된 K-1『大般若波羅密多心經』과 K-2『放光般若經』의 각성인들 중에서 '釋光', '冲敍', '明覺', '大升'이 조사되지 않고 있다. 이는 4명의 각성인이 대장도감과 다른 지역내지 사원에서 활동하고 있었음을 추론케 한다.

강화경판의 대장도감에서 활동한 각성인이라고 해서 반드시 강화도에 소재한 대장도감에서 활동을 했다고는 볼 수 없는 것이다. 당시 계수관이 파견된 지역과 지방의 주요 사원들도 각종 불교 서적을 지속적으로 출간하고 있던 사실로 미루어 볼 때 기왕의 판각 시설을 갖추고 있었음을 말해준다. 따라서 기존의 판각공간과 시설 등은 강화경판 각성사업이 추진될 때 彫成 空間으로 활용되었을 가능성이 매우 높다. 그래서 '大升'의 각성활동을 조성 공간에서의 활동이라는 측면에서 본다면 굳이 강화경의 대장도감에만 국한하기보다는 해인사에서 각성활동을 한 것으로 볼 수도 있다.

다음은 文林郎 司宰少卿 李時茂에 의해 출간된『永嘉眞覺大師證道歌』에 대하여 살펴보기로 하자. 永嘉眞覺大師의 妹인 淨居의 註釋을 베풀어 만든『永嘉眞覺大師證道歌』은 총 22장으로 구성된 단권으로[81] 마지막 장에 다음과 같은 발문이 있다.

---

79) 이에 대한 구체적인 검토는 김윤곤, 1996,「高麗大藏經의 東亞大本과 彫成主體에 대한 考察」『석당논총』24, 동아대 참조.
80) 당시 해인사의 불교 서적 출간에 대해서는 제2장 참조.
81)『永嘉眞覺大師證道歌』의 주요 내용에 대하여 민영규, 1997,『사천강단』, 민족사에 소개되어 있다.

高麗國普濟寺了悟沙門紹忠俗善慶共　發心及募緣刻板印施同延　聖上
萬歲　睿體千秋凡有含靈悟了自心同行法施具入綠尊名錄如後尒　重大
師翼宗　慶淑　胤周　全妙　崇炤　成盖　崇化宮主金氏　善男李均　康亮　金
幸　善女謙富　占勿　大內　用交
　　大安　五年(1089, 고려 선종 6년; 필자주)　己巳　三月日　　記
　　己亥　二月日　文林郎司宰少卿李　時茂　募工重雕.[82]

　　고려시대에 중국 및 고려의 연호를 사용하지 않고 干支만 제시
한 경우는 대체로 몽고 침략기 중에서 고종시기에 집중적으로 나
타나고[83] 있다. 특히 문관 종 9품의 文林郎을 충렬왕 34년에 충선
왕이 옛 관제를 개편하면서 通仕郎으로 고쳐졌음을[84] 감안하면 己
亥年은 고종 26년으로 파악된다.[85]

　　따라서 선종 6년 普濟寺 了悟에 의해 初刊된『永嘉眞覺大師證
道歌』은 고종 26년에 文林郎司宰少卿으로 있던 李時茂에 의해 重
雕되었음을 알 수 있다. 총 22장으로 구성된 이 서적에는 제5장에
'甫之', 제6장에 '甫'로 각각 인명이 새겨져 있다. '甫之'는 강화경
판 각성인과 동일인으로 추정되는데 각성인 '甫之'의 각성활동을
정리해 보면 다음과 같다.

經名	卷	函	年	都監	至張	刻成人	板數	張次
K-1	16	地	24	대장	26	甫之	11	1.2.6.10.12~15.18.20.21
K-1	361	露	25	대장	25	宝至	10	2.8~10.12
K-1	361	露	25	대장	25	甫之	5	18~20.22.25

---

82) 조명기, 1985, 앞의 책, 60쪽.
83) 최영호, 2002, 「13세기 江華京板『高麗大藏經』의 각성사업과 해인사」
　　『한국중세사연구』 13.
84)『高麗史』권77, 지31, 백관2, 문산계. "忠烈王三十四年　忠宣　又改官制
　　… 八品 曰徵事郎 九品 曰通仕郎 尋於三重大匡 重大匡之上 加壁上三
　　韓之號".
85) 천혜봉은 '己亥年'의 연도를 고종 26년 혹은 충렬왕 25년으로 추정한
　　바 있다(천혜봉, 1990,『韓國典籍印刷史』, 범우사).

K-1	543	夜	26	대장	25	甫之	3	1~3
K-649	31	馨	30	대장	23	甫之	1	9
K-803	6	籍	30	분사	21	甫之	2	2.3
K-1050	8	仙	30	분사	31	甫之	1	22
K-1050	16	靈	30	분사	24	甫之	1	6
K-1053	1	楹	30	분사	20	甫之	1	3
K-1053	9	楹	30	분사	38	甫之	2	7.8
K-890	15	職	31	대장	25	甫之	1	10
K-890	15	職	31	대장	25	宝之	1	11
K-896	7	和	31	대장	29	宝之	2	22.23
K-896	54	婦	31	대장	24	宝之	1	2
K-939	8	叔	31	대장	31	宝之	2	20.21
K-952	1	仁	31	대장	23	甫之	2	5.6
K-952	59	次	31	대장	23	甫之	1	2
K-956	1	志	31	대장	33	宝之	2	6.7
K-957	24	好	31	대장	20	宝之	1	9
K-963	8	華	31	대장	61	甫之	2	14.15
K-1490	單	享	31	대장	10	宝之	1	7
K-951	19	分	31	분사	36	甫之	1	23
K-951	47	箴	31	분사	30	甫之	2	3.4
K-1406	100	何	31	분사	46	宝志	2	41.42
K-80	57	育	32	대장	20	宝之	7	2.3.6~10
K-80	57	育	32	대장	20	宝之	1	5
K-1	154	張	·	무	24	甫之	16	2.4~8.10.11.13.14. 16~20.23
K-968	3	二	·	무	13	甫之	2	7.8
K-1504	目	綿	·	무	53	宝之	3	23.24.26
K-1504	1	綿	·	무	52	宝之	2	18.20

　위에서 보듯이 '甫之'는 '宝至'·'宝志' 등으로 자신의 인·법명을 새기고 있다. 고종 24년부터 26년까지 그리고 30년부터 32년까지 6년간 대장도감에서는 87장을, 분사대장도감에서는 고종 30년과 31년에 각각 활동하여 16장을 각성하였다.

　'甫之'는 주로 대장도감에서 활동하였는데, 분사대장도감의 각성

284 高麗大藏經 硏究

량이 고종 30년에 3종 5권으로 10장, 31년에 3종 3권 6장으로 대장도
감에 비해 매우 낮은 편이다. 또 '甫之'는 총 137장을 조성하였지만,
6년간 참여한 다른 각성인에 비해 수량이 상대적으로 적은 편이다.

그런데 주목되는 점은 6년간 각성사업에 참여하였지만 유독 고
종 26년의 각성량이 다른 연도에 비해 적게 나타나고 있다.『永嘉眞
覺大師證道歌』이 고종 26년에 출간된 점에 미루어 볼 때 K-1-543권
을 각성하면서 동시에 판각하고 있음을 추정할 수 있다. 대장도감
에서 주로 활동하던 '甫之'가 추진 주체 및 그 성격이 전혀 다른
불교 서적 출간에 참여했다는 것은 각성사업과 동일한 조성 공간
에서, 또는 인접 장소에서 활동하고 있었음을 추측케 한다.

문산계인 李時茂가『永嘉眞覺大師證道歌』의 출간을 주관하고
여기에 각성인들이 참여했다는 점은 각성사업이 국가적 사업임에
도 불구하고, 그 운영형태가 폐쇄적이거나 외부로부터 강제성을
띤 사업이 아니라 당시 民들이 공유할 수 있는 체제로 운영되고 있
음을 보여준다. 이와 관련해서는 다시 재론하기로 하고 앞서 <표
4-14>에서 제시한 다른 불교 서적의 간행에 대하여 검토해 보기로
하자.

『禪門三家拈頌集』은 출간 연도가 고종 33년으로 명시되고 있
다. 그러나『圓覺類解』,『弘贊法華傳』,『法華文句幷記節要』및
『合部金光明經』등은 형태서지학적으로 검토한 결과 13세기 중엽
에 출간된 것으로 추정하고 있다.86) 이에 불교 서적 출간에 참여한
인명을 검토해 보면 출간 시기는 보다 구체화된다.

먼저『合部金光明經』의87) 출간과 관련하여 검토해 보기로 하

---

86) 남권희, 1998,「고려 구결본『(合部)金光明經』권3에 관한 서지적 고찰」
　　『서지학연구』15, 314쪽에서 이 경전은 13세기 초기에서 중기 사이에
　　印出된 것으로 추정하면서 후술할 예정인 참여刻手를 대조·분석한
　　후 13세기 중엽으로 확정지었다.

자. 고려시대 口訣이 많이 수록된 『合部金光明經』은 原文書誌學
的 검토를 통해 각성사업과 동일시기에 간행된 것으로 파악되었
다. 여기에 표기된 口訣은 13세기 국어 음운체계를 이해하는데 중
요한 자료로 평가받고[88] 있다. 이처럼 『合部金光明經』은 서지학
과 국어사에서 중요한 자료 평가되고 있는 구결본 간행의 참여 刻
手로 추정되는 인·법명이 다수 새겨져 있다.

　『合部金光明經』은 江華京板의 K-128에 入藏되어 있는데, 구결
본은 강화경판본과는 상이한 판본으로 추정된다. 第1장이 缺落되
어 살펴볼 수 없으나, 제2장의 경우 25행 17자로서[89] 일단 판식에
있어서 그 계열을 달리함을 알 수 있다. 일반적으로 강화경판 본문
의 卷首題 형식과 달리 "金三 二"로 판각되어 있으며, 강화경판에
는 3권이 21장인데 비해 15장으로 구성되어 있다.

　또한 강화경판과는 書體, 梵語의 표기 등 차이가 있어 분명 계열
을 달리하는 판종임이 밝혀졌다.[90] 그리고 두 경전의 각성인을 상
호 대조해 보면 <표 4-16>과 같다.

---

87) 『合部金光明經』 권3은 남권희, 위의 논문을 통해 학계에 알려졌다. 본
　논문에서 검토한 자료는 구결학회에서 유통된 本을 동의대학교 최중호
　선생으로부터 입수하여 저본으로 검토하였다. 지면을 빌어 감사드린
　다. 더욱이 남권희는 '立成', '正安', '正', '昌', '孝兼'의 인명만 밝혔으
　나, 필자가 재조사한 바에 의하면 제3장에서 '存植'이라는 인명을 더
　추출하였다.
88) 정재영, 1998, 「合部金光明經(卷三) 釋讀口訣의 表記法과 한글 轉寫」
　『구결연구』 3.
89) 江華京板은 그 板式에 있어서 제1장의 行字數는 대개 22行 14字이며,
　그 나머지 장은 23行 14字로 구성되어 있다(최영호, 1996, 『江華京板
　『高麗大藏經』 刻成事業의 研究』, 영남대 박사학위논문 참조).
90) 남권희, 1998, 앞의 논문 참조.

〈표 4-16〉『合部金光明經』 권3의 각성인 비교

	각성인
강화경판	2.4~19.21장 夫令, 20장 富令
구결본	3장 存植, 5장 立成, 6장 正安, 7장 正, 8·9장 昌, 11장 ○, 13장 孝蒹

<표 4-16>에서 보듯이 참여 각성인의 인명은 각기 다르게 조사되었다. 즉 그 판식과 각성인이 모두 다른 점으로 미루어 보아 구결본『合部金光明經』권3은 강화경판과는 그 계열을 달리하는 本임을 알 수 있다. 강화경판『合部金光明經』권3에는 ‘夫令’·‘富令’이 모두 조성하였는데, ‘富令’의 각성활동을 정리해 보면 다음과 같다.

```
富令 夫令            25 대 1-1-7(8)
富令刊 富令手        26 대 1-1-2(2)
                     29 대 1-1-19(21)
                     30 대 13-14-53(60) 분 7-14-20(28)
                     31 대 20-28-45(56) 분 4-8-11(16)
                     32 대 2-6-55(59)
                     무 3-4-7(16)
                     대 : 206  분 : 44  무 : 16  계 : 266
```

‘富令’은 고종 25년·26년·29년, 그리고 고종 30년부터 32년까지 6년간 대장도감과 분사대장도감에 활동한 각성인으로, 자신을 ‘富令手’라고 새긴 점과 각성량이 260여 장임을 고려할 때 판각능력이 뛰어난 刻字僧으로 여겨진다. ‘富令’은 고종 25년과 26년에는 각성활동이 적은 편이나, 고종 29년에는 1종 1권을 각성하였는데 바로 강화경판『合部金光明經』권3이다.

다음은 ‘存植’ 등이 참여하여 조성한 구결본『合部金光明經』권3의 판각시기를[91] 주목해 보자. 구결본『合部金光明經』을 조성하는데 참여한 각성인들은『圓覺類解』,『弘贊法華傳』,『法華文句幷記節要』,[92] 그리고『禪門三家拈頌集』등에도 동일 인명이 조사되었다. 바로 '正安', '孝兼', '存植'과 '成呂', '有立'이다. 이에 '正安', '有立', '存植'의 각성내용을 살펴보기로 하자.

마-①) 經名	卷	函	年都監	至張	刻成人	板數	張次
K-1	69	洪	24 대장	26	有立	11	1~3.7.9~11.15.18~20.25
K-1	133	宿	25 대장	21	有立	2	11.14
K-1	215	收	25 대장	22	有立	3	2.3.25
K-1	316	陽	25 대장	24	有立	7	1.6<10.22~24
K-1	435	水	25 대장	25	有立	12	1.3.7.8.11>17~19.23.24
K-1	541	夜	26 대장	27	有立	13	1.3.6.8.9>13.16.18.19>23.27
K-195	單	養	26 대장	24	有立	1	24
K-198	單	養	26 대장	7	有立	3	4.7 1(有)
K-389	7	短	27 대장	21	有立	8	4.10>18.19.21
K-549	5	作	27 대장	29	有立	5	6.24.25>29
K-389	13	靡	28 대장	16	有立	8	1.3.6>16
K-483	單	羊	28 대장	6	有立	1	3
K-1403	19	多	28 대장	29	有立	5	1.20>24.25
K-1403	19	多	28 대장	29	有立刻	1	29
K-406	5	欲	29 대장	21	有立	7	10~13.15.18.19.21
K-554	2	傳	29 대장	24	有立	2	1.4
K-571	1	慶	31 대장	28	有立	3	3.8.10
②) K-1	108	盈	25 대장	23	存植	8	1.2.5>11.20.23
K-1	254	餘	25 대장	25	存植	7	1.11.13.17.21.23

91)『合部金光明經』권3은 고종 28년을 전후하여 출간된 것으로 추정하고 있다(남권희, 1998, 위의 논문).

92) 이 3종의 각성인에 대해서는 검토된 바 있으나, 각성내용 제시에만 그치고 있다(정동락, 1996,「『江華京板 高麗大藏經』造成의 參與僧侶層과 對蒙抗爭」『교남사학』7, 영남대).

K-1	254	餘	25 대장	25	存植刻	1	25
K-1	431	水	25 대장	25	存植	11	1.3.6.9.11>19.23
K-1	431	水	25 대장	25	存植刻	1	25
K-1	530	珠	26 대장	25	存植	8	9.11.13.16.20.21.23.24
K-1	566	果	26 대장	23	存植	1	23
K-313	單	才	26 대장	4	存植	2	1.4
K-549	81	表	28 대장	29	存植	1	29
K-385	13	忘	29 대장	36	存植	2	16.26
K-425	3	悲	30 대장	32	存植	2	10.11

③) K-1　511　闕　25 대장　27　正安　3　27 13.16(正)
　　K-1　561　果　26 대장　25　正安　9　12.14.15.17.18.20.
　　　　　　　　　　　　　　　　　　　　　　23~25
　　K-527　下　賢　28 대장　27　正安　1　27
　　K-549　83　表　28 대장　25　正安　2　2.7
　　K-402　3　覆　29 대장　27　正安　3　5.11.19
　　K-571　14　尺　29 대장　27　正安　1　27

마)에서 '正安', '有立', '存植'은 대장도감에서만 활동하였는데, 이들의 각성량을 정리해 보면 '存植'은 총 160장, '正安'은 123장, '有立'은 328장으로 이들은 전문 각수로 추정된다.

그런데 고종 25·26·28·29년에는 '正安', '有立', '存植'이 동시에 참여하고 있지만, 동일 경전은 보이지 않는다. 이는『圓覺類解』, 『弘贊法華傳』,『法華文句幷記節要』및 구결본『合部金光明經』의 출간 시기가 각성사업과 관련이 있을 것이라는 추측케 한다. 그렇다면 위 4종의 경전은 언제 출간되었을까. 이에 4종의 불교 서적 참여자들의 각성사업 참여 연도를 검토하면서 추론해 보기로 하자. 먼저 '成呂'의 각성활동은 다음과 같다.

成呂 成呂刀　　　24 대 1-1-2(2)
成呂刊　　　　　25 대 3-4-34(36)
　　　　　　　　26 대 4-4-43(57)

27 대 2-3-32(54)
28 대 3-3-32(60)
29 대 3-3-25(48)
30 대 7-7-19(35)   분 4-4-8(16)
31 대 16-20-26(44)   분 2-4-4(8)   (무 1-1-1(2))
무 4-4-10(22)
대 : 336   분 : 24   무 : 24   계 : 384

'成呂'는 '成呂刀'·'成呂刊' 등으로 인명을 새기면서 고종 24년부터 31년까지 9년간 참여하였다. 대장도감에서 336장, 분사대장도감에서 24장을 새겨 두 도감에서 총 384장을 각성하였다. 고종 24년의 각성량은 2장에 불과하지만 고종 25년 이후 그 각성량은 최소 36장에서 최대 60장으로, 앞서 제시한 각성인들과 유사한 활동을 하고 있다.

특히 분사대장도감에서 경판을 조성한 고종 30년 이후에는 대장도감에서의 각성량이 많은데, 이러한 각성 추이는 구결본『合部金光明經』의 '孝兼'과『圓覺類解』의 '金升' 경우와 비슷하다.

그리고『圓覺類解』에 참여한 '大才'는 고종 24년부터 31년까지 6년간 대장도감에서만 활동하였고,『法華文句幷記節要』에 참여한 '允卿'은 고종 25년부터 32년까지 7년간 참여하면서 대장도감과 분사대장도감에서 활동하고 있다.『法華文句幷記節要』에 참여한 '惠耳'도 고종 24년부터 34년까지 9년간 대장도감과 분사대장도감에서 활동한 것으로 조사되었다.

이상의 내용을 종합하면 강화경판 각성인 중에서『圓覺類解』,『弘贊法華傳』,『法華文句幷記節要』및『合部金光明經』의 출간에 참여한 이들은 전문 刻手로서 각성사업에 장기간 참여하고 있다. 또한 이들의 참여 시기가 고종 25·26·28·29년이라는 공통점이 있다. 이 시기는 '成呂', '正安', '有立', '存植'이 활발하게 각성활동을 전개하던 시기와 중복된다. 따라서 13세기에 출간된 4종의 불교 서적에 참여한 이들은 강화경판 각성인으로서의 활동시기와 일치하고 있음을 알 수 있다.

『禪門三家拈頌集』에 참여한 '正安', '孫昌', '有立'은 고종 33년에 이 책의 출간에 참여하고 있는데, 이 때는 강화경판 각성활동을 하지 않았다. 이러한 사실로 보아 이들은 강화경판 각성활동이 끝난 시점에 4종의 불교서적 출간에 참여한 것으로 보인다.

4종의 불교 서적 출간에 참여한 각성인이 강화경판에 참여한 시기는 대체로 고종 25년에서 29년을 전후한 시기에 집중되어 있다. 그래서 이 기간 동안에 4종 불교 서적 출간에 참여한 강화경판 각성인들의 활동을 상호 비교해 본 결과, 일부 각성인의 각성활동에서 다음과 같은 공통점이 있다.

바) 經名	卷	函	年	都監	至張	刻成人	板數	張次
K-3	8	芥	25	대장	31	金升	2	7.8
K-3	8	芥	25	대장	31	孝謙	2	19.20
K-22	47	帝	27	대장	28	孝兼	2	2.3
K-22	47	帝	27	대장	28	金升	24	5~28
K-1081	13	亦	30	대장	51	惠耳	1	40
K-1081	13	亦	30	대장	51	孝兼	1	48
K-889	7	學	31	대장	44	金升	1	2
K-889	7	學	31	대장	44	孝兼	1	17
K-951	45	箴	31	대장	40	金升	1	8
K-951	45	箴	31	대장	40	成呂	1	24
K-1261	4	輕	31	대장	14	成呂	1	13
K-1261	4	輕	31	대장	14	孝兼	2	1.2

위의 내용은 강화경판 각성인과 4종의 불교 서적 출간에 참여한 者들의 각성활동에 있어서 동일 경전과 권에 동시 참여한 사례를 모두 제시한 것이다. 특히 K-3-8권, K-22-47권, K-889-7권의 '金升'과 '孝兼'에서 알 수 있듯이 동일 연도에 대장도감에서 동시에 특정 경전에 참여하고 있다. 이는 단순한 중복으로만 볼 수 없다. 적

어도 이들의 각성활동과 4종 불교 서적의 출간이 중복되고 있는 것은 각성인의 강화경판 이외의 서적 출간에 참여한 것과 무관하지 않을 것이다.

이 같은 중복 사례는 앞의 바)에 제시된 각성인들에게만 해당되는 것은 아니다. 『法華文句幷記節要』에서 '惠耳'의 각성활동은 고종 34년까지 지속되었고, '中國'은 고종 33년까지 활동하고 있다. 그리고 구결본 『合部金光明經』에서의 '孝兼'도 유사하다. 더욱이 강화경판 각성인 중 가장 장기간 사업에 참여한 각성인 '金升'은 『圓覺類解』의 출간에도 참여하고 있다.

이것은 『法華文句幷記節要』의 출간에 참여한 이들과 강화경판 각성인의 활동을 비교해 보면 더욱 분명해 진다. 다음의 내용을 참조하여 살펴보자.

사) 經名	卷	函	年	都監	至張	刻成人	板數	張次
K-2	17	重	24	대장	38	成呂	2	25.26
K-2	17	重	24	대장	38	惠耳	10	29~38
K-3	6	芥	25	대장	40	允卿	5	2~6
K-3	6	芥	25	대장	40	成呂	2	29.30
K-3	6	芥	25	대장	40	中國	2	31.32
K-71	2	罪	26	대장	23	成呂	1	5
K-71	2	罪	26	대장	23	惠耳	1	7
K-648	47	溫	30	대장	27	得珠	2	2.4
K-648	47	溫	30	대장	27	中國	2	26.27
K-890	16	職	31	대장	36	成呂	1	7
K-890	16	職	31	대장	36	得朱	2	9.10

사)에서 보듯이 '得珠', '成呂', '允卿', '惠耳', '中國'은 강화경판에서 K-2-17권, K-3-6권, K-71-2권, K-648-47권, K-890-16권에 각각 참여하고 있다. K-2-17권과 K-71-2권에는 '成呂'와 '惠耳'이 같이 참여하고 있으며, K-648-47권과 K-890-16권에는 '得珠'를 비롯한

‘成呂’, ‘中國’가 각각 참여하고 있다.

특히 고종 25년에 대장도감에서 조성된 K-3-6권에는 ‘允卿’, ‘成呂’, ‘中國’이 공동 참여방식으로 참여하고 있다. 즉 5종의 경전에서『法華文句幷記節要』의 출간에 참여한 각성인들이 동일 경전을 조성하고 있는 것이다. 이를 통해서『法華文句幷記節要』의 출간 시기가 강화경판 조성시기와 중복되고 있음을 알 수 있다. 이것은 이 불교 서적의 참여자와 강화경판 각성인의 활동이 서로 연계되어 있다는 것으로 이해할 수 있다.

지금까지 검토를 통해 바)의 K-3-8권, K-22-49권, K-1261-4권과 사)의 K-2-17권, K-648-47권, K-890-16권 등의 각성활동에 있어 각성인들은 동일 대장도감이나 분사대장도감에서 그 업무를 분장받아 官署工房 및 신설공방이나 사원 등 근거리에 위치한 장소에서 활동하고 있음을 유추해 볼 수 있다. 이들이 사업 초기부터 활동하던 각성인이라는 사실을 고려해 보면 단순히 중복되어 나타나지는 않았을 것이므로, 특정 공간에서 같이 활동하고 있었다는 一例로 파악된다. 따라서 이들은 강화경판 각성 활동 중에 또 다른 불교 서적을 판각하고 있는 셈이다.

이상에서 4종의 불교 서적은 강화경판 각성인과 동일인이 참여했다는 점, 그리고 각성인의 활동 시기가 중복된다는 점에서 강화경판 각성사업과 매우 밀접한 장소에서 조성되었을 것으로 추정된다. 즉 대장도감이나 분사대장도감 산하의 官署工房 및 新設工房이나 寺院에서 조성되었을 것이다.

이러한 추론은 고종 28년 下鋸寺에서 출간된『大方廣佛華嚴經疏』・『大方廣佛華嚴經疏演義鈔』의 조성에 참여한 각성인에게서도 찾을 수 있다.『大方廣佛華嚴經疏』제3권 32장의 誌文[93] 내용

---

93)『大方廣佛華嚴經疏』誌文. “龍壽寺社堂比丘 玄揆 主張 下鋸寺道人 天章 戒湛 勸緣 道人 聞契 校勘 辛丑五月 日伽耶山下鋸寺 彫造”.

과 <표 4-14>에서 제시된 각성인 분석을 통해 안동의 용수사와 대장도감의 人的 자원을 활용하여 경전을 조성했으며, 이 2종은 대장도감의 人的 자원이 활용·조판되었음은 밝혀진바 있다. 이와 관련하여 각성인들이 강화경판 각성사업의 참여 여부에 대한 선택권 내지 결정권을 가졌으며, 참여 刻手들도 지리적 작업 공간의 이동이 강요되지 않았음을 반증한 것이라는 주장94)도 있다. 따라서 筆寫者, 刻手, 刻者僧 등의 각성인은 전국의 주요 거점 지역에 산재한 여러 官署工房 및 신설공방이나 사원에서 활동하면서 강화경판 이외의 경전 조성에 참여한 것으로 보인다.

한편 <표 4-14>에서 제시된 각성인의 강화경판 각성사업 참여 의식에 대하여 살펴보기로 하자. 고종 6년에 출간된『宗門圓相集』의 간행에 참여한 각성인이 주목된다. 이 불교 서적은 靜覺國師 志謙이 諸家禪錄에서 圓相 170則을 모집하여 集錄한 것으로,95) 單卷이며 총 48장으로 구성되어 있다.96) 제48장에는 발문과 함께 '時貞祐七年己卯四月八日妙峰庵 夢如跋'이라 하여 그 간행 연도를 확인할 수 있다.『宗門圓相集』총 48장 중 刻手의 인명이 있을 것으로 추정되는 張次 중에 '得文', '大寧', '朴同', '洪義', '白和' 등 총 6명의 인명이 정확하게 판독된다.97) 이들의 각성활동을 정리해 보면 다음과 같다.

---

94) 최영호, 1997, 앞의 논문, 151쪽.
95) 조명기, 1985, 앞의 책 참조.
96)『宗門圓相集』에 대하여 다음의 글에서 언급하고 있어 참조된다.
　　민영규, 1985,「해제」『曉城先生八十頌壽高麗佛籍集佚』, 동국대출판부; 1997, 앞의 책 재수록.
97)『宗門圓相集』에는 이들 외에도 상당수의 인명이 새겨져 있는데 영인 과정에서 삭제되었거나, 판독이 불가능한 것이 상당수 있다.

得文	25 대 1-1-2(26)	
	26 대 1-1-7(38)	
	27 대 1-1-2(26)	
	29 대 1-1-5(30)	
	대 : 120　계 : 120	
洪義　弘衣　弘義	25 대 1-2-16(51)	(무 1-1-4(24))
	26 대 1-2-17(34)	
	27 대 1-1-13(38)	
	29 대 1-1-5(10)	
	30 대 6-10-17(54)	분 4-6-6(22)
	31 대 7-9-17(28)	분 3-4-6(10)
	무 3-3-6(26)	
	대 : 215　분 : 32　무 : 50　계 : 297	
白和　白禾	30 대 7-8-22(54)	분 4-6-9(16)
	31 대 19-21-34(46)	분 5-6-11(12)
	32 대 1-1-2(2)	분 1-1-2(2)
	35	분 1-1-2(2)
	무 9-10-16(20)	
	대 : 98　분 : 32　무 : 20　계 : 150	
大寧	30	분 1-1-1(2)
	31 대 7-8-10(16)	분 2-5-6(10)
	32	분 3-3-3(6)
	무 2-2-2(4)	
	대 : 16　분 : 18　무 : 4　계 : 38	
生白　生　白	31 대 10-15-27(30)	분 3-3-5(6)　(무 1-1-2(2))
	32	분 2-2-2(4)
	무 1-1-2(2)	
	대 : 30　분 : 10　무 : 4　계 : 44	
朴同	30 대 4-4-6(12)	분 3-5-7(10)
	31 대 16-21-30(42)	분 3-7-8(14)
	무 1-1-1(2)	
	대 : 54　분 : 24　무 : 2　계 : 80	

『宗門圓相集』의 출간에 참여한 인물들은 최장 6년에서 최단 2년간 각성사업에 참여하고 있다. 위의 '得文', '洪義'는 각성사업 초기부터 참여하고 있고, 각성량도 참여 기간에 비해 많은 것으로 미루어 보아 刻字僧으로 추정된다. 또 '大寧', '生白', '白和', '朴同'은 분사대장도감에서 경판이 조성되는 고종 30년부터 참여하고 있다. 여기서 당시 사원에서 각종 서적을 출간할 때 刻字僧만 참여한 것이 아니라, 민간 전문 刻手도 참여하고 있는 敎俗 이원적 형태로 추진되고 있음을 알 수 있다. 그것은 '朴同'의 참여 사실에서 확인된다. '得文', '洪義'를 제외한 각성인들은 고종 30년 이후 대장도감과 분사대장도감에서 여러 종을 동시에 각성하고 있는 점이 주목된다.

각성사업 이전 시기인 고종 6년에 출간된『宗門圓相集』에 참여한 경험이 있는 각성인들이 왜 뒤늦게 각성활동에 참여하였을까. 그것은 각성사업의 전개에 있어서 고종 30년을 기점으로 대장도감과 분사대장도감의 운영의 변화와 밀접한 관련이 있다.

고종 30년에는 분사대장도감에서 경판이 조성되면서 각성인을 대거 선발하고 있다. 위의 '大寧', '朴同', '白和', '朴同'은 고종 30년 및 31년의 신참여 각성인이라는 점, 그리고 이들의 각성량이 다른 각성인보다도 많다는 점에서 각성사업의 확대와 깊은 연관성이 있을 것이다. 이는 분사대장도감에서 경판을 조성하면서 조성 공간이 확대·설치됨에 따라 이들의 각성사업 참여가 가능해졌기 때문으로 이해된다.

그래서『宗門圓相集』의 출간 장소에 대해 검토해 보기로 하자. 저자인 靜覺國師 지겸은98) 신종 7년에 대선사가 되어 각종 禪會를

---

98) 지겸의 종파에 대해서는 다소 의문의 여지가 있다고 한다(허홍식, 1996, 「禪宗 九山派說의 批判」『高麗佛敎史硏究』, 일조각, 167~168쪽).

주관함으로써 당시 불교계를 주도하였고, 그 후 강종 2년 최충헌에
의해 왕사로 책봉되어 兩宗五敎를 주관하였다. 최충헌은 자신의
아들을 그의 문하로 출가시키는 등 그 관계가 돈독했으며,[99] 지겸
은 고종 4년 최충헌의 전송을 받으면서 화장사로 은퇴하였다. 지겸
은 고종 16년에 입적하면서 국왕인 고종, 집권자인 최이, 수선사
社主인 혜심에게 각각 1통씩의 편지를 남겼다.[100] 특히 지겸의 이
러한 최후 행적은 불교계의 대표 자리가 최충헌의 후원을 받았던
지겸에게서 최이와 연결된 혜심에게로 넘어가고 있음을 상징적으
로 보여준다.[101] 따라서 지겸 死後 혜심에게 당시 불교계의 주도권
이 넘겨졌다는 사실과 수선사의 제3세인 夢如가 발문을 지은 것으
로 미루어 보아 『宗門圓相集』은 수선사 또는 수선사와 관련이 있
는 사원에서 출간되었을 것으로 추정된다.

　이는 지겸의 『宗門圓相集』이 당시 수선사가 표방하던 禪과 관
련된 문헌으로 몽여에 의해 출간되고 있다는 것에서 파악된다. 그
리고 몽여가 혜심이 저술한 『禪門拈頌集』30권을 재출간하려 했던
점,[102] 또 일연이 편찬한 『重編曹洞五位』에 긴밀하게 협조[103]하는

---

　99) 지겸과 최충헌, 그리고 선종과의 관련성에 대하여 다음의 논문이 참조
　　　된다. 김당택, 1989, 「최씨무인 정권과 수선사」 『高麗武人政權 硏究』,
　　　새문사; 최병헌, 1995, 「진각국사·수선사·최씨무인정권」 『보조사상』 7.
100) 『東國李相國集』 권35, 「故華藏寺住持王師定印大禪師 追封 靜覺國師
　　　碑銘」.
101) 최충헌은 당시 비주류에 속하는 선종 교단을 중심으로 불교계를 개편
　　　하여 지겸과 긴밀한 관계를 유지하고 있었다. 崔怡와 혜심과의 관계
　　　는 최충헌과 지겸과의 관계에 비견되지만 불교계에 미친 영향은 전자
　　　가 더 컸다고 한다(최병헌, 1995, 위의 논문, 184~185쪽).
102) 『禪門拈頌說話』 권30, 增補拈頌跋(『韓國佛敎全書』5, 동국대, 923쪽).
103) 『重編曹洞五位』 序. "比有普法禪師老謙 得宋本重刊 又拾曹洞之遺文
　　　幷疎山末山二家語訣 排爲下篇 其不甚詳 過 致多乖謬爲失不淺 嘗自
　　　介懷曾謁 曹溪小融和尙 語及曹洞家世 和尙亦以此云 慨然流嘆者再
　　　三 …".

등104) 수선사와 관련 깊은 禪籍을 계속 간행하고 있는 사실에서
『宗門圓相集』은 수선사를 비롯한 수선사 계열의 사원에서 간행되
었을 가능성이 높다. 그러므로 위의 인명들은 수선사와 밀접한 연
관을 맺고 있던 민간의 전문 刻手 및 刻字僧으로 파악된다. 따라서
이들의 참여는 수선사가 보유하고 있던 인적·물적 자원을 공유하
고 있었음을 말해 준다. 또한 13세기 초 수선사를 중심으로 각종
불교 문헌의 간행에 적극 참여하던 승려들은 각성사업이 전개될
때 누구보다도 적극적으로 사업에 참여하면서 민족적·국가적 위
기를 극복하고자 했던 것이다.

각성사업은 刻字僧과 학승 등의 불교 지식인층의 광범위한 참여
를 유도하기 위해 사업초기에는 대장도감 산하의 官署工房 및 新
設工房, 그리고 주요 사원 등에서 진행되었다. 고종 30년 이후에는
대장도감 및 분사대장도감의 유기적인 협조 체계 속에서 경판을
조성하였던 것이다. 따라서 각성사업은 江華京이나 남해 및 晉州
라는 특정 지역에만 국한되어 전개되지 않았고, 전국적으로 산재
한 官署工房 및 신설공방이나 사원을 중심으로 대장도감과 분사대
장도감의 관할 속에서 진행되었다.

이미 선행연구에서 해인사, 단속사, 하거사 등의 영남 지방 소재
사원들이 각성사업에 적극 참여하였음이 밝혀졌고, 특히 천태종
계열의 3종이 만덕사 및 동백련사와 관련이 깊은 것으로 볼 때105)
사원의 각성사업 동참은 그 개연성이 충분하다고 할 수 있다. 또한
당시 최씨 무인정권과의 밀접한 유착관계를 맺고 있던 수선사가
활발하게 서적 출간하고 있는 점106)과 분사대장도감 중의 하나인

---

104) 한편 一然, 夢如, 그리고 志謙의 관계에 대해서는 다음의 논고에서 이
　　미 다루어진 바 있다. 민영규, 1984, 「一然重編 曹洞五位 重印序」
　　『학림』 6, 연세대.
105) 남권희, 1997, 앞의 논문, 33∼36쪽.

진주 및 남해와 지리적으로 가깝다는 점을 고려해 보면 그 彫成 空間은 官署工房 및 신설공방이나 사원 중 하나로 짐작된다.

각성되어야 할 경전의 규모와 교정업무와 사업에 필수적인 물적 조달은 두 도감에서 맡아 진행하고, 판각의 기능은 조성 공간 중의 일부인 각 사원에서 그 업무를 分掌받아 추진하였기 때문에 각종 경전은 계속적으로 조성될 수 있었다. 사원의 각성사업 참여는 기존의 승려나 사원조직이 결합되어 일정한 조직 체계를 구축하여 적극 참여하였을 것이다. 이는 比丘 '孝兼', '惠歸', 大師 '釋光', 三重大師 '文光' 등이 승려라는 점에서 확인된다.

사원의 각성사업 동참은 조성기구인 대장도감과 분사대장도감 체제 하에서 운영되었을 것이다. 특히 계수관은 각 지역 소재의 사원을 중심으로 그 산천의 형세 및 토착세력의 상황까지 파악하였고, 지방관－승록사－도평의사사－국왕으로 이어지는 통제망을 갖추고 있다. 사원은 國家·州·府·郡·縣의 裨補寺院으로 파악되면서 지방행정 체계와 함께 敎權的인 체계를 갖춘 이원적인 통치조직을 구성하고107) 있다.

물론 당시 비보사원의 기준으로 사원을 통제해 가는 것은 최씨 무인정권의 일관된 對寺院政策과도 밀접한 관련이 있을 것이다.108) 즉 고종 17년 최이가 五道按察使를 통하여 각 도의 禪敎사원의 창건 年月과 그 사원의 관련 기초 조사를 일제히 실시하여 籍을 만들었다는 기록109)은 행정조직 특히 界首官 단위가 불교계의

---

106) 이와 관련하여 최연주, 2005, 「修禪寺와 강화경판 ≪고려대장경≫ 彫成」『大丘史學』 81 참조.
107) 한기문, 1994, 『高麗時代 寺院의 運營基盤과 願堂의 存在樣相』, 경북대 박사학위논문, 15쪽.
108) 김광식, 1995, 『高麗武人政權과 佛敎界』, 민족사, 194～195쪽.
109) 『三國遺事』 권4, 寶壤梨木. "又庚寅年 晉陽府貼五道按察使 各道禪敎寺院始創年月形止 審檢成籍時 差使員東京掌書記李僖審檢記載".

통제와 밀접하였음을110) 보여준다. 이것은 중앙과 지방 官署 및 사원이 모두 판각 조직과 능력을 보유하고 있다는 점, 현종대의 玄化寺 창건 佛事나 대장경 印板과 관련된 成造都監의 조직체계가 敎俗의 이원적 형태였다는 점,111) 그리고 앞서 언급한 바와 같이『南明泉和尙頌證道歌事實』3권의 조성이 지방 관인과 승려의 협조체제에서 조성되었다는 점에서112) 그 개연성이 높다.

또한 선종대 부인사장 대장경이 특정 사원에서만 조성된 것이 아니라 興王寺를113) 비롯한 開國寺114)·歸法寺115) 등에서 잇달아 간행되었다. 이는 당시 대장경판의 조성이 단일적인 조직기구에 의해서 이루어졌던 것이 아니라, 각 사원 단위로 분산·복합적으로 이루어지고 있음을 의미한다. 즉 당시의 주요 사원들은 대부분 경판을 조성할 수 있는 독자적 체계를 갖추고 있음을 보여준다.116)

앞서 살펴 본 바와 같이『小字 金剛般若波羅密經』,『大字 金剛般若波羅密經』,『大方廣佛華嚴經疏演義鈔』,『大方廣佛華嚴經疏』의 간행에 참여한 '釋光'은 刻字僧이었다. 또한『合部金光明經』권3에 참여한 각성인과 천태종 계열의『圓覺類解』·『弘贊法華傳』,『法華文句幷記節要』에 참여한 각성인, 그리고 선종 계열의 禪籍인『禪門三家拈頌集』에 참여한 '正安', '有立', '存植' 등도 刻字僧으로 보여진다. 이를 통해 당시 주요 사원에서 활동한 學僧117)을

110) 한기문, 1992,「高麗時代 寺院의 編制와 統制」『韓國佛敎文化思想史』(上), 가산이지관스님화갑기념논총위원회, 741쪽.
111) 한기문, 1995, 앞의 논문(『한국중세사연구』2), 201쪽 및 207쪽.
112) 최영호, 1995,「『江華京板 高麗大藏經』邊界線 소재 인명의 판각사업 참여형태」『한국중세사연구』2, 178~179쪽.
113)『高麗史』권10, 선종 4년 2월 갑오. "幸開國寺 慶成大藏經".
114)『高麗史』권10, 선종 4년 3월 기미. "王 如興王寺 慶成大藏殿".
115)『高麗史』권10, 선종 4년 4월 경자. "幸歸法寺 慶成大藏經".
116) 김윤곤, 2002, 앞의 책, 49~53쪽.
117) 한편 국립중앙도서관, 1970,『선본해제』Ⅰ, 88쪽에 따르면 희종 1년

비롯한 刻手 및 刻字僧들은 강화경판 각성사업에 적극 참여하였다고 할 수 있다.

각수, 각자승, 학승의 참여 배경에는 모순된 현실의 직시와 항몽의식이 내포되어 있다. 많은 승려들의 각성사업 참여는 외적의 침략으로 말미암아 민족적 수난기에 처한 현실을 고뇌하고 이러한 위기상황을 적극적인 현실참여를 통하여 극복하고자 함이다. 즉 이권이나 혹은 종권의 쟁탈전을 벌려 온 승려가 아니라, 외적의 침입으로 야기된 민족적 수난을 각성사업 참여를 통하여 극복하고 民들과 아픔을 함께 나누어 공동체사회를 구현하고자 하였던 것이다. 결국 이들은 개인적 영달을 추구하거나 안일만을 바란 것은 아니었다.118) 이들의 현실참여는 실의에 빠진 수많은 고려민들에게 희망을 고취시켜 주는 하나의 활력소가 되었으며 고려민들의 각성사업 동참 계기를 마련하였다.

더욱이 강화천도로 인해 개경 중심의 사찰은 약화되고 수선사나 백련사 같은 지방의 사찰들이 새로운 중심으로 발돋움하게 되어 불교의 성격이나 내용에도 질적인 변화를 초래하였다. 또한 불교계의 지도자도 왕실이나 중앙 귀족에서 지방향리나 독서층 출신으로 바뀌게 되었다.119) 이러한 변화 속에서 刻字僧이나 學僧 등은 民들의 저항의식과 그 분노가 몽고 침입을 계기로 민족적 의식이

에 출간된 『玄中銘序』의 序文에 보면 譯註는 宗湛이 담당하였다고 한다. 만약 江華京板 각성사업에 참여한 '宗湛'과 만약 동일인이라 한다면 學僧의 참여 사례에 포함될 수 있을 것이다. 참고로 '宗湛'은 고종 26년, 28년부터 32년까지, 총 6년간 대장도감과 분사대장도감에서 활동하면서 대장도감에서 206장, 분사대장도감에서 27장, 無刊記 4장 등 총 240장을 각성하였다.

118) 김윤곤, 2002, 앞의 책, 229~232쪽.
119) 진성규, 1996, 「무신정권기 불교계의 변화와 조계종의 대두」 『한국사』 21, 국사편찬위원회, 17쪽.

보다 심화되고 있는 것을 인식하고 자기 역사와 전통에 대한 새로운 인식을 하게[120] 되었던 것이다. 따라서 이들의 참여는 고려 불교의 창조적 발전을 꾀하고 외세의 침략과 야만적인 파괴로부터 조국과 문명을 수호하려는[121] 反蒙抗戰의 또 다른 표현이었다.

결국 강화경판의 조성 주도 세력과 참여 각성인들의 의식은 서로 교감되어 있었을 것이며, 각성사업을 계기로 왕정복고의 분위기는 더욱 심화되어 무인정권을 종식시키는 요인이 되었을 것이다. 각성사업은 특정 계층의 정치적 야심이나 실익을 따져 착수된 사업이 아니라, 당시 모든 고려민들의 현실 직시를 바탕으로 한 염원과 실천을 담은 대몽항쟁의 소산물이다. 또한 외세에 의해 국권을 상실할 수도 있다는 위기감이 각성사업에의 적극적이고 자발적인 참여 및 실천으로 이어졌던 것이다.

---

120) 김태영, 1983, 「三國遺事에 보이는 一然의 歷史認識에 대하여」 『韓國의 歷史認識』(上), 창작과 비평사.
121) 이우성, 1983, 「高麗中期의 民族敍事詩」 위의 책.

結 論

　본 연구는 13세기 중엽에 조성된 강화경판의 각성인 참여 실태와 그 형태를 검토하면서 각성사업의 전개 양상과 조성기구의 성격 및 운영 체제를 살펴보고자 한 것이다. 아울러 각성 사업의 변화와 각성인의 활동 양상에 대해서도 규명하고자 하였다. 지금까지 검토한 내용을 요약 정리하면서 결론으로 삼고자 한다.

　제1장에서는 강화경판 조성 전후 시기에 출간된 서적의 유형과 그 장소에 대하여 검토해 보았다.

　經史類를 비롯한 각종 서적의 출간과 보급 및 보관의 정점에는 국가가 직접 관여하고 있는 것으로 파악된다. 이는 국가 행정력을 통해서 서적을 편찬·보급시키고자 하는 의도가 내재되어 있다. 그 절차를 정리해 보면 중앙은 교감 등과 같은 정책적 업무를 담당하였고, 지방은 서적의 조판 등과 같은 실무적 업무를 맡았다. 완성된 板本은 다시 중앙으로 보내져 인쇄하여 보급하는 방식을 취하고 있다. 이러한 과정은 국정을 바로 세우고 對民 통치체제를 확립하는데 크게 기여하였으며, 왕명 또는 국가 주도에 의해 지방의 人的·物的 기반이 동원되었음을 보여준다.

　고려시대에 출간된 불교 서적들은 고려가 보유하고 있던 높은 교학적 수준을 계승하고 있었으며, 호국적 성격이 강한 경전들이었다.

이런 불교 서적의 간행에는 지배층은 물론 다양한 계층이 적극적인 동참을 하고 있었다. 그래서『金光明經』,『仁王經』등의 불교 경전은 물론, 각훈의『海東高僧傳』등도 출간되었던 것이다. 특히 대몽항쟁기에 출간된 불교 서적은 佛力으로 몽고군을 물리치고자 하는 종교적 기원도 있었지만, 왕권 회복을 염원하고 실천하고자 하는 의지를 표명한 현실인식도 아울러 담고 있다.

대몽항쟁기의 각종 서적의 출간 성격과 각성사업의 추진 배경에는 국왕을 정점으로 반외세력인 몽고군을 격퇴시키고, 이를 바탕으로 왕정복고를 이루고자 하는 시대적 분위기가 적극 반영되어 있다. 그것은『東坡文集』의 출간을 통해 확인할 수 있다.『동파문집』은 대몽항쟁 과정에서 흩어진 민심을 추스르고, 언제 닥쳐올지 모르는 몽고군과의 결사항전 분위기를 조성하고자 출간하였다. 또 국왕의 允許를 통해 출간하면서 전주 인근 지역민들의 적극적인 동참을 유도하였을 것이다. 이는 당시의 현실 인식과 시대적 요구를 전제로 하고 있었던 것으로 강화경판의 刊記에 새겨진 '奉勅彫造'의 표명과도 서로 상통하는 것이다. 즉 高麗國 황제의 위상을 높임으로써 당시 광범위하게 존재하고 있었던 왕정복고 세력들이 각성 사업에 참여하는 계기를 마련하였다.

당시 民의 상당수는 抗蒙 전선에 적극 참여하지 않았지만, 강화경판을 비롯하여 각종 서적의 출간을 통해 이민족을 물리치고자 하는 염원은 한결같았다. 대몽항쟁기 각종 서적의 출간이 강화경판 각성 사업의 전개와 상호 밀접한 연관성을 갖고 있음을 말한다.

한편 고려 전기부터 축적되어 온 수공업의 발전과 출판 기술은 전국의 주요 지방과 사원에서 工匠과 같은 고도로 숙련된 전문인들이 있었기에 가능하였다. 지방 및 주요 사원에서는 각종 서적을

適期에 출간할 수 있는 인적·물적 체계가 상당한 수준까지 확보되어 있고, 각 教俗 간의 긴밀한 협조 및 지원 체계도 마련되어 있다. 이 점은 각성사업의 인적·물적 토대가 되어 그 전개과정에서 핵심적인 기능을 담당하였다. 강화경판은 당시 중앙과 지방, 그리고 사원에서 활동하고 있던 刻手·校勘者 및 學僧 등 각 분야의 전문가들의 적극적인 참여를 통해 이루어진 산물인 것이다. 따라서 각성사업은 고려 전기부터 축적되어 온 서적출간의 기술과 체계를 적극 활용하면 인쇄술을 계승·발전시킨 것으로 볼 수 있다.

제2장에서는 강화경판 조성기구인 大藏都監과 分司大藏都監 운영 체계에 대하여 살펴보았다. 대장도감은 宰樞會議의 결정에 따라 설치되었는데, 宰樞들과 협의를 거쳐 설치된 도감은 다른 관청에 예속되지 않고 재정적으로 독립성을 유지하면서 탄력적으로 운영되었다. 재정의 독립은 그 업무처리에 있어서도 독자성을 확보할 수 있는 것이다. 이는 국가의 행정적 조직이 동원될 수 있는 바탕이 되었고 당시 최씨 무인정권의 갈등 세력들이 각성사업에 적극 동참하는 계기가 되었다.

대장도감의 설치가 公的인 협의체 형식으로 운영되면서 그에 따르는 재정적 부담은 국가의 재원으로 일부 충당되었지만, 당시 제반 여건으로 보아 강화정부에서 막대한 경비를 부담한다는 것은 다소 무리가 있었을 것이다. 그래서 집권층을 중심으로 개인적 차원의 喜捨 내지는 分擔을 통하여 경비의 일부를 마련하고자 하였을 것이다. 즉 최씨 무인정권과 鄭晏은 사재를 시납하여 각성사업이 원만히 이루어질 수 있도록 하였던 것이다.

다음 분사대장도감은 그 기구의 위상과 체계에 대해 살펴보았다. 분사대장도감의 職制는 지방 행정조직의 체계를 활용하였다. 고종 35년에 분사대장도감에서 간행된 『南明泉和尙頌證道歌事實』과 고종 38년 분사대장도감에서 간행된『東國李相國集』및 공민왕 3년에 간행된『拙稿千百』등의 직제를 비교 검토해 본 결과 각종 서적을 간행하는 체계가 대등하게 드러난 것에서 알 수 있다.

지방 행정 조직을 활용한 분사대장도감은 안찰사가 그 책임자로서 職任을 수행하고, 그 아래 부사가 실무적 업무를 관장 및 총괄하는 중책을 담당하였다. 그리고 실질적 판각을 위해서 간사—교감—필사자—刻手로 체계를 갖추었다. 특히 간사직을 담당하는 요원은 지방관원이나 승려들이 그 임무를 수행하고 있었다. 이는 국가의 행정조직과 사원조직의 업무 추진에 따른 상호간의 충돌 방지와 사업의 원활한 진행을 위함이다.

방대한 규모의 각성사업 및 인경작업을 위해서는 전국적인 체제 운영과 조직망의 구축이 절실하였다. 당시 대장경 등의 조판과 印經에 필요한 각종 물자는 전국적인 체제를 통해 조달되고 있었고, 지방의 행정 조직체계가 동원되고 있는 것으로 보아 분사대장도감 역시 전국적인 조직체계로 진행될 수밖에 없었을 것이다. 그리고 현존하는 강화경판 판본의 재질이 우리나라 전역에서 자생하는 樹種으로 전국적으로 조달이 가능한 것이기 때문에 남해와 같은 특정 지역이 아니라 전국에서 경판 판본을 수급 및 조달하였을 가능성이 매우 높다. 이는 각성사업에 필요한 판본의 수급 및 조달이 용이한 지역을 중심으로 분사대장도감이 설치 및 운영되었음을 말해준다.

또한 고승, 학승을 비롯한 불교계와 해당 경전 및 내용에 뛰어난 지식을 소유한 민간의 儒佛學 지식인들도 각성사업에 적극 참여하였다. 그 예로 守其를 비롯한 30여 명의 학승과『南明泉和尙頌證道歌事實』의 擧上人, 그리고 內道場의 殿主이자 흥왕사의 敎學僧 統 天其 등과 같은 학승들과 전문가들이 그 업무를 분담하여 강화경판을 校勘하였다. 그 밖에 민간의 전문 刻手는 물론 刻字僧들도 적극 참여하였다.

한편 대장경의 彫成 및 印經 작업은 철저한 분업체계를 통해 추진되고 있었다. 강화경판 각성사업의 기획·총괄 업무 기능이나 판각해야 할 경전의 적정 분담은 대장도감에서 주로 담당하고, 경판 조성을 위한 물자와 노동력 등을 조달하는 업무는 분사대장도감에서 분담하였다. 또한 民들의 동참요구를 수용하고, 그들의 적극적인 참여를 유도하기 위하여 분사대장도감에 판각 기능을 부여하였다.

각성사업의 원활한 추진을 위해 기존의 시설 중 업무를 충분히 수행할 수 있는 장소 및 지역을 중심으로 彫成 空間이 설치·운영되었는데, 界首官이 파견된 지역의 官署工房과 新設工房, 그리고 사원 등이 그 역할을 수행하였다. 결국 대장도감과 분사대장도감은 각종 정책적·실무적 직무를 수행하는 公的 기구였고, 그 산하의 조성 공간에서는 실질적인 판각업무를 수행하였을 것이다. 즉 정책적·행정적 기능을 가진 대장도감을 정점으로 여러 분사대장도감의 분산·설치를 통해 제반 문제점을 해소시키고, 경판의 원활한 조성을 위해 여러 조성 공간을 두어 업무 分掌을 체계적으로 도모하였다.

제3장에서는 강화경판 각성사업의 전개 양상과 각 도감별 각성인의 활동 양상에 대하여 검토해 보았다. 강화경판에서는 총 27,000여 명의 刻成人이 조사되었다. 연도별 조성된 경판을 기준으로 재분류하고, 조사된 각성인의 동일인 여부 등을 정리해 본 결과 총 5,660여 명이 참여하였다. 대장도감에서는 판각량과 각성인의 참여 비율이 각각 일정한 추이를 보이고 있는 반면, 분사대장도감은 그 비율이 일정하지 않고 각 연도별 편차도 심했다. 이는 분사

대장도감의 각성사업 체계가 대장도감과는 다소 다르게 운용되고 있었음을 나타낸다. 분사대장도감이 대장도감보다도 상대적으로 신참여 각성인의 비율이 낮은 것은 기존의 각성인이 많이 구성되었기 때문이다. 즉 대장도감에서 활동하던 각성인이 분사대장도감 사업에 적극 참여한 것이다.

그리고 각성사업은 각 도감의 실정에 맞게 탄력적으로 운영되었다. 각성사업 16년 동안 판각량과 각성인의 수치가 일정치 않다는 점, 판각량과 각성인의 연도별 추이나 그 비율이 일정하게 정형화된 비율이 없다는 점, 그리고 각 연도별로 신참여 각성인의 비율이 일정하지 않다는 점에서 미루어 볼 수 있다. 대장도감과 분사대장도감은 획일적이고 동일한 운영 체계를 갖춘 것이 아니라, 각 도감이 독자적인 운영 체계를 갖추고 있으면서 각 도감 산하의 조성 공간과 긴밀한 협조 체계를 구축하였다. 또한 경판 조성에 있어서 공간의 안전성을 확보하고, 조성된 경판 보존을 위한 제반 문제점을 해소시키기 위해 특정 지역이 아닌 다양한 조성 공간에서 각성사업 초기부터 전개하였다.

각성인의 도감별 활동은 대장도감에만 참여한 경우와 분사대장도감에만 참여한 경우, 대장도감과 분사대장도감의 두 도감 참여한 경우로 구분된다. 주지하다시피 각성사업은 고종 24년부터 29년까지는 대장도감에서만 전개되었다. 그리고 고종 30년 이후에는 분사대장도감과 함께 이원체제로 전개되었다. 이에 강화경판 6,807권을 도감별로 분류 조사해 본 결과 각성사업 초기에는 권별 분담방식과 공동 참여방식으로 이원화되어 진행되다가, 분사대장도감에서 경판이 조성된 고종 30년 이후에는 공동 참여방식으로 이루어졌다. 이 같이 각성인의 참여 방식에 따라 사업의 운용은 변화되었고, 각성인의 활동 양상에도 상당한 변화를 가져왔다.

　분사대장도감에서 활동한 각성인 중 신참여 각성인을 제외한 나머지 각성인을 살펴본 결과, 고종 24년부터 30년 이전에는 대장도감에서 활동한 자들이 주축이 되어 각성사업을 전개하였다. ‘金升’을 비롯한 총 50여 명은 대장도감과 분사대장도감에서 동시에 활동한 것으로 조사되었는데, 이들 각성인의 공통점은 두 도감에서 활동하면서 6년 이상 사업에 참여하였고 그 각성량도 상당하였다. 이는 대장도감과 분사대장도감이 상호 긴밀한 협력 체제 속에서 인적 자원을 공유하였기 때문에 가능한 것으로 파악된다.

　동일 경전이 동일 연도에 대장도감과 분사대장도감에서 分刻된 경우는 총 23종 676권 중 600권이다. 그 시기는 고종 30년부터 33년까지 4년이며, 고종 30년 및 31년에 각각 300권과 258권으로 집중되어 있다. 이 중에서『中阿含經』과『摩訶僧祇律』의 참여 각성인을 조사해 본 결과 두 도감에서 활동한 각성인은 각각 64명·46명으로 이들이 최대 12종의 경전에서 최소 4종의 경전에 중복되고 있는 것으로 미루어 보아 단순한 중복이 아니라는 것을 알 수 있다. 다시 말하면 분사대장도감에서는 單卷내지 卷次가 소량인 경우만 조성되었고, 그 밖의 경전은 대장도감과 분사대장도감에서 동시에 조성되었으며 그 시기 역시 동일 연도가 대부분이었다. 이 같은 조성 실태는 두 도감이 적극적으로 연계되어 있음을 재확인시켜준다.

　결국 각성사업은 강화경의 대장도감과 전국적인 조직체계를 갖춘 분사대장도감, 그리고 각 도감 산하의 彫成 空間에서 전개되었다. 그리고 같은 연도에 두 도감에서 分刻된 경전의 조성에서 각성인의 분포가 혼재되어 나타난 것을 미루어 보아 조성 공간은 인접 장소 내지는 동일한 공간이었으며 대장도감과 분사대장도감에서 동시에 그 업무를 分掌받아 조성하였을 것이다.

제4장은 강화경판의 각성인 추이와 그 양상을 검토하고, 당시 조성된 강화경판 이외의 불교 서적 간행에 참여했던 이들과 강화경판 각성인을 상호 비교해 보았다. 강화경판의 각성인 총 27,000여 명을 분석해 본 결과 각성사업 14년간 연인원 5,667명이 참여하였고, 도감별로는 대장도감에 3,154명, 분사대장도감에는 1,807명, 刊記가 없는 경판에서 706명 등이 조사되었다. 이를 토대로 참여 각성인의 인명표기 형태를 同一人, 異體字, 同名異人 등으로 재분류한 결과 각성인은 총 1,750여 명으로 분류되었다. 또한 대장도감에서만 각성사업이 진행된 고종 24년부터 29년까지 총 1,314명의 각성인이 참여한 것에 비해, 두 도감에서 동시에 진행된 고종 30년부터 35년까지는 대장도감에서만 총 1,836명, 분사대장도감에는 1,798명 등으로 분사대장도감에서 그 판각량에 비해 각성인의 참여가 많다.

각성사업 초기에는 운영체계나 人的·物的 지원이 충분히 확보되지 않았기 때문에 실무적 능력이 있는 자들을 중심으로 구성할 수밖에 없었을 것이다. 6년 이상 사업에 참여한 각성인을 중심으로 분석해 본 결과 대장도감에서만 장기간 활동한 각성인, 그리고 두 도감에서 장기간 활동한 각성인은 그 참여 형태가 다양하고 각성량이 많은 점으로 보아 각성사업에 주도적인 역할을 담당하였다. 특히 전문 刻手로 보여지는 각성인 170여 명이 경판의 약 25%를 각성한 점으로 미루어 보아 이들의 능력을 충분히 짐작할 수 있다.

한편 13세기 중엽의 불교 서적과 소위 '海印寺寺藏本'의 경전에서 조사된 각성인 30여 명을 통해서 당시 각성인들이 어떠한 활동을 전개하였는지 살펴보았다. 그 결과 筆寫者, 刻手, 刻者僧 등의 각성인은 대장도감과 전국의 주요 지역에 조직된 분사대장도감 산하의 여러 조성 공간 중에서 활동하면서 江華京板 이외 경전 조성에도 참여한 것으로 보여진다. 이들의 활동 양상을 검토해 본 결과 각성사업은 폐쇄적으로 운영된 것이 아니라 다양한 경로를 통해 진행되었음을 알 수 있다.

특히 30여 명의 각성인 각성활동은 개인에 따라 다소 차이가 있으나 매우 적극적으로 강화경판을 각성하고 있다. '釋光'의 경우 고종 15년의『小字 金剛般若波羅密經』과 고종 24년의『大字 金剛般若波羅密經』, 그리고 강화경판에 입장되어 있는 고종 25년의『金剛般若波羅密經』등 3종의 경전 조성에 참여하고 있는 것으로 확인된다. 즉 각성사업 초기부터 해당 경전에 해박한 지식을 가진 승려, 또는 해당 경전을 각성한 경험이 있는 승려 및 전문 刻手를 적극 활용한 것으로 추정된다.

그 밖에 13세기 중엽에 간행된 것으로 추정되는『圓覺類解』,『弘贊法華傳』,『法華文句幷記節要』및『合部金光明經』의 참여자로 '成呂', '正安', '有立', '存植'이 있고, 고종 33년에 출간된『禪門三家拈頌集』의 참여자로는 '正安', '孫昌', '有立' 등이 있었다. 이들 중 '正安', '有立'은 동일인으로 판단된다. 특히 4종의 경전에 참여한 사람들은 강화경판 각성인들로서 그 참여 시기가 특정 연도가 아니었으며, 이들의 활동 시기는 다양하게 조사되었다.

이들이 사업 초기부터 활동하던 각성인이라는 사실을 고려해 보면, 대장도감이나 분사대장도감에서 그 업무를 분장받아 官署工房 및 신설공방이나 사원 등 근거리에 위치한 장소에서 활동하고 있었던 것으로 보여진다. 즉 이들은 강화경판 각성 활동 중에 또다른 불교 서적을 판각한 것이다. 따라서 당시 각성인은 전국의 주요 거점 지역에 흩어져 있거나, 조직된 도감 산하의 여러 官署工房 및 신설공방이나 사원에서 활동하면서 강화경판 이외의 경전 조성에도 참여한 것으로 파악된다.

또한 각성인 중에는 刻字僧이나 學僧들이 많이 보이는데 이들은 불교계의 변화를 능동적으로 수용하면서, 민족적·국가적 사업에 적극 동참함은 물론 외세의 침략으로부터 조국을 지키고자 하였다. 결국 각성사업에 동참한 民들은 외세에 의해 국권을 상실할 수도 있다는 위기감과 모순된 현실 극복을 위해 적극적이고 자발적인 참여와 실천으로 이어졌던 것이다.

이상에서 강화경판의 彫成과 刻成人을 분석해 보았다. 강화경판 각성사업에 참여하였던 당시 民들은 對蒙抗爭의 조기종식과 王政復古를 위한 현실 직시를 바탕으로 민족과 국가를 수호하기 위해 사업에 참여하였다. 이러한 현실적 실천은 보다 견고한 抗蒙戰線을 구축하는데 기여하였고, 왕정복고의 분위기는 더욱 심화되어 무인정권을 종식시키는 요인이 되었을 것이다.

그리고 강화경판 각성사업 운영체계는 지방의 역할 분담에 그 비중을 두고 있으므로, 향후 지방 세력의 재편 및 사회 변화에 많은 영향을 미쳤을 것이다.

참고문헌

1. 史料

『高麗大藏經』,『高麗名賢集』,『高麗史』,『高麗史節要』,『東國李相國集』,
『東文選』,『動安居士集』,『牧隱詩藁』,『補閑集』,『三國史記』,『三國
遺事』,『西河集』,『新增東國輿地勝覽』,『帝王韻紀』,『朝鮮王朝實錄』,
『朝鮮寺刹史料』,『濯纓全集』,『韓國佛敎全書』3-5,『海東高僧傳』.

김윤곤 편, 2001,『高麗大藏經 彫成名錄集』, 영남대출판부.

이기백 편, 1993,『韓國上代古文書集成』, 일지사.

이지관, 2000,『校勘譯註 歷代高僧碑文』고려편 1∼3, 가산불교문화연
　　　　구원.

조명기, 1985,『曉城先生八十頌壽 高麗佛籍集佚』, 동국대출판부.

허흥식 편, 1984,『韓國金石全文』中世(上·下), 아세아문화사.

허흥식 편, 1995,『韓國中世社會史資料集』, 아세아문화사.

2. 單行本

고려대장경연구회, 1989,『高麗大藏經 연구자료집』Ⅱ, 해인사.

고영섭, 2002,『한국불학사―高麗時代編』, 연기사.

고익진, 1987,『韓國撰述佛書의 研究』, 민족사.

구산우, 1995,『高麗前期 鄕村支配體制 研究』, 부산대 박사학위논문.

국립국어연구원, 1991,『우리나라 漢字의 略體 調査』, 국립국어연구원.

국립국어연구원, 1994,『東洋 三國의 略體字 比較 研究』, 국립국어연
　　　　구원.

국립중앙도서관편, 1970,『선본해제』Ⅰ, 국립중앙도서관.

권희경, 1986,『高麗寫經의 研究』, 미진사.

김건곤 편, 1997,『金克己遺稿』, 한국정신문화연구원.

김광식, 1995,『高麗 武人政權과 佛敎界』, 민족사.

김달진 역, 1990,『보조국사전서』, 고려원.

김달진 역, 1993,『眞覺國師語錄』, 세계사.

김당택, 1989,『高麗武人政權 硏究』, 새문사.

김당택, 1999,『高麗의 武人政權』, 국학자료원.

김두종, 1980,『韓國古印刷技術史』, 탐구당.

김삼룡, 1987,『高麗彌勒信仰의 展開』, 동화출판공사.

김상기, 1989,『新編 高麗時代史』, 서울대출판부.

김상호, 1990,『朝鮮朝 寺刹板 刻手에 대한 硏究』, 성균관대 박사학위
　　　　논문.

김열규·신동욱 외, 1986,『李奎報硏究』, 새문사.

김영수, 2002,『朝鮮佛敎史』, 민속원.

김윤곤, 2001,『한국 중세 영남불교의 이해』, 영남대출판부.

김윤곤, 2001,『한국 중세의 역사상』, 영남대출판부.

김윤곤, 2002,『고려대장경의 새로운 이해』, 불교시대사.

김종명, 2001,『한국 중세의 불교의례』, 문학과 지성사.

김충렬, 1998,『韓國儒學史』1, 예문서원.

김형우, 1992,『고려시대 국가적 불교행사에 대한 연구』, 동국대 박사
　　　　학위논문.

김호동, 2003,『고려무신정권시대 文人知識層의 현실대응』, 경인문화사.

남인국, 1999,『高麗中期 政治勢力硏究』, 신서원.

남풍현, 1981,『借字表記法硏究』, 단국대출판부.

동국대박물관·강화군, 2003,『史蹟 259號 江華 禪源寺址 發掘調査報
　　　　告書』Ⅰ, 동국대.

리철화, 1996,『조선출판문화사』, 한국문화사.

문형만, 1986,『高麗諸司都監各色硏究』, 제일문화사.

문화부, 1989～1994,『동산문화재지정보고서』, 문화부.

민병하, 1990,『高麗武人政權 硏究』, 성균관대출판부.

민영규, 1997,『사천강단』, 민족사.

박상진, 1999,『다시 보는 팔만대장경판이야기』, 주)운송신문사.

박용운, 1988,『高麗時代史』上・下, 일지사.

박진효 외 역, 2002,『한글대장경 高麗國新雕大藏校正別錄』, 동국역경원.

불교방송학술연구단・남해군, 1994,『南海分司都監 關聯基礎調査 報
        告書』, 불교방송.

서윤길, 1994,『高麗密敎思想史硏究』, 불광출판사.

손진태, 1986,『國史大要』, 을유문화사.

신안식, 2002,『高麗 武人正權과 地方社會』, 경인문화사.

오용섭, 1994,『「高麗新雕大藏經」後刷考』, 중앙대 박사학위논문.

유탁일, 2001,『嶺南地方出版文化論考』, 세종출판사.

윤병태, 1972,『韓國書誌年表』, 한국도서관협회.

윤용혁, 1993,『高麗對蒙抗爭史硏究』, 일지사.

윤용혁, 2000,『高麗 三別抄의 對蒙抗爭』, 일지사.

이병훈 역, 1987,『海東高僧傳』, 을유문화사.

이우성, 1991,『韓國中世社會硏究』, 일조각.

이재창, 1982,『佛敎經典槪說』, 동국대출판부.

이재창, 1993,『韓國佛敎史의 諸問題』, 우리출판사.

이 정, 1993,『韓國佛敎 人名辭典』, 불교시대사.

이지관, 1993,『韓國佛敎所衣經典硏究』, 가산불교문화연구원.

이창섭・최철환 역, 2002,『重編曹洞五位』, 대한불교진흥원.

임석진, 1965,『松廣寺誌』, 불일출판사.

장휘옥, 1991,『海東高僧傳』, 민족사.

정량모・진화수, 1992,『高麗陶瓷銘文』, 국립중앙박물관.

정승석 편, 1989,『佛典解說事典』, 민족사.

정승석 편, 1998,『高麗大藏經 해제』1~6권, 고려대장경연구소.

정필모, 1990,『高麗佛典目錄硏究』, 아세아문화사.

조명기, 1982,『高麗大覺國師와 天台思想』, 경서원.

조명기, 1989,『韓國佛敎史學論集』, 민족사.

조명제, 2000,『高麗後期 看話禪의 受用과 展開』, 부산대 박사학위논문.

진현종, 1998,『한권으로 읽는 팔만대장경』, 들녘.

채상식, 1991,『高麗後期佛敎史硏究』, 일조각.

천혜봉, 1980,『羅麗印刷術의 發達』, 경인문화사.

천혜봉, 1990,『韓國典籍印刷史』, 범우사.

최법혜, 2001,『고려판 선원청규 역주』, 伽山佛敎文化硏究院.

최영호, 1996,『江華京板『高麗大藏經』刻成事業의 硏究』, 영남대 박사학위논문.

최중호, 2005,『고려시대 음운 체계 연구』, 동의대 박사학위논문.

한국불교연구원, 1988,『松廣寺』, 일지사.

한국불교연구원, 1997,『金山寺』, 일지사.

한국불교종단협의회, 1993,『북한사찰연구』, 사찰문화연구원.

한기문, 1994,『高麗時代 寺院의 運營基盤과 願堂의 存在樣相』, 경북대박사학위논문.

한기문, 1998,『高麗寺院의 構造와 機能』, 민족사.

해인사, 1963,『海印寺誌』, 해인사.

허흥식, 1990,『韓國中世佛敎史硏究』, 일조각.

허흥식, 1995,『眞靜國師와 湖山錄』, 민족사.

허흥식, 1996,『韓國佛敎史硏究』, 일조각.

황수영·문명대, 1977,『江華島學術調査報告書』 1책, 동국대.

前間恭作, 안춘근 편역, 1985,『韓國板本學』, 범우사.

3. 論文

강진철, 1981,「對蒙抗爭」『한국사』 7, 국사편찬위원회.

권희경, 1996,「韓國寫經 書體와 書者에 관한 연구」『서지학연구』 12.

김갑주, 1990,「高麗大藏都監 硏究」『不聞聞』 창간호.

김광철, 1987,「麗蒙戰爭과 在地吏族」『부산사학』 12.

김광철, 1998,「高麗後期 都評議使司硏究」『한국중세사연구』 5.

김광철, 1999,「회고와 전망」『歷史學報』 163.

김당택, 1980,「高麗 穆宗 12年의 政變에 대한 一考」『한국학보』 18.

김상영, 1993,「일연과 재조대장경 보판」『중앙승가대학 논문집』 2.

김상현, 1976, 「고려시대의 호국불교연구 - 금광명경신앙을 중심으로 - 」 『학술논총』 1, 단국대.

김완진, 1973, 「特異한 音讀字 및 訓讀字에 대한 연구」 『동양학』 3, 단국대.

김윤곤, 1981, 「삼별초의 대몽항전과 지방군현민」 『동양문화』 20·21합집, 영남대.

김윤곤, 1988, 「羅麗郡縣民 收取體系와 結負制度」 『민족문화논총』 9, 영남대.

김윤곤, 1990, 「高麗大藏經의 彫成機構와 刻手의 性分」 『民族史의 展開와 그 文化』(上), 창작과 비평사.

김윤곤, 1993, 「강화경판 高麗大藏經의 체계에 대한 一考」 『釜山女大史學』 10·11합집.

김윤곤, 1993, 「『高麗大藏經』의 刻板과 국자감시 출신」 『國史館論叢』 46, 국사편찬위원회.

김윤곤, 1995, 「『大般若經』의 刻成과 反蒙抗戰」 『한국중세사연구』 2.

김윤곤, 1997, 「대장경의 조성」 『고려시대사강의』, 늘함께.

김윤곤, 1997, 「高麗國 分司大藏都監과 布施階層」 『민족문화논총』 16, 영남대.

김윤곤, 1997, 「고려대장경의 東亞大本과 彫成主體에 대한 考察」 『석당논총』 24, 동아대.

김윤곤, 1998, 「江華京板 『高麗大藏經』 內·外藏의 특징」 『민족문화논총』 18·19합집, 영남대.

김윤곤, 1998, 「『高麗大藏經』 조성의 참여계층과 雕成處」 『인문과학』 12, 경북대.

김윤곤, 1999, 「'강화경판 고려대장경' 外藏에 入藏된 『法界圖記叢髓錄』과 『宗鏡錄』의 분석」 『민족문화논총』 20, 영남대.

김윤곤, 2000, 「고려시기 영남지역의 寺院과 그 역할」 『韓國中世史論叢』, 이수건교수정년기념논총 간행위원회.

김윤곤, 2003, 「고려 '國本'대장경의 혁신과 그 내용」 『민족문화논총』 27, 영남대.

김윤곤·김호동, 1886, 「『강화경판고려대장경』 각성활동의 참여계층」
    『한국중세사연구』 3.
김인호, 2000, 「이규보와 최해의 불교인식과 비판론」『한국사의 구조
    와 전개』, 혜안.
김자연, 1985, 「≪팔만대장경≫의 출판문화사적 가치」『력사과학』 1.
김태영, 1967, 「신라 진흥왕대의 信佛과 그 사상 연구」『불교학보』 5,
    동국대.
김태영, 1983, 「三國遺事에 보이는 一然의 歷史認識에 대하여」『韓國
    의 歷史認識』(上), 창작과 비평사.
김호동, 1987, 「高麗 武臣政權時代 地方統治의 일단면」『교남사학』 3,
    영남대.
김호동, 1988, 「『禪門拈頌』과 眞覺國師 慧諶」『민족문화논총』 18·19
    합집, 영남대.
김호동, 1999, 「『續高僧傳』과『大唐西域求法高僧傳』에 입전된 韓國高
    僧의 행적」『민족문화논총』 20, 영남대.
나만수, 1993, 「무신정권기의 국왕과 문신」『한국사』 18, 국사편찬위원회.
남권희, 1997, 「13세기 天台宗 관련 高麗佛經 3種의 書誌的 考察-『圓
    覺類解』,『弘贊法華傳』,『法華文句幷記節要』」『季刊書誌學
    報』 19.
남권희, 1997, 「차자 표기 자료의 서지」『새국어생활』 7-4, 국립국어연
    구원.
남권희, 1998, 「고려 구결본『(合部)金光明經』 권3에 관한 서지적 고찰」
    『서지학연구』 15.
남권희, 2000, 「경주에서 간행된 書籍硏究」『新羅文化』 19, 동국대.
문경현, 1991, 「高麗大藏經 雕造의 史的 考察」『佛敎와 歷史』, 이기영
    박사고희기념논총간행위원회.
문명대, 1976, 「大藏都監 禪源寺址의 發見과 高麗大藏經板의 由來」
    『한국학보』 3.
민영규, 1984, 「一然重編 曹洞五位 重印序」『學林』 6, 연세대.
민현구, 1973, 「月南寺址 眞覺國師碑의 陰記에 대한 一考察」『진단학

보』 36.

민현구, 1978, 「高麗의 對蒙抗爭과 大藏經」『한국학논총』 1, 국민대.

박상국, 1983, 「海印寺 大藏經板에 대한 再考察」『韓國學報』 33.

박상국, 1992, 「大藏都監의 板刻性格과 禪源社 問題」『韓國佛敎文化思想史』(上), 가산이지관스님화갑기념논총간행위원회.

박상국, 1996, 「대장도감과 고려대장경판」『한국사』 21, 국사편찬위원회.

박상진, 1998, 「고려대장경판의 재질로 본 판각지에 대한 고찰」『인문과학』 12, 경북대.

박영제, 1996, 「수선사의 성립과 전개」『한국사』 21, 국사편찬위원회.

박용진, 2003, 「高麗中期 仁王經信仰과 그 意義」『한국중세사연구』 14.

박종기, 2003, 「『韓國文集叢刊』高麗時代 文集에 대하여」『한국학논총』 15, 국민대.

배상현, 1988, 「高麗時代人의 元曉觀과『金剛三昧論經』의 入藏」『백양사학』 15, 신라대.

배상현, 1997, 「『高麗國新雕大藏校正別錄』과 守其」『민족문화논총』 17, 영남대.

배상현, 2003, 「고려시기 晋州牧 지역의 寺院과 佛典의 조성」『대구사학』 72.

변태섭, 1993, 「중앙의 정치조직」『한국사』 13, 국사편찬위원회.

사문경, 1998, 「11세기 후반 慧德王師 韶顯의 金山寺 光敎院 설치와 法相宗」『충남사학』 10.

서윤길, 1977, 「고려의 護國法會와 道場」『불교사학』 14.

정재영, 1998, 「合部金光明經(권3)釋讀口訣의 表記法과 한글 轉寫」『구결연구』 3.

진성규, 1988, 「진각국사 혜심의 생애와 사상」『고려사의 제문제』, 삼영사.

진성규, 1998, 「무신정권기 불교계의 변화와 조계종의 대두」『한국사』 21, 국사편찬위원회.

안계현, 1981, 「大藏經의 雕板」『한국사』 9, 국사편찬위원회.

유영숙, 1986, 「崔氏政權과 曹溪宗」『백산학보』 33.

윤용혁, 1997, 「무인정권과 대몽항쟁」『고려시대사강의』, 늘함께.

윤이흠, 2002, 「고려 종교사상의 특성과 흐름」『고려시대의 종교문화』, 서울대출판부.

이기영, 1975, 「인왕반야경과 호국불교」『동양학』5, 단국대.

이기영, 1976, 「高麗大藏經, 그 歷史와 意義」『高麗大藏經』48, 동국대학교역경원.

이남복, 2005, 「金坵의 反蒙活動과 仕宦生活」『대구사학』78.

이동준, 1993, 「『曹溪眞覺國師語錄』의 구성과 내용상 특성」『보조사상』7.

이병희, 1995, 「高麗 武人執權期 修禪社의 農莊經營」『전농사학』1, 서울시립대.

이병희, 2000, 「高麗時期 僧侶의 緣化活動」『韓國中世史論叢』, 이수건교수정년기념논총간행위원회.

이수건, 1989, 「고려시대 「邑司」연구」『國史館論叢』3, 국사편찬위원회.

이수건, 2000, 「高麗·朝鮮時代 支配勢力 변천의 諸時期」『韓國史 時代區分論』, 소화.

이우성, 1964, 「高麗時代의 吏에 대하여」『歷史學報』23.

이우성, 1981, 「고려 무신정권하의 문인지식층의 동향」『韓國의 歷史像』창작과 비평사.

이우성, 1983, 「高麗中期의 民族敍事詩」『韓國의 歷史認識』(上), 창작과 비평사.

이정훈, 2001, 「고려시대 都監의 構造와 機能」『韓國史의 構造와 展開』, 혜안.

이종문, 1999, 「『帝王韻紀』의 原典에 對한 몇 가지 의문점」『고려시대 역사시연구』, 한국정신문화연구원.

이태진, 1988, 「高麗後期의 인구증가 要因 生成과 鄕藥醫術」『한국사론』19, 서울대.

임영정, 1992, 「고려시대의 使僧·工匠僧에 대하여」『韓國佛敎文化思想史』(上), 가산이지관스님화갑기념논총간행위원회.

정동락, 1996, 「『江華京板高麗大藏經』造成의 參與僧侶層과 對蒙抗爭」

『교남사학』 7, 영남대.

정필모, 1989, 「高麗再雕大藏目錄考」 『圖書館學』 17.

정필모, 1994, 「高麗初雕大藏經 및 八萬大藏經의 성립과 의의」 『한국 불교사의 재조명』, 불교시대사.

조동일, 2000, 「大藏經 往來의 文化史的 意義」 『동아시아 比較文化』 창간호.

宗　眞, 1994, 「보조지눌의 저술과 사상적 경향」 『한국불교사의 재조 명』, 불교시대사.

채상식, 1994, 「고려시대 결사운동의 시대적 인식」 『한국불교사의 재 조명』, 불교시대사.

채상식, 1997, 「문헌자료」 『고려시대사강의』, 늘함께.

채상식, 1998, 「고려후기 불교사 연구현황과 과제」 『인문과학』 12, 경 북대.

채상식, 2002, 「해제」 『한글대장경 高麗國新雕大藏校正別錄』, 동국역 경원.

채웅석, 1989, 「고려시대 香徒의 사회적 성격과 변화」 『國史館論叢』 2, 국사편찬위원회.

채웅석, 2001, 「회고와 전망」 『歷史學報』 175.

천혜봉, 2000, 「高麗 典籍의 集散에 관한 硏究」 『고려시대연구』 Ⅱ, 한 국정신문화연구원.

최병헌, 1990, 「高麗時代 華嚴宗團의 展開過程과 그 歷史的 性格」 『한 국사론』 20, 국사편찬위원회.

최병헌, 1992, 「高麗中期 玄化寺의 創建과 法相宗의 隆盛」 『高麗中後 期 佛敎史論』, 민족사.

최병헌, 1995, 「진각국사·수선사·최씨무인정권」 『보조사상』 7.

최연주, 1998, 「高宗 24年 『江華京板 高麗大藏經』의 刻成事業」 『한국 중세사연구』 5.

최연주, 1999, 「고려후기의 榷鹽法을 둘러싼 분쟁과 그 성격」 『한국중 세사연구』 6.

최연주, 2001, 「江華京板 『高麗大藏經』의 刻成者 참여실태와 그 특성」

『韓國中世社會의 諸問題』, 한국중세사학회.

최연주, 2002, 「12·3세기 典籍 刊行의 유형과 그 성격」『考古歷史學志』 17·18합집, 동아대.

최연주, 2004, 「『高麗大藏經』 刻成人의 참여형태와 彫成空間」『한국중세사연구』 16.

최연주, 2005, 「修禪社와 강화경판 ≪고려대장경≫ 彫成」『大丘史學』 81.

최연주, 2005, 「江華京板『高麗大藏經』 각성인과 도감의 운영형태」『역사와 경계』 57.

최연주, 2005, 「『合部金光明經』 간행과『高麗大藏經』 각성사업」『古文化』 66.

최영호, 1993, 「武人政權期 崔氏家 家奴와『高麗大藏經』 판각사업」『釜山女大史學』 10·11합집.

최영호, 1995, 「『江華京板 高麗大藏經』 邊界線 소재 인명의 판각사업 참여형태」『한국중세사연구』 2.

최영호, 1995, 「고려 무인집권기 승려지식인 山人의『江華京板 高麗大藏經』 각성사업참여」『석당논총』 21, 동아대.

최영호, 1995, 「華嚴宗系列 僧侶의 '江華京板 高麗大藏經' 刻成事業 참여」『부산사학』 29.

최영호, 1997, 「海印寺 所藏本『大方廣佛華嚴經疏』·『大方廣佛華嚴經隨疏演義鈔』의 판각 성격」『한국중세사연구』 4.

최영호, 1997, 「南海地域의 江華京板『高麗大藏經』 각성사업 참여」『석당논총』 25, 동아대.

최영호, 1997, 「瑜伽宗의 江華京板『高麗大藏經』 각성사업 참여」『부산사학』 33.

최영호, 1997, 「天台宗系列의『江華京板 高麗大藏經』각성사업 참여」『지역과 역사』 3.

최영호, 1999, 「海印寺 所藏本『大藏一覽集』刻成時期의 재검토와 판각의 현실관」『한국중세사연구』 6.

최영호, 2001, 「江華京板『高麗大藏經』 각성사업의 주도층」『韓國中

世社會의 諸問題』, 한국중세사학회.

최영호, 2002, 「13세기 江華京板 『高麗大藏經』의 각성사업과 해인사」 『한국중세사연구』 13.

한기문, 1992, 「高麗時代 寺院의 編制와 統制」 『韓國佛教文化思想史』 (上), 가산이지관스님화갑기념논총간행위원회.

한기문, 1995, 「高麗時代 寺院內 管理組織과 所屬僧의 構成」 『한국중세사연구』 2.

한기문, 1997, 「"江華京板 高麗大藏經"소재 均如의 著述과 思想」 『한국중세사연구』 4.

한기문, 1999, 「『祖堂集』과 新羅·高麗 高僧의 行蹟」 『한국중세사연구』 6.

허영호 역, 1938, 「『天台四教儀』」 『불교-신판』 14, 불교사.

허흥식, 1993, 「13세기 고려 불교계의 동향」 『高麗中後期 佛教史論』, 민족사.

허흥식, 1993, 「林惟正의 『百家衣詩』」 『季刊書誌學報』 12.

허흥식, 1997, 「고려시대의 서적간행」 『國史館論叢』 71, 국사편찬위원회.

홍영의, 1997, 「高麗後期 大藏都監刊 『鄕藥救急方』의 刊行經緯와 資料性格」 『韓國史學史研究』, 조동걸선생정년기념논총간행위원회.

홍윤식, 1994, 「불교행사의 성행」 『한국사』 16, 국사편찬위원회.

황수영, 1990, 「新羅·高麗寫經의 일고찰」 『한국불교미술사론』, 민족사.

황태섭, 1972, 『仁王護國般若經의 研究』, 동국대 석사학위논문.

Edward J, Shults, 1999, 「고려중기의 王權과 統治」 『東洋 三國의 王權과 官僚制』, 국학자료원.

大屋德成, 1937, 「高麗續藏經雕造攷」, (일본)편리당.

藤田亮策, 1991, 「海印寺雜板攷」 『朝鮮學報』 138·139.

常盤大定, 1913, 「大藏經彫印攷」 『哲學雜誌』 28-321.

Lewis Lancaster, 1979, The Buddhist canon in the Koryo Period, The Korea Buddhist Conon; A Descriptive Catalogue, USA : Berkely, university of California Press.

A Study of the Goryeodaejangkyeong(高麗大藏經)

Choi, Yeon-Joo

In this thesis I investigated the sculpture and Kakseongin(刻成人) of the Goryeodaejangkyeong(高麗大藏經). They supported the maximum human and material technology and basis in publishing various kinds of books kept by Goryeo Dynasty to compose the Goryeodaejangkyeong.

Many books published before the Goryeodaejangkyeong shows us how they overcome the actual conflict then. That is to say, many books appeared to emphasize the sacredness of royal authority and pray the royal family to take out the governmental power back from the Choi's(崔氏) military regime and defeat the Mongolia.

Book publication of 13century considerations was not the type courtesy dimension. It is for a desire and the practice for looking in the face against an actuality and a contradictory overcome. The Buddhism book is published specially finely while making war refuses Mongolia isolated force by force of the Buddha and there is also a religion era which does to sleep. It desires a sovereign power recovery but and it practices and there was also actuality recognition which expresses the will which to sleep does. It to lead and religion practice and actuality looking in the face to defend to do the country and to sleep it is.

Publication and supply of the various book which is necessary from the nation positivity it enforced a hazard various system and a policy. And on the center the nation participated directness. This to lead and order or the nation of the king to mobilize the person or the material of region and it is one thing sleep. It built the order of the country rightly from like this process inside and the place where it establishhes a rule setup it contributed a lot.

This kinds of Looking the reality in the face seems to be the same with the expression of Bongchigzozo(奉勅雕造) writter in the end of each the Goryeodaejangkyeong. After all, participation and strong will the realities of life people's was reflected in composing the Goryeodaejangkyeong and produced such an enormous amount of printing types of Sutra.

They tried to propel the sculpture of the Goryeodaejangkyeong through Daejangdogam(大藏都監) and BunsaDaejangdogam(分司大藏都監) accomplished the project to promote the sculpture of the Goryeodaejangkyeong and the political factions including administrative affairs.

The Daejangdogam followed in decision of the re-weight conference and it was established. Passes by a bureaucracy and the discussion and the Daejangdogam which is established was not the substructure of the different government office. It maintained an independence public finance and it was operated elasticity. It maintained an independence public finance and it was operated elasticity. Independence of public finance, there to be to the business transaction, it is it will be able to secure an individual characteristic. This became the character the administrative system of the nation could be mobilized. And the multi influences which have the discord and an Choi's military regime of time political power and positivity became the opportunity which participates.

King centered high dignitaries and officials conference discussed and decided the matter of the Daejangdogam at first hand, and it was different from the operation of other organizations.

Afterwords, the BunsaDaejangdogam phase of the organization with the Daejangdogam is understood with the fact that it is equal. The establishment of the group was plan public opinion one for the activation of the enterprise. And it to apply the system of regional administration system.

An enterprise of national importance the sculpture of the Goryeodaejangkyeong hazard it mobilized the administrative system of the nation which stands. And it applied the system of the people. The sculpture of the Goryeodaejangkyeong and printing of big size hazard the national which stands it means that the construction of the setup operation and network of system is earnest.

The status financial independence, and the originality of the execution of the Daejangdogam was secured. The king was the symbol of the Daejangdogam, and Choi's military regime and high dignitaries and officials conference took partial change of the work. Gesookoan's(界首官) were dispatched to Daeeub(大邑) and they run BunsaDaejangdogam in the places where Mongolians didn't invade or the places where they work easily. We can see it though the fact that the office organization of BunsaDaejangdogam followed that of local office.

Accommodates a participation demand at the enterprise of the time people, in order more to induce a positive participation to them to give each function which sells in the BunsaDaejangdogam.

Composing the Goryeodaejangkyeong was developed flexibly printing type of sutra was made for 12years, and the transition participations as Kakseongin(刻成人) and the amount of printing types of sutra was various each year.

At the beginning of engraving, both of the two types went side by side. But after the 30th year of Kojong, the first type decreased and the second type increased. It was changed but to a synergic involvement method of a plate of the sutras center after the Bunsadogampan was produced. So that the sutra of the engraved since an ancient the 30th year of Kojong was the newcomer than former time and had consequently plenty Kakseongin.

This is understood an awakening business organization of the Daejangdogamand Bunsadogam structure setup as the result to be reflected. The wood engraving location or furtherance location of the Gyeongpan(經板) which is the empty room is not a specific area. We are namely the government office empty room and employee existing location which is established anew. We were made up his task at same time and made finally in the Daejangdogam or Bunsadogam. An each pictorial book had particular operation system. One Kakseongin worked in both Daejangdogam and Bunsadogam in the same year, and it reflects that the two organizations had does cooperation system.

Analyzing the types of composing in each Dogam and each Kakseongin of sutras, Daejangdogam let each person accomplish duties of each book and after establishing BunsaDaejangdogam was changed to joint operation. One Kakseongin worked in both Daejangdogam and BunsaDaejangdogam in the same year, and it reflects that the two organizations had does cooperation system.

The Goryeodaejangkyeong was consist of Daejangdogam - the central organization, and BunsaDaejangdogam - nation-wide organization system, and wood engraving space - the sub-structure under each Dogamorganization system. The wood engraving spsce seems to have contained the maintained before national wood engraving spaces, temples and new built wood engraving spaces. The Daejangdogam and the BunsaDaejangdogam owned jointly the people with each other from enterprise operation process.

It is analyzed that the scale of Kakseongin who participated in composing is 27,000. When we classified the Kakseongin into the same according to the composing types of their names and person Buddhist names, the number was 1,750. Well skilled composing labors and makes that took is regarded to an active part at Daejangdogam for along time, worked ad Daejangdogam and BunsaDaejangdogamat the same time, or worked more than 6years be given important roles. They composing much amount and participated in various way. And some might take part in composing of the Goryeodaejangkyeong by way of donation.

To the sculpture of the Goryeodaejangkyeong early stage there was a practical ability because the management system or the person and the resources are not secured enough and the field to sleep with the center it composed. At the sculpture of the Goryeodaejangkyeong 6years only the person who participates to the above enterprise and the Daejangdogam long period the person who is active, and the person who is active from two groups the participation form is various. Is like that and there is your excellency where the person 170 dawn which is visible with the specialist sells about 25% and it will be able to guess the ability enough. The enterprise it knew and that it is operated close, the course which and various is open to lead it was advanced.

Some of Kakseongin were involved deeply in publishing many kinds of books before composing the Goryeodaejangkyeong. Studying 30 Kakseongin, composing labors, composing monk's training monk's participated hard. And The against the publication participation influence of the 『Kumkangbanyabaramildakyeong(金剛般若波羅密經)』 it is published at 15th year of Kojong it tried to investigate. The Buddhist monks who participate to the publication of this scripture were with the Susun-Temple deep relation. The people who participate to the publication of this scripture participated to also carves-work Goryeodaejangkyeong. They tried to overcome national crisis by suffering disaster caused by invading of other country and active participation in the realities of life.

The Buddhist monks who do well sculpture and the Buddhist monks where the study is deep were many. Resistance ceremony and the anger of the time people Mong infiltration it grew more with opportunity. It accommodated the change of Buddhism total spontaneously, positivity it participated at the nation national enterprise.

The creation development of consideration Buddhism defended the fatherland from aggression of course outside power and it did to sleep. The people who participate finally positively at the sculpture of the Goryeodaejangkyeong by the water service which will lose a national right are from critical feeling at the enterprise were joined together with positive and voluntary participation and practice.

찾아보기

213, 242, 258, 308

工房　136

공유체계　215

官署工房　46, 124, 137, 292, 297,
　　298, 307, 311

廣敎院　39, 40, 42

敎藏都監　40

敎藏司　116

敎藏總錄　42

敎宗　41, 78

口訣　285

구결본『合部金光明經』　285,
　　288, 291

國本　113, 114, 115

國子監試　101

國泰民安　49, 51

권별 분담방식　156, 157, 161, 162,
　　163, 168, 169, 171, 173, 177,
　　189, 213, 242, 258, 274, 308

權溥　23

勸修定慧結社文　31, 33

歸法寺　299

均如　38, 135

金剛經道場　67

金剛般若波羅密經　36, 265

金剛三昧論經　3

金光明經　65, 69, 71, 75, 134, 304

金光明經道場　69

金光明經道場疏　68

金光明經疏　26

金光明道場　67

금산사　39, 40, 41, 42

金允侯　61

給田都監　88, 90

祈福都監　27

祈恩都監　88

金居士集　20

金㘽　76

金大明　250, 251

김대문　78

金得貂　257

金富軾　68

金升　257, 261

金致陽　115

ㄴ

나옹　43

나주지역　271

羅州戶長　32, 48, 271

南京開創都監　90

南明泉和尙頌證道歌事實　55, 61,
　　109, 111, 118, 121, 299, 305

南海　5, 180, 206, 207, 213, 297,
　　306

內書省　13

鹿鳴鄕 鄕長　49

妙法蓮華經　65, 120, 265, 277,
　280

妙淸　69

無衣子詩集　36

무인정권　301

문벌귀족세력　40

文人知識人層　101

文治主義　14

民亂　63

ㅂ

朴犀　61

發願文　3

發願者　3

放光般若經　167, 231, 281

百家衣詩　21

백고좌회　74

백련결사　46

백련결사문　46

백련사　46, 51

白花道場發願文略解　23

梵書摠持集　38, 41

法界圖記叢髓錄　3

法寶記壇經　33, 34

法相宗　41

法苑珠林　203, 204, 205

法集別行錄節要幷入私記　34

法泉寺　26

法華文句幷記節要　46, 266, 284,
　　287, 289, 292, 299, 311

法華玄贊　39

寶　29

보시자　84

補遺板目錄　2

甫之　282, 283

복합형　231

本事經　184

富令　286

부석사　45, 46

부인사　51

符仁寺藏　大藏經　2, 40, 64, 66,
　79, 270, 299

分司南海大藏都監　130, 131, 132,
　207

分司大藏都監　4, 6, 8, 103, 112,
　119, 124, 128, 130, 135, 136, 137,
　141, 150, 158, 163, 182, 186, 195,
　201, 213, 234, 236, 250, 289, 295,
　298, 308

分司大藏都監開板　133

분업체계　126

分掌　215, 298, 307

佛說梵釋四天王陀羅尼經　42, 265,
　280

佛說佛名經　114

佛說阿彌陀經　23, 45

최 연 주(崔然柱)

경남 고성 출생
동의대학교 인문대학 사학과
영남대학교 대학원 국사학과 수료(문학석사)
동의대학교 대학원 사학과 수료(문학박사)
현 동의대학교 인문대학 사학과 교수

저서 및 논문

『韓國中世社會의 諸問題』(공저)
「高宗 24年『江華京板 高麗大藏經』의 刻成事業」
「고려후기의 榷鹽法을 둘러싼 분쟁과 그 성격」
「『高麗大藏經』刻成人의 참여형태와 彫成空間」
「江華京板『高麗大藏經』각성인과 도감의 운영형태」
「修禪社와 강화경판『高麗大藏經』彫成」 외 다수

高麗大藏經 研究   정가 : 18,000원

2006년 8월 14일   초판 인쇄
2006년 8월 21일   초판 발행

저   자 : 최 연 주
회   장 : 한 상 하
발 행 인 : 한 정 희
발 행 처 : 경인문화사
편   집 : 장 호 희
서울특별시 마포구 마포동 324 - 3
전화 : 718 - 4831～2, 팩스 : 703 - 9711
이메일 : kyunginp@chol.com
홈페이지 : http://www.kyunginp.co.kr
: 한국학서적.kr
등록번호 :   제10 - 18호(1973. 11. 8)

ISBN : 89-499-0369-5 94910
ⓒ 2006, Kyung-in Publishing Co, Printed in Korea
* 파본 및 훼손된 책은 교환해 드립니다.